《成渝地区双城经济圈建设研究报告》编委会

编 著

成渝地区双城经济圈建设
五周年研究报告

REPORT ON THE FIFTH ANNIVERSARY OF
THE CONSTRUCTION OF THE CHENGDU-CHONGQING
ECONOMIC CIRCLE

打造带动全国高质量发展的
重要增长极和新的动力源

Building an important growth pole and new driving force for promoting
high-quality development across the country

社会科学文献出版社
SOCIAL SCIENCES ACADEMIC PRESS (CHINA)

成渝地区双城经济圈建设五周年成就图片展

大都市和古老街交相辉映的重庆市渝中区夜景

供图：渝中文明网

金色夕阳下的重庆江北嘴半岛

供图：江北区委宣传部

中欧班列（重庆）与中新互联互通项目"陆海新通道"起始站、重庆铁路口岸、中国（重庆）自贸试验区所在地：重庆国际物流枢纽园区

供图：沙坪坝区文化和旅游发展委员会

获评软件和信息服务领域国家新型工业化产业示范基地的重庆仙桃国际大数据谷

供图：渝北区政府网

美丽的重庆市涪陵区两江交汇处
供图：涪陵区发展改革委

涪陵新区航拍图
供图：涪陵区发展改革委

涪陵榨菜集团数字化生产线

供图：涪陵区发展改革委

位于重庆市黔江区濯水镇的濯水景区，系国家 5A 级景区、新重庆十大地标名片

供图：黔江区发展改革委

长寿经济技术开发区

供图：长寿经开区管委会

重庆市五大区域性重点港口之一的江津珞璜港

供图：重庆江津综合保税区管委会

小南垭铁路物流中心
供图：重庆江津综合保税区管委会

重庆合川高新技术产业开发区
供图：合川区委宣传部

重庆"永川新城"

供图：永川区委宣传部

重庆市潼南区城市夜景

供图：潼南区融媒体中心

重庆市首批示范河流：琼江（潼南段）

胡义双 摄 供图：潼南区融媒体中心

坐落于潼南高新区的重庆雪王农业有限公司（重庆市农产品加工业示范企业）的数字化车间

供图：潼南区融媒体中心

山水之城：重庆市开州区

邱绪玲 摄

成渝地区双城经济圈科技创新赋能策源地和产业凝聚交流展示地：西部（重庆）科学城科学会堂

供图：重庆高新区融媒体中心

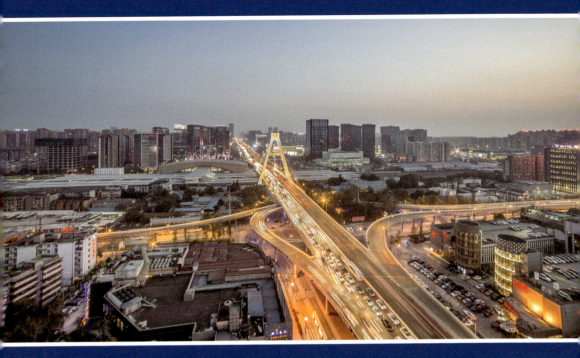

成都天府大道

供图：郑正真

世界级品质的城市绿心、国际化的城市会客厅、市民游客喜爱的生态乐园：成都龙泉山城市森林公园

供图：龙泉山城市森林公园管委会

泸州市中心城区全景

刘学懿 摄 供图：泸州市江阳区人民政府办公室

泸州老窖现代化工厂

供图：泸州市江阳区人民政府办公室

中国（四川）自由贸易试验区川南临港片区泸州港国际集装箱码头

供图：泸州市社会科学界联合会

东方电气集团东方汽轮机有限公司（全国机械工业 100 强企业和我国三大汽轮机制造基地之一）的现代化车间

供图：德阳国家经开区管委会

绵阳高新区（中国＜绵阳＞科技城直管区）
刘军 摄

梦幻遂宁：遂宁市区夜景
供图：遂宁市文化广电旅游局

内江高新技术产业开发区白马园区

供图：内江高新区管委会

潮起嘉陵江 畅游南充城

供图：《南充日报》

宜宾三江新区

供图：宜宾三江新区融媒体中心

达州高新技术产业园区

供图：达州高新区党工委党群工作部

成渝地区双城经济圈建设五周年研究报告
编　委　会

目　录

主报告

专题报告

序1
川渝大地的砥砺奋进

——写在成渝地区双城经济圈建设重大国家战略实施五周年之际

2020年1月3日，习近平总书记在中央财经委员会第六次会议上提出，要推动成渝地区双城经济圈建设，在西部形成高质量发展的重要增长极。在重庆、四川等地考察期间，习近平总书记多次就成渝地区双城经济圈建设作出重要指示，他强调，建设成渝地区双城经济圈是党中央作出的重大战略决策。重庆、四川两地要紧密合作，不断提升发展能级，共同唱好新时代西部"双城记"。作为我国经济发展最活跃、开放程度最高、创新能力最强的区域，地处西南腹地的成渝地区双城经济圈，承东启西，连接南北，在国家区域协调发展战略大局中扮演着重要角色，与粤港澳大湾区、长三角地区、京津冀地区共同构建引领带动区域和全国高质量发展的四个经济增长极。

川渝一盘棋，唱好双城记。五年来，重庆将成渝地区双城经济圈建设作为市委"一号工程"和全市工作总抓手总牵引，四川将其作为全面建设社会主义现代化四川的总牵引，川渝两省市紧密协作合作，携手推动综合实力持续迈上新台阶，合作共建打造区域协作新亮点，标志性成果由点及面持续涌现，加快建设具有全国影响力的重要经济中心、科技创新中心、改革开放新高地、高品质生活宜居地，双核联动、多点支撑发展布局基本形成，助推成渝地区双城经济圈向着"高质量发展的重要增长极"目标加速迈进。

2023年，成渝地区双城经济圈实现地区生产总值（GDP）81986.7亿元

（见表 1），在 2021 年突破 7 万亿元后，用 2 年时间再上一个万亿台阶；同比增长 6.1%，高于全国 0.9 个百分点、高于西部地区 0.5 个百分点，引领示范带动作用不断增强；占全国、西部地区的比重分别为 6.5%、30.4%，比上年分别提高 0.1 个、0.2 个百分点，区域位势能级稳步提升。进一步看，成渝地区双城经济圈经济增速比京津冀、长三角分别高 1 个、0.4 个百分点，GDP 相当于京津冀、长三角的 78.5%、26.9%，分别比上年提高 1.1 个、0.3 个百分点，与其他经济增长极的主要经济指标差距持续缩小。

2024 年 4 月 23 日，习近平总书记在重庆主持召开新时代推动西部大开发座谈会并发表重要讲话。他强调，在中国式现代化建设中奋力谱写西部大开发新篇章，大力推进成渝地区双城经济圈建设，积极培育城市群，发展壮大一批省域副中心城市，促进城市间基础设施联通、公共服务共享。可以说，五年来，成渝地区双城经济圈建设由谋篇布局、重点突破进入积厚成势、整体跃升的中国式现代化新征程，中国经济第四增长极进入稳中加固、稳中提质、稳中向好的引领新时代西部大开发的高质量发展攻坚期。

表 1　2020~2023 年成渝地区双城经济圈主要经济指标

年份	地区生产总值（亿元）	同比增长（%）	占全国的比重（%）	占西部地区的比重（%）
2023	81986.7	6.1	6.5	30.4
2022	77587.99	5.0	6.4	30.2
2021	73919.2	9.3	6.5	30.8
2020	67636.1	—	6.5	31.7

共筑全国重要经济中心

行走在成渝地区双城经济圈各地，随处可见热火朝天的项目建设现场和生机勃勃的生产制造场景。2021~2024 年，共建成渝地区双城经济圈重大项目分别为 67 个、160 个、248 个、300 个，年年提速增量，跑出"加速度"，"责任制+清单制+销号制"推动重大项目落地落实。其中，2023 年重大项目完成投资 4138.4 亿元、年度投资完成率 120.1%，2024 年重大项目完成投资 5200.0 亿元，年度投资完成率 122%，均超额完成全年目标任务。

在重大项目引擎带动下，成渝地区双城经济圈基础设施"一张网"越织越密，现代化产业体系加快形成。2023 年，成渝地区双城经济圈固定资产投资（不含农户）同比增长 3.4%，高于全国平均水平 0.4 个百分点，其中，工业和基础设施投资实现较快增长；三次产业增加值分别增长 3.8%、5.6%、6.8%，其中，第二、第三产业增加值增速分别比全国平均水平高 0.9 个、1 个百分点，工业经济稳定增长，接触型服务业加快恢复，住宿和餐饮业增加值实现两位数增长。

以交通领域为例，"成渝地区双城经济圈交通一体化发展"的交通强国建设试点加快推进，"连点成线、连线成网"的全国交通第四极基本建成。陆上，郑渝高铁全线通车，成渝中线、成达万、渝西、渝万等高铁提速建设，在建和已建成川渝间省际高速公路通道 21 条，重庆和成都之间形成 5 条直连高速大通道；水上，万州新田港、涪陵龙头港实现铁路进港，涪江双江航电枢纽等重大项目加快建设，以长江、嘉陵江、乌江"一干两支"国家高等级航道为骨架的航道体系基本建成；空中，成都天府国际机场、四川达州金垭机场正式通航，重庆江北国际机场改扩建等项目加快建设，成渝世界级机场群加快形成。

川渝具有全国影响力的先进制造业集群不断壮大。比如，做强电子信息、装备制造、汽车、特色消费品 4 个万亿元级的"当家"产业，在产业配套、平台建设、互采互供、品牌培育、资本互投等方面协同发力，世界级产业集群崭露头角。成渝地区双城经济圈电子信息制造业是全国首个跨省域的国家级先进制造业集群，年产值超过 1.6 万亿元，占全国的 1/7，其中，四川新型显示面板出货量居全国第 3 位，全球近 20% 的柔性屏幕贴上了"四川造"标签；深入推进成渝"氢走廊""电走廊""智行走廊"等重大应用场景建设，促进企业集聚、科技创新、技术验证和产品量产。再如，川渝两省市经信部门批复了两批成渝地区双城经济圈产业合作示范园区，发布《成渝地区双城经济圈产业合作示范园区投资指南》，成立川渝产业园区发展联盟，组织线上线下各种展会论坛活动，积极推进产业配套体系建设，持续提升示范园区承载能力，园区企业间协同配套、产品集采集销等合作不断向产业链、价值链延伸。2023年，成渝地区双城经济圈产业合作示范园区共实现营收超1.6万亿元，参与产业合作的园区企业超千家。

科技创新共育新质生产力

近5年来，成都和重庆以"一城多园"模式合作共建西部科学城，同步建设重庆两江协同创新区、中国（绵阳）科技城等重大科技创新平台，瞄准世界科技前沿，聚焦国家重大需求，共同打造成渝综合性科学中心，联合开展汽车核心软件、人工智能、高端器件与芯片、生物医药等基础研究和关键核心技术创新。同时，大力培育能够承载、解锁、释放新质生产力的战略性新兴产业和专精特新企业，促进数字经济和实体经济深度融合，提升制造业高端化、智能化、绿色化发展水平，初步形成具有川渝特色和优势的现代化产业体系。

截至2024年3月，成渝地区双城经济圈的全国重点实验室数量达27个，重大科技平台达319个，新建国家科技创新基地22个，建成国家级创新平台316个；首台国产医用回旋加速器正电子药物制备中心、长江上游种质创制大科学中心、超瞬态实验装置等一大批科研平台落户或投入运营；会聚两院院士89位、高层次人才超过1500名、科技型企业超过7万家；西部科学城上万台套大型仪器设备实现开放共享，川渝联合实施的核心技术攻关项目超过160项，科技策源地功能持续显现，吸引"孔雀成渝飞"。

联手打造改革开放新高地

近5年来，成渝地区双城经济圈以打造内陆地区改革开放高地为目标，积极探索首创性差异化改革，不断扩大高水平开放，诞生多项全国首创的改革成果。2023年9月，国家发展改革委首次总结成渝地区双城经济圈跨区域协作 18 条经验做法（见表 2），印发各省区市借鉴。这是继长三角、粤港澳大湾区之后，国家发展改革委第三次向全国推广跨区域协作经验。

表 2 成渝地区双城经济圈 6 大类 18 条经验做法

序号	类别	经验做法
1	促进产业共建共兴	共建优势产业链，联合出台汽车、电子信息、装备制造、特色消费品 4 个领域高质量协同共建实施方案。
2		共建联合招商机制，联合召开全球投资推介会，发布"双城双百"投资机会清单和成渝地区双城经济圈协同招商十条措施。
3		探索经济区与行政区适度分离改革，将川渝高竹新区打造为全国首个跨省共建的省级新区。
4	共同建设统一市场	推进市场准入"异地同标"，实现营业执照异地互办互发、立等可取。
5		实现企业跨省市"一键迁移"，实现企业跨省迁移"即时办""零跑路"。
6		共建跨省公平竞争审查协作机制，在重庆大足、北碚、万州、黔江与四川内江、绵阳、达州、南充开展公平竞争审查第三方交叉互评。
7	协同推动对外开放	统一运营中欧班列（成渝）品牌，实现运营标识、基础运价、车辆调度"三统一"。
8		推进跨省市"关银一 KEY 通"，首次实现"电子口岸卡"跨海关关区通办。
9	深化生态环境共治	开展生态环境协同立法司法协作。
10		开展跨界河流联防联控联治，在全国首创跨省河长制联合推进办公室并实行实体化办公。
11		在全国率先共建危险废物跨省转移"白名单"机制。
12	推动社会共建互融	推进政务"川渝通办"，联合发布 3 批、共 311 项"川渝通办"事项。
13		推进跨省通信一体化。
14		推进毗邻地区警情处置一体化。
15	完善协调协商机制	建立多层次协商推进机制，已召开党政联席会议 7 次、常务副省市长协调会议 7 次。
16		建立重大项目联合调度服务机制。
17		建立协同立法机制，实现立法项目协商确定、立法文本协商起草、立法程序同步推进、立法成果共同运用、法规实施联动监督。
18		建立干部互派挂职机制，已互派 3 批次、共 301 名年轻干部。

与此同时，川渝两省市共同做强中欧班列（成渝）品牌和国际贸易"单一窗口"西部陆海新通道平台，高水平共建川渝自贸试验区协同开放示范区、"一带一路"对外交往中心等高层次开放平台，建成 12 个综合保税区，共同探索金融市场互联互通新机制，毗邻地区之间、非毗邻地区之间的交流合作加快推进……内陆开放正向全方位、全领域不断扩大：向东，长江、嘉陵江、乌江等航运能级不断提升；向西，中欧班列（成渝）覆盖欧亚 110 个城市节点，累计开行超过 1.5 万列；向南，以川渝为主要支撑点的西部陆海新通道，通达全球 121 个国家和地区的 503 个港口；向北，成渝地区直达俄罗斯的国际班列开行频次正不断加密……

共建共享民生"幸福圈"

川渝一家亲，近 5 年来，成渝地区双城经济圈锚定高品质生活宜居地目标，推动高品质的"双城生活"走进现实，满足两地群众日益增长的对美好幸福生活的需求。

其一，公共服务一网通办。川渝两省市协同推进成渝地区双城经济圈政务服务改革，已推出 362 项"川渝通办"事项，涵盖就业、社保、就医、公积金等群众"身边事"，34 项事项"免证办"，实现全域全类别的户口迁移"一站式"跨省通办。

其二，民生领域合作共享。比如，川渝 291 家医院实现 112 项检查检验结果互认；在成渝客专沿线各车站间推行"公交化"票制，重庆中心城区和成都主城区公共交通实现"一卡通""一码通"，22 条跨省城际公交有序运行；"川渝阅读一卡通"实现 115 家图书馆 3000 万册图书通借通还。

其三，生态共建环境共保。比如，川渝建立生态环境协作共管机制，重庆 238 个水站、四川 331 个水站实现水质数据共享，形成全国首个新污染物环境风险跨省预警联防联控机制；持续完善跨省市生活垃圾收运处置体系布局，59 种危险废物跨省转移进入"白名单"；川渝完成"两岸青山·千里林带"建设超 1000 万亩，长江干流川渝段水质稳定达到 Ⅱ 类，25 个川渝跨界国控断面水质达标率达到 100%，巴蜀大地天更蓝、地更绿、水更清。

智库报告总结成渝好经验，传播成渝好故事

区域协调发展，关乎统筹一域和全局、前沿和后方、发展和安全。五载光阴，春华秋实。在习近平总书记亲自谋划、亲自部署、亲自推动下，川渝两地打破"一亩三分地"思维定式，携手共建西部地区高质量发展的重要增长极，增强人口和经济的承载力，陆海内外联动、东西双向互济的对外开放，优势区域重点发展、生态功能区重点保护的新格局正在加速形成，相互融合、协同发展的壮美画卷在川渝大地徐徐铺展。

《成渝地区双城经济圈建设五周年研究报告》全景式呈现成渝地区双城经济圈建设五年来的顶层设计、战略布局及经济发展、社会民生的主要成效，尤其是通过时间线纵向梳理、跨区域横向比较，解读了成渝地区双城经济圈建设五周年的基层创新实践和典型成果经验，并提出了一系列对策建议。这既是对成渝地区双城经济圈建设首个五年工作的阶段性系统总结，也是对下一个五年乃至更长时间的理论参考。

展望未来，川渝合作必将更加紧密，不断谱写成渝地区双城经济圈高质量发展新时代华章。期待有关智库及专家学者持续跟踪研究成渝地区双城经济圈建设发展，在实践创新中总结更多可复制的经验成果，提出更多具有实效性、针对性的建议措施，为有关部门、行业组织、企事业单位、新闻媒体、公众参与成渝地区双城经济圈建设、促进本地区区域协调发展提供更多智库成果。

序2
成渝地区双城经济圈建设五周年：
新跨越、新征程、新作为

习近平总书记在党的二十大报告中擘画了以中国式现代化全面推进中华民族伟大复兴的宏伟蓝图，对区域协调发展做出了更加长远、更加系统的战略部署和总体安排，指出要"促进区域协调发展""深入实施区域协调发展战略、区域重大战略、主体功能区战略、新型城镇化战略，优化重大生产力布局，构建优势互补、高质量发展的区域经济布局和国土空间体系"。近年来，我国相继实施京津冀协同发展、粤港澳大湾区建设、长江经济带发展、长三角一体化发展、成渝地区双城经济圈建设、黄河流域生态保护和高质量发展等一系列重大战略布局，逐渐形成多层次、多形式、全方位的区域协调发展新格局。

分类施策区域协调发展战略

随着我国经济由高速增长阶段转向高质量发展阶段，经济发展的空间格局正在发生深刻变化，中心城市、城市群、都市圈的经济增长极效应更趋明显。因此，新时代推进区域协调发展的关键是打破传统行政区划限制，突出优势互补，推动资源要素在不同区域间合理配置，形成新的地域功能系统、产业系统、交通系统、城镇系统、生态系统、管理组织系统等，从而提升区域经济整体发展质量和效益。

粤港澳大湾区、长三角地区、京津冀地区是我国经济发展最活跃、开放程度最高、创新能力最强的区域，基本形成以核心城市"强强合作"为纽带、三大城市群串联的东部地区南北发展主轴，GDP 总量占全国的比重超过 40%，充分发挥了全国经济压舱石、高质量发展动力源、改革试验田的重要作用。

进一步看，2023 年，粤港澳大湾区内地九市 GDP 总量达 11.02 万亿元，同比增长 5.4%，与广东省 GDP 增速持平，GDP 最高的深圳接近 3.5 万亿元，广州的 GDP 首次突破 3 万亿元，佛山、东莞两个万亿元 GDP 城市稳健发展，分别达 1.33 万亿元和 1.14 万亿元；上海市 GDP 达 4.72 万亿元，江苏省 GDP 达 12.82 万亿元，浙江省 GDP 达 8.26 万亿元，安徽 GDP 达 4.71 万亿元，长三角地区经济总量突破 30 万亿元大关，以 4% 的国土面积，创造全国近 1/4 的 GDP；京津冀地区 GDP 达 10.4 万亿元（见表 1），其中，北京、天津、河北分别为 4.38 万亿元、1.67 万亿元、4.39 万亿元，按现价计算，三地 GDP 总量是 2013 年的 1.9 倍，十年来 GDP 连跨 5 个万亿元台阶。

表 1　2020~2023 年中国四个经济增长极 GDP 比较

序号	区域	启动年份	2023 年 GDP（万亿元）	2022 年 GDP（万亿元）	2021 年 GDP（万亿元）	2020 年 GDP（万亿元）
1	粤港澳大湾区内地九市	2017 年	11.02	10.46	10.05	8.95
2	长三角地区	2018 年	30.5	29.03	27.51	24.47
3	京津冀地区	2014 年	10.4	10.0	9.6	8.6
4	成渝地区双城经济圈	2020 年	8.2	7.76	7.39	6.76

区域协调发展是新时代西部大开发的主轴

千钧将一羽，轻重在平衡。西部地区地域广阔，涵盖内蒙古、广西、重庆、四川、贵州、云南、西藏、陕西、甘肃、青海、宁夏、新疆等 12 个省区市，在全国改革发展稳定大局中举足轻重。大漠戈壁、雪域高原、巍巍群山、滚滚江河……各类资源汇聚西部地区，但也存在处于传统梯度发展模式的后发区域和发展不平衡不充分等问题。党中央对新时代推进西部大开发形成新格局做出部署。5年来，西部地区坚持区域协调发展"一盘棋"，生态环境保护修复取得重大成效，高质量发展能力明显提升，开放型经济格局加快构建，基础设施条件大为改观，人民生活水平稳步提高，如期打赢脱贫攻坚战，同全国一道全面建成小康社会，同步踏上全面建设社会主义现代化国家的新征程，地区生产总值从 2019 年的 20.5 万亿元增长到 2023 年的 26.9 万亿元，年均增长 7.0%。

在 2023 年 4 月召开的新时代推动西部大开发座谈会上，习近平总书记强调，要一以贯之抓好党中央推动西部大开发政策举措的贯彻落实，进一步形成大保护、大开放、高质量发展新格局，提升区域整体实力和可持续发展能力，在中国式现代化建设中奋力谱写西部大开发新篇章。可以说，推动新时代西部地区高质量发展，关键是要念好"协调发展"制胜要诀，既要立足大局，下好"一盘棋"，也要因地制宜、分类绘图，充分挖掘地方的优势长处，走深化改革、合理分工、优化发展的新路。

2020 年 1 月，习近平总书记在中央财经委员会第六次会议上提出，要推动成渝地区双城经济圈建设，在西部形成高质量发展的重要增长极。至此，继京津冀地区、长三角地区、粤港澳大湾区之后，成渝地区双城经济成为国家部署的第四个经济增长极。中共中央、国务院于 2020 年 5 月联合出台的《关于新时代推进西部大开发形成新格局的指导意见》明确要求，加快建立更加有效的区域协调发展新机制，以更大力度、更强举措推进西部大开发形成新格局。可以说，作为西部地区唯一的国家级经济增长极，成渝地区双城经济圈既有经济发达城区，也有脱贫地区、革命老区、民族地区等欠发达地区，大城镇和大农村交织，在西部地区具有典型性和代表性，既要承担西部地区区域协调发展的示范引领"龙头"作用，也要在关键领域先行先试，为西部地区城乡一体化推进中国式现代化走出新路。

从空间格局看，成渝地区双城经济圈和长三角地区串联形成的长江经济带也成为我国东西向发展的主轴。成渝地区双城经济圈历史渊源深厚，地缘相接、人缘相亲、文化同宗、交往协同、空间适宜，为实现优势互补、协调发展提供了良好条件。因此，成渝地区双城经济圈要注重体现区域特色和比较优势，强化重庆和成都两个国家中心城市的"双核"带动作用，充分把握区位交通优势、城镇化潜力、乡村振兴势能，以及优化配置人才、技术、资本、土地等高价值要素资源，建设具有全国影响力的重要经济中心、科技创新中心、改革开放新高地、高品质生活宜居地，率先成为带动西部地区高质量发展的增长极、动力源和示范区，进而形成有别于其他三个经济增长极的区域协调高质量发展的成渝路径。

五年新征程砥砺绘新篇

成渝双城记，巴蜀一家亲。五年来，习近平总书记亲自谋划、亲自部署、亲自推动成渝地区双城经济圈建设，川渝携手前进，踔厉奋发，奋勇同行，发展动力强劲，成为近年来我国区域协调发展的一大亮点。2023年，成渝地区双城经济圈经济总量达8.2万亿元，以全国2%的国土面积贡献6.5%的经济体量，作为国家发展战略腹地的承载能力明显增强，其中，重庆和成都"双核"GDP合计达5.22万亿元，占成渝地区双城经济圈的比重超过60%，一幅"共下'一盘棋'，唱好'双城记'"的生动画卷正徐徐展开。

其一，建强产业集群，经济发展"量质齐增"实现新跃升。2020～2024年，成渝地区双城经济圈经济总量迈上两个万亿级台阶，电子信息、装备制造等优势产业突破万亿规模，共同打造3个国家先进制造业集群、4个国家战略性新兴产业集群，西部科学城、成渝综合性科学中心等重大创新平台加快建设，一批"国之重器"持续产出重大创新成果，科技创新和产业创新相互促进，联合推进传统产业升级、新兴产业壮大、未来产业培育，积极承接国家重大生产力布局，积聚了高质量发展的新动能。

其二，深化协同创新，改革开放"蓄势赋能"取得新突破。党的二十大报告强调，深入推进改革创新，坚定不移扩大开放。围绕着力破解深层次体制机制障碍，成渝地区双城经济圈积极探索经济区与行政区适度分离改革，持续深化要素市场化配置改革，合力推进开放大通道建设，加快建设高能级开放平台，执手相通，共赴山海。2023 年，成渝高铁累计发送旅客超 5000 万人次，日均开行动车组 102 对；18 条改革举措在全国进行推广；中欧班列（成渝）累计开行车次占全国的 30%，成为全国开行质量最高、辐射范围最广、创新突破最多、产业带动最强的班列品牌；西部陆海新通道班列开行突破 9000 列，连通 120 个国家（地区）。

其三，做优双城"生活圈"，公共服务共建共享提升幸福感。川渝两省市坚持以人民为中心的发展思想，推进基本公共服务同标同质，增加优质公共产品服务供给，持续保障和改善民生福祉，联合发布 362 项"川渝通办"高频政务服务事项，共同实施 43 项"便捷生活行动"举措，共享教育文化体育资源，推动医疗卫生和养老服务合作，健全应急联动机制，共同治理生态环境，高品质生活宜居地正成为成渝地区双城经济圈一张亮丽的名片。

智库支撑，建言献策

五年成就鼓舞人心，时代号角催人奋进。2024 年是成渝地区双城经济圈建设的第五年，更是新中国成立 75 周年，实现"十四五"规划目标任务的关键一年。川渝一盘棋，共担新使命，川渝两省市正以习近平新时代中国特色社会主义思想为指导，完整、准确、全面贯彻新发展理念，按照中央经济工作会议确定的经济工作总体要求、主要目标和重点任务，贯彻落实《成渝地区双城经济圈建设规划纲要》等法规政策规划，抓住一切有利时机，利用一切有利条件，"看准了就抓紧干"，纵深推进成渝地区双城经济圈不断迈上新台阶。

党的二十大报告再次将推动成渝地区双城经济圈建设列入国家区域重大战略，因而未来五年乃至更长时间成渝地区双城经济圈建设要在中国式现代化的宏大场景中整体谋划和创新突破。与此同时，需要相应的智库成果为有关部门、企事业单位提供指导和参考。当前，关于成渝地区双城经济圈的研究成为区域经济学术领域的热点，且多聚焦在若干专题研究和年度总结，但以五年为时间轴的实践梳理、经验总结、实效评估、建议展望的智库成果相对较少。

中国国际经济合作学会、北京师范大学政府管理研究院、成渝地区双城经济圈研究院、北京辅仁卓越信息科技研究院、中经智研（重庆）商务信息咨询有限公司等机构搭建数十位各领域领导专家组成的编委会，深入成渝地区双城经济圈相关城市、园区、企业、行业调研，编撰、出版和发布《成渝地区双城经济圈建设五周年研究报告》，见证并记录川渝大地奋力推进成渝地区双城经济圈建设的生动场景和五年篇章，填补上述智库研究的空白。这是该编委会继《成渝地区双城经济圈建设研究报告（2022）》《重庆市江津区融入成渝地区双城经济圈建设研究报告（2023）》之后的又一部智库报告，编委会专家还在有关媒体发表系列理论成果和国际展会上解读成渝经验，初步形成关于成渝地区双城经济圈较为完整的智库成果资源库和知识体系。

《成渝地区双城经济圈建设五周年研究报告》以"打造带动全国高质量发展的重要增长极和新的动力源"为主题，系统总结成渝地区双城经济圈在协同建设现代化产业体系、共建具有全国影响力的科技创新中心、打造富有巴蜀特色的国际消费目的地、共筑长江上游生态屏障、联手打造内陆改革开放高地、公共服务共建共享等重点领域五年来的主要成就、典型案例、经验模式，向国内外广泛传播成渝地区双城经济圈建设五周年的好做法、好经验、好成果，为各级党委政府、企事业单位、社会组织、新闻媒体以及实务工作者、研究人员、公众等提供决策参考和理论依据。

期待《成渝地区双城经济圈建设研究报告》编撰机构、编委会专家及更多学者持续开展鲜活实践总结、典型案例解读、咨政建言献策、经济理论研究等智库工作，推出更多有影响力的智库成果，助力成渝地区双城经济圈高质量发展。

序 3
打造带动全国高质量发展的重要增长极和新的动力源：成渝地区双城经济圈建设五周年智库观察

2024 年 4 月 22~24 日，习近平总书记在重庆考察调研时强调，建设成渝地区双城经济圈是党中央作出的重大战略决策，重庆、四川两地要紧密合作，不断提升发展能级，共同唱好新时代西部"双城记"。山同脉、水同源、文同根、人相亲……位于我国西南腹地的川渝两省市，有着深厚的历史渊源和紧密的共生关系。重庆和成都"镶嵌"在四川盆地东西两侧，长期以来都是引领西部开发开放的闪亮"双子星"。

大鹏一日同风起，扶摇直上九万里。近 5 年来，川渝两省市深入贯彻落实习近平总书记重要讲话精神，紧扣"具有全国影响力的重要经济中心、科技创新中心、改革开放新高地、高品质生活宜居地"的战略定位，围绕落实国家重大战略和《成渝地区双城经济圈建设规划纲要》等法规政策规划，迭代升级思路举措，强化战略协作和政策协同，加强平台对接、数据共享和利益协调，加快推进基础设施互联互通，协同培育发展新质生产力，着力构建世界级现代化产业集群，前瞻布局战略性新兴产业和未来产业，深化改革开放共促并进，共建西部金融中心和巴蜀文化旅游走廊，携手西部其他省区共同推动新时代西部大开发，积极对接京津冀、长三角、粤港澳大湾区等区域重大战略，加强与长江中下游地区对接协作，更好推动共建"一带一路"、长江经济带、西部陆海新通道高效联动，努力打造区域协作高水平样板，当好国家战略腹地建设"排头兵"，聚力将成渝地区双城经济圈打造成为带动全国高质量发展的重要增长极和新的动力源。

一　高起点规划、高层次协同、高效率推进、高标准建设

谋定后动，宏图铺展。习近平总书记亲自谋划、亲自部署、亲自推动成渝地区双城经济圈建设，一次次重要指示，一项项长远部署，为成渝地区双城经济圈建设按下"快进键"。

2020年10月，习近平总书记主持召开中共中央政治局会议，审议《成渝地区双城经济圈建设规划纲要》。会议强调，突出重庆、成都两个中心城市的协同带动，注重体现区域优势和特色，使成渝地区双城经济圈成为具有全国影响力的重要经济中心、科技创新中心、改革开放新高地、高品质生活宜居地，打造带动全国高质量发展的重要增长极和新的动力源。自此，成渝地区双城经济圈建设明确了"一极一源、两中心两地"的目标定位。

2021年10月，中共中央、国务院印发《成渝地区双城经济圈建设规划纲要》，明确了成渝地区双城经济圈建设的空间范围、重要意义、战略定位、发展目标、主要任务和保障措施。而后，以该规划纲要为纲领，国家有关部委、川渝两省市有关部门陆续出台超过100份法规政策规划，共同构成高效高质推进成渝地区双城经济圈建设的顶层设计。

2022年10月，习近平总书记在党的二十大报告中再次强调"推动成渝地区双城经济圈建设"，将其作为"促进区域协调发展"的重要任务。

2023年7月，习近平总书记在四川考察时强调，要坚持"川渝一盘棋"，加强成渝区域协同发展，构筑向西开放战略高地和参与国际竞争新基地，尽快成为带动西部高质量发展的重要增长极和新的动力源。

2024年4月，习近平总书记在重庆主持召开新时代推动西部大开发座谈会时指出，大力推进成渝地区双城经济圈建设，积极培育城市群，发展壮大一批省域副中心城市，促进城市间基础设施联通、公共服务共享。

……

　　立足全局谋一域，抓好一域促全局。川渝两省市将成渝地区双城经济圈建设作为"一号工程"，牢牢把握"一体化"和"高质量"两个关键，协同联动、上下贯通、条块结合、点面并重，不断推动成渝地区双城经济圈建设走深走实。

　　面上，川渝两省市建立多层次、跨部门、常态化的三级合作机制，分别为决策层、协调层和执行层。决策层主要指重庆四川党政联席会议（见图1），负责统筹重大合作战略，确定全局性合作事项；协调层包括重庆四川常务副省市长协调会议以及分管副省市领导专项协调会议；执行层是由两地发展改革委主要领导牵头的推动成渝地区双城经济圈建设联合办公室

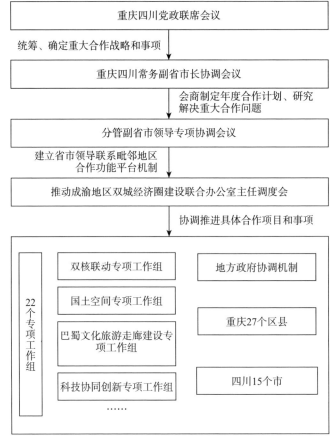

图1　推进成渝地区双城经济圈建设组织协同体系示意

主任调度会，负责协调推进具体合作项目和事项。三级合作机制共同推动
年度重点工作落实。

推动成渝地区双城经济圈建设联合办公室建立政策需求、议定事项、
工作成果"三张清单"，以"清单制＋责任制"督促落实党政联席会议确
定的具体任务。联合办公室下设 22 个专项工作合作组，涉及规划、交通、
产业、对外开放、协同创新、生态环保、公共服务等多个领域。两地行业
主管部门牵头负责分管领域主要工作，建立专项合作机制，形成部门间联
席会议制度，定期召开会议协商解决年度工作计划执行过程中遇到的具体
问题，协同推进各领域的专项工作。

针对联合办公室明确的重点任务，两省市地方政府建立项目实施工作
推进机制，有关市（区、县）结合实际制定行动计划、实施方案、政策规
划等具体举措。

另外，"互派挂职人员"是深化川渝协作，加强两地战略协同、政策
衔接和工作对接的有效手段。目前，川渝两省市已互派四批次 401 名干部
到主要职能部门、重要开放平台、重点合作市（区、县）挂职。

块上，川渝两省市明确在毗邻地区合作共建 10 个区域发展功能平台。
2020 年 7 月，川渝两省市政府办公厅联合出台《川渝毗邻地区合作共建区
域发展功能平台推进方案》，提出规划建设 9 个区域发展功能平台，分别
是：围绕川东北渝东北地区一体化发展，规划建设万达开川渝统筹发展示
范区、明月山绿色发展示范带、城宣万革命老区振兴发展示范区；围绕成
渝中部地区协同发展，规划建设川渝高竹新区、合广长环重庆主城都市区
经济协同发展示范区、遂潼一体化发展先行区、资大文旅融合发展示范
区；围绕川南渝西地区融合发展，规划建设内江荣昌现代农业高新技术产
业示范区、泸永江融合发展示范区。另外，《成渝地区双城经济圈建设规
划纲要》还提出规划建设川南渝西融合发展试验区。

与此同时，成渝地区双城经济圈在现代基础设施建设、现代化产业体
系培育、生态环境共治共保、公共服务共建共享等数十个行业和领域双向

互动、多维赋能，累计推出近 800 个省市领导联系的川渝合作重大项目，形成"线"和"点"相互呼应、示范带动的新格局，加快形成可视化、标志性成果。

高起点规划、高层次协同、高效率推进、高标准建设，成渝地区双城经济圈发展蓝图一步步变为现实。2023 年，成渝地区双城经济圈经济总量达 81986.7 亿元，在 2021 年突破 7 万亿元后，用 2 年时间再上一个万亿元台阶；重庆都市圈 GDP 达 24632.6 亿元，其中，重庆主城都市区 GDP 达 23120.1 亿元，占重庆市 GDP 的比重为 76.7%；成都 GDP 达 22074.7 亿元，占四川省 GDP 的比重为 36.7%；成都都市圈 GDP 达 27845.3 亿元，占四川省 GDP 的比重为 46.3%。可以说，成渝地区双城经济圈比较优势与合作潜能不断释放，区域综合实力和竞争力稳步提升，以"'双核'带'双圈'引领，全域协同联动发展"为特色的中国经济第四增长极初步建成。

二 高度一体化塑造发展动力源

区域一体化发展，交通是"先行军"。成渝地区双城经济圈交通一体化是交通运输部确定的交通强国建设试点任务。据不完全统计，川渝间已建成铁路通道 6 条，联合开工建设成渝中线、西渝、成达万和渝昆等高铁通道 4 条；在建和已建川渝间省际高速公路通道 21 条；重庆中心城区与成都都市圈城市轨道交通、地面公交实现"一卡通""一码通"，两地 300 多个汽车客运站、1123 条线路实现联网售票；嘉陵江利泽航运枢纽工程正式通航，首台机组发电投产，标志着川渝共建长江上游航运中心的首个航运枢纽投入运行；重庆江北国际机场 T3B 航站楼钢结构主体工程完工，新机场选址获批，成都天府国际机场与双流国际机场实现"两场一体"运营……

一体化综合交通运输体系加速成型，不仅大幅提升成渝地区双城经济圈内联外通水平，更为区域内资源高效配置、要素顺畅流动、产业紧密协同奠定坚实基础。同时，川渝两省市同步推进公共服务共建共享和便利一体，扩大高频电子证照跨区域互认、高频事项"免证办"范围，努力实现各类生产要素的充分自由流动。

在产业共建提质上，川渝两省市主动服务国家战略性产业基地、战略性物资储备基地和战略性基础设施建设，围绕"共建全国重要的先进制造业基地"这一目标，携手推出系列政策措施，联合打造电子信息、汽车、装备制造、消费品等4个万亿元级世界级现代化产业集群。在2024年实施的300个共建成渝地区双城经济圈重大项目中，现代化产业类项目有114个，占比达38%。

以汽车产业为例，川渝两省市联合成立工作专班，出台《成渝地区双城经济圈汽车产业高质量协同发展实施方案》《川渝汽车产业产业链供应链协同工作方案》等专项文件，搭建产业链供需信息对接平台，汇聚5000多家整车及零部件生产企业，汽车产业成渝自主配套率达80%。2023年，川渝两省市合计生产汽车329.3万辆，增长3.9%，占全国汽车总产量的10.9%；新能源汽车产量65.2万辆，增长35.8%；汽车制造业总产值达8100亿元，增长7.5%，汽车出口额增长61.4%。

三　引育新质生产力促高质量发展

同步构筑科技创新和产业创新重要策源地是成渝地区双城经济圈建设全国科技创新中心的核心要义。近5年来，川渝两省市持续深化经济、市场、科技、教育等体制改革，推动各类先进生产要素在经济圈内顺畅流动和优化配置，为新质生产力的培育、发展和壮大提供源源不断的动力。据重庆科技发展战略研究院、四川省科学技术发展战略研究院联合发布的《成渝地区双城经济圈协同创新指数2023》显示，成渝地区协同创新总指数从2020年的100（基期）提升至2022年的157.07，增幅达57.07%。

据有关公开报道，11个国家大科学装置、5个国家产业（技术）创新中心、西部第一个国家实验室在川渝落地建设；川渝首批3个共建重点实验室正式认定，17家全国重点实验室完成优化重组，在先进核能、生物医药、空气动力等多个领域形成原始创新集群；川渝共同推进科技创新合作计划，联合开展核心技术攻关项目 161 项，共享大型仪器设备 1.3 万余台（套），推动"重庆英才服务卡""天府英才卡"服务内容对等互认，汇聚科技型企业近 7 万家、高新技术企业 2.1 万家；川渝共同设立 50 亿元规模的科创母基金，2023 年两地技术合同登记成交总额突破 2800 亿元。

四 深化改革开放提升区域合作质效

中心城市对周边城市的虹吸效应是区域经济协调发展面临的突出矛盾。由于重庆和成都与北上广深一线城市在主要经济指标上仍有差距，成渝地区双城经济圈其他省域副中心城市经济发展质效与东部经济强市相比差距较大，总体面临优质人才短缺、要素开发难度较大、重点产业竞争力不足等困难。因此，成渝地区双城经济圈承载了以龙头效应带动后发地区同步发展和高质量发展的重大使命任务。具体而言，通过深化经济区与行政区适度分离等配套改革，既要提升重庆、成都中心城市综合能级和国际竞争力，又要改变传统的中心城市外延扩张模式，强化内涵提升和辐射带动，以大带小，加快培育区域性中心城市和发展韧性强的中小城市，以城带乡，促进乡村振兴，形成均衡布局、集约高效、特色鲜明的都市圈和城市群联动发展新格局。

成都向东，重庆向西，两大都市圈双向奔赴，相向发展。成都都市圈是全国第三个、中西部首个由国家批复发展规划的都市圈，从成德眉资同城化改革，到共建国家级都市圈，四市联合实施建圈强链攻坚行动，联合编制产业链全景图，通过牵引性项目、互促性竞合、紧密型联动共同做大"蛋糕"，重点产业链产值迈上万亿台阶。2024 年 5 月，四市在 2024 投资成都招商大会联合发布成都都市圈投资机会清单，共同推出 232 个项目，拟投资金额超过 8400 亿元，产业协同配套进入高速成长期。

制造业是重庆的强市之基、立市之本。"渝西跨越"是加快建设重庆都市圈的主抓手。渝西地区坪坝和低山丘陵的地形地貌占比超过 75%，适宜对制造业开展存量优化和增量布局。渝西紧邻重庆中心城区，毗邻川南地区，是重庆西进的重要门户，也是西部陆海新通道和长江黄金水道的重要交汇点，优越的区位交通条件也有利于产业协同跨越发展。渝西地区拥有较为完善的产业基础，尤其是在汽车制造、电子信息、机器人等领域，已经形成一定的产业集聚效应。先进制造业"渝西跨越计划"的改革创新突破点在于，依托要素禀赋、人员往来、产业联系等优势，借助重庆主城资源快速起势，同时叠加重庆都市圈、渝西一体化、川渝毗邻地区功能平台等改革动能，探索大城市带动大农村、大山区、大库区的城乡融合发展之路。2023年，渝西地区规模以上工业总产值占重庆的比重达 26.5%，GDP 增速高于全市平均水平，区域中心城市和毗邻地区呈现协同发展的新气象。

五　智力支撑：《成渝地区双城经济圈建设五周年研究报告》提供智库成果

《成渝地区双城经济圈建设五周年研究报告》是中国国际经济合作学会、北京师范大学政府管理研究院、成渝地区双城经济圈研究院、北京辅仁卓越信息科技研究院、中经智研（重庆）商务信息咨询有限公司等机构组建编委会，继《成渝地区双城经济圈建设研究报告（2022）》《重庆市江津区融入成渝地区双城经济圈建设研究报告（2023）》后推出的又一部智库报告。总的来看，本报告的编撰出版具有如下价值和意义。

（一）五年回顾，成果总结

本报告以"打造带动全国高质量发展的重要增长极和新的动力源"为主题，包括 1 个主报告、13 篇专题报告，是首部深入研究、剖析、解读、建言成渝地区双城经济圈建设五周年成效的智库成果。通过资料梳理、问卷调查、实地考察、网络调研、专题研究、效能评估等多种方式，系统总结成渝地区双城经济圈建设五年来的主要成就、典型案例、发展经验，提炼擘画打造中国经济第四增长极的战略部署和特色路径，填补有关智库成果空白，为读者描绘波澜壮阔的成渝地区双城经济圈建设史、发展史和亮丽画卷，进一步丰富国内外区域经济发展相关领域的智库成果。

（二）决策参考，谋划未来

面对百年未有之大变局和中国式现代化新时代新征程，本报告充分把握立足新发展阶段、贯彻新发展理念、构建新发展格局的基本规律，梳理《成渝地区双城经济圈建设规划纲要》及系列专项规划、地方法规政策等"四梁八柱"的顶层设计，总结和传播"践行国家战略、把握地方特色精准施策"的成渝好做法、好经验、好成果，提出成渝地区双城经济圈高质量发展重点领域对策建议，为各级党委政府、企事业单位、高校科研院所、社会组织、新闻媒体以及广大读者等提供工具指南、参考建议和理论依据。

（三）智力支撑，引领示范

围绕成果出版、发布、传播、研讨、活动、项目等系列工作的推进，整合大学大院大所大企大才高端资源，成渝地区双城经济圈研究院、北京辅仁卓越信息科技研究院、中经智研（重庆）商务信息咨询有限公司等机构致力于打造服务成渝地区双城经济圈高质量发展的"新型智库+产融平台"，为不断谱写中国式现代化成渝新篇章积极贡献力量，得到政产学研投媒等各界的高度评价和成渝地区双城经济圈有关机构的广泛认可。

《成渝地区双城经济圈建设研究报告》以《成渝地区双城经济圈建设规划纲要》及相关战略部署为纲领，计划每年围绕若干主题，通过数据分析、成效总结、挑战分析、对策建议等实证研究和对策研究，出版、发表、发布若干智库报告，为各级党委政府、企事业单位更好地部署和参与成渝地区经济圈建设提供决策支持，为国内外城市群和都市圈建设提供实践方案。

《成渝地区双城经济圈建设研究报告（2022）》以"共筑中国经济第四增长极"为主题，包括1个主报告和5篇专题报告，在2022年中国国际服务贸易交易会发布，会后由主办方赠送给部分服贸会参展参会领导专家、海外嘉宾、企业、国际机构，商务部等部委网站、多个国际机构网站及学习强国、人民网、财经杂志、经济杂志、中国经济时报、丝路百科杂志、四川日报、重庆日报、中国社区报、乡镇论坛杂志、民生周刊、创意城市

学刊、中国贸易报、国际商报、封面新闻、中国社会科学网、中国改革
网、网易新闻等过百家媒体报道和转载有关成果。

《重庆市江津区融入成渝地区双城经济圈建设研究报告（2023）》以
"加快建设'五地一城'，融入成渝地区双城经济圈高质量发展的江津样
本"为主题，包括1个主报告和4篇专题报告。

2023年5月13～14日，由重庆市发展改革委、四川省发展改革委指
导，重庆市江津区人民政府、中国国际经济合作学会联合主办，成渝地区
双城经济圈研究院、中经智研（重庆）商务信息咨询有限公司等承办的
2023年成渝地区双城经济圈高质量发展论坛在江津区成功召开。本次论坛
以"打造带动全国高质量发展的重要增长极"为主题，邀请国家部委、高
校科研院所、知名企业及川渝各级政府部门、企事业单位的负责人参与，
线上线下参会人数超过10万人，举行专家报告、成果发布、行业交流、考
察调研、项目路演等配套活动。

本次论坛发布《重庆市江津区融入成渝地区双城经济圈建设研究报告
（2023）》，受到线上线下参会嘉宾的热烈关注，人民日报、人民网、经济
日报、经济杂志、新华社、财经杂志、重庆新闻联播、央视网、中国经济
时报、中国证券报、重庆日报、四川日报、七一网、重庆发布、中国网、
中国新闻网、新浪、网易、搜狐、凤凰网、腾讯、华龙网等上百家媒体，
以及有关政府官网广泛报道和转载智库成果，被媒体誉为"成渝地区双城
经济圈首部以地级行政区实践探索为样本的智库报告"。

《成渝地区双城经济圈建设五周年研究报告》有关素材选取、案例分
析和理论研究截稿于2024年12月，较为全面、系统、完整地呈现了近5
年来成渝地区双城经济圈建设的实践探索和成效经验。

本报告在正式出版和发布前，编委会工作人员通过信函、邮件、电
话、微信等方式，与成渝地区双城经济圈相关城市的职能部门负责人对接
交流，就本书主报告以及专题报告等内容广泛征求意见，并得到有关部门
在资料和图片提供、调研开展、成果研讨等方面的支持，在此表示诚挚的

感谢。本报告封面图片由重庆市江津区摄影家协会提供，在此表示诚挚的感谢。

本报告亦参考借鉴一些学者、专家、专业人士、机构的研究实践成果和数据资料，作者在主要参考文献中列示，在此表示诚挚的感谢。由于部分资料来源于未标明出处的公开网络，请相关版权所有人与编委会联系，以便致奉谢意和薄酬。如有争议内容，也请有关人员及时与我们联系，我们将在本报告再版时予以调整。

本报告提供的所有资料、数据和案例分析，系基于公开资料研究分析得出，仅供研究、学习等参考，并不构成任何专业性决策意见。

由于有关数据资料引用自公开媒体报道、转载，以及编写人员的实地调研和资料收集，可能存在信息不准确的地方，加之时间仓促和作者知识面有限，本报告存在编写错误与疏漏之处在所难免，希望各位读者及时给予我们反馈。我们也非常愿意与读者及有关机构就成渝地区双城经济圈建设的各项议题进行广泛深入的交流、探讨和合作（邮箱：158950711@qq.com，微信号：13522254072）。

主 报 告

第 1 章
成渝地区双城经济圈协同建设现代化产业体系五周年的主要成效、面临的挑战与高质量发展建议

现代化产业体系是现代化国家的物质技术基础,产业体系的现代化是现代化的核心,是决定大国兴衰的关键因素。党的二十届三中全会审议通过的《中共中央关于进一步全面深化改革、推进中国式现代化的决定》强调,完善现代化产业体系,因地制宜发展新质生产力。党的二十大报告在论述"加快构建新发展格局,着力推动高质量发展"部分时,专门将"建设现代化产业体系"作为重要内容强调,提出"建设现代化产业体系,坚持把发展经济的着力点放在实体经济上,推进新型工业化,加快建设制造强国、质量强国、航天强国、交通强国、网络强国、数字中国"。

协同建设现代化产业体系是《成渝地区双城经济圈建设规划纲要》提出的首要任务,也是川渝推动成渝地区双城经济圈建设的关键抓手。比如,《重庆市推动成渝地区双城经济圈建设行动方案(2023~2027年)》将"实施构建现代化产业体系行动"作为重点任务之一,部署推动制造业高质量发展、促进数字经济创新发展、构建优质高效服务业新体系、发展优势特色农业、打造产业发展良好生态等五大重点任务;《成都都市圈发展规划》提出,成都、德阳、眉山、资阳四市要构建高端切入、错位发展、集群成链的现代产业体系;成都深入实施产业建圈强链行动,构建具有智能化、绿色化、融合化特征和符合完整性、先进性、安全性要求的现代化

产业体系；中共重庆市江津区委十五届七次全会明确，将"成渝地区双城经济圈先进制造业新高地"作为现代化新江津的新目标，要求加快建成以科技创新为引领、以先进制造业为骨干的现代化产业体系。

第1节　构建现代化产业体系视域下的 2024 年成渝地区双城经济圈经济增长示范城市效能述评

近年来，四川省德阳市接续推动"3+1"主导产业①提质倍增，在关键环节突破，形成更具竞争力的产业集群。2024 年上半年，德阳市全社会固定资产投资同比增长 16.5%，比四川省平均水平高 15.6 个百分点。作为四川省首个跨市域国家级产业集群，成德高端能源装备产业集群入选国家级先进制造业集群，聚集上下游企业近 3000 户，基本形成"水、光、风、核、气、火"六电并举，"源网荷储"高度融合的产品格局。抢抓"双碳"机遇，德阳深度融入成渝地区双城经济圈锂电产业生态圈，德阳-阿坝生态经济产业园区培育聚集锂电材料领域重点企业 10 余家，获评"中国锂都"，成为四川省内化工园区中唯一以锂电新能源材料为主导产业的工业园区。中江县控制继电器产业集群获评四川省中小企业特色产业集群，正积极融入成都电子信息及整车制造、航空航天等万亿级产业协作网络。广汉市火锅食材产业集群入选省级中小企业特色产业集群。

四川省宜宾市努力以"一流朋友圈"构建"一流产业生态圈"，通过基金招商、产业链招商、会展招商等方式招大引强，紧扣"链主+配套+应用"发展思路，加快建设"电动宜宾"，引进集上游原材料、新能源汽车、电池回收于一体的绿色循环全产业链项目 120 余个，2023 年动力电池销量达到 96GWh，占全国总销量的 15%，全产业链产值突破 1000 亿元，形成以三江新区为核心、各县（区）为支撑的"1+N"产业布局。动力电池产业纳入四川省重点产业链，宜宾作为主要承载地，构建了与相关市州的协

---

① 德阳"3+1"主导产业："3"为机械装备、材料化工、食品饮料，"1"为数字经济。

同推进机制，促进产业链省内消纳循环和集链成群。

四川省内江市是老工业基地，以"做大工业、做强物流、优城美乡、共同富裕"为总抓手，聚焦"页岩气+""钒钛+""甜味+""装备+"产业和电子信息、生物医药等重点产业，实施工业倍增计划，充分发挥工业"接一连三"作用，建设"天府粮仓"内江集中发展区，突破性发展肉牛羊产业，大力发展信息服务外包、电子商务、商贸服务等现代服务业，加快建设服务国省全局、体现内江特色的现代化产业体系。2023年，内江百亿级制造业新项目全部开工，实现历史性突破；规模以上工业增加值增长9.5%，规模以上工业企业产品销售率为97.2%；四川-东南亚产业合作园区〔四川首个面向东南亚的产业合作园区、川南唯一国际（地区）合作园区〕在内江揭牌。

四川省乐山市实施先进制造业发展倍增计划，搭建"一中心、四大办"工作架构（调度指挥中心、督导办公室、新赛道研究办公室、招商引资办公室、三年行动方案推进办公室），推进五个三年行动①，壮大五大优势产业②，推动园区承载、要素保障、绿色转型"三个再提升"，促进中国绿色硅谷、中国堆谷优势产业高端化发展，新型建材、绿色化工和食品饮料等传统产业新型化发展，储能、稀土、预制菜、氢能等"新赛道"产业规模化发展。目前，乐山晶硅光伏产业已列入四川省首批特色优势产业试点和战略性新兴产业集群，核技术应用产业纳入四川省23个战略性新兴产业集群。2021～2023年，乐山规模以上工业增加值年均增长10%以上，其中，晶硅光伏产业三年产值、利润、税收分别增长12倍、54倍、103倍。

作为重庆的"两江交汇地、都市核心区""经济发动机、产业主阵地""活力时尚之都、幸福宜居之城"，江北区突出高端化、智能化、绿色化，强化港城园区、鱼复园区"双核支撑"，深化"亩均论英雄"等园区配套改革，

---

① 乐山市"五个三年行动"：先进制造业招商引资，工业领域创新提质，先进制造业建链强链延链，制造业数字化转型，工业领域产业精英、领军人才、技术骨干"百千万"培养。

② 乐山市"五大优势产业"：晶硅光伏、核技术应用、新型建材、绿色化工、食品饮料。

精准服务龙头企业，梯度培育中小企业，生成更多"专精特新"和"小巨人"企业，按照标杆企业、苗子企业、种子企业三级梯队培育孵化上市公司，加快构建"22411"现代制造业集群体系①。2024年上半年，江北区151家规上工业企业实现总产值760亿元，同比增长8.4%；规上工业增加值同比增长11.2%，高于重庆市平均水平2.6个百分点，名列重庆市区县第5位；亩均税收增长16.7%，高于重庆市平均水平2.4个百分点。2023年，江北区的主导产业、战略性新兴产业集聚度分别提升至86%、41.7%。

案例1-1 重庆市璧山区：培育新质生产力，建设制造业发展新引擎

璧山区地处西部（重庆）科学城核心区，是成渝地区双城经济圈的重要节点和重庆西大门。2023年，璧山区提出"五新四城"②的新发展定位，建设成渝地区双城经济圈的重要先进制造业承载地，实施"千亿集群、百亿链主、亿元规上、万家创新"四大产业培育工程，加快构建市场竞争力强、可持续发展的现代化产业体系。

"千亿集群"指加快打造千亿级智能网联新能源汽车产业集群。璧山区抢抓新能源汽车产业发展机遇，集聚比亚迪、中国长安、青山工业等一批龙头企业，汽车产业覆盖整车、电池、电驱、底盘、转向、制动、内外饰等领域。新能源汽车电驱产业集群入选国家特色产业集群，形成"整车+三电+配套"的优势产业体系。截至2023年末，璧山区拥有规上新能源汽车产业链企业135家、"专精特新"企业67家、高新技

---

① 江北区"22411"现代制造业集群体系：智能网联新能源汽车和新一代电子信息制造2个主导产业集群；软件信息服务和智能装备及智能制造2个支柱产业集群；新能源及新型储能、先进材料、生物医药、消费品4个特色优势产业集群；11个"新星"产业集群，即生命科学、前沿新材料、未来能源、元宇宙4个未来产业集群和功率半导体及集成电路、AI及机器人、智能家居、传感器及仪器仪表、智能制造装备、动力装备、医疗器械7个高成长性产业集群。

② 璧山区"五新四城"：科技创新新高地、制造业发展新引擎、城乡融合新范例、营商环境新标杆、对外开放新门户，生态之城、儒雅之城、活力之城、一生之城。

术企业 70 家，年产值突破 600 亿元，同比增长 14.8%，成为成渝地区双城经济圈打造世界级智能网联新能源汽车产业集群的骨干力量。

"百亿链主"指全力培育新能源汽车电驱系统、转向系统、新型显示、笔电终端、军工装备、数控机床、通机设备等细分领域链主企业。"亿元规上"指培育规上工业企业产值突破亿元大关。璧山区出台整零协同、产业配套政策，以"两城三片"① 为产业空间支撑，以带动性强、牵引性强的大项目为重要抓手，用"大片区+大项目"拉动"大投资、大发展"，实施新培育百家企业产值破亿三年行动计划，以供应链优化带动中小企业提档升级，举办智能网联新能源汽车、电子信息等产业链供应链对接活动，帮助本地企业争取成渝订单。

2023 年，青山、辰致、龙润、蓝黛、大江等璧山龙头企业引领作用持续增强，累计实现产值 419.7 亿元，拉动规上工业企业产值增长 6.3%；中国长安璧山智能网联低碳产业园、比亚迪动力电池研究总院、速特新能源等 54 个项目开工建设，龙润先进汽车底盘系统、汇迪能源等 34 个项目投产；投用"专精特新"产业园，新培育"专精特新"企业 69 家、"小巨人"企业 3 家，累计分别达 201 家、14 家，规上工业企业累计达 488 家；开展百企技改升级专项行动，实施智能化改造项目 59 个，新建数字化车间 21 个、智能工厂 4 个；新增国家级绿色工厂 5 家、市级绿色工厂 6 家。

"万家创新"指培育科技孵化器、科技型企业、高新技术企业、专精特新企业"满天繁星"。璧山区完善"众创空间+孵化器+加速器"全链条孵化体系，拓宽"产业研究院+产业基金+产业园区"的科技成果转化路径。2023 年，新增高新技术企业 57 家、科技型企业 321 家，累计分别达 417 家、1908 家；12 家企业入选 2023 年重庆民营企业科技创新指数 100 强，上榜数量居重庆市区县第 1 位；新增市区级研发平台 36

---

① 璧山区"两城三片"：西部（重庆）科学城璧山片区、中新（重庆）科技城，璧中、璧南、璧北三大片区。

个、国家级博士后科研工作站 1 个；新增国家级孵化器 1 个、市级孵化器 2 个、市级众创空间 2 个。图 1-1 为青山工业现代化生产车间。

图 1-1 青山工业现代化生产车间

注：重庆青山工业有限公司系中国兵器装备集团所属国有大型工业企业，专业从事汽车动力系统的研发、生产和销售，2023 年销售收入超 95 亿元，品牌价值 106.18 亿元，拥有核心技术 135 项，成功突破 4 项国外垄断的"卡脖子"技术，荣获国家技术创新示范企业、创建世界一流专业领军示范企业等荣誉称号。

（供图：重庆青山工业有限公司）

第 2 节 成渝地区双城经济圈先进制造业协同发展的主要成效、面临的挑战和对策建议

制造业跨省协作、整体联动、分工协作、链式配套，强化相互赋能和共建共享共用，历来是川渝合作的重点。例如，2021 年 5 月，推动成渝地区双城经济圈建设重庆四川党政联席会议第三次会议提出，共同打造一批世界级产业集群，将汽车和电子信息两个万亿级产业集群作为合作重点。在随后的第四次会议和第五次会议上，先后明确共同打造装备制造、消费品两个万亿级产业集群。在 2023 年 6 月召开的第七次会议上，川渝两省市明确共同打造智能网联新能源汽车产业集群、电子信息制造业产业集群。

进一步看，"培育具有国际竞争力的先进制造业集群"是《成渝地区双城经济圈建设规划纲要》明确的重点任务，"选取一批重点领域和重点项目，两地全力支持，力争尽快产出更多成果"成为川渝两省市协同发展先进制造业的创新路径。2024 年 2 月，推动成渝地区双城经济圈建设联合办公室印发《关于做好共建成渝地区双城经济圈 2024 年重大项目实施有

关工作的通知》，明确 2024 年川渝共建重大项目 300 个，其中数量最多的
为协同建设现代产业体系项目，有 113 个，74.3%投向先进制造业，集中
在锂电池、新能源、光伏、新材料、半导体、电子信息、轨道交通、生物
医药、航空零部件、食品等优势行业。

　　合作的动力，源于双方的共同需要。制造业是重庆立市之本、强市之
基，重庆市拥有我国 41 个工业大类中的 39 个、全部 31 个制造业大类。2024
年 4 月，习近平总书记在重庆考察时指出，重庆制造业基础较好，科教人才
资源丰富，要着力构建以先进制造业为骨干的现代化产业体系。① 重庆出
台《深入推进新时代新征程新重庆制造业高质量发展行动方案（2023～
2027 年）》《重庆市先进制造业发展产业地图》《重庆市先进制造业发展"渝
西跨越计划"（2023～2027 年）》等政策文件，一体推进科技创新、产业创
新和体制机制创新，打造国家重要先进制造业中心。四川作为我国为数不
多的拥有全部 41 个工业大类、31 个制造业大类的省份，坚持把推进新型
工业化作为经济发展主引擎，因地制宜培育、引进、赋能新质生产力，统
筹推进传统产业升级、新兴产业壮大、未来产业布局"三大任务"。因此，
在 2023 年末举办的推动成渝地区双城经济圈建设重庆四川党政联席会议第
八次会议上，将共同推进新型工业化作为两地协同发展汽车、装备制造、
电子信息和消费品等世界级先进制造业集群的共同路径。

　　**一　成渝地区电子信息先进制造集群建设的主要成效、面临挑
战和对策建议**

　　（一）协同打造万亿级电子信息产业集群的创新举措

　　电子信息产业是川渝两省市创新实力最强、产业基础最好、渗透范围
最广、经济增长贡献最多的支柱产业之一，两地电子信息制造业关联度
高、互补性强，"联手打造具有国际竞争力的电子信息产业集群"已经写

---

　　① 《习近平在重庆考察时强调 进一步全面深化改革开放 不断谱写中国式现代化重庆篇章 蔡
　　奇陪同考察》，四川政府网，https://www.sc.gov.cn/10462/13241/2024/4/24/cffd7b095bf
　　04bc69200e8d1ce212cc0.shtml，2024 年 4 月 24 日。

入《成渝地区双城经济圈建设规划纲要》。

近5年来，川渝两省市推动电子信息产业率先融合，成立工作专班，共同印发《成渝地区双城经济圈电子信息产业高质量协同发展实施方案》《川渝电子信息产业"十四五"发展布局及产业链全景图》等政策规划，上线成渝地区电子信息先进制造集群公共服务平台、川渝电子信息产业重点产品产业链供需对接平台、电子信息与集成电路产业链公共服务平台，共建硅基混合集成创新中心、国家超高清视频创新中心等国家级平台，深耕"芯-屏-端-安"特色优势领域取得新突破。

例如，在新型显示领域，成渝地区双城经济圈是全球最大的OLED生产基地和中国柔性显示产业最大集聚地；在智能终端领域，全球50%的计算机整机、10%的智能手机在成渝地区双城经济圈制造，智能投影设备全球市场占有率超过15%，建成全球最大的智能终端生产基地；在网络安全领域，获批建设国内首个跨省域国家级网络安全产业园区——国家网络安全产业园区（成渝地区），在工控安全、大数据安全、商用密码、电磁防护等多个领域处于国内领先水平……

2022年11月，成渝地区双城经济圈电子信息先进制造集群获批成为全国首个跨省域国家先进制造业集群。2023年，该集群超过2000家规上企业累计实现营收1.71万亿元，占全国的比重达11.3%，较2021年提升2.1个百分点，成为全球前十的电子信息制造业聚集地。2023年末，川渝两省市启动《成渝地区电子信息先进制造集群培育提升三年行动》，提出到2025年集群主导产业规模突破2.2万亿元，初步形成世界级集群的雏形，高质高效跨省域协同发展格局基本形成；到2030年，世界级集群基本建成，产业规模力争突破3万亿元。

案例1-2　成都：电子信息产业引领制造强市建设

党的二十大报告提出"到2035年基本实现新型工业化"的目标。

在2023年7月召开的四川省委十二届三次全会上，对深入推进新型工业化、构建现代化产业体系提出"四川路径"，定下量化目标，即未来五年经济总量要超过 8 万亿元。成都作为四川省会城市、成渝双城经济圈的极核城市和中国制造业重镇，建设制造强市，是服务国之大者、省之大计。

2021 年 12 月，成都召开产业建圈强链工作领导小组第一次会议，明确要求建设集成电路、新型显示等 18 条产业链，由市领导担任链长。2022 年 4 月，成都市第十四次党代会将"制造业强市战略"写入党代会报告。此后，成都成立制造强市建设领导小组，由市委、市政府主要领导担任组长。2022 年 11 月，成都举行推进制造强市建设大会，"把制造业作为立城之本、兴市之要"进一步明确为全市的共同行动。

2023 年，成都市 GDP 为 2.21 万亿元，增速为 6%，增速比全国平均水平高 0.8 个百分点。过去 10 年，成都 GDP 总量连续跨越 12 个千亿台阶，从不足 1 万亿元到跻身 2 万亿元，常住人口总量迈过 2000 万人大关，年均人口增量超过 50 万人。在赛迪顾问发布的 2023 先进制造业百强市名单，成都居全国第 9 位、西部地区首位。制造业崛起不仅给成都经济带来增长动力，而且通过"人随产业走"的集聚效应，带动人口回流和高学历人才持续涌入，使成都成为西部地区人才"蓄水池"。

电子信息产业是成都制造强市的"领头羊"。2000 年前后，成都就将电子信息产业作为"一号工程"。2008 年，电子信息制造业成为成都承接全球产业梯度转移的先导产业，当年产值突破千亿元。历经 12 年的高速成长，成都电子信息产业于 2020 年率先突破万亿元大关，不仅成为成都乃至四川省首个万亿级产业，也填补了中西部城市万亿级产业的空缺。

近年来，随着创新驱动成为高质量发展的重要支撑，面对新质生产力、新型工业化带动的产业升级趋势，成都电子信息产业向着新一代信息技术产业全面迈进。据《成都市"十四五"制造业高质量发展规划》提出的发展目标，到2025年，支柱产业集群规模突破4万亿元，具体策略为推动电子信息与装备制造、汽车制造、轨道交通、航空航天、生物医药等重点产业融合发展，构建以"芯-屏-端-软-智-网-安"为支撑的电子信息产业体系。

高端装备制造因技术含量高处于价值链高端和产业链核心环节，历来是大国博弈、产业竞争和科技竞争的最前沿。近年来，在歼20、国产C919大飞机、"华龙一号"核电设备、新一代"人造太阳"装置、世界上首款采用高温超导技术的磁浮工程样车等大国重器上，总能看到"成都电子信息"的身影。例如，C919客舱核心控制系统、信息系统、机载娱乐系统等都是"成都造"，中航成飞、四川九洲、中电科航空电子、中电科柯林斯航空电子等川企是C919主制造商（中国商用飞机有限责任公司）的主要供应商。进而，成都顺势建成"整机-发动机-大部件-航空电子-地面设备"为链条的千亿级航空制造业。

由此可见，成都电子信息产业量质提升的重要抓手在于捕捉前沿技术和热点赛道的"建圈强链"。其一，引育"链主"企业，比如新型显示领域的京东方成都基地，带动供应链上下游企业集聚；其二，挖掘科创平台的强链、聚链功能，成都拥有7所"双一流"大学、65所普通高校、54家在川"国"字头科研院所、139个国家级科技创新平台，以及288个国家级专精特新"小巨人"产业、1.2万家高新技术企业、622万各类人才，形成庞大的电子信息产业创新资源池。

（二）协同发展电子信息产业面临的主要挑战

从宏观层面看，我国在全球电子信息产业中参与程度深、规模占比高，产业结构持续调整优化，制造大国地位稳固，但部分关键核心技术面临"卡脖子"难题，在产业链高附加值方面的布局及占比仍有急迫的突破需求和较大的提升空间。受部分欧美国家加大对华投资审查力度影响，我国电子信息产业吸引外资难度加大。受要素成本上涨和美国推动"友岸""近岸"转移影响，我国部分劳动密集型电子信息制造业面临一定转移压力。在《基础设施投资和就业法案》《芯片和科学法案》《通胀削减法案》等法案的作用下，美国本土的手机、电脑、半导体、芯片等电子信息制造业在建厂房投资总额大幅攀升，产业政策驱动下的制造业回流成效初显。另外，电子信息产业因其战略价值，正成为大国博弈的重要领域，不确定性风险累积。

从微观层面看，四川电子信息产业呈现高度集中、极核独大的特点。2023年四川电子信息产业规模超1.6万亿元，居中西部省份第1位，但成都超过1.3万亿元，占比为81.3%（2020年占比为79.4%），成都高新区电子信息产业产值在全市的占比60%以上，可见产业集中度在持续提升。四川其他城市的电子信息产业发展相对滞后或者规模较小，西南（内江）新型触控显示模组生产基地、遂宁经开区康佳电子电路产业项目、南充市临江新区电子信息产业项目、宜宾临港电子信息（智能终端）产业园、自贡高新区电子信息产业园、中国电子信息产业集团（泸州）产业园、内江大数据产业园等纳入共建成渝地区双城经济圈重大项目的产业平台，尚处于园区建设、招商引资、政策完善、服务优化等产业培育阶段，尚不具备全面参与电子信息产业链分工和供应链配套的条件。

（三）川渝新一代电子信息产业抱团冲刺世界级万亿产业集群建议

一是协同推动规模能级整体跃升。坚定实施扩大内需战略，激发市场潜力，壮大数字消费增长点，围绕消费电子细分行业建圈强链，厚植"专精特新"优势，率先在智能终端、新型显示、虚拟现实、智能光伏、先进计算、北斗应用等川渝优势领域构建跨区域产业链、供应链和配套链，提升产品竞争力、市场定价权和国际影响力。瞄准物联网设备、集成电路、智能穿戴、车载系统、智能家居、智能养老、智能育幼、AI机器人、卫星互联网等新赛道，发挥要素资源、产业配套、政策支持、合作载体等综合优势，坚持"招大引强、招新引高"，以机制创新调动产业基金和社会资本的积极性，鼓励企业开展逆周期投资，加快"整机+配套"高成长性市场主体聚链成群。整合法律服务、产品准入、渠道管理、营销推广、履约服务等涉外资源，助力"成渝造"电子信息产品"跨越山海"。

二是培育发展电子信息产业新质生产力。瞄准电子信息领域的战略性新兴产业和未来产业，结合地方实际前瞻布局新领域新业态新赛道的新质生产力资源库和项目库，鼓励大院大所大企大才牵头建设产业创新平台，以场景应用、融合先试推动前沿技术及产品创新迭代，构建大中小微企业融通、跨区域协作的创新生态。

三是深化电子信息全产业链开放合作。一体建设国家战略腹地关键枢纽地区，有序承接东部地区产业能级高、产业链带动性强、社会效益好的重大电子信息产业项目。推动川渝高校、职业院校、链主企业、行业商协会共建电子信息重点学科、特色专业和实训基地，促进专业人才扩容、提质、适配。推动新一代信息技术与智能网联新能源汽车、先进材料、装备制造等新型工业协同创新，挖掘汽车电子、能源电子、信息技术服务、数字内容服务等产业集群跨区域合作的新赛道。推广"总部+基地"、"研发+转化"、"终端产品+协作配套"、产业合作示范园区等模式，构建以"核心承载地+协同发展地"为特色的成渝地区世界级电子信息先进制造集群产业分工协作体系。

二 成渝地区双城经济圈共建高水平汽车产业研发生产制造基地的主要成效、面临挑战和对策建议

（一）协同打造万亿级汽车产业集群的创新举措

汽车产业是川渝两省市的优势产业之一，两地共有汽车整车企业45家、汽车零部件企业1600多家，全域自主配套率超过80%，形成以一汽、东风和长安为龙头，十余家整车企业为骨干，上千家配套企业为支撑的集整车和关键零部件研发、制造、销售、维修于一体的全产业链。2023年，川渝两省市共生产汽车329.3万辆，同比增长3.9%，占全国汽车总产量

10.9%；新能源汽车产量为 65.2 万辆，同比增长 35.8%；两地汽车制造业产值合计达 8100 多亿元，同比增长 7.5%，汽车出口额同比增长 61.4%。同时，成渝地区双城经济圈也是全国重要的汽车消费市场，成都和重庆的汽车保有量均超 500 万辆，居全国汽车保有量城市前十位。图 1-2 为鑫源汽车数字化车间。

图 1-2　鑫源汽车数字化车间

注：鑫源汽车旗下有 SRM 鑫源和金杯品牌商用车、SWM 斯威品牌乘用车，在重庆市涪陵区建有年产 30 万辆乘用车和 30 万台发动机的生产基地，销售服务网络覆盖全国 1000 多个县（市区），产品远销 50 多个国家和地区。

（供图：涪陵区发展改革委）

锚定合力建设万亿级汽车产业集群，川渝将汽车产业作为推进现代化产业协同发展的发力点，高位推进对话平台、合作平台、承载平台建设。近 5 年来，川渝两省市政府部门签订《成渝地区双城经济圈汽车产业协同发展战略合作协议》，联合出台《川渝汽车产业产业链供应链协同工作方案》《成渝地区双城经济圈汽车产业高质量协同发展实施方案》等政策文件，组建工作专班，共同确定汽车供应链"白名单"500 余家，在产业配套聚集、技术创新协作、应用示范融合、检测资源共享等方面协同发力，积极推动本地整车企业扩大开放跨行政区域采购市场，支持整车厂商、零配件企业、经销商、服务商、出行企业等在川渝拓展市场。2020 年 6 月，川渝两省市经信部门上线运行成渝地区双城经济圈汽车产业链供需信息对接平台，超过 3000 家企业入驻，提供法规政策宣传、业务合作撮合等精准服务，促成相互配套采购超 400 亿元。

从企业协作看，比如，重庆长安汽车集团各大主流车型搭载四川 44 家供应企业提供的零部件，带动川渝 683 家合作伙伴、12 万人就业；宁德时代、比亚迪等动力电池领军企业在川渝不断扩大投资生产规模，中创新航、吉利电池等重点项目加快正负极材料、电解液、催化剂等基础配套，推动成渝地区双城经济圈打造全国领先的动力电池和氢燃料动力系统产业基地。图 1-3 为坐落在重庆两江新区的长安汽车全球研发中心。

图 1-3　坐落在重庆两江新区的长安汽车全球研发中心

注：长安汽车全球研发中心占地 1000 余亩，项目投资 43 亿元，是长安汽车全球研发布局的中枢，拥有设计、试验、管理等 7 大功能，涵盖仿真分析、噪声振动、碰撞安全等 12 大领域，含有混合动力、空调系统、非金属材料等 180 多个实验室以及运用云技术打造的数据中心。

（供图：《汽车与运动》杂志）

从园区协同看，川渝高竹新区初步形成以汽车零部件为主的产业集群，80% 的企业配套重庆，60% 的生产原料购于重庆，90% 的产品销往重庆；四川南充营山县发挥毗邻重庆的区位优势，与重庆南岸区、合川区等加强合作，打造工业融渝"配套园"、农业供给"果蔬园"、文旅康养"后花园"，销往重庆的产品产值占相关产业总产值的近 40%，五四机械、奥龙铸造等 30 余家营山企业成为长安汽车、中船重工等重庆企业的一级配套商，营山国际工业港暨重庆配套产业园面积扩大至近9平方公里。

案例1-3　四川宜宾三江新区：打造全球一流动力电池产业集群

作为四川省首个省级新区，自2020年成立伊始，宜宾三江新区就肩负着为成渝地区双城经济圈探索区域协同发展新机制、城市转型发展新路径、产教城融合发展新模式、开放型经济发展新举措的重要使命。2020~2023年，宜宾三江新区GDP迈上4个百亿级台阶，人口增加近20万，在校师生突破10万人，在全国百强城市新区排名中跃升至第15位，核心区临港经开区在全国230家国家级经济技术开发区中的排名由第29位上升至第22位。2023年，宜宾三江新区规上工业总产值突破1556亿元，GDP实现530亿元，同比增长16.2%。

作为宁德时代在西南地区的重要战略布局，四川时代公司落户宜宾三江新区，项目规划10期，总占地面积超6000亩，建成行业全球首家零碳工厂及宁德时代第2座"灯塔工厂"。而后，宜宾三江新区紧扣"链主+配套+应用"发展路径，融入宁德时代资源合作网络，围绕"时代系"引进一批集"上游原材料-电芯-新能源汽车-回收利用"于一体的绿色循环全产业链项目，共建一流产业生态圈，从而在动力电池行业盘整期实现逆势增长。2023年，宜宾三江新区动力电池产值达860亿元，锂电池出货量超过96GWh，占全省的90%以上、全国的15%、全球的8%，动力电池特色小镇获批四川省首个动力电池特色小镇，千亿级全球一流动力电池产业集群成势起航。

作为四川省首批近零碳排放示范区和全国首座花园式能源港，宜宾三江新区东部产业园能源港集光伏发电、储能应用、充换电、低碳交通管理于一体，建成1座大型停车场、199个停车位，配建131个充电接口、2座重卡换电站、1座1000度电的储能设备、1套V2G充放电系统等，可满足每日1000辆车次新能源汽车的充电需求和120辆电动重卡车次的换电需求，年充换电量将最高可达2500万度，通过光伏储能充电、雨水循环系统、雨水生态花园、被动式节能建筑及可再生材料应用等举措，年实现碳减排约 2.5 万吨。

重庆两江新区的整车智能化与集群化具备比较优势，整车年产量占重庆市总量的 70%。聚焦新能源汽车产业，宜宾三江新区与重庆两江新区鱼复新城共同获批"首批成渝地区双城经济圈产业合作示范园区"，在产业配套合作、技术创新协作、应用示范融合、招商引资联合、重点产品互采等方面开展合作，共建跨省域汽车零部件协同配套基地。目前，两地已形成一批标志性合作成果。例如，两地企业产品互采订单金额超 80 亿元；宜宾普鑫新能源科技有限公司由宜宾企业普什集团与鱼复新城企业智联实业合资成立，取得宁德时代的供应商资格。

2024 年 7 月，新能源乘用车国内零售渗透率首次突破 50% 大关，标志着我国汽车市场全面进入新能源车占主导地位的新时代。除了在传统汽车零部件方面的深度合作外，川渝两省市正携手共建世界级智能网联新能源汽车产业集群。比如，成都初步构建起"车-路-云"协同的车城网，四川聚集 100 余家国内外头部企业，智能网联测试能力在国内处于第一梯队，正通过软件、人工智能与汽车产业深度融合，打造集标准制定、检测检验、示范应用、国际合作于一体的公共服务平台；重庆长安汽车与成都华川电装、四川瑞创汽车合作，联合研发新能源汽车驱动电机，试制新产品工程样车；成都富临精工与重庆青山工业联合研发的电磁阀产品，成功摆脱该产品的进口依赖；长安、赛力斯等重庆新能源汽车龙头企业与电子科技大学、重庆大学等高校联合开展技术攻关、人才培养等产学研用合作。图 1-4 为赛力斯超级工厂全景航拍图。

（二）协同发展汽车产业面临的主要挑战

当前，全球汽车产业发展进入转型升级的关键窗口期，电动化、网联化的趋势更加凸显，绿色化、智能化的共识正在加快凝聚，但中国汽车产

图 1-4　塞力斯超级工厂全景航拍图

注：总部位于重庆沙坪坝区的赛力斯集团是以新能源汽车为核心业务的技术科技型
汽车企业，现为 A 股上市公司，业务涉及新能源汽车及核心三电等产品的研发、制造、
销售及服务。

（供图：赛力斯集团股份有限公司）

业大而不强的总体格局并未彻底改变。传统汽车企业转型升级、新一代动
力电池及自动驾驶等关键技术攻关的突破、产业链供应链调整优化、降价
潮和裁员潮等恶性竞争，以及市场竞争秩序维护、地缘政治博弈等方面，
还存在不少结构性挑战和不确定性风险。

　　随着新能源和智能网联等新赛道进入存量竞争的调整期，成渝地区双
城经济圈协同发展汽车产业仍存在要素配置、创新能力、金融资本等约束
性问题。比如，全球领先的整车、关键零部件与核心系统的本土龙头企业
缺乏，多为招引域外企业功能板块；新能源汽车本地配套率仅 30% 左右，
远低于传统燃油汽车的 80%，电机、电池、电控及汽车后市场等新赛道的
研发生产、本土配套尚处于起步阶段；汽车行业专业技术人员多集中在成
都、重庆的中心城区，以及区域龙头企业总部基地，其他城市的人才储备
与产业目标定位有较大差距；不少新能源汽车企业仍停留在传统制造模
式，缺乏产品和技术研发能力。

　　（三）川渝共建世界级智能网联新能源汽车产业集群建议

　　一是共建整零协同、软硬结合、场景牵引、数字赋能、自主创新、
品牌提升的智能网联新能源汽车产业生态，推动品牌向上、产品向上、

产业链向上。发挥整车企业、细分领域龙头企业和重大项目的引领作用，带动新能源"大小三电"关键零部件及基础原材料技术提升和产业集聚，建立优势互补、风险共担、收益共享的利益共同体。按照"智能便捷、适度超前"的建设原则，联动成渝"氢走廊""电走廊""智行走廊"等重大应用场景建设。基于自然环境、气候条件和产业生态，打造各具特色的车路协同测试场景，创办品牌赛事活动，优化新技术应用体验，推动智能网联新能源汽车产业与交通、物流、金融等行业深度融合，发掘新场景、新业态和新模式。推动成渝燃油汽车配套企业加快转型发展，开发适用于智能网联新能源汽车的覆盖件、结构件、模具、轻量化材料等适配现有生产要素储备的配套产品。发展废旧动力电池回收利用、报废汽车拆解和汽车零部件再制造等业态。加强高标准安全监管，保障产业链供应链稳定。

二是推动智能网联汽车"车-路-网-云-图"一体协同发展。加快产业"智改数转"，因地制宜建设产业大脑、数字化车间、智能工厂，鼓励整车企业联动零部件、软件等企业开展关键技术自主创新，支持跨界力量全面参与成渝汽车"新四化"[①] 发展，场景化引育电池技术、电动驱动系统、操作系统、智能座舱、自动驾驶、车联网、数据服务、毫米波雷达、集成电路、人工智能等"满天星"创新主体，以汽车工业全栈技术的大融合加速形成新质生产力。推动整车及关键零部件、核心系统的龙头企业、创新主体与科技型领军企业强强联合，研制跨界协同新品。

三 成渝地区双城经济圈共建世界级装备制造产业集群的主要成效、面临挑战和对策建议

（一）协同打造万亿级装备制造产业集群的创新举措

目前，川渝形成在装备制造细分领域各有所长的产业体系。重庆装备制造形成风电、轨道交通、工业机器人等多个特色产业集群，有规上企业

---

① 汽车"新四化"：电动化、网联化、智能化、共享化。

1100多家，从业人员18万人。四川作为国内重大技术装备制造基地和动力设备制造基地之一，大型发电成套设备、石油钻采设备和核电装备等的产能、研发处于国内领先水平，相关科研院所和规上企业达3000多家。进一步看，川渝装备制造业关联程度高、互补性强，具备一体化高质量发展的基础条件，共建世界级装备制造产业集群水到渠成。

在2021年举行的推动成渝地区双城经济圈建设重庆四川党政联席会议第四次会议上，审议通过《成渝地区双城经济圈共建世界级装备制造产业集群实施方案》，提出到2025年要初步形成世界级装备制造产业集群，核心指标即川渝装备制造业主营业务收入合计超过1万亿元。2022年，川渝装备制造业合计实现营业收入14023.7亿元，提前3年完成目标，可见两地装备制造业已经具备较好的发展潜力和协同效能。图1-5为重庆齿轮箱有限公司生产车间。

图1-5 重庆齿轮箱有限公司生产车间

注：重庆齿轮箱有限公司是国内最大的硬齿面齿轮研制造基地之一，拥有国家级企业技术中心，两次荣获国家科技进步奖二等奖，以及国家科技创新示范企业、中国齿轮行业最具影响力企业等荣誉称号。

（贺志付 摄）

2023年1月，川渝两省市经信部门联合发布"数字赋能成渝地区双城经济圈先进产业集群建设"城市机会清单，共发布电子信息、汽车、装备制造三大产业典型应用场景、新兴技术、智慧产品和解决方案的供需信息293条，释放540亿元投资机遇，而装备制造业的供需信息达151条，占51.5%，再次显示出装备制造业对川渝合作的重要性。

从近年的成效看，川渝重点围绕"两核一带"① 发展能源装备、航空航天装备、轨道交通装备等高端装备制造业。比如，2023 年成渝地区双城经济圈轨道交通全产业链生产总值突破 4000 亿元，形成集新造、检修、配件、运维、服务于一体的全产业链布局；西南交通大学、成都市政府共建的轨道交通未来产业科技园入选科技部、教育部批复的未来产业科技园区建设试点名单，西南交通大学轨道交通运载系统全国重点实验室参与编制我国首部时速 400 公里高铁的设计规范——《成渝中线高速铁路设计暂行规范》；重庆建成全球最大的山地城市轨道网络，重庆轨道交通 24 号线（一期）是第一条全自动驾驶轨道交通线路，重庆中车时代电气股份有限公司联合西南交通大学、重庆轨道交通研究院等单位，完成严苛的供电系统技术方案。

川渝两省市的装备制造企业"你中有我，我中有你"的互为配套合作持续深化。比如，重庆两江新区的中船海装风电有限公司是从事风电装备系统集成设计及制造、风电场运维服务的全球新能源 500 强企业，其风电供应链要求"专业分工、联合攻关、就近配套"，一批具备产品和技术优势的四川企业成为中船海装的供应商；川崎（重庆）机器人工程有限公司和一汽丰田汽车（成都）有限公司同为中日合资企业，且产品互补，两家企业互动频繁，后者从前者采购机器人，用于焊接、涂装、总装等生产线；重庆川仪自动化股份有限公司是四川石化的仪器仪表设备供应商，与四川石化开展仪器仪表专用设备联合研发，有 200 多名技术人员常驻四川石化，负责全厂所有常规仪表仪器的运维、检修；中冶赛迪装备有限公司是中冶赛迪集团的研发中试基地、核心产品生产基地、装备制造集成基地，在成渝地区双城经济圈布局绿色冶金装备供应链。其生产车间见图 1-6。

---

① 两核一带："两核"为成都德阳地区、重庆中心城区，"一带"为 G93 成渝环线高速产业协作发展示范带。

图 1-6　中冶赛迪装备有限公司生产车间

（供图：江津区德感工业园发展中心）

案例 1-4　四川德阳：建设世界级重大装备制造基地

　　装备制造业是德阳市传统优势产业，拥有以中国二重、东方电机、东方汽轮机、东方锅炉、东方风电等为代表的大型骨干企业，以东方阿海珐、东电中型电机、耐特阀门等为代表的高新技术企业。四川省委赋予德阳"建设世界级重大装备制造基地和成渝地区双城经济圈制造强市"的重大使命。德阳出台《德阳市机械装备产业发展规划（2023~2027 年）》等政策规划，提出以场景需求为牵引，清洁能源装备主导的"2+2+2+1"机械装备产业体系[①]为发展主体，智能制造为主攻方向，构建开放型、综合型的机械装备研发、制造和服务体系，实现产业发展的效率跃升、结构优化和规模倍增。

　　作为联合国清洁技术与新能源装备制造业国际示范城市挂牌园区、首批国家新型工业化产业示范基地、成德国家高端能源装备产

---

①　德阳"2+2+2+1"机械装备产业体系：主导领先型产业包括高端能源装备、先进冶金装备 2 个产业，配套增强型产业包括轨道交通装备、通用航空装备及航空零部件 2 个产业，引进培育型产业包括新型农机装备、新能源汽车和智能网联汽车 2 个产业，基础支撑型产业包括高端机床、工业机器人等一揽子产业。

业集群核心区，德阳经开区坚持"源网荷储"一体化发展，推进主导产业高端化、智能化、绿色化"三化转型"，前瞻布局氢能、机器人、新型储能等总投资 900 亿元的战略性新兴产业和未来产业，打造四川省"智改数转"示范园区，与重庆空港工业园区合作创建首批成渝地区双城经济圈产业合作示范园区，开展装备制造、军民融合、汽摩制造、电子信息、先进材料等产业分工协作配套。2023年，德阳经开区清洁能源装备产值 754 亿元，同比增长 11.7%，入选四川省绿色低碳优势产业重点园区、四川省战略性新兴产业集群（东方电气装备产业园），建成上百个智能工厂和数字化车间，东方汽轮机、东方电机入选国家智能制造试点示范行动，研制生产 50 兆瓦重型燃机、东方风电 18 兆瓦海上风电机组等诸多"首台套"产品。

建设世界级重大装备制造基地，离不开科技创新和成果转化。2023 年 8 月，中国机械工业联合会向德阳授予"中国装备科技城"称号。中国装备科技城定位为"三大中心"①，空间布局为"一城六园"②，有望与西部（成都）科学城、中国（绵阳）科技城共建四川科技创新金三角和成渝地区双城经济圈科技创新中心的新引擎。东方电气风电股份有限公司具备直驱、双馈、半直驱三种主流技术路线风力发电机组及其配套核心部件研发制造能力，产品批量出口多个国家。图 1-7 为东方风电自主研制的首台 18 兆瓦半直驱大功率海上风电机组，在广东省汕头市风电临海试验基地成功完成吊装，这是全球已安装的最大功率等级海上风电装备。

---

① 中国装备科技城"三大中心"：世界一流的高端装备制造中心、全国领先的装备技术策源中心、川渝重要的装备产业备份中心。
② 中国装备科技城"一城六园"："一城"为立足成渝、服务全国、面向世界的中国装备科技城；"六园"为德阳大学科技园、东方电气装备产业园、装备整机制造园、装备零部件产业园、装备材料产业园、装备软件产业园。

图1-7　东方风电自主研制的海上风电机组

（供图：《德阳日报》）

（二）协同发展装备制造业面临的主要挑战

从宏观环境看，社会消费品零售总额和房地产市场增速回落，终端需求疲软正向装备制造业等中游传导。生产端受阻风险正在累积，产业外迁趋势加剧，美西方加紧对我产业打压，持续影响我国装备制造产业链供应链安全稳定。预期方面，市场自发性投资预期转弱，加之其他行业去库存的背景下，装备库存积压攀升，影响装备企业投资扩产意愿。

成渝地区双城经济圈装备制造布局多集中在市场竞争激烈、利润较低的行业，生产企业多但规模以上企业少，不少企业的自身发展能力和产品竞争力不强。比如，重庆有农机装备制造企业近200家，得益于区位优势，发展丘陵山区农机装备制造潜力较大，但农机装备规模以上企业年产值仅占全市装备制造业的4%左右，适合丘陵山区种收关键环节的农业机械和智能化农机装备缺乏。另外，部分高端装备制造的关键共性技术、先进工艺、基础原材料、零部件等受制于发达国家，导致高端数控机床、高端工业机器人、增材制造装备、智能传感及检测设备、电子生产成套设备、激光生产成套设备等具备在区内布局条件的高端装备制造尚未形成强劲竞争力。

（三）川渝共建世界级装备制造产业集群建议

一是推动高端装备高质量发展。瞄准成渝、国家重大战略需求，发挥成渝装备制造联盟及行业商协会的桥梁纽带作用，推动龙头企业、链主企业联合高等院校、科研院所和上下游企业共建"下游应用场景牵引、上游协同攻关"的产业链供应链供需对接和联合攻关合作机制，提升机器人、无人机、工业母机、大飞机、清洁能源装备、轨道交通装备、仪器仪表、农机装备、安全应急装备等重点领域的国际竞争力。加快新一代信息技术在装备制造的普及应用，构建"一链一网一平台"重塑产业链协作模式。发挥产业创新中心、技术创新中心、制造业创新中心、试验验证平台、科技资源共享服务平台等创新平台作用，支撑和服务关键共性技术研发，引育装备制造新质生产力。稳步推进重点行业设备更新改造，通过规模化应用有序促进整机、关键部件及核心技术的迭代升级。

二是加强川渝装备制造产业链供应链合作。聚焦清洁能源装备、轨道交通装备、航空航天等重点领域，以产业合作园区为重要载体，打造"两核一带"成渝装备制造产业生态圈，推动"产业基础高级化、产业链现代化"深层次协同发展。挖掘长江经济带、西部陆海新通道、中欧班列等增量市场机遇，发挥政府间协作机制、创新联合体、行业联盟等作用，推动成渝装备制造企业抱团拓展国内外市场。统筹抓好煤、电、水、气、运等生产要素协调，联合发布装备制造业机会清单、重点产品目录，共同引育顶尖团队、卓越工程师，引导金融服务向高端装备企业、专精特新企业和前沿创新技术倾斜。

四 成渝地区双城经济圈共建世界级先进材料产业集群的主要成效、面临挑战和对策建议

（一）协同打造万亿级先进材料产业集群的创新举措

年产值 5000 亿元以上的材料产业是重庆产业基础再造的主力军和工业绿色发展的主战场，2023 年规上材料产业增加值增长 10.3%，高于全市平均水平（6.6%），为工业增长领头羊。进一步看，先进材料门槛高、效益

大、产业链带动能力强，被誉为制造业的"底盘技术"。在重庆"33618"现代制造业集群体系中，先进材料是三大万亿级主导产业集群之一，轻合金材料是6个千亿级特色优势产业集群之一，前沿新材料、纤维及复合材料是18个"新星"产业集群之二。在重庆"416"科技创新布局中，新材料被列为四大科创高地之一。据《重庆市先进材料产业集群高质量发展行动计划（2023~2027年）》，通过发展"4+4+N"先进材料产业体系①，先进材料产业年产值突破1万亿元，同步完成材料产业升级和产值翻番。图1-8为武骏重庆光能有限公司现代化生产车间。

先进材料产业是四川重点发展的五大万亿元级支柱产业之一，正加快打造保障国家重要初级产品供给的战略基地和具有国际影响力的先进材料产业基地，全省有18个市（州）、80多个园区将先进材料作为主导产业，建成全球第一的钒制品生产基地、全球重要的光伏材料生产基地、全国最大的钛原料加工基地，锂电、光伏等特色先进材料产业全球领先，新型电子材料等新兴产业发展壮大，电炉短流程炼钢行业成为全国示范。

四川省政府批复的《遂宁市国土空间总体规划（2021~2035年）》将遂宁明确为"锂电之都"，全市规模以上锂电企业已达36户，磷酸铁锂（锂电新材料）产量居全球第1位、锂电池PCB板产量居西南地区第1位，年产值突破580亿元。重庆大学锂电及新材料遂宁研究院、四川大学国家技术转移中心遂宁分中心、南昌大学重庆研究院、中物院成都科学技术发展中心、重庆长安新能源汽车科技有限公司联合成立川渝锂电及新材料科创技术联盟，组建锂电材料检验检测中心，构建以遂宁为中心、辐射成渝的"锂资源开发—锂电材料—锂电池—终端应用—综合回收利用"全周期产业链条。

赛迪顾问新材料产业研究中心发布的《2024化工园区综合竞争力百强

---

① 重庆"4+4+N"先进材料产业体系：发展先进有色金属材料、先进钢铁材料、先进化工材料、先进绿色建材等四大先进基础材料产业，培育新能源材料、特种功能材料、新一代信息技术材料、储能材料等四大关键战略材料产业，培育气凝胶材料、石墨烯材料、未来材料等N个前沿新材料。

研究》报告显示，自贡沿滩高新区川南新材料化工园区位列百强名单第94，与铜梁高新区、长寿经开区等园区合作，探索"飞地园区""总部+基地"等模式，初步形成以氟化工新材料为主导，新能源新材料、精细化工为两翼的产业布局。与之对应，重庆铜梁区的380家规上企业中，有120余家与成都、遂宁、自贡、宜宾、南充等地企业开展产业配套、科技创新、人才流动等合作。总部位于自贡的四川征洋钢化玻璃有限公司是川南地区生产规模最大、品种最全、技术含量最高的玻璃深加工企业，在铜梁区成立重庆其洋玻璃科技有限公司，建成年产3000万套玻璃门窗的生产线。凯盛（自贡）新能源有限公司在铜梁区成立凯盛君恒药玻（重庆）有限公司，主营生产中性硼硅及高硼硅玻璃制品，建成投产后预计可实现年产值30亿元。

图1-8 武骏重庆光能有限公司现代化生产车间

注：武骏重庆光能有限公司由隶属于中国制造业民营企业500强四川和邦投资集团的四川武骏光能股份有限公司在江津区白沙工业园成立，是川渝光伏新材料产业合作的一个范例，建成年产8GW光伏组件生产线和日产1900吨光伏玻璃生产线，通过引进专业人才，加大研发投入，将光伏玻璃深加工综合成品率提高至97%，2GW的光伏组件A品率达98.5%，均接近行业最优值，2024年上半年，公司产值突破12亿元，同比增长19%。

（供图：江津区白沙工业园发展中心）

四川眉山彭山经济开发区处在成都半小时经济辐射圈内，将锂电、晶硅光伏、化工新材料、金属新材料等先进材料作为产业突破点，发展"成都研发+彭山转化""成都转移+彭山承接"等产业协作模式，建立园区和企业间的"保姆式直通车服务"，2 年时间引聚 61 家先进材料企业，新增投资 360 亿元，2023 年规上工业产值达 137 亿元，比 2020 年增长了近 6 倍，其中先进材料产业产值占比 75.2%。为促进产业高质量发展，当地政府联合企业和高校组建创新联合体，71.8% 的先进材料企业建成技术中心，开展人才培养、技术攻关、检验检测、成果转化等产学研用协同合作。

案例 1-5　长寿经济技术开发区："招大育强+聚才科创"蝶变
具有全球影响力的先进材料高地

长寿经开区深耕天然气化工新材料、硅基新材料、新能源新材料三条赛道，绘制产业图谱，打造"链主+龙头+骨干+配套"产业布局，集聚 29 家世界 500 强企业、69 家跨国公司、64 家上市公司，高新技术企业达 136 家，入驻企业 957 家，集群化发展态势显现，获批长江上游一流综合性化工基地、国家新材料基地和国家级循环经济示范园区，2023 年先进材料产值达 227 亿元，占重庆市的 1/4，在商务部 230 家国家级经开区综合发展水平考核中列第 36 位，连续两年居西部第 3 位、重庆第 1 位。

据中国材料研究学会发布的《中国新材料产业发展报告（2023）》，到 2025 年，重庆材料产业将新增人才需求 1.36 万人。长寿经开区同重庆市人社局合作共建先进材料人才专区，与中国材料研究学会、重庆市科学技术协会等联合发起"长江上游新材料产业协同创新联盟院士专家智库"，与重庆市经信委、重庆市教委等共建重庆市市域产教联合体（先进材料）①，形成以才促产、产教融合、产研合作的坚实人

---

① 重庆市市域产教联合体（先进材料）由重庆市经信委、重庆市教委指导，九龙坡区政府、长寿区政府主导，以长寿经开区、九龙坡西彭工业园区为载体，由重庆大学、重庆电力高等专科学校、重庆化工职业学院、中国铝业集团高端制造股份有限公司、重庆川维化工有限公司等联合发起，拓展产教融合发展方式，建设服务成员单位技术研发、成果转化的孵化器和加速器。

才支撑。同时，长寿区成立科技创新工作专班，建设先进材料创新中心、成渝新材料生态港和新材料产业数据库，累计培育区级及以上研发平台 140 家、科技型中小企业 277 家、高新技术企业 136 家，为"人尽其才"创造机会、提供舞台。

长寿区建立制造业数字化转型赋能中心，提供数字技术供给、数字化转型方案提供、创新资源对接、商业机会发现、数据交易支持等综合服务，支持先进材料企业"智改数转网联"变革。比如，重庆博腾制药科技股份有限公司建成智能化制剂外包服务基地，关键设备数控化率达 95%，关键设备联网率达 100%，生产效率提升 57.6%，获评国家级智能制造示范工厂、市级"灯塔工厂"种子企业和首批市级技术创新中心。

（二）协同发展先进材料产业面临的主要挑战

全球先进材料产业总体面临资源分布不均和科技多元化、分立化发展等挑战。引领现代化产业发展的先进材料大部分源自发达国家，发达国家在关键材料领域保持主导地位，而发展中国家则面临贸易争端和产业升级的压力，全球先进材料产业竞争日趋激烈。由于历史原因，我国先进材料产业起步较晚，主要集中在钢铁、有色金属、化工、建材等量大面广的中低端产品。尽管我国材料科学高水平论文数量高居全球第 1 位，且占比近 50%，但前沿性、基础性的原始创新总体处于"跟跑"阶段，不少领域研发与应用脱节。在运载工具、能源动力、高档数控机床和机器人、国防军工等高端制造领域，基础原材料和关键原辅料自给率、精细度不足，行业数据库和标准需要更新完善，材料加工智能化水平需要进一步提升。

对成渝地区双城经济圈而言，在外部环境挑战加剧的现实下，面临传统材料产业转型升级和先进材料培育迭代的双重挑战，绿色低碳发展和新旧动能转化的任务紧迫，创新能力建设和高端产品研制有待加强，产业载体建设和空间布局仍需完善，区域竞争协调、跨行政区产业协同和重点产业链补链强链的挑战依旧艰巨。

（三）川渝共建世界级先进材料产业集群建议

一是联动推进先进材料产业企业引育和集群建设。建议川渝两省市经信部门联合编制先进材料产业图谱、产业链招商目录和城市机会清单，建立先进材料企业培育库和园区数据库，共引共育先进材料龙头企业和专精特新企业。锚定强链、补链、延链、固链关键环节，努力突破企业培育、产业创新、集群打造、产业融合、公共服务等关键环节和薄弱环节，共建具有核心竞争力、特色鲜明、布局优化的先进材料产业集群。

二是共育发展先进材料新质生产力。推动川渝地方政府、园区、企业、高校科研院所等共建先进材料联合创新平台，以产业发展推进器、新兴项目孵化器的高定位，揭榜挂帅等竞争方式，协同开展原始创新、场景创新、联合攻关、成果转化等政产学研用金服深度合作。鼓励先进材料龙头企业、链主企业的技术中心升格产业创新联合体，与上下游企业协同开展应用示范、检验检测、联合攻关等产研创新。推动先进材料企业与智能网联汽车、智能装备、5G通信、节能环保等下游用材重点企业的合作，实现需求导向的原材料开发、产品设计、生产端、应用端等全链条联合创新，尽快形成有较强自主能力和竞争力的细分优势领域。

第3节　成渝地区双城经济圈数字经济协同发展的主要成效、面临的挑战和对策建议

2020年以来，川渝有关政府部门签订《川渝网信领域协作框架协议》《成渝工业互联网一体化发展示范区战略合作协议》《川渝信息通信业双向推动成渝地区双城经济圈建设战略合作协议》《深化成渝地区双城经济圈大数据协同发展合作备忘录》等超过百份数字经济协同发展合作协议，联合出台《共建成渝地区工业互联网一体化发展示范区实施方案》等多项政

策文件，组建川南渝西大数据产业联盟、西南数据治理联盟、成渝地区区块链应用创新联盟、万达开数字经济产业联盟等多个数字产业联盟，数字双城经济圈机制建设日益完善。2023 年，川渝两省市数字经济核心产业增加值合计突破 7000 亿元，占两地 GDP 总量的比重达 8.2%。重庆社科院、数字重庆大数据应用发展有限公司和重庆日报联合发布的《重庆数字经济蓝皮书（2022）》指出，川渝数字经济迈入全国一流方阵。

案例 1-6　共建数字双城经济圈，为数字经济创新发展试验探路

2019 年 10 月召开的第六届世界互联网大会上，国家发展改革委公布重庆、四川为国家数字经济创新发展试验区，要求重点探索数字产业集聚发展模式，完善新型基础设施，开展超大城市智慧治理，加强数字经济国际合作，以智能化应用为重点，促进互联网、大数据、人工智能和实体经济深度融合，实现成渝城市群高质量发展。2020 年 3 月召开的推动成渝地区双城经济圈建设四川重庆党政联席会议第一次会议提出，成渝地区双城经济圈共建国家数字经济创新发展试验区。《重庆建设国家数字经济创新发展试验区工作方案》《国家数字经济创新发展试验区（四川）建设工作方案》均将"共建数字双城经济圈"作为重点任务。

重庆针对管理单元多、桥梁隧道多、高层建筑密度大、地下空间复杂、社会治理风险点多、"大城市病"制约宜居宜业宜游等问题，以"市—区县—镇街"三级数字化城市运行和治理中心为抓手，聚焦党建统领、经济发展、设施运行、社会治理、应急动员、文明创建、生态景观、生产生活服务八大领域，搭建"专班、板块、跑道"多层级工作机制，建成一体化智能化公共数据平台，构建量化闭环的数字化履职能力体系、公共服务体系、制度规范体系、安全保障体系，用数字化改革引领工作体系重构、业务流程再造、体制机制重塑，实现城市运行和治理全域覆盖、全程感知、全时响应、全景赋能。目前，三级治

理中心汇聚600万余件事件，每天实时办理约3万件，办结率达94%；
聚焦办事人"急难愁盼"问题，上线80余件"一件事一次办"，办事环
节、办理时间、申请材料分别减少74.6%、72.3%、60.1%。永川区落
实数字重庆战略构建的"131"智治架构见图1-9。

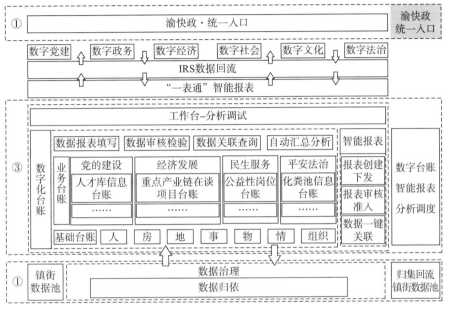

图1-9 永川区落实数字重庆战略构建的"131"智治架构

（供图：上游新闻）

针对数据要素流通出现的"有数不敢供""用数找不到""有数
不会用"问题，成都出台《成都市公共数据运营服务管理办法》，建
设"成都数据公园"，构建"公共数据+非公共数据"一、二级开发
利用模式，即"管住一级"，由市政府授权本地国资企业（成都数据
集团）作为数据要素市场一级开发主体，依托政务一体化大数据平台
汇聚数据，按"一场景一授权"方式，由市城市运行和政务服务管理
办公室（市城运办）、市数据局共同向一级开发主体供给公共数据；
"放活二级"，由二级开发主体从一级开发主体获取一级公共数据产
品，进行二次开发，形成带有场景业务属性的数据应用产品。具体见

图 1-10。

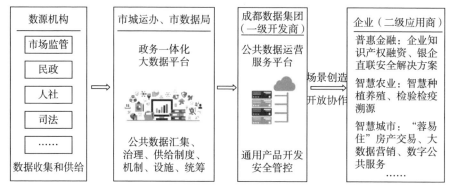

图 1-10　成都"管住一级、放活二级"数据资源开发利用模式

　　四川德阳围绕数据要素市场化配置改革面临的资源少、效率低、定价难、成本高、安全风险大等难题，实施编制《智慧德阳规划》、建设德阳城市大脑、开展数据治理工程、探索数据要素改革"四步走"战略，建成以数据资源中心、数据加工中心、数据资产评估中心、数据授权托管中心、数据资产登记平台、数据资产交易平台为核心的"四中心两平台"，形成以数据赋能为核心、数据价值实现为目标、基础制度和技术平台为保障的数据要素流通交易体系。德阳天府数谷建设四川数据要素产业园，发展集数据采集、治理、存储、传输、开发等于一体的新业态。

一　成渝地区双城经济圈数字经济协同发展的主要成效

（一）共建数字基础设施全面推进

　　2020 年 5 月，川渝两省市工业和信息化、通信管理部门共同签署《成渝工业互联网一体化发展示范区战略合作协议》，打造网络、平台、安全、产业、应用、生态六大体系，联合开展公共服务平台建设、工业软件攻关、产融对接、"百城千园行"活动等重点任务。2021 年 5 月，工信部批复川渝两省市共建"成渝地区工业互联网一体化发展示范区"，成渝地区双城经济圈成为继长三角之后第二个跨省域的国家级工业互联网一体化发展示范区。

川渝两地经信部门联合印发的《2023年成渝地区工业互联网一体化发展示范区建设工作要点》提出，共同培育综合型、专业特色型工业互联网平台等，强化成渝地区工业互联网一体化公共服务平台应用推广，集聚一批数字化转型服务商，促进企业普遍上云用云；重庆两江新区、涪陵区、九龙坡区、南岸区、北碚区、江津区、梁平区，与四川成都市、德阳市、绵阳市、遂宁市、宜宾市、达州市、眉山市"点对点"合作，形成跨行政区组团发展，推动工业互联网区域产业协作共兴。

在政府指导和各方协同下，工业互联网标识解析国家顶级节点（重庆）形成以重庆为核心、成渝联动、辐射西部省市的网络体系，截至2024年6月末，上线标识解析二级节点51个，接入企业节点超3.6万家，覆盖西部10省市的21个垂直行业。以白酒行业为例，工业互联网标识解析国家顶级节点（重庆）为每瓶白酒发放"数字身份证"，记录不可篡改的生产、质检、物流、销售记录，消费者扫描瓶盖或者瓶身的二维码，即可完成一次标识解析和信息查询，实现供应链透明化，保证产品品质可信、可视、可追溯。

川渝两省市通信运营商推动渝黔高铁、兰渝高铁、渝昆高铁、渝湘高铁重庆段等交通干线5G网络专项覆盖，实现成渝间交通干线沿线工业园区、重点城镇、旅游景区等5G网络全覆盖。比如，川渝电信公司推动重庆、成都国家级互联网骨干直联点互联带宽能力扩容，实现东西向流量快速疏导，强化成渝集群流量互访，优化光缆路由，保障川渝各城市间网络传输时延低于5毫秒；川渝移动公司推出补卡、交费、投诉处理等无差别跨区服务，联合开展"智慧社区""数字乡村"行动，提升基层数字服务水平；川渝联通公司建设千兆宽带城市群，实现城区和乡镇的宽带网络接入普遍达到千兆，推广"川渝一家亲专属资费""川渝专属国内通用流量包"等优惠产品，新增信息查询、取消/恢复手机上网流量封顶等多项跨区服务。

案例1-7 "东数西算"成渝枢纽：共建区域领先的先进计算产业

过去我国数据中心大多分布在东部地区，由于土地、能源等资源日趋紧张，在东部大规模发展数据中心难以为继。而我国西部地区可再生能源丰富，具备发展数据中心、承接东部算力转移的潜力。为此，国家实施"东数西算"工程，充分发挥我国体制机制优势，从全国角度一体化布局，在西部地区构建新型算力网络体系，促进东西部协同联动。2022年2月，国家发展改革委、中央网信办、工业和信息化部、国家能源局四部门同意成渝地区启动建设全国一体化算力网络国家枢纽节点，重点发展高密度、高能效、低碳数据中心集群（天府数据中心集群和重庆数据中心集群）。

天府数据中心集群先期建设成都市双流区、郫都区、简阳市3个起步区，以成都科学城超算产业集聚区、成都西部智算产业集聚区、成都东部云计算和边缘计算产业集聚区为载体。四川还在绵阳、德阳、雅安、宜宾、达州等地建设一批城市内部数据中心，在其他市州建设500机架以下的数据中心，从而形成"群-城"互补、"云-边"协同的全省一体化数据中心体系。目前，四川省算力总规模约10EFLOPS[①]，根据《中国综合算力指数（2023年）》报告，四川综合算力指数在全国排名第10位，信息传输能力指数在全国排名第5位。2021年6月，国家超级计算成都中心通过科技部验收，获批国家新一代人工智能算力开放创新平台，与重庆人工智能创新中心等对接合作，共建成渝地区双城经济圈算力调度平台，已为1500多个用户提供计算资源、软件开发、人才引育、重大科研项目开发、计算产业化推广五大类服务，累计完成超7700万个作业数。

重庆数据中心集群先期建设两江新区水土新城、西部（重庆）科

---

① EFLOPS：每秒进行10万亿次浮点运算的能力。

学城璧山片区、重庆经济技术开发区 3 个起步区，已投产 2 个超大型数据中心、11 个大型数据中心、40 个边缘数据中心、3 个智算中心和 1 个高性能计算中心，建成重庆智能计算制造基地、重庆鲲鹏计算产业生态中心、重庆人工智能创新中心、重庆市数字经济（先进计算）产业园等产业载体，累计算力规模约 10EFLOPS。

（二）共建数字产业生态在多个细分领域取得突破

近 5 年来，川渝大数据管理部门签署超过 100 份合作协议，建立联席会议机制，成立数字成渝合作专班，重点推动数字新基建、政务数据共享、数据服务、"互联网+监管"、大数据立法、大数据标准制定等领域合作。比如，四川省大数据中心与重庆市大数据应用发展局共同推动两地政务网跨域联通，建立川渝数据共享服务专区，联合发布三批次政务数据共享责任清单，涉及两地共 64 个部门、1544 类数据资源目录清单，实现 3.75 万类政务数据资源可共享，共建成渝一体化数字资源枢纽底座；《重庆市大数据发展管理条例》《四川省政务数据资源管理办法》均设置区域数据合作条款，共同制定大数据地方标准，促进大数据治理互联互通。

2020 年 3 月，重庆、成都同时获批科技部支持的建设国家新一代人工智能创新发展试验区，"有力推动成渝地区双城经济圈创新发展"是两座城市人工智能创新发展的共同任务，重庆要"发挥产业链优势，提升人工智能对经济社会发展的支撑能力"，成都要"依托重大应用场景和科教资源，加强人工智能研发创新"。而后，川渝人工智能产业愈加互动频繁，比如，成都大数据产业技术研究院与重庆渝隆集团联合建设重庆大数据人工智能创新中心，投资孵化川渝大数据智能化产业项目；腾讯等数字科技头部企业面向成渝地区双城经济圈举办 AI 高校赛和区域赛，"以赛代研"的方式帮助高校学子深耕人工智能前沿领域；成都科技企业孵化器协会、成都天使投资协会、重庆孵化器协会、重庆高新技术企业协会等联合发起成渝智能科技加速计划，为扎根、信任成渝的创新团队提供科创服务。

成都率先在全国设立市级"首版次软件产品"① 政策，独创"蓉贝"政策②，打造"程序员之家"，形成软件和信息服务集群"1+3+N"布局③，在工信部 2023 年中国软件名城评估中排名第 6 位，居中西部城市首位、副省级城市第 4 位。软件信息服务业是重庆"33618"现代制造业集群体系的 3 个 5000 亿级支柱产业之一，实施"满天星"行动计划，以校企共建"超级工厂"的方式培育软件人才，2023 年软件产业产值达 3152 亿元。成都天府软件园与重庆两江软件园签署合作协议，联合发起成渝软件产业联盟，在两江新区设立天府软件园（两江园），促进两地软件企业跨区域发展。成都、重庆、德阳、绵阳、眉山、雅安等地软件产业园联合发布《区域合作重点行业需求与软件供给能力清单》《促进区域软件产业协同发展倡议书》，推动区域软件产业合作。

2022 年 4 月，国内首个跨省域国家级网络安全产业园区——国家网络安全产业园区（成渝地区）获工信部批复建设。目前，川渝网络安全产业年产值合计超 1000 亿元，共引进 300 多家网络安全头部企业，建成 90 多个技术研发和应用转化的创新中心、创新实验室、网络攻防靶场和适配基地，承担 160 多个网络安全类国家级、省部级科技项目，在工控安全、密码产品、电磁防护、大数据安全等多个领域处于行业一流水平。据川渝两省市经信、网信等部门联合印发的《成渝地区双城经济圈网络安全产业高质量协同发展行动计划（2023～2025 年）》，到 2025 年，川渝网络安全全

---

① 首版次软件产品：产品功能或性能有较大突破，在该领域具有技术优势或者打破市场垄断，产品质量可满足行业使用需求，具有自主知识产权且首次发布销售并处于市场推广初期的软件产品。

② "蓉贝"政策：由成都市经信局等部门联合推出，通过设立"蓉贝"项目评选，识别和奖励在软件产业做出杰出贡献的企业和个人，以推动成都市软件产业创新发展。

③ 成都软件和信息服务集群"1+3+N"布局：1 个核心发展区为成都高新区，3 个特色发展区为成都科学城、锦江软件园、电子科技大学国家大学科技园，N 个协同发展区为武侯区、金牛区、龙泉驿区等一批区（市）县。

产业链规模争取超 2000 亿元，构建安全保障能力互通、安全信任服务互信、安全基础测评互认的一体化网络安全体系。

（三）场景驱动产业数字化合作

2022 年 10 月，重庆南岸区、重庆经开区、中国信息通信研究院西部分院共建的成渝地区双城经济圈产业数字化赋能基地建成投用，功能定位为产业数字化的科普体验中心、应用展示中心、测试验证中心、培训实训中心、交流推广中心和创新孵化中心，可完成 2000 项以上的数字化转型测试验证服务。其中，测试验证中心建设标识解析应用、工厂内外网络、工业互联网安全等测试床，为企业基于工业互联网技术创新提供解决方案验证、平台功能和产品性能测评；培训实训中心重点面向工业互联网与智能制造、物联网开发与集成应用等领域，开展实训、认证、竞赛、研学等培训服务。

川渝搭建数字服务企业与制造企业的合作桥梁，推广"产业大脑+未来工厂"产业数字化模式。比如，重庆忽米网络科技有限公司与重庆宗申集团合作，开发汽摩"产业大脑"和数字孪生工厂，链接宗申集团 300 多家上下游企业，提供要素共享协同的数字服务，工厂生产的自动纠错能力提升约 10.6 倍，作业自动化率增长约 10.1 倍，管理协同人员减少约 42.5%，人均产出提升约 145.5%；领克汽车成都工厂应用重庆广域铭岛数字科技有限公司开发的 Geega 工业互联网平台，从汽车设计图纸到"冲焊涂总"各环节的海量数据全部得以融通和应用，各个部件尺寸形成"尺寸链"，机器人一旦检测到不符信息，即可在线报警，降低质量损失成本 13%，订单交付周期缩短 15%，物流调度效率提升 10%；重庆中科摇橹船信息科技有限公司是国内首家完整掌握光、机、电等设计开发能力的人工智能企业，为重庆赛力斯新能源汽车智慧工厂提供软硬件系统架构，实现关键生产程序 100% 自动化，仅需 2 分钟便能生产一辆智能网联新能源汽车。

案例1-8　重庆两江新区：数字化引领和加速经济社会高质量发展

两江新区以明月湖协同创新区为核心，全力建设重庆数创园①，创新"场景+基金+政策"三位一体数字产业培育模式，谋划区域级、行业级场景数字化项目，设立100亿元产业基金，打造具有竞争力的特色数字产业集群。当前，两江新区集聚数字经济活跃市场主体近万家，数字经济增加值占重庆市的比重达1/3，软件和信息服务业近5000家、从业人员超10万人，累计实施智能化改造项目350个，先后建成智能工厂22个、数字化车间107个，总量位居重庆区县第一。

两江新区实施制造业数字化转型专项行动，推动"一链一网一平台"建设和推动中小企业"上云上平台"。作为重庆汽车产业的"主阵地"，两江新区招引集聚华为、梧桐车联、纵目科技、大陆软件等头部企业，完善汽车软件等关键配套环节。比如，长安汽车与华为合作，聚焦智能网联汽车的智能驾驶系统及增量部件的研发、生产、销售和服务，联合推出多款爆款新能源汽车。

2023年以来，两江新区着力建设区级数字化城市运行和治理中心、街道数字化基层治理中心，促进业务应用集成部署、统建统用、多跨融合，实现平台部署、基础设施、数据资源、能力组件、应用建设、标准规范"六个一体化"，提升数字党建、数字政务、数字经济、数字社会、数字文化、数字法治、基层智治七大系统应用绩效，构建全局"一屏掌控"、政令"一键智达"、执行"一贯到底"、监督"一览无余"的数字化协同工作场景。

两江新区将数字赋能当作民生改善的"扬帆船"和老百姓的"暖心剂"，让"数字重庆"建设惠民有感。比如，两江新区在全市率先启用营业执照智能审批2.0系统，申请人可直接通过"渝快办"线上

① 重庆数创园的全称为国家数字经济创新发展试验区核心承载体暨卫星互联网产业园，是《数字中国建设整体布局规划》发布后国内首个启动建设的大型数字经济产业项目。

申报开办企业，时间由1个工作日压缩到2分钟；推出"新生儿出生一件事"等改革，将过去部门间办事面临的多次跑、多头跑、环节多、时间长等工作堵点，优化为网上办、一次办、马上办；运用AI计算对生态环境进行全天候、全要素监测，实现数据互联共享、业务协同处置、监管智慧高效，环境问题发现率增长75个百分点，处置率提升近六成。

二　成渝地区双城经济圈协同发展数字经济面临的主要挑战

（一）战略共识到落地实施见效的发展环境亟待进一步优化

数字经济已成为各级政府的重点战略，各地出台系列法规政策，拿出真金白银培育发展，但是重庆和成都的中心城区、数字产业园区的数字经济规模质量远超成渝地区双城经济圈其他城市（城区），这与互联网、数字终端、新基建等同步普及形成倒挂。部分中小城市沿用传统产业政策和监管规则招引数字企业，对于促进本地数字经济发展面临实操不适用、靶向不精准的问题。由于直接经济指标不显著，部分城市忽视培育规范服务"最后一公里""最后一百米"的民生保障、基层治理、社区服务等场景的数字企业。由于就业创业数据难以全面掌握，网商、直播带货主播、短视频播客、网约车司机、快递小哥、外卖小哥等新业态从业人员难以得到精准扶持和充分社会保障。

（二）应用创新做大规模与原始创新做强质量的协同矛盾进一步加深

基于利益驱动，在成渝地区双城经济圈创业、落户、经营的部分数字平台在做大规模后，出现恶意价格战竞争、打压同业中小创新者、侵占消费者和供应链中小微企业合法权益等乱象。不少传统行业中小微企业由于能力短板和缺乏共性支撑平台，数字化转型成本高企、自发零散、质量不高，甚至一些企业"不愿转型、不敢转型、不会转型"。由于芯片、操作系统、行业标准等核心技术、底层架构被西方发达国家垄断或者高度依赖海外市场，一旦发生贸易摩擦、经济危机便会导致供应链受阻，除了大量利润被分走，还可能直接影响本地数字企业生存法则和数字经济安全。

（三）技术作恶风险影响经济社会健康运行

数字经济发展滋生了用户个人信息泄露和非法利用、数据非法流动、网络洗钱、侵犯知识产权等违法犯罪风险，尽管有关法律划出了数据安全红线，但大量公众对数据安全缺乏全面认识，维权意识低；同时，一些技术应用创新不可避免会触及监管盲区和伦理底线，增加了全链条全领域监管的难度。部分头部数字平台发展为超大型混业经营集团，单一监管部门对跨界场景的商业逻辑和技术逻辑存在专业知识瓶颈，加之在成渝地区双城经济圈经营的市场主体多为分支机构，联合监管执法需要完善协调机制。

三　川渝共建国家数字经济创新发展试验区建议

（一）一体化推进成渝数字产业融合协同发展

聚焦集成电路、新型显示、智能终端等成渝优势领域，以及人工智能、区块链、数字文创等高成长性、高带动性创新应用，协同打造具有国际竞争力的万亿级电子信息产业集群、"云联数算用"要素集群和"芯屏器核网"全产业链。围绕数字平台、龙头企业、链主企业、产业载体、典型客户等，联合打造数字产业合作示范园区，引育服务成渝"智造"、适应国家战略腹地建设的数字创新主体，打造自主可控、具有较强竞争力的数字产业生态。促进大中小微数字企业融通发展、协同发展、抱团发展，搭建数字化共性技术支撑平台、国际技术转移中心、产业技术创新中心。支持电商平台、数字平台以数据要素和数字科技赋能生产企业、服务企业，促进商旅文体健等幸福经济的多行业跨界融合，以"智能+"消费生态体系稳促扩升消费。

（二）一体化推动新型基础设施共建共用和互联互通

以"场景创造+生态构建"新模式，深入推进"东数西算"工程，协同建设全国一体化算力网络国家枢纽节点（成渝），就近消纳西部地区绿色能源，构建服务新质生产力的新型数据中心、工业互联网、人工智能、大模型、区块链、元宇宙等普惠泛在的升级版数字新基建，促进"网云数智安边端链"深度融合。大力发展先进计算产业，搭建"超算+智算+通算+边缘计算"组成的算力供给体系。基于细分场景并依托绿色能源建设分布式柔性智能算力中心，降低计算门槛和算力成本，促进小微企业普及应用数智工具。探索打造安全、可信、可控、可计量、可追溯的成渝数据交易平台和专区，促进数据在不同场景的按需应用和价值体现。依托电力交易市场、碳排放交易市场，探索开发专项算力交易品种，以市场机制合理体现算力成本，科学调度算力资源和发展绿色安全计算。

（三）一体化推动数字经济与实体经济的深度融合

充分利用新一代信息技术，对传统产业实施全方位、全业务、全流程的数智化改造，促进各类市场主体供应链、经营链、生产链、消费链等按需"上云用数智赋"。促进数字技术与三次产业的融合应用，共建成渝工业互联网一体化发展示范区，打造示范性工业互联网平台、产业大脑、未来工厂，培育数字贸易、数字供应链、数字旅游、数字旅游、金融科技等数字服务新业态。继续支持平台经济、共享经济、分享经济、集成经济等新经济发展，实现消费互联网与产业互联网的融合发展。

（四）一体化推动数字"善治"和区域"智治"

推广数字重庆建设经验，聚焦推动高质量发展、创造高品质生活、实现高效能治理面临的突出问题，推动有关城市因地制宜迭代升级数字底座和体系架构，联通跨区域一体化智能化公共数据平台，分类贯通各类场景应用，"一屏掌控"指挥、调度、执行，提升政务服务、公共服务、基层治理的数字化支撑和服务能力。完善政府监管、行业自律、社会监督机制，发展监管科技、合规科技，防治技术作恶、平台垄断和资本无序扩张。探索产业沙盒、创新加速器等新型包容性监管和初创数字科技企业协同孵化机制。探索在川渝自贸区建设数字经济自贸区，推动构建数字贸易化、贸易数字化的双边或多边数字治理规则体系。

第 4 节 成渝现代特色高效农业带建设的主要
成效、面临的挑战和对策建议

成渝地区双城经济圈地处中亚热带湿润季风区，气候温润、雨量充沛、四季分明，是中华农耕文明发源地之一，境内兼具平原、盆地、丘陵、山地等多种地形，造就了资源物产的多样性，素有"粮猪安天下"的说法。除粮食作物外，境内桑蚕茧、茶叶、麻类、油料、中药材等经济作物品类繁多、特色鲜明，促进了农业种植类型的多样化，并推动了当地农村家庭作坊和手工业的较早较快发展。

一 川渝农业发展现状概述

川渝两省市耕地面积合计约为 1.09 亿亩，占全国耕地总面积的 5.7%，是西部地区农业生产条件最优、集中连片规模最大的区域之一。川渝两省市耕地复种指数较高，形成了夏收作物、秋收作物、晚收作物一年三季的耕作模式，近年来粮食年产量稳定在 4500 万吨以上，占全国的 6.9% 左右；油料年产量 400 万吨以上，占全国的 12.4% 左右；常年生猪出栏量保持在 8000 万头以上，猪肉产量长期保持在 600 万吨以上；川渝拥有"三品一标"①农产品累计超 1 万个，农产品总体抽检合格率保持在 97% 以上，涪陵榨菜、江津花椒、奉节脐橙、泸州桂圆、合江荔枝、邛崃黑茶、纳溪特早茶等农产品区域品牌价值居全国前列。图 1-11 为泸州张坝桂圆林旅游区。

---

① 三品一标："三品"指无公害农产品、绿色食品、有机食品；"一标"指农产品地理标志产品。

图1-11 泸州张坝桂圆林旅游区

注：泸州桂圆栽培史不下2000年，可上溯到汉代。作为北回归线以上桂圆次适宜地带最集中的具有上百年历史的桂圆树人工造林，张坝桂圆林旅游区保留有15000多株桂圆树、2000多株荔枝树、1000多株桢楠树、其他树木53000多株，是中国内陆桂圆种质基因库，素有"江畔氧吧，绿色天堂"之称，被四川省政府列为"永久性绿色保护区"。

（供图：泸州市江阳区人民政府办公室）

案例1-9 四川遂宁："十个全省率先探索"[①]"六大整区域推进行动"[②] 打造"优秀"等次的乡村振兴先进市

近年来，遂宁锚定建设现代化农业强市，按照"大地景观化、庭院果蔬化、农村田园化、产业特色化、城乡一体化"发展思路，落实"五级书记抓乡村振兴"具体要求，坚持党委、政府主导、主推、主抓，大力开展"美丽乡村全面振兴"对标竞进行动，全域建设新时代更高水平"天府粮仓"样板区，加快绘就"百村示范、千村共富、城乡融合、全域和美"新画卷。2021~2023年，遂宁连续三年获省级乡

---

① 遂宁乡村振兴"十个全省率先探索"：率先探索构建"精致农业"体系，率先探索集体建设用地点状供地模式，率先开展生猪活体临时收储，率先建设高标准农田整区域推进示范市，率先创建"四好农村路"示范市，率先整市建设农业投入品废弃物回收处理体系，率先开通承包经营权信息应用平台，全市存量变型拖拉机率先实现清零目标，率先实施市级乡村人才振兴，率先开展全日制大专学历提升5年行动并全额补贴学费。

② 遂宁乡村振兴"六大整区域推进行动"：整区域建设高标准农田、整区域推进"五良"融合产业宜机化改造、整区域构建"1+21+N"农机社会化服务体系、整区域构建农业技术服务推广体系、整区域打造"鱼米之乡"、整区域开展第三次全国土壤普查先行示范。

村振兴实绩考核"优秀"等次，获评省级乡村振兴先进市。

遂宁以"产业精深、经营精细、产出精品、服务精准、装备精良、景观精美"为现代特色高效农业发展路径，成片成带成规模发展粮油、畜禽、菌菜、水果、药材、水产等六大特色产业和10万亩渝遂绵优质蔬菜生产带核心示范基地，打造品种好、品位高、品相佳、品质优、品系全、品牌响的"遂字号"特色农产品，构建粮经饲统筹、农林牧渔并举、产加销贯通、农文旅融合的"精致农业"招牌。

遂宁在全省率先制定田园、家园、乐园"三园一体"的精品村建设方案，以"村容村貌美、服务设施美、生态环境美、富民产业美、社会和谐美"为新标准，以"全域化理念、精细化工夫、标准化提升、品牌化经营、数字化融合"为新途径，开展乡村绿化、村庄洁化、水体净化、杆线序化、道路美化、庭院靓化六大专项治理，高水平建设新时代"成渝之星·和美乡村"精品示范村。

二 成渝现代特色高效农业带建设的创新举措和主要成效

2021年12月，川渝两省市办公厅联合印发《成渝现代高效特色农业带建设规划》，规划范围涵盖成渝地区双城经济圈全域，定位为全国现代农业高质量发展示范区、全国城乡产业协同发展先行区、全国农业农村改革开放先行区、西部农业科技创新示范区，提出通过建设"一轴、三带、四区"①，到2025年，第一产业增加值达7100亿元，蔬菜产品达5700万吨，绿色、有机、地理标志农产品认证数量超4500个，农村居民人均可支配收入超过2.3万元。

---

① "一轴、三带、四区"："一轴"为建设成渝主轴现代高效特色农业一体化发展示范区，范围包括遂宁、资阳、内江、潼南、大足、荣昌等；"三带"为沿长江现代高效特色农业绿色发展示范带、沿嘉陵江现代高效特色农业转型发展示范带、渝遂绵现代高效特色农业高质量发展示范带；"四区"为重庆主城都市区都市现代高效特色农业示范区、成德眉资都市现代高效特色农业示范区、渝东北川东北现代农业统筹发展示范区、川南渝西现代农业融合发展示范区。

从川渝合作成效看，两省市有望提前完成上述主要目标。比如，2023 年，川渝两省市第一产业增加值合计 8131.28 亿元，其中，重庆第一产业增加值达 2074.68 亿元，增长 4.6%，占全市 GDP 的比重为 6.88%，农村居民人均可支配收入达 2.08 万元；四川第二产业增加值达 6056.6 亿元，增长 4.0%，占全省 GDP 的比重达 10.07%，农村居民人均可支配收入达 2.00 万元。

（一）川渝农业合作机制系统推进

农业农村部、四川省人民政府、重庆市人民政府建立部省市共建成渝现代高效特色农业带联席会议机制。川渝农业农村部门陆续签署现代农业合作、农村生态环境保护、动植物疫情及农作物重大病虫害联防联控、农业科技合作等一揽子协议，协同发展现代高效特色农业的路径进一步清晰：强化重庆与成都的"双核"引领，推动成渝中部现代农业崛起，带动沿线、沿江、沿界农业协同发展，通过实施重大项目开发、园区建设、农产品加工、农业科技创新、市场品牌打造等方面战略合作，促进城乡要素资源合理流动和高效配置，率先在西部地区实现农业农村现代化。

川渝农业农村部门建立人才交流、指挥调度协调、信息共享、案件移送会商、联合执法等跨区域执法协作机制，两地 22 个市区县签订农产品质量安全、渔政等领域协作协议，推动与司法等其他部门的协作。比如，重庆合川、四川武胜等川渝毗邻区域农业农村执法部门在交界水域开展联合整治非法捕捞等违法行为；重庆渝北、四川资阳等市区县协同办理动物违规调运等跨省市大要案。

2024 年 9 月，作为庆祝中国农民丰收节的专题活动，由川渝两省市发展改革、农业农村、规划与自然资源等机构联合主办的成渝地区双城经济圈农村资源要素推介会在重庆、成都分别召开。两地农村产权交易所联合推出土地综合整治、高标准农田改造提升、农文旅综合体建设、闲置农房及闲置宅基地盘活、农产品销售等近 600 宗项目的农村资源资产投资机会清单。重庆农村产权交易信息平台延伸到全市 39 个区县，打通与国土空间地理信息平台、"渝农经管"等数据接口，联动成都农村产权交易所等，为城市资本下乡架桥铺路。四川推进成都、德阳、眉山、资阳四市农村产权交易服务体系、运行规则、数字信息化、鉴证与应用、结算及风险防控"五统筹",截至2024年8月末,累计成交各类农村产权5万宗,总面积442万亩,总交易规模达1933亿元。

重庆永川区吉安镇和四川泸州市泸县立石镇是川渝两个毗邻镇。2023年12月,吉安镇5个村与立石镇5个村分别注资,联合组建川渝首个跨省市强村公司——重庆市永泸强村农业开发有限公司。泸州因盛产白酒而对高粱需求量大,永川因盛产豆豉而对大豆需求量大,永泸强村公司成立后,第一项重点工作就是推广"高粱-大豆"间作并轮作一季油菜的带状复合种植模式,共享种子、农技、农机等服务,实现种植面积达1.1万亩,平均亩产值达3600元。两镇水稻种植面积接近4万亩,在稻谷被加工成大米的过程中,细糠、糠壳等附产物可用于酿酒等多用途,销路不愁,两镇引进职业经纪人,共建大米加工链,立石镇负责仓储等设施建设,选址吉安镇寒泸村建设加工厂,搭建起"农产品生产-加工-销售"体系。接二连三,两镇整合乡村旅游资源,开发跨区域一日游线路,共创集文创休闲、研学拓展等于一体的综合旅游目的地。目前,两镇共建的川渝融合泸永现代农业示范园扩展到核心区2.3万亩、拓展区1.5万亩、辐射带动区12万亩。

围绕共建遂潼川渝毗邻地区一体化发展先行区,四川遂宁和重庆潼南深化"遂宁鲜""潼南绿"合作,联合出台《遂潼现代高效特色农业带建设规划》《渝遂绵优质蔬菜生产带遂宁、潼南实施方案》,农业合作从"重协同"转向"一体化"。尤其是两地以15个毗邻乡镇为主体,联合实施"邻聚党建"工程。在乡镇层面,由毗邻的2~3个乡镇组建党建联盟,乡镇党委书记每年轮流担任轮值主席,每季度召开1次联席会议。在村级层面,由毗邻的3~4个行政村组建联村党委,以股份制形式成立跨村产业合作社,实行"双理事长"负责制,共享资源、项目、技术、市场、信息,共建集体经济合作园区,以产业连片发展带动集体经济增收。

重庆市黔江区自古就是蚕桑之乡。乘着成渝地区双城经济圈建设的东

风，黔江区构建茧丝绸和蚕桑生物两大产业集群，全产业链综合产值突破
10亿元。进一步看，黔江区与南充市、绵阳市、宜宾市、自贡市、广安
市、凉山州等四川蚕桑产业较为发达的市州合作，建立基地联建、企业联
动、产品互通、引资互荐、营销共推、农旅融合等合作机制，共同打造
"成渝新丝路·蚕业新经济"渝南绵广宜蚕桑产业示范带。黔江区与南充
市共建蚕桑科技创新联盟，在种质资源开发、蚕业机械装备应用、科技成
果转化、技能人才交流等方面开展产学研用合作。黔江区在全国率先开展
蚕茧收益保险机制①试点，并参照宜宾市珙县、高县，南充市仪陇县，广
安市武胜县，绵阳市涪城区五地蚕茧价格，探索市场跟价机制，体现优茧
优价，该项做法受到中办调研组的肯定。

（二）农业科教领域合作稳步推进

2020年11月，重庆市农业科学院、四川省农业科学院联合川渝100
多家农业机构，发起成渝地区双城经济圈农业科技创新联盟，开展"专家
田间晒成果、农民云端选技术"成果推介会、川渝稻油轮作与新建高标准
农田高产高效种植现场观摩会、"农科专家进基层、农业科技市州行"等
推介活动，并围绕川渝主要粮经作物新品种选育、"四新"②重点科技攻
关、"五良"融合示范基地③建设、高素质农业人才培养等方面，开展科技
合作项目近60项，总经费达5100万元。比如，川渝水产科研机构联合培
育的"川江1号"填补了我国长吻鮠新品种的空白，重庆市农业科学院选
育的"Q优12"优质稻在四川绵阳推广种植1万余亩。

在川渝两省市的教育、农业农村部门指导下，重庆三峡职业学院、成
都农业科技职业学院、四川现代农业职业教育集团等50多家农业类职业院
校、科研院所、企业共同发起成渝地区双城经济圈现代农业产教联盟，创

---

① 蚕茧收益保险机制：蚕茧市场价格行情下跌至预期收益鲜级茧目标中准价之下时，由保
险公司对其进行保险理赔补足，保障蚕农最低收益。
② 农业"四新"指新品种、新技术、新装备、新模式。
③ "五良"融合示范基地：按照"良田、良制、良种、良法、良机""五良"融合的工作要
求，高标准打造绿色增粮示范基地。

新"专家大院+田间学校"的农技推广模式，实现专业共建、科研共进、师资共享、人才共育。

（三）跨省农业合作园区示范引育农业新质生产力

为推进成渝现代高效特色农业带建设和农业领域的经济区与行政区适度分离改革提供探路示范案例，川渝两省市于2021年6月设立3个跨省农业合作园区，包括四川达州市开江县和重庆梁平区合作共建的稻渔园区、四川内江隆昌市和重庆荣昌区合作共建的生猪和粮油园区、四川资阳安岳县与重庆大足区合作共建的粮食和中药材园区。

案例1-10　梁平·开江合作示范园区：共建稻渔全产业链

明月江支流文化河发源于梁平区文化镇，流进四川达州市开江县任市镇叫任市河，再次进入梁平区新盛镇又叫新盛河，最后又流回任市镇。在同一条河流的滋养下，开江县成为四川全域推进高标准农田建设10个试点县之一，新盛镇（大米）获评重庆市"一村一品"示范镇。2021年10月召开的达州市第五次党代会明确提出，支持开江县建设"成渝远方·田城开江"城市品牌，农业合作是开江县融入成渝地区双城经济圈建设的首要任务。同年，成渝现代高效特色农业带梁平·开江合作示范园区启动建设。

长期以来，川渝地区水产消费市场供不应求，小龙虾、大闸蟹等特色水产多依赖外省进口。开江县与梁平区相距70公里，仅一河之隔，山水相依、田园相连、人文相亲，围绕稻渔全产业链合作，市场前景广阔。

两地政府确定梁开合作示范园主要涉及梁平区新盛镇和开江县任市镇，总规划面积8.16万亩，其中核心区面积5.98万亩，拓展区面积2.18万亩，建立"边界党建"工作领导小组及区域党建联席会议制度，共同出台《成渝现代高效特色农业带开江·梁平合作示范园区经济区与行政区适度分离改革实施意见》《成渝现代高效特色农业带开江·梁平合作示范园区总体规划》，以"川越梁平·渝见开江"为品牌形象，构建"一环一廊三圈层"协同发展格局①，共建政策互通、科技互融、信息共享、品牌共建、产业互补的紧密型政产研用联合体，共创"稻田+"产业融合发展先导区。

值得关注的是，尽管同处梁平·开江合作示范园区，但两镇农田发展侧重不同，任市镇以稻渔为主，新盛镇以稻油、稻菜轮作为主。两镇在水产、水稻各具优势，合作则实现互补。鉴于此，梁开合作示范园依托龙头企业，集合两地专业合作社、家庭农场等经营主体，组建"稻田+"产业联合体，构建"政府基础投入引导+运营商提供要素支撑+创业主体发展效益单元"运营机制，在关键技术分享、优良种质资源开发、产业互助、冷链物流、产品精深加工、电子商务等领域开展全方位合作。2023 年，梁开合作示范园水稻产量达 1.03 万吨、水产产量达 1170 吨，建成稻渔综合种养基地 1.87 万亩，稻渔亩产值近 3000 元。开江县稻渔现代农业园区见图 1-12。

图 1-12　开江县稻渔现代农业园区

（供图：川观新闻）

---

① "一环一廊三圈层"协同发展格局："一环"为梁平·开江现代农业合作发展环线，"一廊"为滨水田园景观走廊，"三圈层"为"联盟桥"协同发展核、"稻田+"融合发展区、"稻田+"绿色主产区。

案例1-11 "双昌"（重庆荣昌区和四川内江隆昌市）现代农业合作示范园区："三个融合"促互利共赢

内江荣昌现代农业高新技术产业示范区是唯一一个以农业农村为主的川渝毗邻地区功能平台。"双昌"现代农业合作示范园区由荣昌和内江在毗邻地区共建，规划总面积19.6万亩，涉及荣昌区和隆昌市的"七镇一街道"。两地成立由区（市）委、区（市）政府分管负责人任指挥长的合作示范园区建设指挥部，建立工作专班、联席会议制度，确保合作事项有人抓、可落地、见成效。

总的来看，两地通过"三个融合"实现共建合作示范园区的互利共赢。其一，党建融合。比如，荣昌区龙集镇与隆昌市石碾镇共建川渝合作"新风小院"，组织两镇村民共同学习党的二十大精神，促进两地村民友好往来；荣昌区安富街道普陀村党总支与隆昌市石燕桥镇三合村党委签订缔结友好村合作协议，探索党建引领人才共育、产业共兴的创新路径；荣昌与隆昌共同出资、共同出人、共同建设园区科技文化馆，设立科普展示区、农特产品及非遗展示区、党校（职业技术）培训区等功能载体。

其二，产业融合。结合资源禀赋和产业基础，两地按照坡上猪场-油茶和果树种养循环、水田稻渔综合种养、旱地高粱-油菜轮作的模式进行布局，推行"生产+科技+加工+服务"一体化发展，形成园区名称、规划设计、主导产业、建设标准、政策标准、管理服务、科技服务"七统一"共建机制。比如，突出荣昌猪、内江猪地方优良品种保护开发，共建国家优质生猪战略保障基地和种猪供种高地；建成40万亩"宜机宜耕、能排能灌、高产稳产、旱涝保收"的高标准农田，共建国家级稻渔综合种养示范区，实现"一水两用、一田双收"；培育休闲观光、科普教育、农事体验、美食文化等农旅新业态，共建成渝地区双城经济圈环都市乡村休闲旅游目的地。

其三，科技融合。依托西南大学、重庆市畜牧科学院、内江农科院等科研院校和国家生猪大数据中心、国家生猪技术创新中心等国家级平台，两地围绕生猪、稻渔、柑橘等特色产业深化产学研合作，在合作园区建立博士专家工作站、科研试验基地、科技专家大院，普及开展现代化生猪养殖、水稻新品种和新技术推广、鱼菜和稻渔共生等农业新质生产力项目。

二　成渝现代特色高效农业带建设面临的主要挑战

（一）全域农业亟待向"优、绿、特、强、新、实"全面提升

重庆集大城市、大农村、大山区、大库区于一体的特殊市情决定了区域、城乡发展差距较大，部分地区现代农业产业链条不完整、特色化不足、效率效益偏低，农业机械化水平、乡村数字化水平、农业科技进步贡献率有待进一步提升。四川距农业强省仍有一定差距，部分地区农田基础设施薄弱，有效灌溉面积和宜机作业高标准农田占比较低，农业创新链、加工链、人才链亟待补短板，农产品加工业产值与农业总产值之比低于全国平均水平，附加值有待提升。

（二）乡村振兴短板制约农业现代化发展

在经济结构性下行压力加大的背景下，成渝地区双城经济圈内革命老区、民族地区、边远农村、易地扶贫搬迁地区等后发地区的经济内生发展动力亟待加强，防止脱贫群众返贫工作面临较大压力，巩固拓展脱贫攻坚成果与乡村振兴有效衔接需要精准施策并建立长效机制。城乡要素交换不平等、公共资源配置不均衡等制约城乡融合发展的体制机制障碍在部分地区依然存在，农村用地难、贷款难、人才缺乏等问题突出，返乡、入乡要素高效流动和配置的机制还不健全。受国内外农产品价格波动影响，生产配置与价格波动失衡，部分农业经营主体面临不确定性风险。部分村集体经济组织竞争力不足，农民持续增收和共同富裕缺乏支撑。

（三）现代高效特色农业协同发展机制亟待健全

成渝地区双城经济圈中不少城市农业发展面临山地丘陵占比高、土地细碎分散、农村劳动力老龄化、传统农业生产率偏低、农业现代化装备和

农产品市场竞争力不足、财政支农和金融支农增幅有限等现实困难，一些跨行政区的农业合作园区和项目尚处于前期投入和探索探路阶段，川渝涉农法规、政策、要素、市场主体等同标同质、双向流动、协同发展的长效机制不健全，地方保护主义、恶意竞争等仍有出现。

三　成渝地区现代高效特色农业带高质量发展建议

（一）共同打造成渝优势特色农业产业集群

健全耕地数量、质量、生态"三位一体"保护制度体系，集成配套良田、良种、良机、良法，推动主要粮油作物大面积单产提升，优化蔬菜、生猪、水产品等"菜篮子"产品供给，强化"天府粮仓""巴渝粮仓"建设。因地制宜发展生态特色产业，提速提质发展食品及农产品加工业。在川渝平坝和浅丘地区加快建设国家优质粮油保障基地，打造生猪生产基地、渝遂绵优质蔬菜生产带、优质道地中药材产业带、长江上游柑橘产业带、安岳-潼南柠檬产业区、渝南绵广蚕桑产业带、长江上游渔业产业带、全球泡（榨）菜出口基地等国家级产业集群，建好用好农业现代化示范区、跨省农业合作园区等合作平台。引导川渝毗邻农村地区联合打造产业载体、集体经济组织、基层党建联盟等协作组织，共同提升特色农业规模和效益。推进农文旅深度融合，在川渝毗邻地区建设乡村旅游集聚区（村），打造跨行政区的乡村休闲旅游精品线路，培育生态康养、休闲露营、农耕体验、旅游民宿、小农户创意、都市微农业等新业态。

（二）加强成渝农业科技协同合作和深化改革

加快推动具备条件的城市与涉农高校、科研院所、学术团体、重点企业、行业联盟等共建农业科技创新与技术转移服务中心、西南特色作物种质资源库、西部农业人工智能技术创新中心、国家现代农业产业科技创新中心、蚕桑丝绸科技创新联盟、丘陵山区农业装备研发中心、农作物重点实验室等创新平台，联合实施区域农业重大产学研用合作项目。培育发展农业新质生产力，探索"产业大脑+未来农场+未来工厂+未来市场"新模式。规范发展"强村公司"，鼓励集体经济组织通过投资、参股等市场化方式设立合作社。以小农户为基础、新型农业经营主体为重点、社会化服务为支撑，构建"农业企业+农民合作社+家庭农场"联动发展机制。联通川渝农业农村大数据平台，实现"人、物、地、事、财"要素资源关联，建设农产品"一码通"。实施规划、科技、经营、资金进乡村和能人、青年、务工人员回乡村"四进三回"行动，实效推动城乡融合发展。

（三）联合拓展农产品市场

建立成渝地区双城经济圈统一的农产品质量安全追溯网络，围绕"川菜渝味"区域公用品牌打造地理标志农产品、特色农产品认证等"品牌簇"，形成质量和品牌双轮驱动的优势特色农产品体系。加强镇乡、村基层物流节点建设，分层分类补齐物流设施短板。依托国际铁路联运大通道、长江黄金水道、航空物流通道，健全仓储保鲜冷链网络，建好成渝地区农产品进出口分拨中心、渝西川东农产品集散中心以及自贡等国家骨干冷链物流基地，联合举办川渝特色农产品交易会、中国西部（重庆）国际农产品交易会等国际展会，促进成渝农产品"货通全球"。推进成渝农品农资品牌连锁经营，大力发展农村电商，建设一批重点网货生产基地、产地电商专区和直播带货基地。加强农村流通领域市场监管，持续整治农村假冒伪劣产品。

第5节　成渝地区双城经济圈共建全国重要的现代服务业高地的主要成效、面临的挑战和对策建议

一　成渝共建西部金融中心的主要成效、面临挑战和对策建议

（一）重庆和成都金融业发展的主要成效

1. 重庆金融业发展主要成效

"下有陆家嘴，上有江北嘴。"近年来，重庆实施"智融惠畅"工程，加快建设具有竞争力的金融机构组织体系、具有区域辐射力的金融市场体系、支持高质量发展的现代金融产品和服务体系、服务高质量发展的金融

创新体系、支持全球资本配置的内陆金融开放体系、法治透明高效的金融生态体系、互联互通的金融基础设施体系，推动地方金融组织实现行业规模、质量、效益指标优于全国平均水平。2023 年，重庆金融业增加值达2591 亿元，占全市 GDP 的比重达 8.6%，金融机构数量超过 1800 家，实现银行、证券、保险、基金、信托、消费金融等 20 余类金融机构牌照全覆盖，消费金融公司和小贷公司规模全国第一，金融租赁企业、法人保险、外资银行、新增上市公司数量均居于西部城市第一位。重庆农商行和重庆银行在中国银行业协会发布的"2024 年中国银行业 100 强榜单"上，分别居国内商业银行第 22 名和第 41 名，其中重庆农商行在全国农商行中排名第 1 位，在中西部城商行、农商行中排名第 1 位。

数智金融也有多项具有辨识度的标志性成果。比如，人民银行重庆市分行自主开发的"长江渝融通"信贷大数据系统向银行推送 1.7 万个融资项目和企业，促成银行发放贷款超 3000 亿元；重庆金融监管局打造了中西部首个"数据共享+业务协同"的金融综合服务网——"金渝网"，一网链接全市银行保险机构的 5000 多个网点，打造惠企、惠民、惠政、惠银四类多个业务协同场景。

2023 年 4 月，西部地区 22 家地方法人银行、13 家外资银行在渝机构等 57 家金融机构，发起组建西部陆海新通道金融服务联合体。重庆是中西部唯一的跨境贸易高水平开放试点城市，2024 年上半年，全市货物贸易跨境人民币结算金额达 1477.5 亿元，结算量居中西部第 1 位，同比增长 33.6%。

2. 成都金融业发展主要成效

近年来，成都深入实施"金融机构聚集、金融市场提升、现代金融特色、金融创新驱动、金融开放扩容、金融生态优化、金融基础设施联通"七大工程，推进科创金融服务"星辰计划"、金融扩内需促消费专项行动、跨境人民币业务首办户拓展行动、普惠金融服务乡村振兴改革试验区建设等重点项目。截至 2024 年 3 月末，成都本外币贷款余额 6.35 万亿元，居副省级城市第 4 位，拥有各类金融机构和中介机构 2800 余家。中国（深圳）综合开发研究院发布的《2023·中国"双创"金融指数》显示，成都"双创"金融指数排名居中西部城市第 1 位。

作为西部金融科技中心，成都承担了中国证监会资本市场金融科技创新试点和央行数字人民币试点、金融科技创新监管等改革任务，在 2023 年末的全球金融中心指数中，成都金融科技专项排名升至全球第 18 位。成都率先开展公共出行数字人民币支付，首创养老特色场景类硬钱包，创新研发龙泉驿数字人民币教培行业资金监管平台，结合承办世界大学生运动会完成数字人民币首次大规模涉外应用推广。成都市就业服务管理局、中国人民银行四川省分行营业管理部牵头部署，成都交子数字金融投资集团负责架构实施的创业担保贷款线上办理平台建成上线，支持重点群体创业就业。成都建立"市级统筹、行业主责、部门协同、市县联动"的金融风险防范格局，上线由"一个云平台、四大应用群、一个中心"构成的天府金融风险监测大脑①。

（二）成渝共建西部金融中心的创新举措和主要成效

1. 川渝政府部门、监管部门加强金融合作

2021 年 12 月，中国人民银行、国家发展改革委、财政部、银保监会、证监会、国家外汇管理局与重庆市人民政府、四川省人民政府联合印发《成渝共建西部金融中心规划》，从金融机构组织体系、金融市场体系、金融服务体系、金融创新体系、金融开放体系、金融生态体系、金融基础设施"六体系一基础"七个方面提出 28 项政策措施。

2022 年全国"两会"期间，川渝两省市全国政协委员联名提交《关于支持成渝 共建西部金融中心的提案》。2022 年 12 月，川渝两省市政府办公厅联合出台《成渝共建西部金融中心规划联合实施细则》。2024 年，

---

① 天府金融风险监测大脑"一个云平台、四大应用群、一个中心"："一个云平台"即地方金融云平台，实现全市公共数据和金融数据融合共享；"四大应用群"为地方金融组织综合监管应用群、地方金融监测预警应用群、金融科技服务应用群、综合监管协同应用群；"一个中心"即实体化金融风险监测中心。

重庆市委办公厅、市政府办公厅印发《重庆市大力实施"智融惠畅"工程高质量建设西部金融中心行动方案（2024~2027年）》，四川省政府办公厅印发《四川省贯彻〈成渝共建西部金融中心规划〉实施方案》，川渝两省市就共建西部金融中心进一步量化目标任务。

2021年12月，国家外汇管理局批复在成都、重庆开展外债便利化试点，这是全国实施的首个跨区域外债便利化试点。2022年3月，川渝外汇管理部门联合印发试点业务操作指引，外债便利化试点明确为：一是符合条件的成渝地区非金融企业开展一次性外债登记管理改革试点；二是允许经川渝外汇管理部门备案的跨国公司在成渝异地选择符合条件的银行作为跨境资金集中运营业务的合作银行；三是允许符合条件的成渝地区注册企业在成渝异地办理外债签约、变更及注销登记；四是允许符合条件的成渝地区注册企业在成渝异地办理非资金划转类外债提款和还本付息备案。

2021年12月，重庆市金融监管局和成都市金融监管局签署共建西部金融中心合作协议，重点合作事项涵盖共同打造具有竞争力的金融机构体系、具有区域辐射力的金融市场体系、支持高质量发展的现代金融服务体系、法治透明高效的金融生态体系、金融基础设施互联互通五大领域。

川渝两省市人民银行分支机构共同出台《金融服务成渝地区双城经济圈高质量发展联合工作项目清单》《金融支持川渝毗邻地区跨省域示范区发展指导意见》等一揽子政策，推动两地的金融政策协同、服务平台互通、项目融资对接、外汇管理等领域改革创新。

成渝两地政府共建跨区域一体化的征信平台、支付结算平台、政银企信息化平台、知识产权和技术转让交易中心、成渝银行间债券发行辅导平台等金融基础设施，在征信、担保、不良资产处置等领域跨区域合作，统筹打造一体化区域金融市场。比如，重庆科学城知识产权运营中心与成都知识产权交易中心合作，共享知识产权交易数据，共建基于区块链技术的知识产权融资平台；成都、重庆协同建立成渝地区保险监管、保险行业自律等协调机制，建立保险理赔通赔通付制度，完善异地出险理赔流程，优化理赔查勘相互委托和结果互认操作。

案例1-12　成渝金融法院：构筑西部金融中心法律基石

为破除司法地方藩篱、实现司法权的国家属性，解决"特殊案件"的"主客场"问题和专业性较强案件集中审理等问题，2022年2月28日，第十三届全国人民代表大会常务委员会第三十三次会议通过《关于设立成渝金融法院的决定》，该决定自2022年3月1日起施行。成渝金融法院定址重庆市渝中区。成渝金融法院专门管辖重庆市范围内，以及四川省属于成渝地区双城经济圈范围内的应由中级人民法院管辖的部分金融民商事和涉金融行政案件。成渝金融法院是继上海金融法院、北京金融法院之后的我国第三家专门的金融法院，是跨区域金融合作争端解决的法律基石。

最高人民法院成立成渝金融审判工作协调小组，重庆和四川高院成立专门协调工作领导小组，川渝党委政府及有关部门建立常态化协调机制，统筹解决成渝金融法院跨省域运作难题。成渝金融法院建立党建业务一体融合、管理服务一体贯通、审判监督一体协同、理论实践一体互促协作机制，建立班子成员川渝两地常态化轮值、两地干部适当交流、中层领导职数均衡配置等工作机制，制定涵盖党建队建、政务管理、审判管理等3大类8小类100余项制度，构建"线下+智能+互联网"的跨域诉讼服务体系，实现当事人诉求跨区域、无差别、同质化办理，推动落实"同案同判"。自2023年1月1日正式收案，到2023年9月末，成渝金融法院累计受理案件7731件，标的额243亿余元，审执结案件5434件。

成渝金融法院与成渝银行业保险业消费者权益保护中心（重庆）、四川银行业纠纷调解中心签订《金融民商事纠纷多元化解合作协议》，联合设立重庆市证券期货业协会调解工作室、中证资本市场法律服务中心重庆调解工作站，推动矛盾纠纷源头预防、前端化解。成渝金融法院与重庆江北区政府合作，在西部金融法律服务中心①设立江北巡回审判站，开展巡回审理、示范庭审、多元解纷等工作，以优质金融司法服务护航西部金融中心核心承载区建设。

成渝金融法院与中国证监会重庆监管局、四川监管局签订三方合作协议，涉及建立联席会议、信息共享、协同治理、诚信监管、代表人诉讼、法治宣传等合作事项，优化辖区证券执法司法机制，有效保护投资者合法权益。另外，成渝金融法院在两地办公区设立代表委员联络站，为两地人大代表、政协委员跨省域视察指导法院工作搭建平台，被重庆市高级人民法院评为"联络站工作创新案例"。

2. 川渝共同做好金融"五篇大文章"②

川渝两省市金融监管、科技等部门联合出台《川渝科技金融一体化发展行动方案》，合力实施科技创新股权投资倍增、科技企业直接融资扩容、科技信贷融资体系优化、科技金融服务能力提升等四项行动。重庆江北嘴中央商务区与成都交子公园金融商务区共同发布《共建西部金融中心，赋能双城经济圈建设倡议书》，以科技金融创新打造地方经济高质量发展新引擎。重庆科技风险投资公司与成都创新风险投资公司共同设立成渝地区双城经济圈科创母基金，按照约定募资比例直接投资或按照"基金+管理人"模式发起设立子基金。

2021年12月，人民银行成都分行和重庆营管部合作，在川渝毗邻地区打造"一体化征信服务示范点"，在天府信用通平台上线川渝金融信用信息综合服务专区，辖内银行机构全部信贷网点接入服务专区，依托大数据技术精准匹配融资需求方和供给方。2023年12月，四川金融控股集团、

---

① 西部金融法律服务中心由江北区政府联合重庆市司法局在全市首创打造，实现法律咨询、接警、调解、公证、仲裁、审判、执行、监督等金融法律服务事项"一站通办"，并设立西部首家诉调联动全链条数字化金融纠纷调解中心，有效办理案件6.4万件，涉案金额超120亿元。

② 金融"五篇大文章"：科技金融、绿色金融、普惠金融、养老金融、数字金融。

重庆高新开发建设投资集团等 13 家川渝企业共同出资设立双城（重庆）信用增进股份公司，这是全国首家跨区域设立的信用增进专业机构。2024 年 3 月，双城（重庆）信用增进股份公司通过银增联动模式，落地首笔增信业务，协助泸州航空发展投资集团发行 2.5 亿元离岸人民币债券。

2020 年 4 月，四川省农村信用社联合社与重庆农村商业银行签署合作协议，双方重点紧扣"农"字开展产品服务合作。成都银行、重庆银行、重庆农商行携手承销重庆万州经济技术开发集团 2024 年度中期票据，向重庆供销控股集团授信 30 亿元，2023 年累计为成渝地区双城经济圈内企业投放信贷超 2500 亿元。

（三）西部金融中心建设面临的主要挑战

相较于北京、上海、深圳、广州等国际金融中心，重庆、成都尚缺乏引领性的金融要素、金融市场和软硬件条件支撑，面对复杂、严峻、不确定的宏微观环境，成渝地区双城经济圈建设西部金融中心面临系列挑战：一是金融机构普惠业务存在产品同质化、风控手段少、打利息价格战等问题，小微企业存在融资难、融资贵、融资慢等问题；二是科技金融贴息、贴保、贴费和风险补偿等政策分散在各部门，缺乏标准统一、系统完善、可信度高的科技企业信用评估体系，对不同周期的科技型企业提供金融服务的针对性、有效性不足；三是数字金融监管相对滞后，模型算法、数据安全、科技伦理等带来全新的风险挑战；四是绿色金融业务监管尚未建立前置性的评价认定标准，涉及金融机构的环境法律责任、环境信息强制披露等的制度建设滞后；五是养老金融存在强调产品收益多、对接养老服务少的问题。

（四）多维共建西部金融中心建议

1. 共育具有竞争力的金融机构组织体系

推动川渝法人金融机构相互投资、并购整合、渠道合作、产品合作、网点合作。推动川渝法人金融机构、地方平台公司合作设立理财公司、金融科技公司、消费金融公司、金融租赁公司、融资担保公司等适配成渝展业的金融机构。推动金融机构在成都、重庆设立面向成渝市场的研发运营、资产管理、清算结算等专营机构。依托川渝海关特殊监管区、"一带一路"合作园区，推动国际多边开发金融机构设立服务高质量共建"一带一路"的业务拓展中心和运营管理中心，示范性探索人民币国际化业务创新，加快发展贸易金融、供应链金融、支付结算等跨境金融业态，打造"一带一路"金融中心。

2. 共建具有区域辐射力的金融市场体系

加强川渝金融市场的互联互通，鼓励土地、能源、知识产权、技术、数据等要素及大宗商品在川渝跨行政区交易和融通，引导国内外资本市场在成都、重庆建设辐射中西部地区的交易服务中心。探索构建资本市场成渝板块，建立成渝上市公司全周期、一体化服务机制。推动政府投资引导基金投早、投优、投新，推动川渝股权交易中心搭建私募基金公共服务平台，引导社会资本参与川渝合作项目。

3. 共建服务实体经济的现代金融服务体系

健全利益联结机制，强化川渝金融机构在产品开发、项目评审评级、授信核定、信贷管理、风险管理、保险承保理赔等方面的合作，实现川渝金融服务一体化、同城化、便捷化。围绕建设成渝现代高效特色农业带，构建金融支持粮食安全、数字金融赋能乡村产业振兴、普惠金融服务小微企业等新路径。推动川渝金融监管、生态环境部门共建绿色金融政策库、标准库和项目库，鼓励设立绿色金融专营机构，发行和承销绿色资产证券化产品。围绕共建世界级先进制造业产业集群，推动川渝金融机构、链主企业、第三方专业机构等合作拓展供应链金融。推动川渝海关特殊监管区共建物流金融数据库，扩大铁路单证在贸易金融中的运用。适应老龄化社会和养老服务需求，推动川渝金融机构和养老服务机构协同开展养老金融产品创新和养老服务布局。

4. 共建法治透明高效的金融生态体系

推动川渝监管部门共同出台成渝适用的金融法规政策，加强司法合作，协同发展监管科技、合规科技和清廉金融。发挥成渝金融法院作用，推进金融案件专门管辖、专业审判。强化金融风险联防联控，加强金融消费者和投资者权益保护，健全多元调解诉讼机制，共同开展金融消费者宣传教育和社会信用体系建设。引导征信机构、评级机构、增信机构在成渝设立，推出适合西部地区的征信服务，构建川渝信用数据共享机制，助力信用成渝建设。

二　成渝地区双城经济圈商贸物流协同发展的主要成效、面临挑战和对策建议

《成渝地区双城经济圈综合交通运输发展规划》提出，以重庆、成都国家物流枢纽为核心，建设多层次物流枢纽，合力强化国际物流服务网络，提升多式联运和城乡货运物流服务水平，推动物流与制造业融合发展。自2019年以来，重庆相继获批港口型、陆港型、空港型、生产服务型和商贸服务型国家物流枢纽，成为当前全国唯一兼有水、陆、空、生产服务、商贸服务"五型"国家物流枢纽的城市。2024年上半年，四川社会物流产值为48104.3亿元，同比增长7.3%，物流规模和运行效率持续提升。2024年6月，中共成都市委十四届五次全会审议通过《关于加快建设国际门户枢纽城市以高水平开放推动高质量发展的决定》，提出成都要建设国际航空枢纽、国际铁路枢纽、国家物流枢纽、国际通信枢纽"四大枢纽"。

（一）川渝商贸物流协同发展的创新举措和主要成效

2020年7月，川渝两省市政府口岸和物流办公室签署《成渝地区双城经济圈口岸和物流合作备忘录》，在机制建设、规划协同、战略通道、水运物流、客货运航空、公路物流、口岸建设、区域物流协同、物流产业等方面加强合作。在此基础上，2022年2月，川渝两省市政府办公厅联合印发《共建成渝地区双城经济圈口岸物流体系实施方案》，在推进区域口岸物流联网运行、培育区域口岸物流经济发展动能、开展区域口岸物流设施建设运营、优化区域口岸物流发展环境四个方面加强合作，力争到2025

年，川渝两省市社会物流总产值达到 14 万亿元。

而后，川渝深入实施通道合作，在协同政策规划、打造中欧班列（成渝）品牌、扩大西部陆海新通道朋友圈、打造长江上游航运中心等方面取得积极成效。2022 年 7 月，川渝两省市政府口岸和物流办公室共同发布《成渝地区双城经济圈协同共建重点物流园区名单（第一批）》，包括重庆陆港型国家物流枢纽、成都国际铁路港、重庆空港型国家物流枢纽、重庆果园港国家物流枢纽、遂宁西部铁路物流园、西南（自贡）国际陆港、达州秦巴物流园区、万州新田物流产业园、泸州西南商贸物流园、荣昌川南渝西综合物流园、广安华蓥市物流园区、重庆渭沱物流园共 12 个。

围绕共推区域开放平台协同布局、共建互联互通国际物流通道、共促现代物流产业高质量发展，重庆巴南区人民政府与四川天府新区管理委员会签订《国际物流枢纽建设战略合作协议》，在此合作框架下，两地平台企业重庆公路物流基地建设有限公司与天府新区产业投资集团、重庆公运东盟国际物流有限公司与四川港投国际公路运输有限公司分别签订合作协议，联手打造成渝跨境公路班车平台，打通至中亚、欧洲、东南亚的西向、北向和南亚跨境道路货运路线。

四川省现代物流发展促进会、重庆市物流与供应链协会等 15 个川渝物流业行业组织共同发起成渝地区双城经济圈物流与供应链联盟，为联盟成员单位提供物资集采、法律咨询、信息共享、业务对接、投融资撮合等服务。

2022 年 8 月，川渝两省市办公厅联合印发《共建长江上游航运中心实施方案》，提出到 2025 年基本建成航运产业要素聚集、航运服务功能健全、航运市场繁荣规范、具有国际和区域航运资源配置能力的长江上游航运中心。围绕长江干支联动，川渝 15 家港航机构签署合作协议，共同研发嘉陵江干线标准化船型，开行四川东出铁水联运班列"四川达州—重庆万州新田港"，嘉陵江流域首次开启重庆合川至四川广元"水水中转"模式，重庆北碚至四川南充段首条水路货运航线开通运行，四川泸州、宜宾至重庆的集装箱班轮常态运行。重庆港航中心建立枯水期"放水走船，集中通

航"的常态化协调机制，满足川籍船舶通航需求。通过川渝常态运行事故险
情信息通报机制、涪江流域联席会议机制，及时共享上游雨情、水情等信
息，形成川渝联动、市县联动、水陆联动、政企联动等多方应急联动格局。

渝、川、黔、滇、陕五省市地缘相近、地理相通，拥有933公里长江
岸线，内河高等级航道里程约2000公里，各类码头泊位1676个，散杂货
年通过能力约2.7亿吨，旅客年通过能力1.2亿人次。2021年12月，五
省市签署《关于共同推进长江上游地区航运高质量发展战略合作协议》以
及航运数据共享平台、水上应急救援协作联动、乌江通航船闸联合调度、
航运政策标准研究4个子协议。而后，重庆万州新田港组织云南水富港、
四川港投、重庆川江船务有限公司等近30家上下游港口、航运企业开展多
式联运合作，重庆江津区全力保障贵州磷矿、四川危化品中转运输，四川
达州市与重庆开州区共建无水港。

2022年3月，民航局印发《关于加快成渝世界级机场群建设的指导意
见》。成都天府国际机场作为"十四五"期间我国建设的最大民用机场，
于2021年6月正式投运，可满足年旅客吞吐量6000万人次、货邮吞吐量
130万吨的需求，成都成为中国内地第三个拥有两个国际枢纽机场的城市。
图1-13为成都天府国际机场航拍图。依托成都和重庆两大枢纽，成渝地
区双城经济圈正加快构建轮辐式中转枢纽、城市精品航线枢纽互补的"干
支通、全网联"综合航空枢纽体系。2023年，成渝机场群完成旅客吞吐量
1.3亿人次、货邮吞吐量118.4万吨、飞行起降114.6万架次，分别占全
国的10.3%、7.0%、9.8%，同比分别增长122.4%、13.5%、60.3%。

2020年6月，在推动成渝地区双城经济圈建设四川重庆商务联席会议
第一次会议上，川渝两省市商务部门签署合作协议，深化会展平台协作，
联合打响西洽会、西博会、智博会、科博会等重点展会品牌。而后，成渝
地区会展联盟、重庆两江新区·四川天府新区会展产业旗舰联盟等会展业
协作组织陆续成立，两地有关机构创办了成渝美食工业博览会、川渝住房
城乡建设博览会、成渝特色农产品博览会、成渝地区双城经济圈高质量发

展论坛等多个品牌会展项目。

图 1-13　成都天府国际机场航拍图

（供图：民航资源网）

（二）川渝商贸物流协同发展面临的主要挑战

总的来看，成渝地区双城经济圈商贸物流面临发展不平衡不充分、网络布局分散、体系化和规范化仍有差距、信息共享待畅通、资源整合和主体培育需加速、现代流通技术和供应链构建待强化等问题。尤其是在统筹各地商贸物流差异化、特色化、互补性发展方面，其体制机制、合作载体、战略抓手、运作模式等均面临新挑战。同时，国际形势复杂多变，开放平台体系、跨境物流、国际贸易面临新考验。消费市场需求及结构动态变化，新业态新模式不断出现，给商贸物流发展带来敏捷适应与模式创新的挑战。

（三）川渝商贸物流协同发展建议

1. 优化商贸物流布局

重庆、成都要加快建设国家物流枢纽，其他城市根据资源禀赋和产业分工建设区域商贸物流中心，共建"通道+枢纽+网络"的多式联运现代物流网络。发挥长江黄金水道优势，共建港产城联动的沿江口岸物流发展带。依托成渝地区双城经济圈产业协作机制，共建生产服务信息平台和制造业供应链物流服务网络，推进物流与现代化产业体系融合发展。打造

"多站合一、一站多能"的县、乡、村商业消费网点，共建多层级、广覆盖、跨区域的特色农业冷链物流网络。

2. 统筹区域口岸物流联网运行

高水平共建西部陆海新通道，高品质共营中欧班列（成渝）品牌，联手打造内陆开放高地。高质量共建长江上游航运中心，联合打造干支衔接、江海直达的国际物流通道。共建错位发展、功能互补的成渝世界级机场群，打造区域一体化航空物流网络。依托通道运营企业及国家物流枢纽运营主体，培育多式联运市场。推动头部物流企业在川渝毗邻地区建设跨区域公共运力资源池、仓储物流基地。

3. 强化会展经济对商贸物流的带动作用

重庆和成都协同建设国际会展名城，共同引进国内外品牌展会，推广联合办展、轮流办展、一展多址等办展新模式，探索沉浸式数字会展。川渝其他城市加快提升本地展会、赛事、演艺、节庆等活动的规模、品质和品牌。

三　成渝地区双城经济圈先进制造业与现代服务业融合发展的主要成效、面临挑战和对策建议

（一）川渝生产性服务业协同发展的创新举措

近 5 年来，川渝两省市大力发展工业设计，建有 300 多家国家级、省（市）级工业设计中心，打造重庆工业设计产业城、四川国际创新设计产业园等专业园区，一批知名工业设计公司和网络平台落户，集聚设计服务企业超过 5 万家。川渝工业设计的交流合作持续推进。比如，两地经信部门主办的成渝地区双城经济圈工业设计赋能大会在重庆大足区已召开三届，促成川渝工业设计赋能云平台、成渝地区双城经济圈工业设计赋能基地、数字设计产业创新网络西南节点等合作项目落地；重庆永川区、江津区和四川泸州市联合举办了三届"泸永江"工业设计创新大赛，评选产品、概念两个类别的工业设计作品，征集范围涉及高端装备、交通工具、智能机器人、数字创意、新兴智能和高端制造等多个领域。

川渝仪器设备加快推动开放共享。重庆生产力促进中心、四川省分析

测试服务中心共同建设运营川渝科技资源共享服务平台，整合川渝大型科研仪器设备12000余台/套、科技人才20余万人、科技成果9000余项、科技平台500余个，为两地用户提供仪器设备共享、检验检测、研究开发、技术咨询等公共服务，有效解决创新型中小微企业研发缺乏设备，而科研单位部分仪器设施闲置的错配矛盾。重庆潼南区、合川区、铜梁区和四川遂宁市共建涪江流域大型科学仪器设备共享平台，设立通用通兑的专项创新券，为企业提供仪器共享、仪器研发、仪器首发、报告溯源、认证培训等一站式服务，科学仪器利用率提升近30%，缩短企业检测周期50%以上，降低检验检测成本20%以上。

围绕经营性人力资源服务机构行政许可互认、分支机构设立、从业人员资格互认，人力资源市场协同监管，人才公共服务等领域，川渝两省市人社部门建立数据共享、业务协同、服务延伸等合作机制。2021年7月，人社部与川渝两省市政府签署合作协议，在就业促进、社会保障、人力资源高效配置、打造技能巴蜀高地、构建和谐劳动关系、便捷公共服务等方面深化合作。川渝相关机构联合组建人力资源服务产业园联盟，在园区建设、企业招商与服务、人才培育引进、产业政策扶持、行业理论研究和标准制定、对外交流合作等方面加强合作。

（二）成渝地区双城经济圈先进制造业和现代服务业融合发展面临的主要挑战

过去10余年来，次贷危机、欧债危机、新冠疫情、地缘冲突和自然灾害等突发事件轮番冲击，全球供应链"断链"现象频发，加之部分西方发达国家主动推行供应链"去中国化"策略，区域性贸易协定安排纷起，使得全球价值链呈现"短链化""友邻化""区域化"等新特征，给成渝地区双城经济圈先进制造业和服务业融合发展带来新挑战。同时，成渝地区双城经济圈生产性服务业规模不足，在服务业中占比不高，结构不合理，房地产、金融的占比较高，研发设计、科技服务、商务咨询等的占比较小，要素资源和市场主体集中在中心城市的中心城区，中小城市的生产性服务业供给还无法充分满足消费升级和产业转型的需要。

（三）成渝地区双城经济圈先进制造业和服务业融合发展的建议

1. 共同培育融合发展的新业态新模式新主体

深度融入国家战略腹地建设，协同共建国家级产业备份基地，有序承接东部地区的资金、技术、劳动密集型产业等转移，打造专业优势突出、协作配套紧密的跨区域产业集群，共建先进制造业世界级产业集群，提升供应链协同化水平，以增量发展倒逼工业互联网、共享生产平台、智能工厂、数字车间、柔性生产线等服务载体建设，推动电商、研发设计、文化旅游等服务企业向制造环节拓展，形成生产性服务业的机会清单。引导制造业头部企业向专业化、协同化、智能化的服务型制造转型，深化与产业链上下游企业和供应链网络各主体的合作。支持高校科研院所、职业院校及工业设计、人力资源服务、电子商务、服务外包、科技服务、会展、商务咨询等企业创新服务供给，联合打造"成渝服务"区域品牌。

2. 共同推进重点行业重点领域融合发展

把握差异化、品质化、绿色化消费趋势，推动成渝消费品工业服务化升级，发展"产品+内容+生态"新业态。推动头部装备制造企业向系统集成和整体解决方案提供商转型，发展咨询设计、软件开发、制造采购、施工安装、系统集成、运维管理等总集成总承包服务。大力发展新能源智能网联汽车研发制造，完善汽车制造和服务全链条体系。推动先进材料头部企业向产品和专业服务解决方案提供商转型，提升先进材料整体竞争力。推动物流企业融入制造业采购、生产、仓储、分销、配送等环节，实现降本增效。依托制造业龙头企业和重点设计企业建设区域性研发设计中心，推广重点行业"众包+研发设计"新型服务模式，鼓励研发设计企业从单一产品设计向需求分析、创新试验、原型开发等整体方案供给商转型。顺应分布式、智能化发展趋势，推进新能源生产服务与设备制造协同发展。

第 2 章
成渝地区双城经济圈共建具有全国影响力的科技创新中心五周年的主要成效、面临的挑战与高质量发展建议

党的二十大报告在部署完善科技创新体系任务时，强调"统筹推进国际科技创新中心、区域科技创新中心建设"，其中，成渝地区双城经济圈已纳入国家"3+3"科技创新中心的总体布局。[①]《中共中央关于进一步全面深化改革、推进中国式现代化的决定》为新时代科技创新中心建设提供了根本遵循，即强调教育、科技、人才是中国式现代化的基础性、战略性支撑，深入实施科教兴国战略、人才强国战略、创新驱动发展战略，统筹推进教育科技人才体制机制一体改革，以新型举国体制提升区域创新体系整体效能。进一步看，"科技创新"是《成渝地区双城经济圈建设规划纲要》的高频词，有 20 处提及，且纲要将"具有全国影响力的科技创新中心"明确为成渝地区双城经济圈建设的战略定位之一，要求紧抓新一轮科技革命机遇，发挥科教人才和特色产业优势，推动创新环境优化，加强创新开放合作，促进创新资源集成，激发各类创新主体活力，大力推进科技和经济发展深度融合，打造全国重要的科技创新和协同创新示范区。

[①] "3+3"科技创新中心的总体布局：北京、上海、粤港澳大湾区三大国际科技创新中心，成渝地区双城经济圈、武汉、西安三个具有全国影响力的科技创新中心。

第1节　共建具有全国影响力的科技创新中心视域下的
2024年成渝地区双城经济圈科技协同
创新示范城市效能述评

沙坪坝区是重庆市科教大区，聚集重庆大学、陆军军医大学等16所知名高校，常年在校师生30多万人，全区常住人口平均年龄35岁，是一座充满活力的"青春之城"。沙坪坝区围绕智能网联汽车、生物医药、信息技术等重点产业方向，推动产业联盟、创新联盟、人才联盟"三盟合一"，建设环大学创新创业生态圈，在驻区高校周边布局未来科技园、数字软件园、生命科技园、医疗器械园，在成渝地区双城经济圈率先启动建设概念验证中心，构建"成果甄选—概念验证—中试加速—基金投资—绩效评估"转化链条，实现科技成果从"书架"到"货架"的跨越。2023年，沙坪坝区新培育107家高新技术企业和1312家科技型企业，增幅分别为64%和87%。2024年1~5月，沙坪坝区环大学创新创业生态圈产值28.5亿元，同比增长17%。

2023年，北碚区综合科技创新指数、高技术产业投资占比分别达79.76%、38.6%，居重庆区县第1位，而北碚区综合科技创新指数已连续三年居重庆区县第1位。北碚区拥有国内最大的仪器仪表生产基地，传感器产值占重庆关联产业的63%，建有重庆市重点关键产业园（传感器），通过"基金+"招商模式，形成优质企业集群发展的"材料+研发+设计+制造+封测+集成"传感器产业链。北碚区校地合作布局"两圈一区"创新生态，[①]打造重庆首个环大学人才创新服务港，开展人才引育、企业孵化、融资撮合、导师指导、产权交易等科创服务。在北碚3000多家"硬科技"企业中，有30%左右为高校师生和校友创办，5年来共有2500多个

---

① 北碚区"两圈一区"创新生态：环西南大学创新创业生态圈、环中国科学院大学重庆学院创新生态圈和北碚经济技术开发区。

高校科研成果转化项目落地。

便捷的公共服务配套和多元的消费场景是吸引科创人才来成都市锦江区"逐梦"的首要因素。锦江区构建"企业主体、人才核心、科技主导、资本催化"科技创新体系，实施"锦遇良才"引才行动、"锦遇良缘"留才行动、"锦遇良师"育才行动，开展十亿级别效益型科研机构培育，打造校院企地合作平台，支持科技创新揭榜攻关，加强创新成果保护运用，加强科技金融服务，引育结算型总部企业、专精特新科技企业、成长型初创企业和顶尖科技创新团队。锦江区加快建设成都国家人工智能创新应用先导区，以人工智能赋能都市工业、都市文旅、都市医养等主导产业。锦江区搭建"锦江智慧人才可视化平台"，形成"岗位一站归集、人岗一键匹配、结果一屏反馈"的人才就业一体化动态服务格局。

作为成都国际铁路港所在地和成都中欧班列的始发地，青白江区同步推进制造强区和开放枢纽建设，众多企业能够在这里实现高效的物流运输、全球化的创新要素配置。2023 年 7 月，青白江区委十二届六次全会通过《关于深入推进科技创新加快建设现代化产业体系的决定》，提出以科技创新赋能，高质量打造具有青白江特色的"6+2"现代化产业体系①。青白江区上线全国首个面向"一带一路"的国际中试产业服务平台，提供行业研究、人才配套、资本投资、过程管理、企业应用、政策扶持、项目孵化、知识产权等服务，截至 2024 年 9 月，发布需求项目 2890 个、项目孵化落地 131 个、入驻 1560 名专家和 1674 家企业。

重庆市大渡口区采用大数据分析软件对区内拥有知识产权的企业进行精准画像，构建"育苗—成长—成材"全过程服务体系，以科研项目、技术合同为纽带，构建"企业+高校院所""企业+科创载体"的成果转化协同机制，聚力打造大数据智能化、大健康生物医药、生态环保、新材料、重庆小面五大附加值高、产业链长、环境友好的百亿级产业集群。同时，

---

① 青白江"6+2"现代化产业体系：包括新材料、新消费、新能源、国际供应链、装备制造、都市农业为主的六大百亿级优势产业集群，数字经济和中试产业两大新兴产业。

大渡口区着力解决就业、医疗、教育等科创人才可感可及的问题，将"民生清单"变成"幸福账单"。2022年，大渡口区工业经济规模自重钢搬迁后首次超越历史峰值，实现"再造一个重钢"的目标。2023年，大渡口区科技创新指数为72.85%，位于重庆区县第一梯队；企业登记技术合同同比增长48%，科技交易及成果登记占GDP的比重居重庆区县前列；人力资本增量指数位列重庆区县第1。

成都市温江区科创资源和人才富集，有高校院所13所，其中"双一流"高校4所，通过塑造功能布局均衡、产业特色鲜明、空间尺度宜人、人城境业和谐的公园城市示范片区，集聚科创企业和科研院所"两大创新源头"。温江区提速打造环高校知识经济圈，与电子科技大学、四川农业大学、成都中医药大学合作共建3个大学科技园、1个创新创业园，组建成果转化联盟，建设国家技术转移西南中心温江分中心，完善"公共服务平台+成果转化大厅"科技服务体系，打造校地联动、线上线下互动的科技市场生态，推动更多科技成果从实验室走向生产线，获评优秀省级成果转移转化示范区。温江区与重庆巴南区联办两届温江-巴南"赋能杯"科技创新大赛，共建成渝科技创新协同发展基地（平台）、重庆国际生物城药物临床试验（温江）中心，联手开展"种苗+"等全产业链技术研究和集中连片示范。

成都市新都区于2023年7月提出成北科创高地的科技创新战略定位，建立"链长（区领导）+链主（龙头企业）+链服（工作专班）"工作机制，"一链一策"分级分类培育，让链主企业参与园区规划和激励扶持政策制定，构建"头雁领航+群雁高飞"的产研矩阵。同时，新都区打造高价值专利培育、知识产权公共服务、专利技术中试孵化、知识产权金融服务、知识产权人才引育等五大平台，营造"有温度"的科创环境。另外，新都区在成都率先将首席质量官纳入人才评价体系，鼓励链主企业的首席质量官向链属企业提供技术输出，对高层次和急需紧缺人才实施"以薪定才""指标到企"政策。通过科创引领、实体支撑、产业协同、要素赋能，新都区正以科技创新推动产业分工重构、动能更新再造。

案例2-1　重庆市江北区：以"科技兴业之区"建设促高质量发展

近年来，江北区围绕"科技兴业之区"战略定位，实施科技创新和人才强区首位战略，紧抓新科技革命和产业变革战略机遇，迭代升级未来产业发展，探索关键核心技术协同攻关新模式，支持企业提升科技创新能力，以科技创新赋能高质量发展，在重庆综合创新竞争力梯度布局中，连续多年位居前列。

2023年，江北高新区被认定为市级高新技术产业园区，高储能和关键电子材料产业集群获评国家级创新型产业集群，"企业新产品研发服务'一件事'"入选营商环境"微改革"市级项目库；高新技术产业增加值同比增长18.3%，增速居重庆区县第1位，规上工业企业研发费用同比增长10.2%，居全市第2位，新增省科技"小巨人"企业3家，新认定高新技术企业101家，新增市级研发机构12家；累计建成孵化载体35家，形成科技型中小企业到高新技术企业再到上市企业的全周期培育链条。进一步看，2024年上半年，江北区GDP增长8%，增速居重庆区县第1位，全口径税收、区级税收总量领跑全市，财政收入质量保持重庆区县第1位，改革报表跃居重庆区县榜首。可以说，"科技兴业之区"建设正成为江北区打造新重庆建设先行区、示范区的主要支撑。

江北区构建"22411"现代制造业集群体系，实施"制造业智能化赋能工程"，截至2024年8月，累计实施智能化改造项目百余个、认定重庆市数字化车间32个、智能化工厂13个、"灯塔工厂"2个，并依托区内龙头企业的工业互联网试点示范，推动千余户中小企业"上云上平台"。比如，位于江北区港城工业园的海尔洗碗机工厂，引入智能技术，实现一张钢板进生产线，就可自动产出一套洗碗机，产品制造交付周期缩短55%；重庆润际远东新材料科技股份公司通过产

研创新，产品畅销美国、日本、印度等国家，全球十大钢铁集团的 7
家，波音、空客、C919 等航材供应商都是其客户；总部位于江北区的长
安汽车建成国家企业技术中心以及 16 个技术和产品研发中心、17 家科
技公司，打造 1.7 万人的研发团队，掌握 600 余项智能低碳核心技术。

第 2 节　成渝地区双城经济圈共建具有全国影响力的
科技创新中心的主要成效

近年来，重庆全面实施科技创新和人才强市首位战略，组建市委科技
委①，召开全市科技创新大会，加快构建"416"科技创新布局，全国首个
"一带一路"科技创新合作区在渝落子，建设具有全国影响力的科技创新
中心取得积极成效。2023 年，重庆的科技型企业总数超过 6.5 万家，其中
新增 2.2 万家，增长 50%；高新技术企业 8449 家，新增超过 3000 家，增
长 19%。2024 年上半年，重庆战略性新兴产业增加值占工业增加值的比重
达 34.2%，16 个高新区的规上工业产值占到全市的 40% 以上；综合科技创
新水平居全国城市第 8 位、保持西部城市第 1 位。

2023 年 7 月，习近平总书记在四川考察时指出，四川要发挥高校和科
研机构众多、创新人才集聚的优势和产业体系较为完善、产业基础雄厚的
优势，在科技创新和科技成果转化上同时发力。要完善科技创新体系，积
极对接国家战略科技力量和资源，优化完善创新资源布局，努力攻克一批
关键核心技术，着力打造西部地区创新高地。② 2021 年 7 月，中国共产党

---

① 重庆市委科技委主要做好"统"的文章，强化对科技工作重点环节的统筹指导、重大科
技项目的统筹协调、科技创新全链条统筹管理、科技管理工作的统筹联动，构建更加高
效的组织体系和创新体系。

② 《习近平在四川考察时强调 推动新时代治蜀兴川再上新台阶 奋力谱写中国式现代化四川
新篇章 返京途中在陕西汉中考察》，中央纪委国家监委驻最高人民法院纪检察组，ht-
tps：//www.court.gov.cn/zhongjiwei/xiangqing/407952.html，2023 年 7 月 29 日。

成都市第十三届委员会第九次全体会议通过《中共成都市委关于全面推进科技创新中心建设加快构建高质量现代产业体系的决定》，2021 年 10 月 1 日，《成都市科技创新中心建设条例》开始施行。作为我国西部创新资源最富集、创新基因最活跃的城市，成都拥有 60 余所普通高校、47 家中央在蓉科研院所、146 个国家级科技创新平台、1.3 万余家国家高新技术企业，正加快培育创新策源能力和新质生产力。世界知识产权组织发布的《全球创新指数报告》显示，成都在全球科技集群排名中连续跃升，从 2018 年首次上榜的第 56 位，到 2024 年全球排名第 23 位，6 年时间晋升 33 个位次。

一　川渝科技协同创新的制度机制持续健全

（一）川渝政府部门不断完善科技创新合作制度机制

2020 年 4 月，川渝两省市科技部门成立协同创新专项工作组，签订共建具有全国影响力的科技创新中心框架协议以及科技专家库共用、成果转化共促、科技资源共享三个专项协议，建立川渝科技部门协同创新年度工作清单，抓好"十个共同"①，促进平台共建、资源共享、项目共促、政策共通、成果共享。

2021 年 12 月，国家发展改革委、科技部批复《成渝地区建设具有全国影响力的科技创新中心总体方案》。进一步看，川渝有关部门联合出台《川渝共建重点实验室建设与运行管理办法》《川渝科研机构协同创新行动方案》《川渝携手同心助力成渝中线科创走廊行动方案》等多项政策文件，《重庆市科技创新促进条例》和正在修订的《四川省科学技术进步条例》均将"加强成渝地区协同创新"作为专门条款，川渝科技协同创新的法治保障和制度建设进一步健全。

---

① 川渝科技协同创新"十个共同"：共同建设重点实验室，共同开展关键核心技术攻关，共同建设西部科学城，共同加速科技成果转化和产业化，共同建设"一带一路"科技创新合作区，共同建设川渝毗邻地区融合创新发展带，共同推进高新区高质量发展，共同推进军民协同创新，共同推进创新资源共享，共同推进高端人才招引。

从 2021 年以来发布的川渝科技部门《成渝地区协同创新工作要点（年度）》看，两地政府层面推动创新协同进入加速推进与精准谋效的新阶段，尤其在重大科技创新平台布局、重大科技基础设施建设、基础研究能力提升、关键核心技术攻关、科技成果转化、创新人才集聚等方面协同发力、相向发展。

2021 年 12 月，重庆市科技局和成都市科技局签订《加强双核创新联动 推进共建具有全国影响力的科技创新中心合作协议》，组建成渝科技创新合作专班，双方在协同共建成渝综合性科学中心、协同共建西部科学城、共同争创成渝国家技术创新中心、强化创新链产业链协同、共引共培共用科技人才、推动两地科技金融融合发展、推动成渝科技资源开放共享、协同推进科技成果转移转化、联动开展国际科技合作交流等九个方面的深入合作，合力打造全国重要的科技创新和协同创新示范区。

川渝两省市科技部门持续实施科技创新合作计划，要求项目合作单位必须由川渝两地注册、具备科研开发能力的机构共同实施，形成的科技成果归项目牵头单位和合作单位共享共用，旨在集聚川渝优势科技资源，共同推进重点领域科技攻关，至今开展 5 批次的近 200 个重要技术联合攻关项目，支持领域从 2020 年的人工智能、大健康扩展到 2024 年的先进制造、人口健康、农业前沿技术、生态环境、公共安全，单个项目的财政资金资助额度提升到 30 万~50 万元。

川渝两省市专家服务中心签署《川渝专家资源共享协议》，成立成渝地区双城经济圈专家团，共享近 3 万名在本地科技部门登记的科技专家资源，其中具有高级职称的占比在 90% 以上，院士、省（市）学术技术带头人等高层次人才 2000 余名，涉及信息技术、智能制造、新材料、医疗健康、农业等多个领域。专家库开放共享有利于弥补双方高端专家不足、专家分布不均衡等短板，为科技咨询和研发服务"精准匹配"专家提供支撑。

另外，成渝中线科创走廊、川渝毗邻地区融合创新发展带纳入国家区域创新体系建设布局，川渝共建"一带一路"科技创新合作区，成立首个跨市（省）域运作的万达开技术创新中心，联合实施技术攻关项目 200 多个，新建川渝共建重点实验室等创新平台 6 个，发起成立川渝高校、高新区、产业园区、创新基地等联盟 40 余个，开放共享仪器设备超过 1.4 万台/套，共同开展人才交流、成果对接等科创活动 200 余场次。

（二）川渝地方政府科技协同创新合作亮点纷呈

四川遂宁与重庆潼南的科技部门签署合作协议，联合出台《遂潼川渝毗邻地区科技合作事项清单（年度）》，从人才共用、活动共办、仪器共享等方面推进合作。作为首批成渝地区双城经济圈产业合作示范园区，遂宁高新区与潼南高新区合作，共同推进四川大学国家技术转移中心、重庆大学锂电及新材料遂宁研究院等科技创新平台建设和科技成果转化。遂宁、潼南、铜梁、合川等科技部门、园区、企业等联合发起成渝双城经济圈涪江流域科技创新联盟，推动规划、人才、产业、开放、文旅、招商、仪器设备、信息、政策"九协同"。

重庆高新区、成都高新区签署《"双区联动"共建具有全国影响力的科技创新中心战略合作协议》，提出要携手发挥引领示范作用，加快构建"两极一廊多点"① 创新格局。2022 年 11 月，双方共同发布行动方案，提出联合实施一批重大项目，在高质量现代产业体系、西部科学城、高水平开放平台、公共服务等方面共建共享，到 2025 年，联手打造助推成渝地区高质量发展的强大引擎。

案例 2-2 川渝共建重点实验室，联动培育新质生产力

2022 年 12 月召开的推动成渝地区双城经济圈建设重庆四川党政联席会议第六次会议提出，围绕川渝两地科技重点发展方向，统筹布局一批川渝共建重点实验室。2023 年 12 月，川渝两省市科技部门联

---

① "两极一廊多点"："两极"即以重庆高新区为核心的西部（重庆）科学城、以成都高新区为支撑的西部（成都）科学城，"一廊"即成渝科技创新走廊，"多点"即成渝地区双城经济圈内多个创新功能区和创新节点。

合印发《川渝共建重点实验室建设与运行管理办法》，提出聚焦人工智能、生物技术、卫星网络、新能源与智能网联汽车、无人机、区块链、云计算、大数据、创新药物、精准医疗、生物制造、智慧农业、高端装备材料等川渝现代化产业的关键领域，按照"成熟一个，论证一个，建设一个"的原则，择优支持研究方向相近、联动创新链各环节或产业链上下游的两省市重点实验室联合共建。

川渝在跨区域共建实验室方面早有探索。比如，2021年6月，川渝两省市科技部门共认定特色食品、中国酱腌菜科技创新、乡土植物种质创新与利用、古生物与古环境协同演化、感染性疾病中西医结合诊治五个川渝共建重庆市重点实验室。但之前的川渝共建重点实验室由两地科技部门分别牵头和管理，协同效能有待提升。

《川渝共建重点实验室建设与运行管理办法》出台后，作为争创全国重点实验室和高能级创新平台的后备力量，川渝共建重点实验室有了更规范的建设、运行和管理路径，即依托单位应为注册地在川渝的独立法人机构，由川渝各一家单位牵头，至少依托一个省部级重点实验室组建，共建单位一般不超过六个；双方牵头单位共同研究制定实验室建设方案，管理部门共同组织评审论证、年度考核，连续2年考核结果为"不合格"的，不再列入实验室序列；实验室实行理事会领导下的"双主任"负责制，理事长由川渝牵头单位负责人轮流担任，且各推荐一名实验室主任，建立需求凝练、协同攻关、产学研合作、科研成果共享共用等合作机制。

2024年1月，川渝两省市科技部门正式认定首批3个川渝共建重点实验室，分别为：代谢性血管疾病川渝共建重点实验室（西南医科大学附属医院和重庆医科大学牵头建设）、数字经济智能与安全川渝共建重点实验室（电子科技大学和重庆邮电大学牵头建设）、中药新药创制川渝共建重点实验室（四川省中医药科学院和重庆市中药研究院牵头建设）。

二 "一城多园"模式共建西部科学城

2020年1月，中央财经委员会第六次会议提出，支持成渝两地以"一城多园"模式合作共建西部科学城。《成渝地区双城经济圈建设规划纲要》明确，"统筹天府国际生物城、未来科技城和成都高新区等资源，建设西部（成都）科学城"；"依托重庆大学城、重庆高新区等，夯实智能产业、生物医学发展基础，建设西部（重庆）科学城"。2023年3月，科技部、国家发展改革委、教育部、工信部、财政部、人社部、人民银行、国资委、海关总署、知识产权局、中科院、中国工程院、重庆市政府、四川省政府联合印发《关于进一步支持西部科学城加快建设的意见》，提出以西部（成都）科学城、重庆两江协同创新区、西部（重庆）科学城、中国（绵阳）科技城作为先行启动区，逐步构建"核心带动、多点支撑、整体协同"的全域创新态势。

同时，为加强联动协作和错位发展，避免重复布局和恶意竞争，西部（重庆）科学城管委会、西部（成都）科学城管委会于2021年12月签署战略合作协议，从"十个方面"和"三个机制"①开展深度合作。赛迪顾问发布的《科技城百强榜（2023）》显示，中国（绵阳）科技城排名第8、西部（成都）科学城排名第16、西部（重庆）科学城排名第26，在中西部地区的科学城中总体排名靠前，协同建设西部科学城的成效初显。

（一）西部（重庆）科学城建设发展主要成效

2020年3月，重庆市政府批复建立西部（重庆）科学城校地联席会议

---

① "十个方面"包括重大科技基础设施共建共享、核心技术联合攻关、两地高校院所交流互动、科技人才共引共育、科技成果转化平台开放共享、创新改革试验协同开展、跨区域投融资合作、特色优势产业集群打造、信息交流互动平台搭建、国际科技交流合作。"三个机制"：一是建立联席会议机制，双方共同研究审议重大规划、重大政策、重大项目和年度工作安排，协调解决跨区域合作难点；二是建立对上争取机制，双方联合向国家争取重大平台布局、重大项目支持、重大政策倾斜；三是建立工作推进机制，双方建立干部互访、人才互认、职能部门对接、重点园区合作等协作。

制度，成员包括市政府的 12 个部门、重庆高新区管委会和重庆的 14 所大学，主要职能包括建立政产学研合作机制、制定科技创新重大改革事项和重大政策措施、引进培育科技研发机构、共建国家级创新创业孵化和成果转化载体、加强校校合作、联合举办"双创"赛事活动、培养高端创新人才和产业实用人才、协调解决科学城规划建设重大事项 8 个方面。联席会议办公室设在重庆高新区管委会，负责具体工作的协调推进。

西部（重庆）科学城于 2021 年 5 月正式挂牌，位于重庆中心城区西部槽谷，涉及北碚、沙坪坝、九龙坡、江津、璧山 5 个区，规划面积为 1198 平方公里，核心区为重庆高新区直管园（面积为 316 平方公里），拥有国家自主创新示范区、自贸试验区、国家级高新区、综保区等多块"金字招牌"。

依据《重庆市人民政府关于支持西部（重庆）科学城高质量发展的意见》等政策文件，西部（重庆）科学城通过探索"科产城"深度融合发展新路径，构建"一核四片多点"生产空间①、"一主四副多组"生活空间②和"一心一轴两屏"生态空间③，到 2035 年，全面建成具有全国影响力的科技创新中心核心区和宜居宜业宜学宜游的现代化新城。

近 5 年来，重庆围绕科学教学、科学研究、科学实验、科学设施、科学机构"五个科学"和科技人才、科技企业、科技金融、科技交易、科技交流"五个科技"，出台 40 条"金凤凰"创新政策，探索以龙头企业和重

---

① "一核四片多点"生产空间："一核"即重庆高新区直管园，重点建设综合性国家科学中心；"四片"即北碚、沙坪坝、西彭-双福、璧山四大创新片区，主要承担教育科研、高端制造、国际物流、军民融合等产学研融合功能；"多点"即以创新创业园、高新技术产业园等为支撑，构建产学研深度融合的创新空间体系。

② "一主四副多组"生活空间："一主"即以重庆高新区直管园的金凤地区为引领，与西永微电园、大学城共同组成 50 平方公里的科学城主中心，集聚高端生活性服务、国际科学交往功能，布局高品质居住区；"四副"即北碚、团结村、陶家-双福、青杠四个片区副中心，承担片区公共服务和商业商务功能；"多组"即围绕圣泉、西彭、丁家、青凤、歇马等节点，形成多个职住平衡组团。

③ "一心一轴两屏"生态空间："一心"即以寨山坪为依托的城市公园，"一轴"即沿科学大道，由湿地群、公园群和城中山体组成的绿色长廊，"两屏"即缙云山、中梁山生态翠屏。

大科创项目为牵引，构建企业、院所、政府、园区等创新协同体系，布局建设超瞬态实验装置、金凤实验室、中国科学院重庆科学中心、北京大学重庆大数据研究院等一批大装置、大平台、大院所。截至 2024 年 8 月，西部（重庆）科学城集聚市级及以上研发平台 343 个、市级及以上科技创新创业人才 154 人次、国家高新技术企业 405 家、国家级专精特新"小巨人"企业 19 家、市级专精特新企业总数达 253 家、市级及以上科技企业孵化器和众创空间 23 个。

表 2-1　西部（重庆）科学城各片区科技创新成效相关指标

序号	片区名称	规划面积（平方公里）	重点发展产业	研发投入强度（%）	高新技术企业数量（家）	科技型企业数量（家）	入驻高校（所）
1	重庆高新区直管园	316	新型智能终端、软件信息、智能网联新能源汽车及核心器件、集成电路、生物、高技术服务	5.4	402	2515	4
2	江津	200	智能网联新能源汽车及核心零部件、数字经济、新材料、商贸流通	3.39	158	656	7
3	北碚	283	传感器及仪器仪表、新能源汽车及高端摩托车、新一代电子信息制造、智能装备、卫星互联网、生命科学	-	-	-	4
4	沙坪坝	147	智能网联新能源汽车、生物医药、新一代信息技术	4.79	54	623	7
5	九龙坡	147.59	汽摩、新材料、新能源、高端装备、现代服务业	-	645	-	4
6	璧山	80	新能源汽车、新一代信息技术、智能装备、大健康	3.25	300	703	4

备注：

①西部（重庆）科学城北碚片区管委会于 2022 年 5 月挂牌运作，主要为新建区，尚未披露相关科技创新指标。2024 年 3 月成立的重庆北碚经济技术开发区，由蔡家智慧新城、西部（重庆）科学城北碚片区整合设立，也未公布西部（重庆）科学城北碚片区的科技创新指标。

②除重庆高新区直管园外，其余 5 个片区经历了管理部门、空间载体、产业定位等调整，且科技创新统计尚未统一，导致部分数据缺失或者存在一定误差。

③从各片区的科技协同创新进展看，一是重点产业集中在本地主导产业和国内外热点产业，存在同质化风险，比如，每个片区均将新能源汽车、电子信息、智能装备等规划为重点产业，但细分赛道的差异性并不明显；二是基础研究和原始创新主要集中在重庆高新区直管园、高校、科研院所，企业多以见效快的应用创新为主，已出台的支持政策需要加强落实和贯通，增量政策需要完善，产学研用融合有待加强；三是部分片区还处于基础设施建设期，招引的大院大所大企大才领衔的项目还没有进入收获期，因而"产—城—人—科"四维互动需要进一步机制创新，才能尽快形成新质生产力。

案例2-3　成渝综合性科学中心（金凤）："科产城"深度融合打造西部（重庆）科学城极核

《重庆市科技创新"十四五"规划（2021~2025年）》和《重庆高新区国民经济和社会发展第十四个五年规划和2035年远景目标纲要》均提出在重庆高新区金凤片区规划建设100平方公里的成渝综合性科学中心（金凤），且为西部（重庆）科学城的核心区，重点布局大学城、科研港、科学谷、生命岛、科创街"五大创新支撑"。

大学城以"重庆大学城"为核心，是成渝综合性科学中心（金凤）乃至西部（重庆）科学城的创新基本盘，建设超100万平方米孵化空间，形成科学研究、原始创新与成果转化相结合的"环大学创新生态圈"。科研港位于科学公园西侧的曾家片区，重点围绕物质科学、材料科学等领域，布局大型科学中心、大科学装置，建设重大科技基础设施集聚区，打造原始创新策源地。科学谷位于科学公园东侧的含谷片区，重点围绕绿色低碳、智能技术等领域，布局技术创新中心、前沿交叉研究平台、孵化器、企业研发总部基地，建设约140万平方米办公楼宇，打造前沿科技集聚地。生命岛位于科学公园南部的金凤片区，重点围绕生命科学、生物医药、农业科技等领域，布局高水平实验室、新型研发机构、公共服务平台，建设100万平方米研发场地，打造生命科学策源地。科创街位于科学公园北侧的西永片区，重点围绕集成电路、信息技术等领域，布局产业技术研究院、制造业创新中心、高技术服务机构，建设约110万平方米创新载体，打造微电子产业创新高地。

　　位于生命岛的金凤实验室（见图2-1）是西部（重庆）科学城建设的头号工程，也是首个投入运行的重点实验室。金凤实验室以病理研究为"小切口"，以学科交叉构建科研平台矩阵，整合生物学、医学、物理学、人工智能、大数据等多个领域科技人才，加快"大兵团作战模式"的原始创新。目前，金凤实验室建成投用智慧病理实验室、疾病表型组学实验室、病理时空组学中心、实验动物中心、单细胞转录组平台等8个研究平台，以及精准诊断中心等诊断平台。招引科研项目团队41个，汇集科研人员400余人。已在脑胶质瘤发病机制原创性研究、智慧病理诊断"卡脖子"技术突破等方面取得标志性进展。

图2-1　金凤实验室

（龙帆 摄）

　　位于科研港的超瞬态实验装置是重庆首个大科学装置，由重庆大学联合上海交通大学等共建，重点结合成渝地区双城经济圈高端装备制造、电子信息、生物医药、航空航天、核工业技术等重点产业需求，开展高分辨分子动力学、高温燃烧机理、新燃料电池、3D打印、超导等基础前沿研究。

位于科研港的中国科学院重庆科学中心由重庆市政府与中国科学院联合打造，按照1个法人机构加若干科研单元的"1+N"模式，统筹中国科学院科研院所、科研人才等创新资源在渝集聚发展，聚焦大数据智能化、生物医学、新材料、生态环境等领域，建设面向产业创新、聚焦基础科学前沿、以重大科技基础设施为主要定位的高水平研究平台。2023年7月，中国科学院重庆科学中心（见图2-2）一期建成交付使用。

图2-2　中国科学院重庆科学中心

（供图：重庆高新区融媒体中心）

位于科学谷的北京大学重庆大数据研究院是重庆高新区管委会和北京大学共同举办的具有独立法人资格的市属事业单位，创新"高校+校内组织机构+异地科研机构"三位一体的科技成果转化模式，形成以基础软件为"根茎"，工业软件、行业应用软件为"枝干"的软件群。截至2024年1月，已成立18个实验室、3个中心，培育孵化7家科技企业。

从最初的惠普、华硕、宏碁三个品牌落地，到苹果、谷歌、联想、华为等20余个知名品牌入驻，位于科创街的西永微电子产业园形成电脑、打印机、显示器、交换机、路由器、手机、智能穿戴设备等20多类智能终端产品制造体系，以仅占重庆万分之五的土地，贡献全球三成的笔记本电脑、重庆近10%的工业产值和超四成的进出口额。

西永微电子产业园发挥连接全球产业链的优势，聚焦模拟集成电路、功率半导体等领域，设立 300 亿元的产业发展基金，联手创新主体突破"卡脖子"技术和布局未来产业，形成从芯片设计、晶圆制造到封装测试的全产业链，建成 8 个博士后工作站、1 个院士工作站，园区硕士以上人才及相关研发人员近 3 万名。

（二）西部（成都）科学城建设发展主要成效

2015 年 1 月，成都市委经济工作会议首次提出在天府新区建立成都科学城，最初规划面积约为 15 平方公里，2016 年规划面积扩大到 73 平方公里，2018 年再次扩容到 125 平方公里。在此期间，中国科学院成都科学研究中心、中国农业科学院国家成都农业科技中心、成都超算中心等国家级创新主体不断汇集。

2021 年 6 月，西部（成都）科学城（见图 2-3）和天府实验室在四川天府新区正式揭牌。西部（成都）科学城统筹天府新区、成都高新区、成

图 2-3　西部（成都）科学城

（黄雪松 摄）

都东部新区等重点区域，构建"一核四区"空间功能布局①，规划面积扩
大到394.2平方公里，目标定位升级为打造具有全国影响力的科技创新中
心的基础支撑、成渝地区双城经济圈的创新策源地。

其中，成都科学城围绕兴隆湖形成总面积为132平方公里的规划区域，
起步区规划面积约73平方公里，战略定位为"具有全国影响力的科技创
新中心科学高地、西部（成都）科学城创新策源地、综合性国家科学中心
主阵地、天府实验室和国家实验室基地承载地"，按照"主体集中、区域
集中、资源集中"原则，布局"一中心两基地、一岛三园"七大功能组
团②，建设"功能复合、职住平衡、服务完善、宜业宜居"的新时代公园
城市。

截至2024年9月，成都科学城布局重大科技基础设施和交叉研究平台
11个，聚集"中科系""中核系"等国家级科研机构40余个，引进清华
四川能源互联网研究院等校院地协同创新平台43个，汇聚高层次人才289
名、高端科研人才5000余名，初步建成学科方向关联、功能互相支撑的
"大装置"集群，形成国家科研力量多维布局、协同攻关的发展态势；聚
焦人工智能、集成电路、5G通信、信息安全等数字经济重点领域，引进紫
光、海康威视、商汤科技等重点企业100余家，汇聚上下游企业3600余
家；引进高新技术服务机构60余个，培育高新技术企业430余家；坚持
"人-城-产"营城逻辑，有序推进重大功能设施、公共配套设施、产业载
体、人才住房等综合配套建设，建成区生态空间占比已达42%。

另外，新经济活力区位于成都高新区，总规划面积87平方公里，涵盖
瞪羚谷、骑龙湾、AI创新中心、中国-欧洲中心、新川创新科技园、天府

---

① 西部（成都）科学城"一核四区"空间功能布局："一核"为成都科学城，"四区"为
新经济活力区、天府国际生物城、未来科技城、新一代信息技术创新基地。

② 成都科学城"一中心两基地、一岛三园"七大功能组团："一中心"为鹿溪智谷科学中
心，"两基地"为重大科技基础设施建设基地、军民融合协同创新基地，"一岛"为独角
兽岛，"三园"为兴隆湖高新技术服务产业园、凤栖谷数字经济产业园、新兴智能制造
产业园。

软件园等产业社区。成都高新区和双流区探索经济区与行政区适度分离改革，以"管委会+专业公司"的组织架构，合作共建天府国际生物城，规划面积44平方公里，瞄准生物技术药、化学创新药、高性能医疗器械、专业外包服务、健康服务等五大细分领域，首发跨地区公共平台"创新券"，累计引进项目超过300个和覆盖生物医药全周期的科研平台113个。成都未来科技城紧邻天府国际机场，规划面积60.4平方公里，围绕国际一流应用性科学中心、国家未来先进制造业基地两大核心功能，加速发展航空航天、消费电子、AI机器人、精密仪器制造、未来产业等以建圈强链。新一代信息技术创新基地位于成都郫都区科创新城，截至2023年末，落地建设总投资约62亿元的7个产业项目，布局总投资100.6亿元的城市功能、环境提升、交通联达、公服配套4类功能提升项目25个。

案例2-4 成渝（兴隆湖）综合性科学中心：打造高水平实验室体系

上海张江、安徽合肥、北京怀柔、大湾区等综合性国家科学中心处于科技创新体系"金字塔"顶端，多布局建设一批重大科技基础设施、科教基础设施和前沿交叉研究平台，以便产出重大原创科学成果和颠覆性产业技术。《成渝地区双城经济圈建设规划纲要》用专门篇幅对建设成渝综合性科学中心做出部署，要求"在四川天府新区、重庆高新区集中布局建设若干重大科技基础设施和一批科教基础设施"。国家在成渝地区布局建设综合性科学中心，标志着成渝深度融入全国区域创新高地的总体布局，成为参与全球科技竞争的重要力量。

2023年5月，以四川天府新区兴隆湖周边100平方公里左右为核心区域的成渝（兴隆湖）综合性科学中心揭牌，战略定位为综合性科学中心创新策源地、国家实验室和天府实验室承载地、具有全国影响力的科技创新中心内核支撑，配套建设航空动力科创园、新兴智能制造产业园、凤栖谷数字经济产业园、兴隆湖高新技术服务产业园等4个园区。

　　值得关注的是，2021年6月，天府实验室、天府兴隆湖实验室与西部（成都）科学城同日揭牌。据《四川省人民政府关于建设天府实验室的通知》，四川把组建天府实验室作为补齐创新短板、提升在全国创新版图中战略位势的重大举措，聚焦电子信息、生命科学、生态环境等重点领域，规划建设一批原始创新集群。由此可见，天府实验室是成渝（兴隆湖）综合性科学中心的底座支撑，初步形成"实验室组织技术团队协力攻坚→重大技术攻关为牵引的研究生培养平台→与行业龙头企业合作实现阶段性技术的产品化→借力国有平台技术变现和产品销售"的产研融合生态。

　　天府兴隆湖实验室坐落于成都科学城鹿溪智谷科学中心，聚焦能量光子、信息光子、材料光子、生医光子相关学科，以及光子科学仪器设施，开展颠覆性的光电领域材料、器件、系统等研究，初步完成科研平台建设，形成由战略科学家领衔，杰青、优青为骨干，200多名青年科研工作者参与的建制化研究团队。

　　天府永兴实验室于2021年12月揭牌，汇聚全国碳中和领域60余位院士专家，依托四川大学、西南石油大学、成都理工大学、四川农业大学，联合北京大学、清华大学、西南交通大学、中国环境科学研究院、清华四川能源互联网研究院、四川省交通运输发展战略和规划科学研究院等单位共同建设，布局清洁低碳能源、资源碳中和、碳捕集与利用、碳汇与地质固碳、减污降碳协同、碳中和集成耦合六大领域，打造碳中和人才汇聚高地、科技创新先锋、产业发展引擎。

　　天府绛溪实验室于2022年11月揭牌，由成都高新区与电子科技大学、中科院成都分院、中电科、华为、京东方等单位共建，在电磁空间利用与控制、信息功能材料与部件、电磁感知与泛在互联、先进计算与类脑智能等方面建设多个前沿研究中心，建立"材料－器件－系统-应用"完整技术链,打造未来信息技术创新高地和产业集聚区。

天府锦城实验室于2022年11月揭牌,由四川大学与成都高新区共建,重点针对恶性肿瘤、心脑血管与代谢性疾病、神经系统疾病三类重大疾病,围绕脑机接口、智能融合生命等前沿领域,建设一批研究中心,开展预防、诊断、治疗和康复等全流程药械开发,打造医疗健康领域的国家战略科技力量。

三 重庆两江协同创新区聚力打造产业创新"特中特"示范区

重庆两江协同创新区位于两江新区龙盛新城东部,规划面积约30平方公里,这里有诗情画意的生态之美:翠峰如簇的明月山、碧波万顷的明月湖,建成投用高品质创新空间70万平方米,围绕两江新区、成渝地区双城经济圈的重点产业和未来产业,设立开放式、国际化高端研发机构,通过全球创新大会、国际创新创业大赛等活动打响"明月湖·π"科创品牌,引进北京理工大学、西北工业大学、新加坡国立大学、中国星网等知名高校院所、龙头企业,设立各类研发机构50多家,"中国复眼"(深空探测雷达)一期开机运行,获批各类技术创新平台200个,引进孵化创新企业500多家,专利授权总量700多件,促进科技成果转移转化600余项。图2-4为西北工业大学重庆科创中心全景。

进一步看,重庆两江协同创新区建设明月湖科创服务中心、明月湖政务惠企E站,引进50余家科创服务机构,建成国家技术转移东部中心、沪渝协同创新中心等工作站,为入驻科研院所和科技企业提供研发试验、科技金融、科技中介、法律咨询、知识产权、创业辅导等一站式科创服务。同时,两江协同创新区聚集9个双创载体,"众创空间+孵化器+加速器+产业园"全链条科技成果孵化转化体系加速形成。两江协同创新区设立规模2亿元的明月湖种子基金、规模5亿元的明月湖科创基金等,投资科创项目近30个,带动社会资本参与投资区内科创企业数亿元。

图2-4　西北工业大学重庆科创中心全景

注：西北工业大学重庆科创中心是由重庆两江新区管理委员会与西北工业大学共同组建、联合举办的事业单位，按照重庆产业特色侧重开展科技创新、成果转化、人才培养和产业孵化等工作。

（江于同 摄）

围绕下一代互联网为引领的数字科技产业，两江新区协同创新区率先在西部地区建设人工智能公共算力共享服务平台、算力互联互通调度平台、数字资产沙盒监管服务与数据融合"训练仓"平台、人工智能大模型验证评测平台、跨境数据流动监管与安全监测平台、App技术检测平台、卫星互联网终端检测公共服务平台7个重大使能平台。

两江协同创新区利用拨投结合方式促进研发机构与企业加强合作，同步梳理院所技术清单和两江新区企业需求清单，通过产学研对接活动、院所进企业、中介服务等方式促进院所科技成果批量转化。同时，两江协同创新区推广"先赋权后转化+股权奖励+销售提成"的组合激励模式，将科技成果完成人与转化项目长期收益绑定，让权责、收益、分配更加明确。比如，武汉理工大学重庆研究院累计8项科技成果作价入股国保智研（重庆）科技有限公司、阅知天下数字科技（重庆）有限公司、华研高新材料（重庆）有限公司3家两江新区企业，占股比例为5%~10%，武汉理工大学重庆研究院和研发人员成为企业的"合伙人"。

案例2-5　两江新区和天府新区："江天一色"共建跨区域
协同创新样板

两江新区是我国第三个、内陆第一个国家级开发开放新区,位于重庆主城都市区中心城区长江以北、嘉陵江以东,包括江北区、北碚区、渝北区3个行政区部分区域,面积1200平方公里,常住人口340余万人,拥有国家自主创新示范区、全国首批双创示范基地等"国字号"招牌,建成两江协同创新区、礼嘉智慧公园、两江数字经济产业园等创新平台。

四川天府新区地处成都平原南部边缘地带、成都市主城区南部,东至龙泉驿区、简阳市,南至眉山市彭山区、仁寿县,西至新津区,北至成都高新区,规划面积1578平方公里,以公园城市建设为统揽,做强科技创新策源、内陆开放门户功能支撑,经济总量突破4000亿元,居19个国家级新区第5位,综合实力进入国家级新区第一方阵。天府新区做优创新策源转化功能,抓好实验室、大装置、国家队落地布局,校院地协同创新经验做法入选全国人才工作创新优秀案例,双创示范基地连续3年获国务院办公厅通报激励。

在2021年5月召开的两江新区天府新区第三次联席会上,双方联手成立协同创新产业旗舰联盟,以"搭建双创交流平台、聚力深化科研合作、提升科技成果转化效率"为主要任务,围绕"明月湖金种子""智汇两江""菁蓉汇"等双创品牌,引聚北理工四川研究院、吉林大学重庆研究院等两地院所、企业90余家,相继举办创业大赛、川渝技术转移转化大会等活动,协同打造西南技术交易大市场,促成国家超算成都中心与中国汽车研究院、励颐拓软件等重庆企业科技创新合作。该联盟也是双方8大产业联盟之一,成员单位扩大到近100家。

2023年12月,两江新区和天府新区签订《共建跨区域协同创新样板合作协议》，推动科技创新平台共建、资源共享、项目共促、成果共享。发挥天府实验室、明月湖实验室等创新平台引领作用，瞄准航空航天、先进核能、智能装备等成渝优势领域，开展重大项目联合申报、科研仪器开放共享、联合发布产业机会清单促成果转化、科技人才协同招引等产学研合作。

四　成渝地区共建"一带一路"科技创新合作区取得积极进展

《成渝地区双城经济圈建设规划纲要》提出，成渝地区要共建"一带一路"科技创新合作区。川渝两省市政府 2023 年联合印发的《成渝地区共建"一带一路"科技创新合作区实施方案》，明确合作区的四大战略定位为面向"一带一路"的科技交往中心、技术转移枢纽、协同创新平台、产创融合高地。2024 年 11 月，《成渝地区"一带一路"国际技术转移中心建设方案》获得科技部批复，这是全国批复的首个面向共建"一带一路"国家的国际技术转移中心。

截至 2023 年末，川渝已和 80 多个国家的创新主体开展科技交流合作，与匈牙利等国家和地区签订科技创新谅解备忘录，与奥地利、白俄罗斯等国家技术转移机构开展合作，打造中国-匈牙利技术转移中心、国家技术转移西南中心等国际技术转移平台，并设立国家技术转移机构 30 多家，建立起政府间、高校间、企业间多层次的合作机制。同时，川渝深化国际科技人文交流，连续举办"智博会""西博会"，召开国际应用矿物学大会、"一带一路"微无创医学创新论坛等高端学术会议，承办科技部国际先进技术培训班 20 多期，培训 40 多个国家的近千名学员，两地高校科研院所和企业科研人员开展交流互访超过 7 万人次。川渝建成"一带一路"联合实验室 3 个、国际科技合作基地 109 个、协同创新平台 100 个，新加坡国立大学等 10 多家境外知名高校在成渝设立研发机构，长安汽车、科伦药业等 30 多家川渝企业在海外建立研发机构。

案例 2-6　首届"一带一路"科技交流大会：为成渝地区双城经济圈参与国际科技合作搭建高端平台

2023 年 11 月 6~7 日，首届"一带一路"科技交流大会在重庆举行。重庆市委书记袁家军在开幕式上宣读了习近平主席的贺信。中共中央政治局常委、国务院副总理丁薛祥出席开幕式并致辞。匈牙利国会副主席雅高布、世界工程组织联合会主席穆斯塔法·申胡在开幕式致辞。中国科技部部长阴和俊主持开幕式。大会由中国科技部、中国科学院、中国工程院、中国科协、重庆市人民政府和四川省人民政府共同主办，国家发展改革委作为支持单位。

大会以"共建创新之路，同促合作发展"为主题，设置开幕式暨全体大会、"一带一路"科技创新部长会议、主题活动、圆桌会议及成果展示五大板块，举行 10 场主要活动，全面推进第三届"一带一路"国际合作高峰论坛科技创新领域相关成果落地。来自 80 余个国家和国际组织的 30 多名外方部级政府官员、300 多名外国嘉宾，以及 500 多名国内专家学者、企业家等出席了开幕式。

大会首次建立面向共建"一带一路"的高能级国际科技交流合作机制。"一带一路"科技创新部长会议首次召开，为构建更加紧密的创新伙伴关系、共同推进创新丝绸之路建设凝聚了强大共识。作为我国首个重要科技合作倡议，《国际科技合作倡议》面向全球发布，发出坚持"科学无国界、惠及全人类"，携手构建全球科技共同体的中国声音。

在全体大会、主题活动和圆桌会议等环节，超过 70 名外国政要和专家学者发表演讲，参会人员共同商议推进创新丝绸之路高质量发展的新举措，彰显了共建"一带一路"的强大感召力。"一带一路"青年科学家论坛、"一带一路"国际大数据竞赛、"一带一路"青少年科技创新伙伴计划重庆行、未来医学创新合作论坛、开放创新促进发展中国家制造业高质量发展论坛、开放科学圆桌会议、产业变革与企业技术创新圆桌会议、信息时代科研范式变革圆桌会议等活动，为各方提供了坦诚交流、分享智慧、凝聚共识、探讨合作的良好平台。

大会期间，累计举办中外双边部级会见20余场，中国科技部与各合作国签署部门间双边合作文件12项。成渝地区"一带一路"科技创新合作区启动建设，可持续发展技术、创新创业、空间信息科技、科技减贫等4项"一带一路"科技创新专项合作计划和"一带一路"青少年科技创新伙伴计划启动实施。重庆市相关高校和科研机构与来渝外方代表团深度对接，与有关国家达成科技合作意向15项。

大会期间，还举办了"一带一路"科技创新合作十年成果展，展出我国与共建国家科技合作案例80余个，涉及共建国家近百个，并首次发布了《创新丝绸之路发展报告》。本次大会得到各方高度关注，数十家中外媒体现场采访，近2000家媒体线上参与，广泛覆盖共建国家主流媒体，推动大会成为全球关注的盛会。

第3节 成渝地区双城经济圈共建具有全国影响力的科技创新中心面临的挑战和对策建议

一 成渝地区双城经济圈共建全国有影响力的科技创新中心面临的主要挑战

（一）区域科技创新基础总体薄弱，协同创新机制需要进一步提升效能

从宏观环境看，新一轮科技革命和产业变革加速演进，以信息技术、生物技术、新材料技术、新能源技术等为主导的高新产业呈现群体突破态势，以大数据、云计算、物联网、人工智能等为内核的数字经济日新月异，并加速向各领域渗透。面对第4次科技革命浪潮，各主要经济体都把科技变革视为维护国家安全的基础核心能力，重新构建国家安全战略，全球科技竞争以前所未有的激烈程度在地球各个角落蔓延。在我国加快建设科技强国、实现高水平科技自立自强的进程中，成渝地区双城经济圈总体处于"不创新

就要落后，创新慢了也要落后，谁能下好科技创新'先手棋'，谁就能抢占高质量发展制高点"的严峻挑战和重大机遇叠加的创新驱动发展窗口期。

比照"具有全国影响力的科技创新中心"的战略定位，成渝地区双城经济圈尚缺乏重大引领性基础研究原创成果、带动性强的科创企业、影响力大的科创平台、领军型科创人才、高水平科研机构、完备顺畅的科技创新体制机制，自主创新能力有待大幅提高。区域创新资源配置不平衡，大量科技资源集中在重庆和成都的大院大所、重点企业、重点园区和中心城区，与其他中小城市的协同合作不足，对农村的辐射有限，科技创新与一些地区经济发展的融合不足。部分科技创新大项目、大装置、大平台尚处于建设期或者起步阶段，引领带动创新要素资源自由流动和高效配置的作用尚未充分发挥。部分引进的大院大所建设运营时间不长，科研成果产出及转化尚不能满足落户地、成渝地区双城经济圈的需求。一些中小城市由于创新资源较少，科技创新基础薄弱，制度设计和统计监测体系不完善，难以在传统模式下实现内生式后发赶超。

（二）重庆、成都作为"具有全国影响力的科技创新中心"的"双核"，面临其他中心城市的竞争挑战

中心引领模式是国家科技创新体系的重要组成部分。相较于北京、上海、广州、深圳等一线城市，重庆、成都的科技创新硬实力和软环境尚有差距。同时，江苏、浙江、陕西、河南、辽宁多个经济大（强）省陆续提出打造全国性科技创新中心的战略目标。有别于过去举全省之力支持该省某个科技强市打造区域科技创新中心，上述省份均致力于以都市圈或者全省域为空间打造国家科技创新中心，区域协同推进高质量创新成为广泛的战略共识。进一步看，《中华人民共和国国民经济和社会发展第十四个五年规划和2035年远景目标纲要》提出："支持北京、上海、粤港澳大湾区形成国际科技创新中心，建设北京怀柔、上海张江、大湾区、安徽合肥综合性国家科学中心，支持有条件的地方建设区域科技创新中心。"从国家层面政策看，各地采取"赛马"模式建设区域科技创新中心，意味着重庆、成都乃至成渝地区

双城经济圈在科技创新要素资源引育上将面临其他地区愈加激烈的竞争。

另一方面，"区域创新资源布局不均衡且向中心城市高度集中"是包括发达省区市在内的大部分地区面临的共同挑战，这是经济梯度发展客观形成的创新资源布局。以都市圈、省域、跨省域等更大空间协同建设全国性科技创新中心，各地均要解决后发地区在经济发展差距无法短时间内填平补齐的现实下，如何通过制度设计和机制创新，较快提升后发地区科技创新能力的问题。从这个层面看，成渝地区双城经济圈与其他地区仍处于相同的"起跑线"。表2-2呈现了2023年重庆、成都与其他中心城市科技创新效能情况。

表2-2 2023年重庆、成都与其他中心城市科技创新效能情况

序号	城市	研究与试验发展经费（亿元）	研发投入强度（％）	高校数量（所）	高新技术企业数（万家）	有效发明专利拥有量（万件）	技术合同成交额（亿元）
1	重庆	750.0	2.45	68	0.8	6.4	865.1
2	成都	733.3	3.32	64	1.3	10.4	1614.2
3	北京	2842.0	6.83	92	2.8	57.4	8536.9
4	上海	2077.6	4.4	63	2.4	24.1	4850.2
5	深圳	1880.5	5.81	17	2.5	30.0	1575.7
6	广州	1041.2	3.43	85	1.3	15.2	2550.8
7	杭州	782.3	3.9	40	1.5	15.3	1589
8	武汉	692.0	3.67	86	1.5	12.5	2198.4
9	郑州	363.6	2.67	65	0.6	4.0	突破650
10	西安	628.1	5.23	63	1.3	9.4	突破3800

备注：

①北京在本表所列的科技创新指标均领先于其他一线城市和科技强市，正加快建设国际科技创新中心。由于创新资源禀赋和经济发展的差距，重庆、成都与北上广深一线城市的部分科技创新指标存在一定的差距。

②重庆在"研究与试验发展经费"指标中排名样本城市第6，数值为排名第1的北京的26.4％；在"研发投入强度"指标中排名样本城市第10，数值为排名第1的北京的35.9％；在"高校数量"指标中排名样本城市第4，数值为排名第1的北京的73.9％；在"高新技术企业数"指标中排名样本城市第9，数值为排名第1的北京的28.6％；在"有效发明专利拥有量"指标中排名样本城市第9，数值为排名第1的北京的11.1％；在"技术合同成交额"指标中排名样本城市第9，数值为排名第1的北京的10.1％。

③成都在"研究与试验发展经费"指标中排名样本城市第7，数值为排名第1的北京的25.8%；在"研发投入强度"指标中排名样本城市第8，数值为排名第1的北京的48.6%；在"高校数量"指标中排名样本城市第6，数值为排名第1的北京的69.6%；在"高新技术企业数"指标中排名样本城市第6，数值为排名第1的北京的46.4%；在"有效发明专利拥有量"指标中排名样本城市第7，数值为排名第1的北京的18.1%；在"技术合同成交额"指标中排名样本城市第6，数值为排名第1的北京的18.9%。

数据来源：根据相关城市国民经济和社会发展统计公报及公开资料整理。

二　成渝地区双城经济圈共建全国有影响力的科技创新中心建议

（一）进一步营造包容开放、近悦远来的科技创新环境

完善跨区域人才"同城化融入"保障机制和科技政策一体化机制，建立成渝地区双城经济圈内统一的科技监测统计体系。发挥新型举国体制优势，采取"政府立题、企业出题、协同破题"的形式，定期发布本地科技创新机会清单，推广"揭榜挂帅""赛马制"、科研经费"包干＋负面清单"等制度，支持川渝合作的研发机构共同承担重大项目。全域推广职务科技成果所有权、共有产权、长期使用权等改革，完善容错纠错免责机制和重大成果超常规激励机制，激活科技人员的创新活力。贯通"重庆英才计划""蓉漂计划"等人才政策，靶向构建"科学家＋企业家＋经纪人＋投资人"的新型科创人才结构，确保在待遇大致不变的情况下，科技人才在区域内的自主流动、择业创业和深化合作。探索"区内注册、海外孵化、全球运营"的柔性引才机制，鼓励境外创新人才将科研成果留在成渝。

综合运用财政金融工具，激励企业加大研发投入，引导银行保险机构在西部科学城、高新区、双创基地等科创企业聚集的地区设立科技支行和业务网点，推动技术产权、数据资源等交易场所的设立及在相关城市设立服务网点，引导创业投资机构、产业基金等投资早中期、初创期科技型企业，拓宽"技术—项目—产品—产业"投融资通道，完善科创企业全周期金融服务体系。

营造敢为人先、包容失败的创新氛围，强化激发创新意识、鼓励创新实践、推广创新成果的环境建设，弘扬创新精神、工匠精神、企业家精神

等，涵养新时代成渝企业家、创业者、创新者的家国情怀和责任担当，让创新在全社会蔚然成风。办好成渝双城经济圈制造业博览会、成渝地区双城经济圈高质量发展论坛、中国国际智能产业博览会等各类促进创新的品牌活动，搭建新思想新理念的交流传播平台、新科技新产业的前沿引领平台、新技术新产品的发布交易平台、创新规则和创新治理的共商共享平台。建设科学家精神教育基地、前沿科技体验基地和科学教育资源汇集平台，提升城乡居民的科学素质。

（二）进一步加快建设重大科技创新平台和项目

服务国家战略科技力量建设，推动重庆、成都、西安共建"西部地区科技创新金三角"，西部（重庆）科学城、西部（成都）科学城、中国绵阳科技城共建"成渝地区双城经济圈科技创新金三角"，建立成渝地区双城经济圈内国家自主创新示范区、高新区、经开区、省级新区、双创基地等产业载体和创新载体融合发展机制，统筹推进"国家科技创新中心—西部科学城—成渝综合性科学中心—分布式创新平台"梯度创新体系建设，支持川渝共建联合实验室，集中布局重大科技基础设施集群，引导地方政府、企业、高校科研院所共建重大创新平台和新型研发机构，构建基础研究、技术研发、成果转化、产业创新、开放共享的全链条创新生态。

重庆两江新区与四川天府新区在共同争取重大创新平台、协同建设重大科技基础设施、联合承担国家重大科技任务、共同发起大科学计划、推动科学仪器设备共享等方面加强合作，协同集聚国内外大平台、大团队、大项目和大学大院大所大企大才，打造学科内涵关联、空间分布集聚、成果转化靶向的示范性创新生态。利用川渝毗邻地区的区位、交通、产业等基础条件，在川南渝西融合发展中建设成渝中线科创走廊，同步推进其他功能平台的产学研合作。引导川渝高校、科研院所和企业共建产业创新中心、技术创新中心、制造业创新中心、工程研究中心等创新平台和科技服务平台，以技术突破培育新市场、孕育新产业。

（三）进一步加强跨区域科技创新交流合作

推动川渝创新主体深入对接京津冀、长三角、粤港澳大湾区等国际科技创新中心，共同实施重大科技项目，联合开展重大科技攻关。围绕建设国际技术转移要素集聚高地和科技成果双向转移转化高地，高水平共建"一带一路"科技创新合作区和国际技术转移中心，办好"一带一路"科技交流大会等国际创新展会，增强中新重庆战略性互联互通项目、中国－欧洲中心（成都）等重大国别（地区）合作平台（项目）的引领示范功能，因地制宜布局"一带一路"联合实验室、国际科技合作基地和国别合作园区，积极参与和牵头发起国际大科学计划和大科学工程，开展国际杰青计划（成渝）、"一带一路"科技创新成渝奖学金、丝路青年科学家论坛（成渝）、丝路科学家成渝行等科技交流项目和活动，推动川渝与共建"一带一路"国家的各类创新主体开展科技交流合作，促进"一带一路"创新资源在成渝集散和融通，打造"一带一路"成渝科创走廊，打响"成渝创新"全球品牌。

第3章
成渝地区双城经济圈打造富有巴蜀特色的
国际消费目的地五周年的主要成效、
面临的挑战与高质量发展建议

党的二十大报告提出，着力扩大内需，增强消费对经济发展的基础性作用。《中共中央关于进一步全面深化改革、推进中国式现代化的决定》强调，完善扩大消费长效机制。2024年中央经济工作会议将"大力提振消费"作为2025年的首要重点工作，强调要全方位扩大国内需求。《成渝地区双城经济圈建设规划纲要》明确要求："打造富有巴蜀特色的国际消费目的地，以高质量供给引领和创造市场新需求，坚持高端化与大众化并重、快节奏与慢生活兼具，激发市场消费活力，不断增强巴蜀消费知名度、美誉度、影响力。"总的来看，成渝地区双城经济圈是我国西部人口最密集的地区，常住人口近1亿人，人员往来密切，交通基础设施良好，是我国消费规模和增长潜力最大的区域之一，形成了以重庆和成都为国际消费中心，多个区域性消费中心加快发展，高品质消费、社区消费、乡村消费、网络消费并进的发展态势。2024年上半年，成渝地区双城经济圈的消费继续发挥经济增长的"主引擎"作用，社会消费品零售总额为18967.1亿元，同比增长4.4%，其中重庆部分为6969.9亿元，同比增长4.0%；四川部分为11997.2亿元，同比增长4.7%。

第 1 节　打造富有巴蜀特色的国际消费目的地视域下的 2024 年成渝地区双城经济圈稳促扩升 消费示范城市效能述评

重庆市垫江县素有"牡丹故里""巴国粮仓""川东小平原"的美誉，以国家电子商务进农村综合示范县建设为抓手，实施县域商业体系建设行动，在渝东北率先建成集公共服务、创业孵化、仓储配送、物流集散等四大功能于一体的电商产业园，建成"中农联·渝东"国际农贸城，打造川渝东部农产品交易中心，构建以垫江电商产业园为中心、乡镇快递电商服务站为节点的农村物流服务体系，推动区内食品加工企业投用电商加工线，孵化电商主体 7000 余家，畅通城乡商品下沉和上行的"双通道"。2023 年 12 月，垫江县入选商务部公布的首批全国县域商业"领跑县"名单。

四川省乐山市出台建设区域性消费中心实施方案，建设中心城区核心商圈、区县特色商圈和夜间消费集聚区，成立市级电子商务行业党委，开展百家企业、百名村官、百种产品直播带货，以政府和企业共同发放消费券带动消费回暖提升，位列商务部等 13 部门办公厅（室）公布的全国第三批城市一刻钟便民生活圈试点名单。乐山市是国家历史文化名城、中国优秀旅游城市，拥有 39 处 A 级旅游景区和涉旅单位 77445 个，实施文旅项目"千亿工程"，组建"大峨眉"文旅发展联盟等合作平台，构建"一域两圈"现代文旅发展格局①，加快打造世界旅游目的地。

锚定建成集聚中高端消费、彰显巴渝特色、引领国际风尚、辐射带动力强的商文旅体融合发展示范城市，重庆市沙坪坝区统筹实施提质四个核心消费地标、打造四大消费场景、培育四大消费品牌、优化四大消费环境

---

① "一域两圈"："一域"指乐山市的行政区域，"两圈"指大峨眉旅游圈和小凉山旅游圈。大峨眉旅游圈依托峨眉山景区和乐山大佛景区双核驱动，建设成渝地区旅游首选地。小凉山旅游圈依托黑竹沟景区和大瓦山 4A 级景区开发，挖掘南丝绸之路文化，打造藏羌彝文化走廊旅游发展样板。

等行动①，举办产品体验、旧机回收折现、以旧换新补贴等消费惠民活动，打造"渝味360碗"美食品牌，开展"美食+非遗""美食+旅游演艺""美食+乡村旅游"系列项目，开展商文旅体展进商圈、进街区、进景区，丰富沉浸式、体验式消费供给，将人员流量转变为消费增量。

重庆市渝北区以试点建设国际消费中心区为契机，高水平谋划布局建设国际一流消费基础设施体系，促进消费扩容提质。渝北区实施火锅消费场景提升工程，依托山水稻田、洞天江崖，打造洞子火锅、稻田火锅、悬崖火锅、环山火锅等沉浸式消费新场景，全区火锅门店数达3500余家，居重庆各区县首位。重庆大悦城依托渝北区自然峡谷山势的百米高差，打造出层叠错落的全国首个生态峡谷潮玩购物公园。渝北区依托商圈、商业综合体和街区，发展"首店+首发首展首秀"的首店经济新生态，比如，全国首家京东图书领阅空间在渝北开业，以阅读体验为核心，打造"阅读+N"的新型文化空间。

自唐宋以来，成都市锦江区便因"百业云集、市廛兴盛"而饮誉川西。从1994年获批现代商贸开放发展试验区到现在成都IFS、太古里成为国际时尚前沿的风向标，锦江区始终保持着商贸领先优势。作为成都的一张金名片，春熙路商圈占景区GDP比重达55%，带动全区社会消费品零售总量连续20年居成都区市县第一，聚集国际一线奢侈品牌53个、国际一线品牌75个、国际知名品牌670个、各类首店600余家，成为国内外品牌进入四川的首选地，获评全国首批示范智慧商圈，成功打造西部首个离境退税街区。2024年上半年，通过实施"促消费、强营销、造场景"战略，春熙路商圈客流量超1.2亿人次，实现营业额499.3亿元。图3-1为成都市锦江区春熙路商圈街景。

---

① "四个核心消费地标"为三峡广场商圈青年特色消费目的地、磁器口夜间消费新磁场引领地、重庆文旅城商旅文会消费聚集区、国际物流城新业态消费生态圈；"四大消费场景"为临江消费新经济集聚区、西部内陆口岸经济发展新高地、农旅文深度融合、重庆西站高铁商务旅游集散地；"四大消费品牌"为丰富夜购、夜食、夜娱、夜学、夜健、夜宿、夜游、夜市8种夜间生活业态，培育一批"渝货精品"，开展一批品牌赛事，打造特色消费节庆品牌；"四大消费环境"为加快重大基础设施建设，发展数字消费，深化"放管服"改革，解决人才实际需求。

图 3-1　成都市锦江区春熙路商圈街景

（供图：锦江融媒）

2019 年 8 月，成都市武侯区在全市率先提出加快建设国际化新型消费城区，发展首店经济、小店经济、夜间经济、展会经济，加快建设西部高端消费核心区、西部品质消费样板区、西部新兴消费引领区。值得关注的是，武侯区出台《夜间经济发展十条措施》，实施"夜间区长""夜间街长""夜间社长"制度，挖掘三国文化、诗竹文化、丝路文化、芙蓉文化等历史资源和历史遗址，培育富有本地特色和文化内涵的夜间消费品牌，发布夜间消费地图，成立夜间消费商家联盟，打造夜购、夜展、夜游、夜食、夜宿、夜娱等优质夜间消费场景。

案例 3-1　重庆市南川区：打造宜居宜游宜养宜享的消费目的地

作为全国文化先进区，重庆南川区是山川秀美、资源丰富的生态之城。空气富氧、土壤富硒、水源富锶，世界自然遗产地金佛山"一山横亘界南北"，山王坪、神龙峡、大观园、黎香湖等群景璀璨，"让风景成为生活"是南川区打造消费目的地的差异化优势。围绕渝东生态新城建设，南川区构建"一山一片一带多点"消费升级空间布局①，提质"一刻钟便民生活圈"，培育旅游精品线路、特色民宿、标准化露营地，丰富"金佛山首礼"品类，打造"南川九大碗"示范店，做响金佛山方竹笋和糯玉米、南川烧烤等美食名片，持续开展"相约金佛山·惠享福南川"系列主题消费活动、新能源汽车定向赛等赛事活动，努力打造重庆康养知名品牌、首选之地，建设商文旅体融合发展示范城市。2024年上半年，南川区实现社会消费品零售总额121.66亿元，同比增长6.0%，高于成渝地区双城经济圈平均水平。

进一步看，过去南川的旅游资源虽然丰富，却因交通不便、点位分散而难以充分发挥价值。南川金佛山景区是世界自然遗产、国家5A级旅游景区，具有举世罕见的喀斯特桌山地貌，被称为"天下第一桌山"，有"地球生物基因库""中华药库""南国雪原"等诸多美誉。2023年4月，南川区发布"大金佛山178环山趣驾"品牌，探索旅游发展新路径：一是以知名度最高的金佛山景区为核心，串联分散景区景点资源；二是改造国省道和农村公路，打造总长178公里的旅游环线，覆盖60%的南川农村地区，大力发展自驾旅游与乡村旅游。2023年，进入"大金佛山178环山趣驾"的自驾车辆超过400万辆次，接待游客3533.3万人次。

南川区持续推进与川渝文旅交流合作。比如，与重庆武隆区、成都都江堰市、乐山峨眉山市共建旅游联盟，金佛山景区与青城山－都江堰景区建立市场互联、广告互宣、节会共创、线路互通、信息共享等合作。

---

① "一山一片一带多点"空间布局："一山"指金佛山，创建国家级旅游度假区，打造具有影响力的四季康养名山；"一片"指山王坪片区，打造南川区文旅康养产业发展龙头阵地；"一带"指大金佛山178环山文旅康养经济带，重点任务是联动沿线镇街农商文旅体融合发展；"多点"指乡村农旅融合全面开花，带动乡村振兴和百姓致富。

第 2 节 重庆、成都培育打造国际消费中心
城市的主要成效

2019 年，商务部等 14 部门联合印发《关于培育建设国际消费中心城市的指导意见》。《中华人民共和国国民经济和社会发展第十四个五年规划和 2035 年远景目标纲要》提出"培育建设国际消费中心城市，打造一批区域消费中心"。2021 年 7 月，经国务院批准，上海市、北京市、广州市、天津市、重庆市率先开展国际消费中心城市培育建设，重庆成为唯一入选的西部城市。

随着消费对于经济发展的基础性作用愈发凸显，越来越多的城市主动加入培育建设国际消费中心的行列中来。成都在 2019 年 12 月召开的国际消费中心城市建设大会上提出"到 2035 年，建成具有全球吸引力的国际消费中心城市"的发展目标。2020 年 1 月，成都市委、市政府印发《关于全面贯彻新发展理念 加快建设国际消费中心城市的意见》，提出"国际消费中心城市"的"成都内涵"，即打造国际消费创新创造中心、国际消费服务中心、国际消费文化中心、国际消费资源配置中心、国际消费品质中心，加快建成充分体现天府文化特色和国际时尚魅力的国际消费中心城市。

一 重庆培育打造国际消费中心城市的主要进展

近年来，重庆出台《重庆市人民政府关于印发重庆市培育建设国际消费中心城市实施方案的通知》《重庆市人民政府办公厅关于印发重庆市培 育建设国际消费中心城市若干政策的通知》《重庆市人民政府办公厅关于培育发展"巴渝新消费"的实施意见》《重庆市人民政府办公厅关于印发加快发展新型消费释放消费潜力若干措施的通知》等系列消费促进政策，明确重庆培育建设辐射西部、面向"一带一路""近悦远来"的国际消费中心城市的目标定位、重点任务和保障措施，建设国际购物、美食、会展、旅游、文化

"五大名城"。2021～2023 年，重庆社会消费品零售总额平均增速 8.7%，高于全国平均水平 2.3 个百分点，在国际消费中心试点城市中保持领先。

（一）集聚打造"国际范"的全球优质消费供给

近年来，重庆实施消费品牌拓展行动，引进万象城、老佛爷等知名商业运营商以及超 2000 个国际国内知名品牌，让市民在"家门口"就能"买全球"。依托山水城市特色景观，重庆精心打造中央商务区、寸滩国际新城等品质消费载体和解放碑-朝天门、观音桥等知名商圈，建成 80 余个城市消费新地标。立足数字重庆建设，重庆推进重点商圈数字化转型，创建全国示范智慧商圈 1 个、示范智慧商店 2 个。

重庆加快内陆开放高地建设，在渝世界 500 强企业达 319 家；着力打造中西部国际交往中心，国际友好交流城市达 110 个，累计在渝设立领事机构 14 家；建设西部进口商品分拨中心，支持企业利用跨境电商、国家级贸易促进平台、境外营销公共服务中心、进口商品集散分拨中心、江北国际机场口岸免税店等，以共建"一带一路"国家为重点市场，积极拓展国际合作新空间，外贸市场布局持续优化；加强城市国际营销推广，2024 年上半年，通过 144 小时过境免签政策的入境人员同比增长 3.2 倍。

（二）大力发展"巴渝味"的"渝货精品"

聚焦重庆味道、重庆工艺、重庆制造等重点领域，重庆实施增品种、提品质、创品牌的"三品战略"，推动"重庆产品"向"重庆名品""世界名品"转变，大力培育来重庆必购必带商品，累计培育中华老字号 31 个、重庆老字号 368 个，重庆火锅全产业链产值达 3000 亿元，重庆小面年产值突破 400 亿元。重庆围绕不夜重庆、山水旅游、美食之都、生态康养、户外运动、文化消费六大领域，持续举办"爱尚重庆·渝悦消费"主题消费活动，连续四年蝉联"中国十大夜经济影响力城市"榜首。重庆培育"网络优品"，与阿里巴巴、京东等头部电商平台签署战略合作协议，建成各类电商集聚区 60 余个，2023 年，重庆市网络零售额实现 2066.8 亿元，增长 22.8%，开展直播带货 15.1 万场，带货额增长 45.5%。

（三）搭建"渝快享"消费联通网络

近年来，重庆在建设全球货物"渝快享"的物流枢纽体系方面取得一系列突破，开放口岸数量位居西部第一，西部陆海新通道辐射 124 个国家（地区）523 个港口，重庆与全球消费资源联通能力进一步增强。重庆打造"轨道上的都市"，城市轨道交通运营总里程达 538 公里，串联起中心城区核心商圈、特色街区、重要景点等消费载体，提升了市民和游客畅游都市、畅享消费的便利度。重庆对标国际领先标准，加强社会信用体系建设和消费者权益保护，开展离境退税"即买即退"试点，提升入境支付便利化水平。2023 年，重庆消费者满意度居全国百城第四位。

二 成都培育打造国际消费中心城市的主要进展

依托"三城三都"① 建设，以及规模领先的社会消费品零售总额、电商发展水平、国际知名品牌入驻率、首店经济和夜间经济资源等优势，开放、张扬、包容、友好的天府文化氛围，成都的国际消费中心城市主要指标全国领先，夜间经济、绿道经济②、网红巷子等成为亮点。"中国最具幸福感城市""新一线城市排行榜" 等国内外与城市有关的消费指数评比中，成都多数在榜。2023 年，成都成为第二个社会消费品零售总额突破 1 万亿元的省会城市。2023 年 12 月，成都市国际消费中心城市建设领导小组第一次会议召开。2024 年 2 月，成都市政府印发《成都市加快打造国际消费中心城市实施方案》，明确以 "六大工程"③ "十大消费场景"④ 为新时代国际消费中心建设的重点攻坚任务。

---

① 三城三都：世界文化名城、世界旅游名城、世界赛事名城，国际美食之都、国际音乐之都、国际会展之都。

② 绿道经济：天府绿道是成都公园城市建设的重要一环，规划总长度 1.69 万公里，覆盖成都全域，并在绿道沿线布局乡村旅游、创意农业、体育健身、文化展示等特色产业。

③ 成都打造国际消费中心六大工程：消费新高地建设、消费新空间打造、消费新场景塑造、消费新模式培育、消费新格局构建、消费新环境营造。

④ 成都打造国际消费中心十大消费场景：川酿佳肴、余音绕蓉、今夜无眠、熊猫家园、天府文旅、和美乡村、会展博览、运动赛事、公园绿道、教育医疗。

（一）特色商业街区提升消费体验

成都出台《成都市打造特色商业街区行动工作方案》《成都市特色商业街区建设指引》《公园城市消费场景建设导则（试行）》等政策文件，着力推进"雪山下的公园城市·烟火里的幸福成都"建设，将特色商业街区打造商旅文体融合消费场景。春熙路、宽窄巷子等步行街成为海内外游客在成都的"网红"打卡地。2023年，文殊坊、鲁家滩等入选省级高品质示范步行街、"蜀里安逸"消费新场景和祠堂街、四圣祠等商贸项目开业。2024年1月，成都交子公园商圈、成都华联百货分别获评商务部第二批全国示范智慧商圈、全国示范智慧商店。随着商业特色街区兴起，吸引了概念店、主题店、城市定制店等众多品牌首店汇聚成都。2023年，成都新落户各类首店756家，累计落户品牌首店3000余家，落户世界500强企业315家，成为知名消费品牌进军成渝地区双城经济圈和西南地区市场的"桥头堡"。

（二）打造全域、全时、全龄夜间消费业态

2019年，成都即在国内率先出台《关于发展全市夜间经济促进消费升级的实施意见》，发布夜间经济示范点位，打造地标性夜间经济集聚区，培育壮大文旅商康养深度融合、线上与线下一体化、科技与时尚交互共生的夜间消费市场。以夜游锦江为例，锦江区推出"游船+火锅""游船+戏曲""游船+剧游""游船+研学""游船+运动"等不同主题的"游船+活动"，打造夜行城市微运动、锦江研学、夜游龙门阵、锦江夜恋等系列体验产品，构建水岸联动的立体消费空间。2024年4月，央视财经发布首个"中国夜经济活力指数报告"，成都位居夜间消费最活跃城市榜首。

（三）互联网普及催生消费新业态

近年来，以互联网应用产业为基础，业务、技术、市场多领域协同发展，成都形成较为完整的互联网全产业链，"双品网购节""双十一""成都数字生活消费节""川货电商节"等数字消费促进活动相继举办，直播带货、数字商业街区、远程办公、共享员工、在线医疗、在线教育、在线娱乐等数字消费新场景不断涌现。截至 2023 年末，成都网民规模超 1872 万人，互联网普及率提高至 87.5%，移动互联网用户月均数为 2448 万人。与之对应，2023 年，成都互联网重点企业 1365 家，累计营业收入 4189.7 亿元，其中规模以上互联网企业 1055 家，累计营业收入 4116.2 亿元；拥有电商市场主体超 4 万家、网商数量超 86 万家、电商交易平台超过 100 个，集聚阿里、腾讯、京东、快手等互联网头部企业区域总部，获批国家跨境电子商务综合试验区；全市限上企业通过互联网实现的商品零售额持续增长，规模占社会消费品零售额比重由 2020 年的 11.4% 提升至 2023 年的 14.4%，带动就业人数增加到 242.72 万人。

第 3 节 川渝深化消费经济合作的主要成效

一 川渝两省市商务部门深化消费促进合作

2020 年 6 月，川渝两省市商务部门签署合作协议，组建消费促进工作专班，建立联席会议制度，构建相互支持建设国际消费中心城市、共建"川菜渝味"区域公共品牌出海平台、联办"川渝好物进双城"活动等合作机制。而后，"建设富有巴蜀特色的国际消费目的地"成为推动成渝地区双城经济圈建设四川重庆商务联席会议的重要议题，比如，2023 年 1 月召开的第三次联席会议上，明确了当年重点任务为分层培育重庆、成都国际消费中心城市和省（市）级区域消费中心，联合举办成渝双城消费节、川渝老字号博览会、川货电商节、重庆 6·18 电商节等促消费活动等。

2022 年 8 月，川渝两省市政府办公厅联合印发《建设富有巴蜀特色的国际消费目的地实施方案》（下文简称《实施方案》），提出到 2025 年的发展目标，即形成重庆主城都市区和成都"双极核"、多个区域与次区域消费中心共发展的新格局，基本建成"立足西南、面向全国、辐射全球，品质高端、功能完善、特色突出"的国际消费目的地。同时,《实施方案》还提出构建巴蜀消费全域联动体系、提质巴蜀消费核心平台、丰富巴蜀消费品质供给、做强巴蜀消费特色品牌、推进巴蜀消费创新升级、培育巴蜀消费知名企业、发展巴蜀消费特色产业、促进巴蜀文旅消费融合发展、优化巴蜀消费国际环境九个方面的重点任务。

2020 年以来,川渝两省市商务、文旅部门及市州（区县）政府共同举办成渝双城消费节,聚焦"国际范、巴蜀风、全球购",联动川渝各地各行业,打通"吃住行游购娱"多业态,优化品质消费供给,活跃两地消费市场。其中,2024 年成渝双城消费节主要活动包括第三届成渝美食工业博览会、川渝新青年消费节、第 24 届中国（四川）中秋食品博览会、"巴山蜀水 运动川渝"体育旅游休闲消费季、"成渝文旅一卡通"上线仪式等 100 多场配套活动。

二　川渝各地政府部门、市场主体加强消费供给协同合作

重庆渝中、江北等 12 个区县与成都锦江、武侯、青羊等 6 个区及德阳、泸州等 8 个地市签订合作协议,共同落实消费协同相关任务。例如,成都青羊区分别和重庆渝中区、江北区签署合作协议,就协同打造国际消费目的地、协作建设核心商圈、共建高品质消费空间、深化招商协同等事项展开合作,推动两地消费品牌及消费场景互输资源、互相引流、无缝衔接、联建共赢。

在川渝商务、金融等部门支持下,春熙路、解放碑、洪崖洞、宽窄巷子等 60 多个成渝热门商圈、地标、景点,以及川渝机场、高铁、地铁等出行单位,支付宝、万事达等境内外支付机构联合发起成渝入境消费友好型商圈共建计划,在商圈联建、服务联享等方面相向协作,促进外籍人士"一部手机游成渝"。

重庆和成都的市场监管部门联合印发《关于建立重庆成都两市跨区域消费维权协作机制的通知》,消费者异地购买商品或接受服务时产生消费

纠纷，均可在其住所地进行跨市投诉。两地保护消费者权益委员会签订合作协议，在消费者权益保护信息互通共享、推动渝蓉消费经济蓬勃发展、消费投诉纠纷化解、合力开展商品服务社会监督、联动开展消费宣传教育五个方面展开合作。进一步看，川渝两省市保护消费者权益委员会也签署了合作协议，携手共建跨省域消费维权"并联模式"。

第4节 川渝共建巴蜀文化旅游走廊的主要成效

川渝两地历史文化悠久，文物古迹众多；非物质文化遗产资源丰富，人文气息浓厚；生态类型多样，自然景观独特；旅游资源禀赋好、数量多、品质高。截至 2022 年 5 月，共拥有 8 项世界遗产、9 个国家历史文化名城、17 个国家一级博物馆、148 个全国重点文物保护单位、2 个国家级文化生态保护实验区、206 项国家级非物质文化遗产代表性项目；3 个世界地质公园、23 个国家地质公园、39 个国家级自然保护区、63 个国家森林公园、22 个国家级风景名胜区；12 个国家全域旅游示范区、25 个国家5A 级旅游景区、5 个国家级旅游度假区、10 个国家生态旅游示范区、66个全国红色旅游经典景区、6 个国家级旅游休闲街区、83 个全国乡村旅游重点村镇，这些资源为巴蜀文化旅游走廊建设奠定了坚实基础。

随着成渝地区双城经济圈建设的不断深入，多层次、多样化、网络化的区域综合交通体系基本建成，两地人员往来更加密切，文化旅游跨区域合作机制逐步建立，互为文化发扬地、旅游集散地和重要客源地的川渝旅游合作成效愈加显著。2022 年 7 月，文旅部《情况通报》专题推介巴蜀文化旅游走廊建设经验，川渝文化旅游合作总体处于全国区域合作示范水平。

一 建设巴蜀文化旅游走廊上升为国家战略

《中华人民共和国国民经济和社会发展第十四个五年规划和 2035 年远

景目标纲要》将"打造巴蜀文化旅游走廊"列入重大工程项目之一。《成
渝地区双城经济圈建设规划纲要》明确要求"编制印发实施巴蜀文化旅游
走廊规划",形成川渝文化旅游"一盘棋"发展。2022 年 5 月,文旅部、
国家发展改革委和川渝两省市政府联合印发《巴蜀文化旅游走廊建设规
划》,提出建设全国文化旅游发展创新改革高地、全国文化和旅游协同发
展样板、世界级休闲旅游胜地的战略定位。至此,巴蜀文化旅游走廊从谋
篇布局进入协同共建的高质量发展新阶段。

从空间范围看,巴蜀文化旅游走廊是以重庆主城和成都为核心,连接
两地的高速铁路、高速公路和长江水系沿线的市区（县）为重要组成部分
的区域,核心区域与成渝地区双城经济圈大体一致。由于川渝山水相依、
历史同源、文化同脉,以经济区空间来划定文化旅游产业布局与协同发展
并不能完全体现资源特色,因此,巴中、奉节、武隆、石柱、秀山、酉
阳、彭水等未纳入成渝地区双城经济圈的市区（县）,也根据其资源禀赋
进行了统筹安排。因此,《巴蜀文化旅游走廊建设规划》明确的空间范围
要辐射带动重庆市和四川省全域。

从空间格局看,巴蜀文化旅游走廊重点构建"双核、三带、七区、
多线"的空间格局。"双核"为重庆主城和成都,"三带"为成渝古道文
化旅游带、长江上游生态文化旅游带、成绵乐世界遗产精品旅游带,
"七区"为大峨眉-大熊猫生态文化旅游协同发展区、古蜀文化与嘉陵山
水休闲旅游协同发展区、石窟石刻艺术与乡村旅游协同发展区、大巴山
生态休闲与高峡平湖旅游协同发展区、武陵山-乌江流域生态文化旅游
协同发展区、大华蓥-明月山红色旅游与绿色康养协同发展区、民俗文
化与江河风光旅游协同发展区,"多线"为多条旅游支线、生态旅游大
环线。由此可见,川渝文化旅游合作进入全要素、全链条合作的新阶段,
通过深化跨区域合作,力促机制创新,增强协同发展能力,联合打造国
际范、中国味、巴蜀韵的世界级休闲旅游胜地。图 3-2 为乌江百里画廊
涪陵段。

图 3-2　乌江百里画廊涪陵段

注：乌江百里画廊范围包括重庆市酉阳县、涪陵区及贵州省铜仁市沿河县的乌江干流段及两侧支流，奇山、怪石、碧水、险滩、古镇、廊桥、纤道、悬葬构成景观要素。

（供图：涪陵区发展改革委）

二　川渝文化旅游协同合作走深走实

近 5 年来，川渝各级文化和旅游部门签订《推动成渝地区双城经济圈文物保护利用战略合作协议》《成渝地区文化旅游公共服务协同发展"12343"合作协议》[①] 等合作协议 80 多份，联合印发《深化四川重庆合作推动巴蜀文化旅游走廊建设工作方案》《巴蜀文化旅游走廊建设年度工作要点》《川渝联合常态化开展文旅活动清单》等政策文件，成立专项工作组，设立联合办公室，定期召开协调会议，联合实施巴蜀文化旅游走廊建设重点任务、重大项目数百项，开展资阳-大足、遂宁-潼南、万州-达州-开州、渝北-广安、合川-广安-长寿、城口-宣汉-万源等川渝毗邻片区文化旅游深

---

① 《成渝地区文化旅游公共服务协同发展"12343"合作协议》主要内容："1"为共定一个总体目标——巴蜀文化旅游公共服务融合高质量发展示范区，"2"为共同开展文化旅游基础设施提档升级、巴蜀文献保护利用两大工程，"3"为共育"成渝地·巴蜀情"区域文化活动品牌、中国西部公共文化和旅游产品服务品牌、成渝地区文化旅游公共服务数字化品牌三个区域品牌，"4"为共建工作协作、行业联盟、项目共策、人才互派四个机制，"3"为共建组织保障、规划保障、经费保障三个保障措施。

度合作试点，发起成渝地区双城经济圈文化和旅游发展产业联盟、巴蜀文
化旅游推广联盟、成渝乐（山）旅游行业联盟、川渝泛琼江流域文化旅游
联盟等 27 个合作联盟，共推魅力都市、熊猫故乡、壮美三峡、巴蜀文明、
古道漫行、古韵三国、石窟艺术、多彩民俗等巴蜀文化旅游公共品牌，持
续加强规划协同、政策相通、产品相连、品牌共享、市场共治等旅游合作。
同时，川渝文旅部门统筹打造巴蜀精品文旅 IP 和 CP，突出成都和重庆中心
城区的交通门户、集散中心、旅游接待中心、都市型旅游目的地功能，联合
发布红色文化研学、重走巴蜀古道、走进伟人故居等精品线路近百条。

按照有关合作目标，力争到 2035 年，川渝文化旅游综合性总收入突破 5
万亿元，文化旅游消费总人次突破 15 亿人次。进一步看，据《全国市辖区
旅游研究报告 2024》等公开数据，2023 年，川渝两省市旅游总收入合计
10309 亿元，游客合计 7.83 亿人次，分别为 2035 年目标的 20.6%、52.2%。
表 3-1 为川渝两省市文化和旅游部门联合常态化开展的文旅活动清单。

表 3-1 川渝两省市文化和旅游部门联合常态化开展的文旅活动清单

序号	活动名称	活动内容
1	巴蜀文化旅游走廊建设专项工作组联席活动	每年两次（半年一次），分别在重庆和四川召开巴蜀文化旅游走廊建设专项工作组联席会，做好年度工作总结和重点工作谋划部署
2	川渝文化和旅游领域改革重点创新示范案例推选活动	每年一次，组织川渝文化和旅游领域改革重点创新示范案例推选
3	"5·18 国际博物馆日"川渝主会场活动	每年轮流举办，搭建两地各类区域博物馆联盟等两地博物馆交流合作平台，加强两地博物馆合作交流
4	川渝曲艺展演大会	邀请川渝优秀剧院，每年轮流举办地方曲艺展演大会
5	巴蜀合唱节	以"成渝地·巴蜀情"品牌为统领，每年联合举办巴蜀合唱节，丰富群众文化生活
6	"技炫巴蜀"川渝杂技魔术展	每年一次，联合举办"技炫巴蜀"川渝杂技魔术展，推动杂技艺术交流展演和优势互补
7	川渝红色故事讲解员风采展示赛	每年轮流举办川渝红色故事讲解员展示活动，加强导游、讲解员队伍建设
8	国际国内旅游宣传推广活动	四川和重庆每年分别在境内外开展旅游宣传推介活动

续表

序号	活动名称	活动内容
9	成渝地区文旅系统中青年人才交流活动	每年组织培训交流活动，推动川渝中青年文旅人才队伍建设
10	川渝文化市场执法骨干培训活动	建立川渝文化市场执法培训师资库，川渝每年轮流开展文化市场执法骨干培训活动
11	"百万职工游巴蜀"活动	推动川渝景区、演出机构参与，按标准为川渝职工办理年票，职工可凭年票游览景区、观看演出等，支持基层工会组织职工出游活动

2015年11月，蜀道被联合国教科文组织世界遗产中心列入世界遗产预备名录。2024年7月，川陕甘渝4省（市）文物局共同召开中国蜀道保护利用工作第一次联席会议，谋划推进蜀道保护利用工作。成渝古道①是广义蜀道的重要组成部分，2023年12月召开的巴蜀文化旅游走廊建设专项工作组第七次联席会上，成渝古道中部沿线"两市五区"②文旅部门签署合作备忘录，共建"一带两道四段"③旅游协作空间格局。

川渝两省市体育局签署合作协议，联合印发《成渝地区双城经济圈体育产业一体化发展规划》《成渝地区双城经济圈体育产业一体化高质量发展的实施意见》，发起成渝体育产业联盟，举办"巴山蜀水·运动川渝"体育旅游休闲消费季等品牌赛事活动，创新组合武隆仙女山、万盛黑山谷、南川金佛山、天府奥体城、龙泉山城市森林公园、西岭雪山滑雪基地等体育旅游资源，联合发布体育旅游线路，共建国家体育旅游示范区。

四川遂宁市和重庆潼南区联合打造"郊游潼南·养心遂宁"区域文旅

---

① 成渝古道是汉代以来成渝之间主要的陆路交通要道，自西向东依次跨越成都平原、川中丘陵、川东平行岭谷三大地貌单元，巴蜀文化、沱江文化、驿道文化、商贸文化、移民文化、抗战文化、红色文化等相融共生、熠熠生辉，现有国家5A级旅游景区1处、4A级旅游景区36处、省级旅游度假区3处。成渝古道包括"东大路"和"东小路"，东大路从成都出发，经资阳、内江、荣昌、永川、璧山等地进入重庆中心城区；东小路从成都出发，经资阳、大足、铜梁、璧山等地进入重庆中心城区。

② 成渝古道中部沿线"两市五区"：四川内江市、资阳市和重庆永川区、大足区、璧山区、铜梁区、荣昌区。

③ 一带两道四段："一带"即成渝古道文化旅游带，"两道"是在原"东大路"和"东小路"基础上建设文化旅游风景道，"四段"包括天府段、资大段、川中段、巴渝段。

品牌，推进潼南涪江旅游度假区、遂宁观音湖国家级旅游度假区等重点项目建设，发布《遂潼旅游攻略》，联合推出红色研学游、魅力乡村游、研学实践游、休闲养心游、涪江风情游5条跨区域精品旅游线路，联办潼南菜花节、观音湖荷花节、酒店技能大赛等10余个节会赛事，实施门票互免、住宿优惠等优惠政策，实现两地图书借阅和景区购票社保卡互通，优化交通沿线站点布局，开通跨省城际旅游公交、商务快客、农村客运，实行公交一卡互通，惠及两地游客近百万人次。

万州、达州、开州、云阳四地同处川渝鄂陕接合部，是三峡库区和秦巴山区腹心地带，也是长江经济带、丝绸之路经济带和西部陆海新通道的重要节点，山川河流相连互通，自然资源、人文资源相互叠加。2020年6月，万达开三地举行统筹发展文化旅游交流合作签约仪式暨文旅产品推介会，拉开协同发展文化旅游的大幕，而后云阳加入该合作机制。四地文旅部门共同出台《万达开云文化旅游一体化协同发展规划》《万开云"旅游一码通"实施方案》《万开云国有景区门票五折优惠实施方案》等政策文件，成立文化旅游发展联盟，实现旅游景区"一码通"、图书借阅"一卡通"，共同策划文旅宣传短视频、宣传口号和文旅地图，组织旅游企业开展营销推广、旅游客源、旅游线路等合作，共同培育巴文化、红色文化、高峡平湖、乡村旅游等4条跨区域旅游线路，创响"大三峡·大巴山"文旅品牌。

2020年4月，四川省绵阳市与重庆市北碚区签署成渝非毗邻地区首个合作协议。近5年来，两地政府联合印发平台、改革、活动三个年度合作清单，聚焦关键技术协同攻关、商贸资源互动对接、文旅主题线路共推、数据要素共享共用等领域，共同成立绵碚文旅融合发展专项资金、科技创新股权投资基金，上线运行绵碚科技协同创新服务平台，联合打造"重庆-北碚-绵阳"旅游大环线，开展文旅项目共建、人才共育、营销互推、客源共享、两地市民"一卡通"互认使用等文旅融合合作。

武陵山片区涵盖渝川鄂湘黔五省市，是旅游资源富集、文化底蕴深厚、生态环境优良的区域旅游目的地，更是西部大开发、中部地区崛起等国家重大战略的重要承载地。2021 年 3 月，武陵山文旅发展联盟成立，至今已建起工作轮值制度，由五省市政府分管领导轮值担任联盟理事长，成员单位增至 59 家，覆盖武陵山片区大部分城市，与巴蜀文化旅游走廊有机衔接，推出武陵西环之旅、武陵东环之旅、巴蜀双城之旅、渝湘世遗之旅、渝黔民俗之旅等 20 余条武陵旅游精品线路。武陵山文旅发展联盟主办的武陵文旅大会每年举办一次，2024 年是第四届，成为整合营销武陵山区域旅游资源、促进区域文化旅游产业融合发展的重要平台。图 3-3 为武陵山大裂谷景区游客中心。

图 3-3　武陵山大裂谷景区游客中心

注：武陵山大裂谷景区位于重庆市涪陵区，山、林、泉、洞、瀑、崖、湖、潭、峡、坑、缝一应俱全，旅游资源丰富，2024 年 2 月，武陵山大裂谷景区被文旅部评为国家 5A 级旅游景区。

（供图：涪陵区发展改革委）

案例 3-2　四川南充：以巴蜀特色文化旅游发展示范区建设促文旅兴市

在悠悠历史长河中，南充书写红色文化、三国文化、丝绸文化、生态文化、春节文化等众多"文化符号"，孕育川北大木偶、川北灯戏、川北剪纸、川北皮影等丰富多彩的文化遗产。近年来，南充出台《关于扎实开展文旅产业升级赋能行动的工作方案》等政策文件，以发展文旅新质生产力为统领，构建"全景覆盖、全局联动、全业融合、全民参与"的文旅产业体系，打造嘉陵江文旅发展带、主城区文旅引爆

核、阆南仪①文旅突破极、西营蓬②文旅增长区，擦亮"印象嘉陵江·
山水南充城""将帅故里·锦绣南充"城市形象，推动文旅产业成为建
设现代化南充的支柱产业。2024 年 1~6 月，南充共接待游客 6100 万人
次，实现文旅产值 780 亿元，达成 2024 年目标"双过半"，并完成文旅
投资 60.5 亿元、在四川省市州排名第二位。图 3-4 为阆中古城夜景。

图 3-4　阆中古城夜景

注：南充阆中古城被全国名城保护专家誉为"中国保存最完好的古城"，拥有全国历
史文化名城、中国优秀旅游城市、国家 5A 级旅游景区、中国春节文化之乡等多项殊荣，
数次位列"四川十大宜居城市"榜首。

（供图：阆中市文化和旅游局）

2024 年初，四川省委、省政府出台《关于支持南充达州组团培育
川东北省域经济副中心的意见》，明确支持南充、达州共同创建国家文
化和旅游消费示范城市、国家级旅游度假区、国家文化产业和旅游产业
融合发展示范区，建好天府旅游名县，打造巴文化传承创新和旅游发展
高地。组团培育副中心，南充和达州文旅领域的携手合作早已启幕，比
如，2022 年 10 月，"跨越山海·为侬而来"川东北文旅联盟推介会在上
海举办，南充和达州的文旅部门开展联合营销；2023 年以来，两市联办
文旅资源推荐会，串联红色景点，联合打造红色旅游精品线路。

2024 年 9 月，两市文旅部门签署《文化旅游一体化协同发展战略

① 阆南仪：阆中市、南部县、仪陇县。
② 西营蓬：西充县、营山县、蓬安县。

合作协议》，建立碰头会、重点工作事项清单等协作机制，明确联动打造川东北文旅休闲度假集群、联动打造区域旅游精品线路、联合推动川东北文化遗产保护传承利用、联合提升川东北公共文化服务、联合开展川东北文旅品牌营销、深化川东北文旅执法协作等六项重点任务，双方合作由点及面，进入系统推进的新阶段。

案例3-3 城口、宣汉、万源：以文旅融合联手打造革命老区振兴发展样板区

重庆市城口县、四川省达州市的宣汉县、万源市地处川陕渝接合部的大巴山南麓，同属川陕革命老区核心区和原秦巴山区集中连片特困地区，是川东北渝东北毗邻地区向北联结关中平原的重要门户。该区域资源禀赋优良，天然气、锂、钾等矿产资源储量丰富，富硒茶叶、道地中药材等特色农产品在全国享有较高知名度；生态地位重要，处于南北气候过渡带，是长江上游重要生态屏障和秦巴生物多样性生态功能区的重要组成部分；历史底蕴深厚，有古巴国罗家坝遗址、古蜀道（荔枝道）等历史遗存；红色文化深入人心，有红三十三军旧址、万源保卫战等红色遗迹遗址。

"建设大巴山国际旅游度假区"是《城宣万革命老区振兴发展示范区总体方案》提出的产业定位，也是完成"到2025年实现GDP1000亿元，常住人口城镇化率达50%"的关键支撑。进一步看，2023年三地旅游收入合计247.72亿元，接待游客2962.5万人次，GDP合计938.7亿元，常住人口城镇化率分别为42.3%、47.1%、44%，文旅融合发展对经济增长的强带动性正加速显现。

从具体举措看，三地加快打造宣汉巴山大峡谷、万源八台山、城口亢谷等重点景区，联合开发精品旅游线路，推进城宣万景区一票通，共建川陕苏区红军文化公园，培育中药材、食用菌、城口老腊肉、山地鸡、蜀宣花牛、旧院黑鸡等特色农林产业，做强大巴山硒谷

区域生态农产品品牌，实现农文旅融合发展。同时，三地共同建设内外联通的现代基础设施，穿越大巴山的西达渝高铁正加紧建设，宣汉和城口将迎来首条高铁，未来通达便利度将进一步提升。

三　川渝协同开发巴蜀文旅资源

近5年来，川渝文旅部门联合实施"巴蜀考古"（已纳入国家文物局"考古中国"重大项目）、长征国家文化公园（重庆段、四川段）、川渝石窟寺国家遗址公园、巴蜀非遗文化产业园、嘉陵江旅游风景道、天府文化旅游中心、巴蜀文献中心、文旅"一卡通"等重大文化旅游项目，共同开发"文旅+大熊猫""文旅+影视""文旅+数字动漫""文旅+主题游乐""文旅+新艺术创作""文旅+音乐产业""文旅+舞蹈产业""互联网+旅游"等新业态，培育"巴蜀文脉"人文旅游、"巴蜀风韵"民俗旅游、"巴蜀脊梁"红色旅游、"巴山蜀水"生态康养、"巴蜀乡愁"乡村旅游、"通识巴蜀"科普研学、"创意巴蜀"文旅创意、"潮玩巴蜀"都市文娱、"艺术双星"音乐美术、文旅装备制造十大特色优势文旅产业集群，推动洪崖洞和宽窄巷子、金佛山和都江堰等知名景区达成战略合作。图3-5为美心红酒小镇。

图3-5　美心红酒小镇

注：美心红酒小镇位于重庆市涪陵区蔺市镇，融合中西方文化，以"闻名君子镇，浪漫梨香溪"为主题，入选第三批重庆市智慧旅游乡村示范点。

（供图：涪陵区发展改革委）

川渝协同推进智慧文旅建设，成立川渝智慧文旅联盟，实现"智游天府"和"惠游重庆"平台互联互通，为公众提供一站式文化和旅游公共服务，构建"书香成渝"全民阅读体系，推出"川渝阅读一卡通"，首创全国公共图书馆跨省通借通还机制。2024年5月，成渝文旅一卡通面向全国发行，游客支付年费后，即可畅游成都和重庆的60个文旅场所和景点，降低单次游玩成本，推动本地人"川渝互游"、外地人"川渝同游"。

第5节　成渝地区双城经济圈打造富有巴蜀特色的国际消费目的地面临的挑战和对策建议

一　成渝地区双城经济圈打造富有巴蜀特色的国际消费目的地面临的主要挑战

（一）重庆、成都在国际消费中心城市部分指标上与全球知名城市和国内一线城市尚有一定差距

有别于巴黎"购物天堂"、北京"文化中心"等国际形象已经牢固树立，受限于经济发展水平和国际知名度的相对不足，重庆、成都尚未形成具有全球辨识度的国际消费中心城市品牌形象，造成两地多集聚国际消费品牌的区域销售总部；一线国际品牌入驻量和本土优质消费品牌有限，难以形成国际高端消费品产业链供应链，对成渝地区双城经济圈的消费创新和引领作用不足。另外，综合性高端消费场景主要集中在重庆主城和成都中心城区的核心商圈，其他地区多以传统零售业态为主，主题娱乐、文化演艺、创意展示等新消费业态少，导致成渝地区双城经济圈全域的消费集聚功能、中高端消费供给、对周边消费吸引力不足。电子商务总部型平台不多，现有电商主体多服务本地用户的一般性生活消费需求，本地供给侧总体难以全面满足川渝居民多元化、品质化、个性化、国际化的消费升级需求。见表3-2为重庆、成都与北上广深一线城市国际消费中心建设效能情况。

表3-2　重庆、成都与北上广深一线城市国际消费中心建设效能情况

城市	2023年GDP（亿元）	2023年游客数量（亿人次）	5A级景区数量（个）	2023年社会消费品零售总额（亿元）	城镇居民人均可支配收入（万元）	2023年机场旅客吞吐量（万人次）	全国示范步行街数量（个）	2023年引进首店数（个）
重庆	30145.79	1.53	11	15130.25	4.74	4465.70	1	469
成都	22074.70	2.80	2	10001.60	5.45	7492.40	1	813
北京	43760.70	3.29	9	14462.70	8.87	9226	1	946
上海	47218.66	3.30	5	18515.50	8.48	9675	1	1073[*]
广州	30355.73	2.30	2	11012.62	8.05	6317	1	420
深圳	34606.40	1.70	2	10486.19	7.69	5273	0	427

* 该数据为2022年数据。

注：①依据商务部出台的《国际消费中心城市评价指标体系》，国际消费中心城市需要具备相当的国际知名度、城市繁荣度、商业活跃度、到达便利度、消费舒适度。

②从国际知名度来看，北京、上海、深圳、广州四座一线城市在国内外相关评价中名列前茅，而重庆、成都多在中国中西部城市中排名靠前，与一线城市的国际知名度尚有一定差距。

③从城市繁荣度来看，重庆、成都2023年GDP均落后于北上广深四座一线城市，以成都为例，GDP分别为北上广深的50.4%、46.7%、72.7%、63.8%，可见城市繁荣度与经济规模、要素融通等总体呈正向关系。

④从商业活跃度来看，重庆2023年5A级景区数量遥遥领先于其他样本城市，且社会消费品零售总额居样本城市第二，但游客数量指标排名最后，可见重庆正夯实国内重要的消费中心地位，但文化旅游发展需要提速增效；尽管是知名的旅游目的地，但成都的5A级景区数量、社会消费品零售总额在样本城市中最少，可见稳促扩升消费仍需要挖掘潜力和出台增量政策。同时，重庆和成都的城镇居民人均可支配收入在样本城市中排名最后两位，本地居民消费能力不足，"增加居民收入"需要加强政策措施和经济手段的"组合拳"。从入驻首店数量来看，除了上海居于明显的领先地位外，成都位居样本城市第三，处于样本城市第二梯队。因此，以重庆和成都为"双核"，提升商业活跃度为突破口，改善购物环境、购物体验等消费舒适度，集聚中高端消费价值链，进而整体带动成渝地区双城经济圈的消费经济前景可期。

⑤从到达便利度来看，重庆、成都与北上广深四座一线城市在交通基础设施、航线数量、旅客吞吐量等指标上位居全国城市前列，二者叠加的旅客流量规模稳居全国城市第一位，可见二者已成为重要的旅游目的地。

（二）成渝地区双城经济圈中小城市及农村的消费经济发展不平衡、不充分的矛盾较为突出

受限于经济发展尤其是现代服务业发展滞后、品质消费供给不足、人均可支配收入不高、高收入群体少、人才流失、中心城市（城区）消费虹吸效应、社会预期转弱等多因素综合影响，成渝地区双城经济圈中小城市面临消费增速下行、消费供需错位、高端消费难以满足等结构性挑战。农村消费市

场和消费水平亟待全面提升。区域内脱贫群众面临增产增收压力，城乡居民收入存在差距，农村居民对消费价格敏感度较高，仍有较大规模群众不敢消费、不愿消费。加之农村流通成本较高、乡镇商贸设施和农村综合服务网点不健全、监管难度较大，导致农村销售的商品种类相对不多，甚至部分地区还存在假冒伪劣商品问题，难以满足农民、城市返乡人员的消费需求。

二 成渝地区双城经济圈打造富有巴蜀特色的国际消费目的地建议

（一）共建"双核+多中心+城乡联动"高品质消费空间

做靓"重庆山水、重庆时尚、重庆美食、重庆夜景、重庆康养"五大名片，打响"成都休闲、成都消费、成都创造、成都服务"四大品牌，加强两地在商贸、会展、旅游、教育、健康、医疗等关联度高的消费领域的合作，协同建设国际消费中心城市，联办成渝双城消费节、中国（成渝）国际消费品博览会、成渝美食大赛、"川渝好货进双城""川渝好货全球行"推介活动等，率先推动重庆主城都市区和成都中心城区成为云集国内外头部品牌、引领全龄消费潮流、吸引全球消费客群、展示巴蜀文化特色的国际消费目的地。

川渝毗邻地区要统筹推进城市商圈、购物中心、步行街等消费空间按需升级改造，培育具有地域特色的区域消费中心城市，提升"1小时便捷生活圈"的跨区域承载能力。推动成渝中部城市和川南渝西农村地区发展文旅商康养融合新业态，打造成渝中心城区市民休闲的"后花园"。推动万州、铜梁、南川、垫江、荣昌、自贡、内江、广安等市区围绕特色美食、传统工艺产品、民俗节庆、自然遗迹等，建设特色消费聚集区，打造巴蜀特色"3小时商旅品质消费圈"。培育规范乡村消费市场，依托经济强镇、农村集贸市场、乡村旅游景点、乡村振兴示范点等，建设美美与共的商业名镇（村）和巴蜀美丽庭院示范片。

推动重庆解放碑-朝天门、成都春熙路-太古里等知名商业步行街、特色商圈业态创新、设施改造、品牌集聚、功能升级，打造具有国内外影响力和美誉度的商旅融合集聚区。推动线下商圈向以"商品+服务+体验"为特色的区域性消费中心节点转型，进而优化商业网点、商贸物流、农村消费网络，实现全域消费供给升级。

（二）丰富多元融合的品质消费供给

重庆、成都结合高端商圈建设，发展全球品牌荟萃、总部集聚的国际购物中心，大力发展首店经济，鼓励消费精品首发、首秀、首展，创新都市娱乐、品牌餐厅、主题乐园等潮流业态，举办有影响的音乐节、电影节、时装周等展演活动，打造城市网红打卡地群。引导国内外消费品牌在成渝地区双城经济圈就近开展市场网络和产业链供应链布局。发展体现巴蜀风情、承载城市记忆、展现工匠精神的特色小店，打造"吃喝玩乐购看"网红小店。依托成渝夜经济发展，保护传承经典川菜、成都小吃、重庆火锅、重庆小面、渝派川菜、盖碗茶、麻辣烫等巴蜀美食文化，打造"川菜渝味"国际消费IP。开展名街、名企、名店、名师、名菜等推选和标准体系建设，推动巴蜀美食品牌全球布局。提升医疗健康、养老、托育、家政等社会服务的市场化供给质量。

促进川渝大中小微企业按需"上网上云用数赋智"，放大跨境电商、社交电商、直播电商、生鲜电商等新业态作为形象展示端、营销突破端、商品交易端、数据汇集端、资金融通端的带动性，推动更多本地消费产品通过电商平台拓展外地市场。发挥内陆开放平台优势，打通进口口岸与消费市场之间的通道，积极发展"前店后仓+快速提离""跨境电商+快速配送"等进口消费新模式，丰富"口岸+商圈"消费场景。落实消费品以旧换新政策，大力推广新能源汽车，推动绿色智能家电下乡。发展数字文旅、在线医疗、数字游戏、数字藏品等数字消费新业态，引导电竞、汉服等兴趣消费业态健康发展。

（三）协同共建巴蜀文化旅游走廊

推动川渝文物部门联合开展巴蜀文化遗产挖掘、保护和开发，一体化保护开发历史文化名城名镇名村、传统村落、历史街区、乡土建筑等，一站式共建服务全龄用户的数字博物馆。引导川渝文化艺术机构共建共享剧目、曲目、演出资源库，因地制宜地发展实景演出、驻场演出、流动演出等旅游演艺项目。培育数字创意、网络视听、创意设计、直播带货等新业态，策划开发"成渝礼物""成渝手作""成渝限定""成渝联名"商品。

依托巴蜀文化旅游走廊建设机制，推动川渝文旅部门和市场主体完善政策协调、品牌共享、景区合作、营销互推、开发协同等长效机制。重庆加快建成全国美丽山水之都、国际商务会展之都、世界知名旅游枢纽城市。成都加快建成具有国际影响力的世界文化名城、山水人城和谐相融的公园城市。中小城市以产城景智融合推进城旅一体化建设和全域旅游发展。

围绕 A 级景区、旅游度假区、森林公园、江湖流域等载体，发展户外运动、温泉、游轮、自驾、露营、民宿等高附加值旅游产品，促进"旅游+"一二三产业融合。依托自然风光、民族文化、民俗风情、农耕文化等，深化农业农村改革，打造巴蜀"乡村旅游+"产业振兴平台和示范项目。集成打造"成渝智慧旅游大脑"公共服务平台，推出面向分众、分龄、分时和贯通川渝的精品旅游线路，扩大品牌旅游景区的影响力和带动性。

（四）共建安全友好、协同共享的消费环境

联动优化营商环境和消费环境，促进成渝地区双城经济圈一体化扩大内需和消费促进政策的互认。推动消费刺激政策从汽车、家电等大宗、低频消费品延伸到小额、高频的日用消费品和消费服务，地方政府新增负债向提高城乡居民基础养老金和医保财政补助标准倾斜，提升中低收入群体、特殊群体的可支配收入和消费信心、能力和层级。开展跨区域消费者权益保护联合执法，共同营造让居民和游客安全、放心、满意的消费环境。引导金融机构面向川渝用户同城化、规范化发展基于场景的消费信贷、消费信托、消费众筹、消费责任保险等消费金融服务，联动发展供应链金融。普及全龄全行业移动支付和数字人民币应用，促进消费端支付结算降本增效。建立覆盖成渝地区双城经济圈重点行业、重点消费品的公共服务平台，鼓励专业机构发布区域性、行业性消费报告，满足产品溯源、消费评价、权益维护、市场监管、统计监测等需求。

第 4 章
成渝地区双城经济圈共筑长江上游生态屏障五周年的主要成效、面临的挑战与高质量发展建议

2014 年 9 月，国务院印发《关于依托黄金水道推动长江经济带发展的指导意见》，提出"建设绿色生态廊道"的重点任务。2016 年 1 月，习近平总书记在重庆调研时指出："要深入实施'蓝天、碧水、宁静、绿地、田园'环保行动，建设长江上游重要生态屏障，推动城乡自然资本加快增值，使重庆成为山清水秀美丽之地。"2016 年 3 月，中共中央、国务院印发《长江经济带发展规划纲要》，把保护和修复长江生态环境摆在首要位置。2019 年 4 月，习近平总书记在重庆考察时强调："要深入抓好生态文明建设，坚持上中下游协同，加强生态保护与修复，筑牢长江上游重要生态屏障。"2021 年 3 月 1 日，《中华人民共和国长江保护法》正式实施。2024 年 4 月，习近平总书记在重庆考察时指出："大力推动绿色发展，建设美丽重庆，筑牢长江上游重要生态屏障。"习近平总书记的重要论述和一系列国家战略部署，为筑牢长江上游重要生态屏障、维护长江母亲河生态安全提供了根本遵循和行动指南。

"夜发清溪向三峡，思君不见下渝州。"成渝地区双城经济圈是自然资源、水能资源、矿产资源丰富的生态沃土，同处长江上游，山同脉、水同源、大气、水、土壤环境相互影响，尤其是两地水系发达，河流湖泊相连相通，流域面积为 50 平方公里以上的跨界河流多达 81 条，长度合计超过

1万公里，是休戚与共的生态共同体，在长江流域的生态安全中占有重要战略地位。同时，长江在该地区流经山地生态脆弱区、城镇人口稠密区和工业集聚区，各类生态环境风险叠加交织，生态治理点散、面广、量大，因此，要坚持"绿水青山就是金山银山"理念，坚持"共抓大保护、不搞大开发"，以"减污降碳协同增效"为抓手，携手筑牢长江上游生态屏障，探索绿色转型发展新路径，在西部地区生态环境保护中发挥示范作用，形成人与自然和谐共生的新格局。

第1节　共筑长江上游生态屏障视域下的2024年成渝地区双城经济圈生态环境共治共保示范城市效能述评

《重庆市国土空间总体规划（2021～2035年）》等政策规划明确，作为渝东新城核心区，南川区在自然环境、生态条件、风景名胜、旅游服务、休闲度假等方面，是重庆中心城区非常优越的配套功能区域。近年来，南川区以"生态+"理念谋发展，推进国家级生态文明建设示范、国家森林城市、无废城市、农村黑臭水体清零区县等生态创建，大力发展页岩气、风光水电、新能源汽车等绿色清洁能源产业，致力于旅游康养、休闲度假等绿色产业与中心城区对接互动，全力以赴打造重庆康养第一品牌和首选之地。南川金佛山与乐山、峨眉山、都江堰等地组建巴蜀世界遗产联盟，实施地域相近、类型有别的世界自然遗产联合保护模式，运用现代科技和智能管理手段，加强气候变化监测和生物栖息地保护，以不到全国十万分之五的面积，保存了全国六分之一种类的原产种子植物和五分之一种类的野生动物。

重庆市丰都县努力打造全国"两山"实践创新基地，建立生态环境保护、自然资源资产保值增值等责任考核监督制度，打好行政监督、司法监督、舆论监督、公众监督"组合拳"，完善"法治+智治+众治"治理体

系，打造生态环保"一件事"综合应用场景，推进畜禽养殖、生活污水、
农村面源污染、农村黑臭水体等专项治理，实施岩溶石漠化、水土流失、
库区消落区等重点领域治理，确保长江（丰都段）水质维持在Ⅱ类，空气
质量优良天数稳定在 340 天以上，自然岸线保有率、森林覆盖率分别达到
90%、55%以上。同时，丰都县实施先进材料产业新城、世界文化旅游名
城"两城行动"，培育战略性新兴产业和新材料产业，2023 年三次产业结
构优化为 13.9∶38.9∶47.2。

四川省达州市出台《美丽达州建设规划纲要》，建立生态环境"双月
调度会"机制，实施大气达标巩固提升、城乡污水治理攻坚、土壤污染综
合治理"三大行动"，开展"气化全市、电能替代、清洁替代"工程，发
展天然气精细化工等特色优势产业，促进产业结构向低碳高端转型升级，
川东生物多样性保护示范区、成渝地区双城经济圈生态价值转化先行区建
设取得良好成效。2023 年，达州市主城区空气质量达标 329 天，在四川省
15 个大气污染防治重点城市中排名第一；水质优良率、县级及以上城市集
中式饮用水水源地水质达标率均为 100%；入选全国 12 个农村黑臭水体治
理试点城市。同时，达州开展矿山生态修复问题排查整治，设大矿、关小
矿，坚决淘汰"散、小、乱、差、污"矿山，创建国家级绿色矿山、省级
绿色矿山数量位居四川省市州第 1。

重庆市梁平区聚焦建设生态之城、品质之城、魅力之城，以健全生态
产品价值实现机制为抓手，实施"农林+工业+旅游+康养"产业联动，建
设绿色低碳产业园区，促进制造业高端化、智能化、绿色化升级，建设川
渝鄂东北部以竹代塑示范基地，推动明月山生态康养旅游和"大三峡"全
域旅游振兴，探索明月山生态产品价值增值新路径。梁平区健全区、镇、
村三级湿地保护体系，通过全周期湿地数字化管理提升生态效益、经济效
益、社会效益，获评西南地区唯一"国际湿地城市"。梁平区与毗邻的四
川省达州市达川区、大竹县、开江县签署铜钵河、新盛河两条跨界河流流
域联合治理合作协议，建立联席会商、联防共治、信息共享、联合执法等

机制，两条河流水质均值均达到有关考核要求。

锚定建设山地特色生态之城，重庆市垫江县深入实施绿色低碳转型行动，打造人与自然和谐共生县域范例，开展龙溪河及其支流水生态保护修复和环境综合治理，实施城乡黑臭水体"清零"行动，建设大气网格化智能监管平台，深化工业废气、扬尘和生活大气污染治理，全链条全环节推动塑废物治理，开展国土绿化、生物多样性调查评估、湿地保护和修复等工作，加强农业面源污染治理，鼓励农村"工匠"带头人等承接入户道路、庭院整治等小微型农村环境项目，打造百里彩林、百里花谷、百里彩田，全域生态系统内生能力不断增强。垫江与忠县建立重庆首例跨区县饮用水水源地（龙滩水库）生态保护补偿机制，共同实施大沙河（跨界河流）环境综合整治提升项目，合力消除保护区范围内污染源隐患，协同保障饮用水水源地水质稳定达标。

重庆市忠县是长江上中游柑橘优势带核心区，拥有悠久的柑橘种植历史和丰富的柑橘品种，"荒庭垂橘柚"是诗圣杜甫在忠州留下的关于柑橘种植的诗句。从 20 世纪 90 年代开始，当地不少居民便以柑橘种植为生。2017 年，忠县三峡橘乡田园综合体项目正式实施，打造"一镇三廊四区"产业格局①，建成 398 个柑橘品种活体基因圃、年育苗 300 万株的柑橘脱毒容器育苗基地，培育"忠橙""忠州橙汁"两大柑橘区域公用品牌，搭建"数据+电商+金融"三大平台的"柑橘网"，引导农民以闲置房屋出租、土地流转、树权分红、返聘务工、辅助创业等方式充分参与柑橘产业链，形成"从一粒种子到一杯橙汁再到皮渣综合利用"的柑橘生态产业链，年综合总产值 35.5 亿元，带动农民就业 1 万人，农民年人均可支配收入达 2.5 万元以上，获得全国第七批"两山"实践创新基地和"中国柑橘城"称号。忠县长江两岸 20 余万亩柑橘标准果园擘画出一幅"村临江、田见方、

---

① "一镇三廊四区"产业格局："一镇"为新立柑橘特色小镇，"三廊"为橘乡人家风情廊道、环青龙湖慢行廊道、田园马拉松廊道，"四区"为智慧柑橘示范、柑橘文化博览区、橘乡荷海休闲区、三峡花卉植物园区。

路沿渠、树成林"的诗意山水田园美图，提高森林覆盖率 10.8 个百分点，年增加涵水量 3.28 亿立方米，减少流入长江泥沙 700 万立方米。

近年来，四川省广安市出台《广安市集中式饮用水安全管理条例》《广安市城乡污水处理管理条例》等法规，生态环境治理迈入法治化轨道。同时，广安市开展华蓥山区山水林田湖草生态保护修复试点，复貌、复垦、复绿废弃矿山，历史遗留矿山治理率达 83.48%，有效消除地质灾害隐患，解决当地群众生产生活困难。进一步看，广安市与重庆毗邻地区的生态环境部门在规划编制、跨界流域综合治理、区域大气联防联控、环境联合执法等方面加强合作。兴隆河是广安武胜县与重庆市合川区的界河，属嘉陵江的一级支流，此前由于责任划分不明，部分养殖场的粪污偷排入河，而后两地在生态环境网格化监管、信息共享、项目资金申请、突发环境事件应急处置等方面深入合作，兴隆河的水质稳定达到地表水Ⅲ类标准。

重庆市长寿区位于三峡库区库尾地带，过去以化工为主的产业结构给长江生态保护带来较大压力。为此，长寿区始终把保护修复长江生态环境摆在压倒性位置，高标准完善环境安全基础设施，对长寿"母亲河"桃花河连续 10 年开展专项治理，高标准建设长寿水文化客厅、滨河公园、"慢行+"健身步道，上线"大气污染防控"数字应用，建成数据全集成、监控全覆盖、值守全天候、应急联动一键响应的长寿经开区生态环境应急管理体系，推动传统产业超低排放改造，促进项目间、企业间、产业间物料闭路循环、变废为宝。2023 年，长寿区获评"中国气候宜居城市"。2024 年 1~8 月，长寿区空气质量优良天数同比增加 9 天，PM2.5 同比下降 23.7%，桃花河通过全国幸福河湖复核评估。值得关注的是，长寿区组建常务副区长任组长的转型金融试点专班，出台《长寿区转型贷款财政贴息实施细则》《长寿区转型金融支持目录（试行）》，建立企业绿色转型项目库和融资贴息机制，截至 2024 年 7 月末，长寿经开区绿色贷款合同金额 67.5 亿元。

案例4-1　重庆市黔江区：创建国家生态文明建设示范区

黔江区地处武陵山腹地、渝东南中心，是国家和重庆市定位的渝东南及武陵山片区中心城市，素有"渝鄂咽喉"之称，芭拉胡大峡谷横卧城中央，濯水古埠、武陵水岸、香山禅寺、官渡悬棺、深山明珠小南海、世界第一风雨廊桥碧落其境，三千倒流阿蓬江滋养其地。近5年来，黔江区大力实施污染防治攻坚战、生态优先绿色发展行动计划，筑牢武陵山生态安全屏障，荣获国家生态文明建设示范区、重庆市"绿水青山就是金山银山"实践创新基地等称号，污染防治攻坚战成效考核连续5年获重庆市委、市政府考核"优秀"，"诗画山水·清新黔江"正成为黔江区的城市形象。太极镇金鸡坝高标准农田见图4-1。

图4-1　太极镇金鸡坝高标准农田

注：重庆市黔江区太极镇将金鸡坝的400多亩撂荒地改造成高标准农田及农业观光体验园，既促进农业增产增收，又让村民吃上"旅游饭"。

（杨敏 摄　供图：黔江区发展改革委）

2023年，黔江城区生态环境满意度达97.13%，位居重庆区县前列、渝东南区县第一；空气质量优良天数355天，空气质量居重庆区县第1，空气质量优良天数连续5年保持在350天以上；与重庆酉阳县、湖北咸丰县建立阿蓬江流域突发水污染事件联防联控机制，连续

17年未发生较大以上环境安全事件，阿蓬江两河断面水质持续保持Ⅱ类以上，辖区其他河流均达到水域功能要求，饮用水水源地水质达标率100%；严格落实建设用地土壤监管措施，开展涉镉等重金属污染源排查整治，重点建设用地安全利用率连续3年保持100%，土壤总体安全可控；编制气候投融资试点工作方案，成为重庆首批、渝东南唯一气候投融资试点区县，储备总投资165亿元的气候投融资重点项目29个，促成共计56.92亿元的绿色贷款12笔。

黔江区充分发挥阿蓬江流域生态优势，优化"产业进山、产品出山"山地农业结构，创新"十个一"模式①，构建起以"粮油桑猪"为主导、"烟果渔菌"为特色的现代农业产业体系，获评全国首批畜牧业绿色发展示范区县。作为国家文化产业和旅游产业融合发展示范区和武陵山旅游集散中心，黔江区锚定"文旅美城"发展战略，发挥"城在峡谷中、峡谷在城中"的独特资源优势，做好绿色生态、民族风情、红色文化、乡村旅游"四篇文章"，利用奇特壮观的峡谷峡江风光、得天独厚的清新清凉气候，打造阿蓬江流域精品景区方阵，A级旅游景区数量居重庆区县第2、渝东南区县第1，获评首批市级全域旅游示范区。

第2节 川渝生态环境治理和生态文明建设的主要成就

一 重庆奋力打造美丽中国建设先行区成效显著

作为长江上游最大的临江城市，近5年来，重庆强化"上游意识"、担起"上游责任"，统筹推进治水、治气、治土、治废、治塑等环境治理，实施绿色

---

① 黔江区山地农业"十个一"模式：明确一个目标、组建一个班子、制定一个规划、下发一个文件、成立一个协会、创建一个商标、建好一个机构、打造一个基地、研究一套标准、落实一个保险。

低碳转型行动，筑牢长江上游重要生态屏障，守护好一江碧水、两岸青山。

（一）以"九治"深化生态环境治理

重庆严格落实河长制，实行长江"十年禁渔"，加强 4012 个入河排污口整治，打造水环境管理大数据应用系统，实现对全市 120 条河流的智能监测，水环境问题从发现、溯源到处置的效率提升 80% 以上。2024 年 1~8月，长江干流重庆段水质保持为 II 类，重庆的 74 个国控断面水质优良比例达 98.6%，城市集中式饮用水水源地水质达标率保持 100%，流域水生态环境质量持续向好。长江干流重庆段鱼类资源量总体呈明显上升趋势，较禁捕前增加 47 种，达到 93 种。

重庆上线"环评监测数据一键查"系统，打破数据信息壁垒，将国控、市控环境空气、地表水自动监测站点的监测数据与全市工业园区的环评质量监测数据有效整合至数据库内，统一查询入口。截至 2024 年 9 月，该系统共集成提供 16.3 万条环境监测数据，为 468 个总投资额 300.6 亿元的建设项目免费提供环评监测数据。另外，重庆积极推动企业绿色转型，加快城市交通绿色化、智能化转型，连续 6 年没有重污染天气，并从源头防控土壤污染，实现重点建设用地 100% 的安全利用。

重庆开展"无废城市"建设试点，一般固体废弃物的综合利用率达到76%，尤其是将垃圾处理变"填埋"为"焚烧发电"，2023 年垃圾发电量超过 30 亿度，可满足 370 多万居民一年生活用电，相当于中心城区超过1/3 的居民用电都是通过垃圾发电循环利用的。同时，推进"白色污染"减量，推广竹制品代替塑料产品，减少电商快递二次包装，一次性塑料制品近两年减少一半以上，农膜 99% 可以回收利用。

重庆开展缙云山、铜锣山等山体整治，建成营造林[①] 1522 万亩，修复矿山 9.2 万亩。例如，铜锣山曾是重庆中心城区最大的石灰岩矿区，有 41个废弃矿坑，通过生态修复，已打造成网红生态公园。同时，重庆加强长

① 营造林：以人工方式在原有植被覆盖度较低或无植被覆盖的土地上，通过人工种植树木或其他植物来恢复和改善森林资源和生态环境。

江岸线保护，治理 109 公里岸线，建成"清水绿岸"河段 400 公里。结合推进乡村全面振兴，重庆布局建设 100 个巴渝和美乡村，并有 164 个村落入选中国传统村落。

（二）完善生态文明基础体制

近年来，重庆持续深化生态文明体制改革，聚焦重点行业、重点领域，累计出台 200 余个改革成果文件。例如，2020 年，重庆印发"三线一单"①生态环境分区管控方案，将全市国土空间按照优先保护、重点管控、一般管控三大类，划分为 785 个环境管控单元（2023 年优化调整为 818 个），明确各类空间的责任主体、管控措施等，推动形成生产空间集约高效、生活空间宜居适度、生态空间山清水秀的国土空间格局；2018 年，重庆开始探索长江生态检察官制度，整合刑事检察、公益诉讼检察职能，实现一体化办案；重庆连续多年发出由市委、市政府主要领导联合签发的市级总河长令，在全国率先建立三级"双总河长"架构，实现全市每一条河流、水库"一河一长""一库一长"全覆盖；重庆还在全国率先启动林长制试点，构建市、区县、乡镇（街道）、村（社区）"四级林长+网格护林员"责任体系；重庆出台《重庆市生态环境保护督察工作实施办法》《重庆市生态环境保护专项督察实施细则（试行）》等规定，压紧压实生态环境保护"党政同责、一岗双责"和"管发展必须管环保、管生产必须管环保、管行业必须管环保"的重大责任。

（三）构建生态经济体系

近年来，重庆努力构建以产业生态化和生态产业化为主体的生态经济体系。例如，过去由于无序开发、管理滞后等原因，缙云山出现居民私搭乱建、违规经营农家乐等问题。随着北碚区在重庆率先开展生态系统生产总值（GEP）核算，开展生态环境导向开发模式试点，缙云山生态整治累计拆除各类建筑物和构筑物 62 万平方米，269 宗突出环境问题全部清零。同时，导入温泉度假、精品民宿、生态农业等产业，2023 年实现缙云山片区村集体经济年收入超过 1300 万元，村民人均年收入增长 9.5%。

---

①　三线一单：生态保护红线、环境质量底线、资源利用上线和生态环境准入清单。

2021 年 10 月，重庆上线全国首个生态产品价值实现平台——"碳惠通"温室气体自愿减排平台，截至 2024 年 9 月，平台企业注册用户 177 家，个人注册用户超过 250 万人，自愿减排量登记约 200 万吨，累计交易量约 483 万吨，交易金额约 1.3 亿元，搭建低碳应用场景近 20 个。例如，市民通过"碳惠通"小程序直接扫码或绑定公交卡乘坐公交车，平台自动量化其减排效果后给予碳积分，可用碳积分到平台积分商城兑换公交券，引导市民绿色出行。

2022 年 8 月，中国人民银行、国家发展改革委、财政部、生态环境部、银保监会、证监会联合印发《重庆市建设绿色金融改革创新试验区总体方案》。两年多来，重庆构建具备绿色项目智能识别、环境效益和碳核算智能计算、全流程融资对接和监测评估、货币政策工具精准投放、多跨协同安全连接等功能的"长江绿融通"绿色金融服务系统，推动金融机构设立 29 家绿色金融专营组织，推出 300 多款绿色信贷产品，发行全国首单乡村振兴碳中和绿色类房地产投资信托基金、西部地区首单符合中欧共同分类目录的绿色金融债券。截至 2024 年 6 月，重庆绿色贷款余额超 7600 亿元，同比增长约 22%，绿色贷款余额占全市各项贷款余额比重约 13%，取水权质押贷、碳排放权质押贷、转型减碳贷等创新产品累计发放超 160 亿元。

二 以"四个定位"① "七项任务"② "八大工程"③ 推进美丽四川建设

四川作为长江上游重要生态屏障和水源涵养地，全省 96.6% 的水系属于长江水系，地表水资源占长江水系径流的三分之一，流域面积接近

---

① 四个定位：美丽中国先行区、长江黄河上游生态安全高地、绿色低碳经济发展实验区、中国韵·巴蜀味宜居地。
② 七项任务：构建美丽空间、守护和谐生态、建设美丽家园、发展绿色经济、繁荣巴蜀文化、打造宜人环境、建立现代治理体系。
③ 八大工程：美丽城乡建设、碳达峰、产业绿色转型、蓝天碧水、净土安居、自然生态、文化繁荣、环境治理能力提升。

长江经济带总面积的四分之一，在国家生态安全格局和发展大局中肩负重要使命。

（一）守住蓝天护好碧水保持净土

四川通过源头防治、精准施治，推进大气污染防治攻坚，空气质量稳步提升，2023 年，四川环境空气质量综合指数排全国省直辖市自治区第 13，同比前进 3 位，2024 年 1～6 月，四川 PM2.5 平均浓度为 33.4 微克/立方米，同比下降 10.7%。四川紧盯水质不达标流域、重点流域保护规划完成情况、控源截污水污染专项工作、中央和省级督察发现问题整改 4 个方面攻坚破题，水环境质量持续改善，2023 年，四川 203 个国考断面、142 个省考断面、285 个水功能区首次实现全面达标，国考断面水质优良率超过全国平均水平 10.6 个百分点。四川建设"无废城市"，开展农村人居环境整治，9 个土壤污染源头防控项目入选"国家'十四五'规划 102 项重大工程"。

2023 年，四川完成 224 项中央生态环保督察整改任务中的 213 项，国家移交的 84 个长江黄河生态环境问题整改完成 68 个，1089 个国家移交的疑似重点生态破坏问题线索全部完成核实整改。图 4-2 为南充市"印象嘉

图 4-2　南充市"印象嘉陵江"湿地公园

注：四川省南充市通过重拳整治"四乱"问题，护岸增绿，建章立制，呵护嘉陵江岸线，筑牢生态屏障。千里嘉陵江水色，含烟带月碧于蓝。嘉陵江将 300 公里"最柔美的身段"留在了南充。

（供图：搜狐网）

陵江"湿地公园。以大熊猫等珍稀旗舰物种保护为牵引，四川加快建立分类科学、保护有力的自然保护地体系，以长江鲟为重点加大长江上游珍稀特有鱼类保护力度，促进长江生态环境修复。

（二）加快推进生态文明建设体制机制改革

推进省级生态环境保护督察，加强长江黄河上游生态一体化保护和系统治理，高质量建设大熊猫国家公园、"三江"流域水环境生态补偿制度，构建绿色GDP考核体系，探索生态产品价值实现机制，出台《四川省土壤污染防治条例》……四川坚守生态环境质量"只能更好、不能变坏"刚性底线，在生态文明体制机制改革方面推出一系列创新举措。

大熊猫国家公园于2021年10月正式设立，地跨川陕甘三省，总面积约2.2万平方公里。在设立大熊猫国家公园之前，该区域通过分散的保护区、保护地来实施保护。依据国务院关于设立大熊猫国家公园的相关批复，保护区、保护地随之取消，其对应的法律法规不再适用。2023年7月，川陕甘三省人大常委会分别通过《关于加强大熊猫国家公园协同保护管理的决定》，四川省人大常委会通过《大熊猫国家公园管理条例》，而后，川陕甘三省以"四川条例+三省决定"的形式，携手建设大熊猫国家公园。

（三）含"绿"量和含"金"量同步提升

近年来，四川大力发展以晶硅光伏、动力电池、氢能等为代表的绿色低碳产业，累计创建绿色工厂596家、绿色工业园区67家。2023年，四川提速实施多能互补电源项目和互联互济电网工程，13个水电站、21个光伏项目、18个风电项目等加快建设，全球最大水光互补项目柯拉光伏电站并网发电，35项迎峰度夏和度冬电网工程建成投产，年新增电网供电能力超1000万千瓦，全省清洁能源装机容量达到1.1亿千瓦，其中水电装机容量9759万千瓦，居全国省级行政区第1。

2023年，四川有9个地区上榜生态环境部命名的第七批生态文明建设示范区和"绿水青山就是金山银山"实践创新基地，与浙江、山东并列全国第1，涌现出一批典型示范案例。例如，乐山峨眉山市打造"1+N"
EOD模式①，以生态环境综合治理为基础，发展文化旅游和新兴产业；雅
安宝兴县政府挂牌成立四川首个县级"生态产品价值转换促进局"，以
"生态银行"模式规模化整合分散、零碎的林业资源，实行平台化、专业
化、高效益的运营管理。

第3节　成渝地区双城经济圈生态环境
共保联治的主要成效

5年来，川渝携手构建生态共建环境共保机制，坚持统一环保标准和
一张负面清单管两地，累计签订合作协议120余项，共同印发工作方案、
重点任务，建立专项工作组、联席会议、联合执法等协作机制，形成区域
生态共建、污染共治、政策共商、发展共促的美丽成渝建设路径。2022年
2月，生态环境部、国家发展改革委和川渝两省市政府联合印发《成渝
地区双城经济圈生态环境保护规划》，明确了生态环境共保联治的发展
目标和重点任务：通过推进绿色低碳转型发展、践行绿色低碳生活方式、
筑牢长江上游生态屏障、深化环境污染同防共治、严密防控区域环境风
险、协同推进环境治理体系现代化等举措，到2025年，成渝地区双城经
济圈地级及以上城市的空气质量优良天数率不低于89.4%，PM2.5浓度下
降13%以上，跨界河流国控断面水质达标率达100%，到2035年基本建成
美丽中国先行区。

值得关注的是，川渝生态环境部门连续5年开展联合执法，共检查企
业3000余家次，发现并推动解决问题2000余个，立案查处150余件，发
布典型案例24件，有效打击跨界生态环境违法行为，有关工作实践经验也
得到生态环境部推广。进一步看，2020年4月，川渝两省市生态环境部门

---

①　EOD模式是以生态为导向的城市发展模式，即发挥生态建设在城市建设中的中心作用，
统筹经济发展，解决城市建设与环境的矛盾，实现城市可持续发展。

共同制定《联合执法工作机制》，成立协调小组，达成常态化开展联合执法、统一企业环境信用评价标准、统一自由裁量基准等合作措施，并依托重庆江津区人民法院第五人民法庭，建立川渝环境资源司法协作（江津）巡回法庭，开展跨区域环境资源案件的巡回审判。川渝两省市公安、检察、法院、司法、生态环境等部门联合出台《关于进一步完善行刑衔接机制的指导意见》《关于建立"污染环境案件相关问题联席会议制度"的意见》，在数智化系统应用、环保警勤联动、"检察+"协作等方面深化合作。

一　川渝跨流域协作治理成效显著

2014年9月，川渝两省市环保部门签订《长江三峡库区及其流域跨省界水质预警及应急联动川渝合作协议》，标志着川渝跨区域治水正式上升到省级层面。随后，两地环保部门陆续建立水环境保护工作联席会议、跨界断面水质联合监测、风险防范形势定期会商、环境风险源和环境敏感点信息共享等协作机制。

2020年9月，全国首个跨省市设立的联合河长办——川渝河长制联合推进办公室正式完成组建。联合河长办主任由川渝省级河长办副主任兼任，一年一轮值，双方每年各派工作人员集中办公，研究解决跨区域、流域、部门的重点难点问题，建立省级河长联席会议、联合巡查、联合督查、跨省界河流环境污染联防联控、流域生态环境事故协商处置等制度。

川渝两省市联合出台《成渝地区双城经济圈水安全保障规划》等政策文件，签署《成渝地区双城经济圈水利合作备忘录》《川渝跨界河流联防联控合作协议》等100余份合作协议，发布《川渝跨界河流管理保护联合宣言》，绘制川渝跨界河流水系图和"一河一策"方案，印发任务、措施、责任"三张年度清单"，针对81条流域面积为50平方公里以上的跨界河流开展污水"三排"（偷排、直排、乱排）专项整治和"清四乱"（乱占、乱采、乱堆、乱建），共同实施总投资 26 亿余元的 140 余个水环境治理项目，促进"五水"① "分段治"变"全域治"。2023 年，25 个川渝跨界河流国控断面水质达标率为 100%，较设置川渝联合河长办前提高 4 个百分点。河畅、水清、岸绿、景美的川渝跨界河流联防联治被国家发展改革委作为成渝地区双城经济圈跨区域协作 18 条经验做法之一在全国推广。图 4-3 为水清岸绿景美的塘河古镇。

图 4-3　水清岸绿景美的塘河古镇

注：塘河全长 153 公里，流经四川省泸州市合江县石龙镇、白鹿镇和重庆市江津区塘河镇、白沙镇、石蟆镇，五镇建立联席会商交流、信息互通共享、联合巡查执法、长效清漂保洁四项塘河跨界治理机制，在解决鱼类洄流、水污染防治、河道管理、生态护岸、乡村旅游发展等方面形成示范经验。

（李顺林 摄　供图：江津区文化和旅游委员会）

2023 年 11 月，川渝两省市政府办公厅联合出台《成渝地区双城经济圈"六江"② 生态廊道建设规划（2022~2035 年）》，提出，统筹流域整体保护、系统修复、综合治理，提升川渝跨区域、跨流域协同治理能力，将"六江"生态廊道建成长江上游重要生态屏障重点保护带、长江上游生态优先绿色发展示范带、巴山蜀水生态人文魅力展示带。

琼江为涪江右岸一级支流、嘉陵江二级支流，发源于四川资阳市乐至县，流经遂宁市安居区，在重庆潼南区、铜梁区汇入涪江，全长约 243 公里，流域面积约 4311 平方公里。四地签订 20 余个琼江流域水环境治理合

---

① 五水：水环境、水资源、水生态、水安全、水文化。

② 六江：长江、嘉陵江、乌江、岷江、涪江、沱江，涉及四川省 13 个市 53 个县（市、区）333 个乡镇（街道），重庆市 26 个区县（自治县）250 个乡镇（街道），总面积约 3.51 万平方公里。

作协议，建立"省直辖市-市区-镇乡-村"四级联席会议、生态环境保护
公益诉讼检察工作协作、突发水污染事件联防联控等多项合作机制，联合
申报琼江川渝跨界国家级幸福河湖项目，共同编制流域治理、产业发展等
"一张图"规划，协同开展防洪护岸建设、人居环境综合整治、污水管网
一体化建设、流域生态保护修复及环境监管能力建设、干支流生态补水、
横向生态补偿、特色农业发展等示范项目，于 2024 年 1 月通过川渝省
（市）级示范河流验收。涪江潼南段见图 4-4。

图 4-4　涪江潼南段

注：涪江是嘉陵江右岸最大支流，全长约 670 公里，沿途流经的四川阿坝州、广元
市、绵阳市、德阳市、遂宁市、南充市和重庆潼南区、铜梁区、合川区等签署《川渝九
地共建美丽涪江打造美丽中国建设示范样板框架协议书》，以美丽涪江建设为统领，开展
生态管控、污染共治、美丽河湖共建、绿色转型等合作。

（张斌 摄　供图：潼南区融媒体中心）

　铜钵河系长江 4 级支流，发源于四川达州市大竹县观音镇，流经重庆
梁平区七星镇、碧山镇后，进入大竹县石桥铺镇，在四川达州市达川区金
垭镇汇入州河，经渠江进嘉陵江，干流长度 95 公里，其中四川境内 65 公
里、重庆境内 16 公里、共界 14 公里。2019 年铜钵河上河坝断面水质均值
虽达到Ⅲ类，但有 4 个月未达到Ⅲ类。近 5 年来，川渝生态环境部门签署
《铜钵河流域水生态环境保护联防联治协议》，编制《铜钵河流域水生态环
境保护川渝联防联治方案》，建立联席会商、联合巡查、交叉执法等机制，
共同落实治理资金近 6 亿元，开展联合执法 20 余次，整改问题 65 个，实

现建制乡镇和农村大型聚居点污水处理全覆盖，场镇全部雨污分流，污水
收集率、处理率和处理达标率均大幅提升。2021年7月以来，铜钵河流域
水质一直保持在Ⅲ类以上，稳定达到水域功能要求。川渝生态环境部门联
合治理后的铜钵河见图4-5。

图4-5　川渝生态环境部门联合治理后的铜钵河

（向成国 摄）

案例4-2　跨省同步立法：川渝协同保护嘉陵江
流域水生态环境

嘉陵江是长江上游的最大支流，发源于秦岭北麓的陕西省凤县代
王山，全长1345公里，流域面积达16万平方公里，主要流经陕西省、
甘肃省、四川省、重庆市。嘉陵江流域在重庆市和四川省面积合计为
11.2万平方公里，占嘉陵江流域总面积的70%，涉及四川的8个市和
重庆的14个区县。川渝81条跨界河流中，属于嘉陵江流域的有38
条，占比为46.9%。

成渝地区双城经济圈建设启动之前，由于跨省环境监管存在协调
难度，无法达到流域一体化治理的效果，川渝嘉陵江流域存在部分小
支流水质状况较差、河长制主体责任落实不到位、跨界协同治理不足
等问题。近5年来，川渝实施嘉陵江"一河一策"治理，发挥河长制
效能，建立入河排污口排查整治、生态环境分区管控、区域环境准入

等协作机制，沿江"一公里"范围内化工企业实现动态清零，并加强流域用水总量控制，健全生态流量监管体系。

2021年11月25日，重庆市第五届人大常委会第二十九次会议表决通过《重庆市人民代表大会常务委员会关于加强嘉陵江流域水生态环境协同保护的决定》。同日，四川省第十三届人大常委会第三十一次会议表决通过《四川省嘉陵江流域生态环境保护条例》。《决定》和《条例》均自2022年1月1日起施行，川渝从信息共享、生态保护补偿、专项规划编制、水污染治理、水生态修复、水资源保护、标准、监测、河湖长、应急、执法、司法、人大监督13个方面，实现"五个统一"（统一规划、统一标准、统一监测、统一责任、统一防治措施）。同时，川渝两省市生态环境部门联合印发琼江、铜钵河、南溪河等嘉陵江重要支流水环境联合治理方案，进而形成"条例+决定+联合治理方案"的法规政策库。

在《决定》出台之前，重庆市已出台《重庆市水污染防治条例》，对市域内的江河、湖泊、渠道、水库等地表水体和地下水体的污染防治做出规定。但是，嘉陵江流域在川渝境内多为饮用水水源保护区和经济发展高强度区，部分地区存在跨行政区的河流流域交叉断面、混流区的流域治理和保护协同不够等问题，因此，重庆围绕"联防联控"进行"小切口"立法，与四川就嘉陵江流域生态环境保护实现协同立法。

值得关注的是，在与四川方面对接沟通后，重庆市人大法制委、人大常委会法制工委出台《川渝人大法制工作机构推动成渝地区双城经济圈建设协同立法工作办法》，于2021年1月1日正式实施，该办法明确专班推进立法、日常沟通联络、联合实地调研、立法计划编制情况适时通报等协作机制。随后，川渝两省市围绕优化营商环境、嘉陵江流域水生态环境保护、铁路安全管理、川剧保护传承、川渝高竹新区行政管理事项等开展协同立法。

案例4-3　川渝共建跨省市流域横向生态保护补偿机制①：
打破区域间流域治理壁垒

2020年12月，川渝两省市财政部门签订《长江流域川渝横向生态保护补偿实施方案》，选取长江干流和濑溪河流域作为首轮试点河流，两省市于2021~2023年，每年合计出资3亿元设立川渝流域保护治理资金，专项用于相关流域的污染综合治理、生态环境保护、环保能力建设、产业结构调整等工作。

川渝长江干流保护治理资金由川渝两省市政府分别出资1亿元设立，以长江朱沱断面（国家考核断面）的水质监测数据为依据实施补偿。若断面水质达标，川渝按照6∶4的比例分配当月资金；若断面水质未达标，川渝按照4∶6的比例分配当月资金。若断面水质优于国考目标1个类别及以上，当月还需划转重庆0.05的分配权重给四川。

川渝长江重要支流（濑溪河）保护治理资金由川渝两省市政府分别出资0.5亿元设立，以濑溪河高洞电站断面（国家考核断面）的水质监测数据为依据实施补偿。若断面水质达标，川渝按照2.5∶7.5的比例分配当月资金。若断面水质未达标，川渝按照7.5∶2.5的比例分配当月资金。若断面水质优于国考目标1个类别及以上，当月还需划转四川0.05的分配权重给重庆。

濑溪河发源于重庆大足区，流经重庆荣昌区、四川泸州市，于泸州龙马潭区汇入沱江。三市区成立濑溪河川渝共管断面专项整治专班，建立联合巡河、污染管控、生态补偿、清漂保洁、水质监测等协作机制，濑溪河水质持续改善。同时，荣昌区建立每月例会、督查督办、水质预警等机制，区镇两级财政每年投入800多万元建立"镇街

---

① 生态补偿机制：调整生态环境保护和相关各方之间利益关系的一种制度安排，是一项具有经济激励作用、与"污染者付费"原则并存、基于"受益者付费和破坏者付费"原则的环境经济政策。

生态补偿金",选取濑溪河 13 个交界断面对相关镇街实行监测、考核、补偿,荣昌区濑溪河流域获批重庆市第五批"绿水青山就是金山银山"实践创新基地。

进一步看,"流域横向生态保护补偿"正成为四川水环境治理的重要抓手。近年来,四川推进"全域治理、因河施策"模式,与云南、贵州签订赤水河流域横向生态保护补偿协议,与甘肃签订黄河流域横向生态保护补偿协议,形成"生态环境问题特征—针对性目标—差异化补偿内容"的精准型流域生态补偿机制。2018~2024 年,四川共计安排中央、省级专项资金 81.99 亿元作为流域横向生态保护补偿资金,撬动各市(州)共同筹集资金超过 210 亿元。例如,四川的 10 个市州共同出资设立沱江流域横向生态保护补偿资金,出资比例根据各市(州)在沱江流域生产总值占比、水资源开发利用系数、地表水环境质量系数三项指标来计算,资金分配则依据各市(州)在沱江流域面积占比、用水效率、水环境质量改善系数三项指标来计算。

二 川渝携手防治大气污染

在川渝两省市政府于 2015 年签署的《关于加强两省市合作共筑成渝城市群工作备忘录》中,提及要建立成渝城市群相邻城市大气污染预警应急及联防联控制度、空气重污染天气应急联动机制,并借助国家环保专网,共同推动成渝城市群大气环境预报预警等区域信息网络体系建设。川渝大气污染联防联控从而进入机制轨道。

近 5 年来,川渝两省市生态环境部门签署《深化川渝两地大气污染联合防治协议》等合作协议,组建推进工作领导小组,联合出台相关政策文件,有关城市定期交流区域大气污染防治工作进展和空气质量状况,落实大气环境信息共享、预警预报、环评会商、联合执法等工作机制,协同修订重污染天气应急预案,开展毗邻地区大气污染联防联控专项行动，共同编制发布水泥、陶瓷、玻璃工业大气污染物排放标准，突出臭氧、PM2.5 污染协同防控和交通、工业、扬尘、生活污染协同治理。2020年 12 月，川渝毗邻地区空气站点基本档案信息、空气自动监测城市数据（小时报）、空气自动监测数据（小时报）纳入川渝首批跨界共享的政务数据资源。

川渝水泥行业产能过剩，大气污染防治任务艰巨。川渝经信、生态环境部门出台文件，要求两地所有水泥熟料生产线实行错峰生产，缩短水泥熟料装置运转时间，压减过剩产能，每条水泥熟料生产线年度错峰生产基准天数为 140 天+X 天（X 为根据环保、能耗、减碳、环境敏感时期等因素实时调整的停窑天数）。

四川广安市与重庆北碚区、合川区，四川达州市与重庆渝北区、长寿区，四川泸州市与重庆江津区、永川区，四川内江市与重庆荣昌区、大足区、双桥经开区组成 4 个重点区域，相关市区生态环境部门结对组成帮扶工作组，对毗邻地区每月开展 1~2 次交叉帮扶，污染天气下加密联动帮扶频次，共同开展毗邻地区大气污染协同防控、现场执法、联合执法，严厉打击各种跨界污染违法行为。

重庆市机动车排气污染管理中心与四川省大气污染防治保障中心签订移动源大气污染联合防治合作协议，共同出台实施方案，实施柴油货车污染治理攻坚战，合作开展移动源排放监督抽测和溯源、两地排放超标车辆信息共享、移动源污染联合会商和执法监督、川渝毗邻地区汽车检验机构交叉帮扶、新车达标监管、在用车排放检验监管、非道路移动机械管控、油气回收治理、老旧车淘汰及新能源车推广等事项。

三　川渝共建全域"无废城市"①

2019 年 4 月，重庆市（主城区）成为国家"无废城市"试点。按照

---

①　无废城市：以创新、协调、绿色、开放、共享的新发展理念为引领，通过推动形成绿色发展方式和生活方式，持续推进固体废物源头减量和资源化利用，最大限度减少填埋量，将固体废物环境影响降至最低的城市可持续发展新模式。

"中心城区试点－重点区域次第推开－双城经济圈共建"三步走的工作思路，重庆积极推动制度、技术、市场、监管、全民行动"无废城市""五大体系"建设。到 2020 年末，重庆实现医疗废物集中无害化处置、农膜回收网点、再生资源回收体系等镇级或社区全覆盖，主城都市区、中心城区实现原生生活垃圾零填埋率、餐厨垃圾全量资源化利用率、城镇污水污泥无害化处置率超过 95%。

2020 年 11 月，川渝两省市生态环境部门签订《成渝地区双城经济圈"无废城市"共建合作协议》，在顶层设计、能力建设、资源共享、信息互通等方面建立共建协调机制。《成渝地区双城经济圈建设规划纲要》提出，川渝协同开展"无废城市"建设。2022 年 6 月，川渝两省市政府办公厅联合印发《关于推进成渝地区双城经济圈"无废城市"共建的指导意见》，明确提出，分期分批启动成渝地区双城经济圈各市区县"无废城市"建设，通过实施"十大重点任务"[①]，到 2025 年，成渝地区双城经济圈"无废城市"共建机制基本建立，固体废物治理体系和治理能力现代化水平明显提升。

随后，川渝两省市建立资源共享、技术帮扶、宣传引导等共建机制，组建 112 位专家组成的联合指导组，连续 2 年联合召开"无废城市"建设新闻发布会，出台全国首个跨省域的"无废城市细胞"评价标准，在高竹新区实行固废跨省转移省市内审批试点，建立全国首个跨省域的固危废、新污染物治理联防联控机制，西南区域危险废物环境风险防控技术中心和处置中心落户四川，迭代升级"治废""治塑"等生态环境治理体系。

2023 年初，重庆荣昌区原生活垃圾填埋场实施封场和生态修复，并重新选址建设生活垃圾应急填埋场，当地生活垃圾焚烧发电产生的飞

[①] 成渝地区双城经济圈"无废城市"共建十大重点任务：强化顶层设计引领、加强区域交流合作、实施工业绿色生产、推行农业绿色生产、践行绿色生活方式、推动建筑垃圾综合利用、防控危险废物环境风险、不断完善体制机制、提升智慧管理水平、持续激发市场活力。

灰如何处置成了难题。同时，相邻的四川泸州市泸县垃圾焚烧发电厂技
改，生活垃圾如何及时处置也成了难题。根据川渝"无废城市"共建机
制，经两地政府协调，泸县生活垃圾转运至荣昌区焚烧处置，荣昌区垃
圾焚烧发电后产生的飞灰则运至泸州填埋，解决两地生活垃圾处置的燃
眉之急。

案例4-4　川渝全国首创危险废物跨省转移"白名单"制度：
为建设全域"无废城市"提供坚强支撑

由于危险废物种类繁多，无法单独依靠某个省份自行建设类别齐
全的危险废物利用处置设施，因此危险废物跨省市转移的需求越来越
大。2020年4月，川渝两省市生态环境部门签署合作协议，在全国率
先建立危险废物跨省市转移"白名单"合作机制。先期，双方将跨省
市转移数量和批次较多的废铅蓄电池、废荧光灯管、废线路板三类危
险废物纳入"白名单"。而后每年12月，川渝两省市生态环境部门在
确保环境风险可控的条件下，分别提出下年度危险废物经营单位、相
应接收的危险废物类别和数量等"白名单"，经双方协商确认并正式
函告对方后，便可"白名单"直接审批，双方生态环境部门不再函商
确定。该做法大幅减少双方的函商程序，审批时间从之前的一个月左
右缩短到5个工作日。

以四川转移到重庆最多的废铅蓄电池为例，2019年两地生态环境
部门共审批177个批次，双方来往函件354份。建立"白名单"制度
后，重庆只需要向四川发一次函，四川根据重庆函件确定的可处置数
量直接审批。重庆德能再生资源股份有限公司是川渝首家专门回收利
用废铅蓄电池的企业，纳入上述"白名单"后，2020年由四川转移到
该公司的废电池近12000吨，占其采购总量的73%。

川渝首创的危险废物跨省转移"白名单"制度纳入国务院办公厅
印发的《强化危险废物监管和利用处置能力改革实施方案》，入选国

家发展改革委发布的成渝地区双城经济圈 18 条经验做法并在全国推广，现合作范围扩展到川渝滇黔湘豫六省（市），纳入"白名单"的危险废物种类由 3 种增加至 59 种。

第 4 节　成渝地区双城经济圈共建"双碳"示范区的主要成效

2021 年 12 月，中国共产党四川省第十一届委员会第十次全体会议通过《中共四川省委关于以实现碳达峰碳中和目标为引领推动绿色低碳优势产业高质量发展的决定》，这是全国首个省级碳达峰碳中和政策文件。2021 年 10 月，川渝两省市生态环境部门签署《关于建立区域环境准入协商机制合作协议》《应对气候变化合作框架协议》。当年 12 月，在第四次重庆四川党政联席会议期间，川渝两省市共同启动成渝地区双城经济圈碳达峰碳中和联合行动，以"建机制、搭平台、推项目"为抓手，在产业、清洁能源、交通、建筑、科技、农林、金融等领域，携手减排、协同治污、共同增绿。

2022 年 2 月，川渝两省市政府办公厅联合印发的《成渝地区双城经济圈碳达峰碳中和联合行动方案》提出，通过实施能源绿色低碳转型、产业绿色低碳转型、交通运输绿色低碳、空间布局绿色低碳、绿色低碳财税金融一体化、绿色低碳标准体系保障、绿色低碳科技创新、绿色市场共建、绿色低碳生活、绿色低碳试点示范十大行动，推动能耗（总量和强度）"双控"转向碳排放"双控"。

一　川渝共建全国重要的清洁能源基地

近年来，川渝在水电、页岩气、储气库、天然气管道、能源设施等领域开发建设加强合作，能源互保能力不断提升。如今，四川水电每年送重

庆电量达 200 亿千瓦时左右，枯水期重庆火电送四川电量 5 亿～8 亿千瓦
时；两地天然气实现平峰互保，基本实现天然气管道"一张网"，四川每
年净输入重庆天然气量 30 亿立方米以上，重庆相国寺储气库在迎峰度冬期
间上载川渝环网调峰气量在 3 亿立方米以上。

四川盆地的天然气总资源量约 40 万亿立方米，位居全国第 1，累计探
明储量 7.5 万亿立方米，探明率仅 18.7%，是我国天然气勘探开发最具潜
力的盆地。川渝两省市能源部门签署合作协议，建立页岩气开发利益共
享机制，加大安岳-潼南、大足-自贡、璧山-合江、富顺-永川、綦江丁
山核心区等跨省区块勘探开发力度，推进川中磨溪龙王庙组气藏（川渝
交界地区）和川东北气田勘探开发工作，联动推进气田开发、管道输
送、储气调峰等领域的混合所有制改革，加快建设全国首个千亿级天然
气生产基地。

川渝氢能资源丰富，各级政府部门密集出台氢能产业政策规划，集聚
氢气"制、储、运、加、用"数百家上下游企业及科研院所，形成氢能全
产业链布局。2020 年 6 月，川渝两省市经信部门首次提出共建"氢走廊"。
2021 年 11 月，"成渝氢走廊"正式贯通，超过 900 辆氢燃料电池汽车每天
穿梭于成都、重庆及周边城市，建成加氢站 26 座，自动驾驶及车路协同测
试道路里程累计超过 2200 公里，带动沿线城市共建立足成渝、辐射西部的
氢能及燃料电池产业高地。例如，重庆九龙坡区的庆铃汽车、泷通科技等
企业在"成渝氢走廊"投放氢燃料汽车 125 辆，累计行驶里程突破 420 万
公里，承运货物 13 万余吨，氢能产业产值、氢能商用车产量、氢能汽车核
心零部件产量均位居重庆区县第 1；东方电气（成都）氢能科技有限公司
与川渝多个整车及零部件车企合作开发氢能汽车，投资建设东方氢能产业
园，前瞻布局"氢能+"全产业链。

近年来，电动重卡不断增多，对于提供动力电池快速"补给"的重卡
充换电站的需求不断增加。2023 年 12 月，沿成渝高速公路打造的蜀道集
团成渝"电走廊"全线贯通，这是全国第一条高速公路充换电走廊，有效

解决新能源重卡中长途补能效率低、补能时间长、补能设施匮乏等难题。

电网跨越千山万水，连接千家万户。近 5 年来，川渝电网一体化走深走实，川渝 1000 千伏特高压交流项目加快建设，国网重庆电力公司与国网四川电力公司签署合作协议，优化配置川渝藏水、火、风、光、储电力资源，开展电力电量余缺互济，提升整体电力保障水平。2022 年 7 月，川渝一体化电力调峰辅助服务市场在重庆启动，年交易规模可达上亿千瓦时。

二 川渝绿色金融改革稳步推进

《成渝共建西部金融中心规划》明确"推进绿色金融改革创新"的任务。《成渝地区双城经济圈碳达峰碳中和联合行动方案》提出"推进区域绿色低碳财税金融一体化行动""加强金融支持绿色低碳发展"等任务。

2022 年 8 月，重庆两江新区和四川天府新区被纳入全国首批气候投融资试点区域名单。两江新区开发上线重庆气候投融资对接平台，编制气候友好型项目重点支持清单、汽车及电子信息行业碳中和供应链标准，与天府新区、陕西西咸新区签订气候投融资合作备忘录，以区内控排企业"碳账户"为基础，与重庆市碳排放管理系统、长江"绿融通"绿色金融大数据平台等互联，构建"碳减排－碳核算－碳认证－碳融资"的碳金融生态链。天府新区组建气候投融资产业促进中心，上线气候投融资综合服务平台，搭建气候投融资项目库、企业库和专家库，引导更多社会资本投入应对气候变化领域。

重庆高新区财政局和改革发展局、中国银行重庆高新分行、中国银行四川省分行成都高新支行联合推出成渝地区双城经济圈首个绿色金融产品——"双城贷"，采用"专属金融产品＋绿色审批通道"模式，有效解决传统银团授信中，因地域限制导致信息不对称、审核节奏不一致、授信进度缓慢的问题。重庆三峡担保集团携手重庆银行成都锦江支行，为成都市青白江区国有资产投资经营有限公司提供绿色贷款，用于青白江区绿色基础设施建设。

三 川渝碳交易市场建设初见成效

川渝两省市共同打造"川渝碳中和服务平台",作为集自愿减排量合作、碳中和服务、绿色机制研究、碳市场能力建设等功能于一体的公共服务载体,实现川渝市场主体自愿减排量在碳中和领域的互认互联互通,协助重庆银行、重庆农商行、重庆三峡银行累计购买并注销2000吨自愿减排量,抵消相关金融机构自身经营活动等量碳排放,成功打造首批成渝地区双城经济圈跨区域认证的"碳中和银行"。

值得关注的是,重庆形成全国唯一全面推动工业减排的地方碳市场,纳入碳市场的控排工业企业碳排放量占全市总量的87%,覆盖全部七种国家规定管控的温室气体。截至2024年9月,重庆碳排放权交易累计成交5130万吨,交易额达12.1亿元,碳市场交易主体数量增加至1100余家,成交价格由2018年的4元/吨逐年增长至2024年的40元/吨。

另外,川渝积极探索水权、排污权等公共资源交易。比如,重庆人均水资源仅约1700立方米,只有全国平均水平的80%,重庆于2022年启动水权交易市场改革,截至2024年9月,完成水权交易70余例,累计交易水量突破3000万立方米。

案例4-5 明月山绿色发展示范带:川渝联合打造践行
"绿水青山就是金山银山"的新样板

川渝东部交界处的明月山绵延近300公里,纵贯重庆梁平区、长寿区、垫江县和四川广安市邻水县及达州达川区、大竹县、开江县七区县,毗邻重庆中心城区,是川渝东出北上的重要通道、三峡库区绿色发展的纵深地带和经济腹地,生态环境良好,绿色产业基础较好。明月山绿色发展示范带是唯一一个以绿色发展为主题的川渝毗邻地区合作共建区域发展功能平台。2021年11月,川渝两省市发展改革委联合印发《明月山绿色发展示范带总体方案》,明确三大定位(绿色一体化制度创新试验田、生态经济创新发展试验区、人与自然和谐发展示范区），重点发展森林康养、自然体验、精品民宿、现代高科技农业、休闲观光农业、绿色农产品加工等绿色产业。

近5年来，七区县围绕共建明月山绿色发展示范带，签署交通、水利、文旅、环保、教育等多个领域合作协议，组建党政联席会议、分管副区（县）长协调会议、联合办公室、专项办公室四级工作体系，联合发布机会清单，共同推进基础设施、现代化产业、公共服务、生态环境一体化建设，2024年实施83个重点项目，总投资2569.49亿元，示范带经济总量从2019年的2610亿元增长到2023年的3240亿元，占川渝两省市比重由2019年的3.1%提升至2023年的3.58%。

共建共享，交通先行。七区县以交通建设为突破口，成功首发西部陆海新通道铁海联运班列，梁平至开江高速公路建成通车，邻水至重庆"南北大道三期"建成通车，中国航油西南战略储运基地、明月山西麓旅游环线、明月山东麓天香道路建成投用，达州金垭机场建成投运。

错位发展、优势互补、协作共兴、绿色环保的明月山现代化产业体系基本形成。比如，广安高新区成功创建省级绿色园区、循环化改造试点园区；梁平区打造集生产加工、检验检测、电商直播、物流枢纽、大数据服务于一体的预制菜产业园区，擦亮"中国西部预制菜之都"名片；垫江县实施建筑强县战略，打造明月山装配式建筑产业基地，发展装配式部品部件、新型建材等研发生产；西南大学、四川农业大学与梁平区政府共建明月山优质粮油产业技术创新中心，开展粮油产学研合作；七区县签署《共建丘陵山区农机装备产业园合作协议》，在装备研发、销售市场拓展、服务标准确定、从业人员培训、产业基金募集等方面共同发力，共建农机装备全产业链区域高地；川渝合作（达州·大竹）产业园、长寿经开区纳入第二批成渝地区双城经济圈产业合作示范园区，搭建电子信息、智能制造等配套链。

　　文化旅游是明月山绿色发展示范带的优势产业。七区县联合举办明月山生态旅游文化节，共同发布明月山绿色发展示范带标识、精品旅游线路和文旅惠民政策，组建明月山星级酒店联盟，七区县户籍居民在示范带内 23 家 A 级旅游景区旅游享受门票减免或打折优惠，享受指定酒店消费优惠政策。明月山·百里竹海是西部最大的高山竹海，素有竹类博物馆、中国寿竹之乡的美誉，当地关停矿山，保护竹林资源，发展生态产业，建设美丽乡村，"矿山变景区、竹山成金山"经验在全国推广。

　　生态是明月山绿色发展示范带的底色。近 5 年来，七区县常态化开展龙溪河、大洪河、铜钵河等跨界流域环境联合治理，国省考断面水质稳定达标，并共建国家储备林 22.7 万亩，打造宜居宜业和美乡村121 个。梁平区、开江县、大竹县污染治理设施共建共享经验入选《川渝跨界河流联防联控典型案例汇编》，龙溪河流域纳入全国水环境综合治理与可持续发展全国试点，铜钵河入选重庆市 2023 年度美丽河湖优秀案例。

第5节　成渝地区双城经济圈共筑长江上游生态屏障面临的挑战和对策建议

一　成渝地区双城经济圈共筑长江上游生态屏障面临挑战

（一）环境治理成效尚不稳固，环境质量持续改善难度加大

成渝地区双城经济圈的生态系统总体敏感脆弱，生态环境问题的区域同源同质特征显著，环境污染叠加效应复杂严峻。川渝流域众多，水环境整治存在点多面广、跨界流域保护难度大等挑战，部分支流、次级河流水质稳定、长期达到水环境功能要求的压力较大和成本高企，洪涝灾害防治

依然存在薄弱环节。四川盆地受北部秦岭大巴山脉的影响，冬春季北方冷空气难以进入，天气条件往往较长时间维持静稳状态，易导致大气污染物持续累积，再加上不少地区属于全国高湿区，早晚空气相对湿度大、多雾，加剧颗粒物的吸湿增长和二次转化，加之生产生活带来的大气污染，导致部分城市持续性、区域性的中轻度大气污染易发。随着工业化、城镇化进程的加快，成渝地区双城经济圈总体面临生活源固废、工业源固废同步增加的压力，加之农业废弃物来源复杂，防治难度较大，挑战严峻。

（二）小城市、小城镇、农村的环境基础设施建设运行存在短板

成渝地区双城经济圈脱贫地区、民族地区、革命老区、山区等经济后发地区的小城市、小城镇、农村的环境基础设施欠账较多，难以依靠自身财力补齐短板。生活污水收集和处理能力不足，污水收集管网建设滞后，污泥无害化处理设施不足，生活垃圾分类、收集体系不健全。县城生活垃圾处理系统需进一步完善，建制镇及农村收集转运体系有待加强。部分地区政府主导、企业主责、社会参与的环境治理体系不健全，相关责任主体的环境意识和内生动力不足，无法满足生态环境高水平保护的需要。

（三）产业绿色转型面临较大的结构性挑战

短期看，成渝地区双城经济圈的火电、钢铁、化工、建材等高能耗、高污染、高排放产业和低端制造业仍有一定比例，战略性新兴产业、未来产业尚未接续替代和全面成势，中小城市的新能源、环保、旅游等绿色产业占比偏低，部分地区偏重的工业结构格局和传统的农业生产方式仍未彻底改变，传统产业绿色转型升级任务艰巨，造成一些地区的资源环境承载能力已经达到或接近上限，协同推进减污降碳亟待制度落实和机制创新。一些城市的公路货运比例较高，铁路和水运货运量占比相对较低，造成传统能源汽车尾气污染治理压力较大。

二 成渝地区双城经济圈共筑长江上游生态屏障建议

（一）进一步加强生态环境共建共保共管

坚持一张负面清单管川渝，搭建互联互通的全域协同监管平台，实施

分区域、差异化、精准管控的生态环境管理制度，推动生态环境一体化监测、评价和结果互认。实施覆盖全域全类型、统一衔接的国土空间用途管制和规划许可制度。严格落实生态保护红线管理制度，健全山水林田湖草沙一体化保护和系统治理机制。推动长江、嘉陵江、乌江、岷江、沱江、涪江等重要流域构建上下游贯通一体的生态环境治理体系，加强小型溪河、沟渠、塘堰、稻田等小微水环境治理。共同实施"两岸青山·千里林带"等森林生态系统建设和三峡库区、矿区、岩溶地区综合治理，共建成渝森林城市群，加强生物多样性、自然保护地的联合保护。做实成渝"氢走廊""电走廊"，建设成渝绿色交通走廊。推进环境信息依法披露制度改革，共建环境信用监管体系。因地制宜探索生态产品价值实现机制，培育发展绿色新质生产力。严格执行生态损害赔偿制度，构建上下游、左右岸、干支流贯通一体的流域横向生态保护补偿机制。构建川渝毗邻地区人大、行政、司法、审计、民主和社会监督有机衔接的生态环境联合监管机制。

（二）进一步加强精准治污、科学治污、依法治污

固化跨界流域河长制等改革措施，建立联合巡河、交叉巡河、联合执法等常态化机制，加强水污染敏感点的协同治理。共建港口船舶的污染物接收、转运及处置设施，推动川渝毗邻地区污水处理设施共用共管和数据共享。落实最严格的水资源管理制度，全域建设节水型城市。建立全域、全时的污染天气数据信息共享、联合预报预警、跨区域人工影响天气作业等应急管理协作机制，分类施策推进重点区域、重点行业、重点领域的大气污染协同治理。共建清洁能源高质量发展示范区，提高清洁能源消费比例。严格落实以排污许可制为核心的固定污染源监管制度，建立新污染物协同治理体系。持续开展工业园区、矿山、大中型传统企业生产地、受污染耕地等的修复与治理。落实危险废物跨省市转移"白名单"制度，推动固废数字化管理、危废区域安全转移与资源化合作以及医疗废物的全收集、全处理，推进川渝毗邻地区固废处置设施的共建共用。

（三）进一步加强绿色低碳协同发展

加强川渝政府绿色采购协调，培育壮大节能环保、清洁生产、清洁能源等绿色低碳产业，共同打造新能源、光伏、水电等世界级绿色产业集群。推动能源跨域互联互济，推广工业园区柔性负荷微电网和虚拟电厂建设。推进绿色低碳科技协同创新，普及推广节能技术和产品。加强适应气候变化工作协同，推动川渝碳达峰碳中和政策互认互通，促进"碳惠天府""碳惠通"等平台互联互通，引导更多市场主体参与排污权、水权、用能权、碳排放权等交易。鼓励碳中和金融产品创新，以绿色金融引领西部金融中心建设。全域开展"无废城市"建设，共建区域一体化垃圾分类回收处置网络体系。推动川渝绿色消费激励政策互认互通，普及"光盘行动"，鼓励绿色出行和低碳旅游，提升公众的生态文明素养。规范快递业、共享经济等新业态的环保行为，限制商品过度包装。

第5章
成渝地区双城经济圈联手打造内陆改革开放高地五周年的主要成效、面临的挑战与高质量发展建议

改革开放是决定当代中国命运的关键一招，也是推进中国式现代化的根本动力，而成渝地区双城经济圈承担着建设改革开放新高地的战略定位。川渝人素有"敢闯敢干、自立自强、开放包容"的人文传统，在中国改革开放进程中书写浓墨重彩的篇章。近5年来，川渝集成承担交通强国试点、国际消费中心城市试点、绿色金融改革创新试验区、营商环境创新试点城市、服务业扩大开放综合试点、国家城乡融合发展试验区等国家重大改革任务，与新时代西部大开发、长江经济带发展、高质量共建"一带一路"、中欧班列和西部陆海新通道建设等国家战略同频共振，以打造中国经济第四增长极、国家战略腹地核心承载区等为目标，在共建"区域协作新样板"上大胆探索，共同开展要素市场化配置、产学研用体制、跨行政区经济社会管理等重点领域一系列首创性、集成化、差异化改革创新，携手打造高质量开放型经济体系，基本形成陆海内外联动、东西双向互济的全域对外开放新格局，不断激发内生动力，锻造特色优势长板，更好支撑新时代西部大开发战略形成新格局。

第1节 联手打造内陆改革开放高地视域下的2024年成渝地区双城经济圈改革开放示范城市效能述评

作为成都市人口最多、商贸繁荣、经济活跃的中心城区，金牛区结合中小企业基数大、服务需求种类多等实际情况，将优化营商环境作为全面深化改革一号工程，在市场准入、建圈强链、提升服务等重点领域推出工作举措，开展企业全周期合规指引、综合监管"一件事"、政务服务增值化改革、"高效办成一件事"等重点任务，支持更多企业在金牛区成长壮大。为有效解决办事人咨询回复时间长、提出诉求渠道单一等问题，金牛区开发上线"智慧云导办"政务 GPS 平台①。为解决政务服务中程序重复、来回跑路、多头办理等问题，金牛区政务服务中心实施无差别综合服务窗口改革，实现办事人"一窗进一窗出"。为切实解决办事人"工作时间没空办、休息时间没处办"难题，金牛区以"政务服务+"多元融合改革为抓手，在商圈打造24小时复合型政务夜空间，区政务服务中心、区医保局、区税务局、街道办等部门组建"企业服务上门行"服务队，在市场、楼宇、园区等设立"临时代办点"，延伸政务服务时间和空间。

锚定建设重庆高质量发展南部增长极，重庆经开区出台鼓励存量企业提升能级扶持办法，布局智能终端、软件信息、大健康三个千亿级产业和节能环保、汽车电子两个五百亿级产业，打造广阳湾实验室、大学科技园等高能级科创平台，培育类脑智能、人形机器人、数字能源等未来产业，贡献了南岸区60%的GDP、90%的工业产值。南岸区是国家文化和旅游消

---

① "智慧云导办"政务 GPS 平台主要功能：一是"金准办"，提供简易化办事指南，通过在线智能引导，帮助办事人厘清所办事项整套流程，生成标准化、个性化材料清单；二是"金客服"，收录12345助企热线万余条问题，建立智能问答库，组建人工服务团队，实现7天×24小时"点对点即时问答"；三是"金准勘"，绘制金牛区产业数字地图，展示勘查审批标准，提供沉浸式现勘审前服务、上门服务。

费试点城市，通过建立文旅市场监测体系、开展文旅专项招商、举办品牌
文旅活动等措施，促进商旅文体融合，2024年1~9月，共接待国内外游客
3828万人次，同比增长20.5%，旅游收入293.3亿元，同比增长23.7%，
均居重庆区县前列。南岸区是市域社会治理现代化试点，依托镇街矛盾纠
纷"一站式"调处平台，一体推进访源、诉源、警源"三源共治"，年均
调处纠纷成功率超98%。南岸区拥有15万人规模的全国最大公租房片区，
以党建联席会议统筹，智慧平台、网格体系、多元服务三种方式赋能，物
业服务优化、家园环境美化、关爱帮扶深化、矛盾问题消化、文明素养强
化五大行动破难，让公租房居民实现从"住有所居"到"住有宜居"。

成都市青白江区依托"中欧班列+综合保税区+自贸试验区+国家级经
开区"叠加效应，持之以恒推动成都国际铁路港枢纽建设，构建亚蓉欧大
通道，做强"中欧班列+西部陆海新通道"青白江集结中心，构建"生产
在市州、集散在青白江"区域联动发展模式。至今，青白江区开创多个首
创性、集成化、差别化的内陆开放改革成果，比如，全国首创的"中欧班
列运费分段结算估价管理改革"[①]"中欧班列集拼集运模式"[②]分别入选国
务院第四批和第五批自贸试验区最佳实践案例；"多式联运'一单制'"
荣获全国十大改革案例，作为四川省经济领域唯一、全国自贸区唯一案
例入选中组部案例；全国首创"中欧班列宽轨段集并运输模式"，被中
国国家铁路集团在全国推广；开展全程时刻表"蓉欧速达"班列模式、
首创洲际亚蓉欧大通道国际联运新模式等案例作为制度创新成果在全省
推广。

锚定世界级优质白酒产业集群、全球一流动力电池产业集群、国家级

---

①　中欧班列由承运商提供全程运输服务，铁路联运参与方多，涉及货物运输及代理关系较
　　复杂，难以客观真实区分国际、国内段运费，导致国际联运模式下境内段运费计入进口
　　货物的完税价格。四川自贸试验区青白江片区率先试点中欧班列"一单到底、两段结
　　算"运费机制改革试点，实现国内段运费不计入完税价格。

②　充分利用中欧班列（成都）空箱仓位资源，整合国内外贸易商品的运输需求，同一班列
　　到达入境口岸后，可以加挂内贸箱实现内外贸箱混载，到达青白江铁路口岸，从而提升
　　班列装载量、降低运行成本。

晶硅光伏产业集群、全国同类城市领先的数字经济产业集群的战略定位，四川省宜宾市集成推进先进制造业和现代服务业融合发展、学教研产城一体化、跨区域协同发展等领域深化改革，奋力实现重点项目工作量、实物量、投资量"三量齐升"。为解决土地供应趋紧、城市配套滞后、发展权限不足等瓶颈问题，宜宾三江新区携手翠屏区探索市域经济区与行政区适度分离改革，打造"统一规划、统一建设、增量共享"的动力电池跨区域产业集群，已有三江新区招引的相关项目落户翠屏区长江工业园。宜宾以"三个三"工作模式①优化民营经济营商环境，2024 年一季度，全市民营经济增加值为 507.28 亿元，居四川市州第 3，同比增长 9.5%，居四川市州第 1，占 GDP 比重为 61.2%，居四川市州第 6。

重庆市綦江区委、区政府把优化营商环境作为"区之大计""民之大事"，成立以区长为组长的优化营商环境工作领导小组，出台《重庆市綦江区持续营造国际一流营商环境的实施方案》《首批营商环境创新试点暨綦江区创建市级营商环境示范区重点事项清单》等政策文件，健全"区营商办+牵头单位+责任单位"协作机制，推出住所申报承诺制、一窗综办、一件事一次办、社会信用体系建设 10 条工作措施②等改革举措，升级改造政务信息资源共享交换平台，提升政务服务效率效能。綦江区人大将"代表之家"建在产业链，拓展人大代表履职平台和履职途径。綦江区政协建立"渝事好商量·我为企业跑融资"履职平台，召集金融、工商、法律等领域的政协委员加入，为企业提供政策对接、财务培训、助企上市、法律维权等服务。

---

① "三个三"工作模式："三高"为高质量建立发布机制、高水平制定机会清单、高规格发布机会清单，"三提"为提倡分型分类培育、提升民营企业家综合素质、提振民营企业发展信心，"三抓"为抓好氛围营造、抓实政企沟通、抓牢辅导提升。

② 綦江区社会信用体系建设 10 条工作措施：信用数据"一张网"、信用信息"一键通"、信用报告"免费用"、信用承诺"全覆盖"、诚信主体"不打扰"、信用修复"不再难"、信用融资"更高效"、信用红利"更广泛"、信用助农"更精准"、信用分析"更智能"。

案例 5-1　重庆市渝北区：以"一体化"和"高质量"打造
内陆改革开放高地核心区

近年来，渝北区充分发挥高水平开放主阵地、高质量发展主引擎、现代化国际大都市主客厅作用，加快建设先进制造业核心区、现代服务业集聚区和教育科技强区。2023 年，渝北区 GDP 突破 2400 亿元，科技竞争力保持重庆区县第 1，规上工业总产值占重庆的七分之一，重庆每下线 3 台汽车就有一台是"渝北造"、全球每生产 20 台手机也有一台"渝北造"，新质生产力喷涌而出；江北国际机场加速打造复合型国际航空枢纽，骨干铁路、高速公路纵横穿行，区内轨道里程占重庆的三分之一，建成超大规模的综合交通运输网络，多式联运大枢纽全面成型起势；建成区面积突破 300 平方公里，城市人口超过 300 万人，建成 300 多个城市公园，现代社区、活力商区、文创街区向美而生，美好生活触手可及。图 5-1 为宜商宜居宜业的渝北区鸟瞰图。

渝北区与四川省广安市携手推进川渝高竹新区开发建设，渝北空港工业园区与高竹新区共建成渝地区双城经济圈产业合作示范园，为川渝毗邻地区一体化发展探索高竹样板。在国企改革方面，渝北区在临空经济示范区推行"管委会+公司"运营模式，组建临空投资、空港城发、战新产业 3 大集团，推动园区运营公司向产业投资、资本运营业务转型，经营性国有资产实现 100%集中统一监管。

渝北区大力发展临空经济示范区，集聚航空货运、快递快运、电商云仓、保税物流、冷链物流等产业，形成"一核五区"① 的开放型经济布局。2023 年，渝北临空经济示范区 GDP 达 937 亿元，同比增长 7.1%，形成 114 个国内航点和 60 余个国际航点的物流货运网络，

---

① 渝北临空经济示范区"一核五区"的功能分区："一核"即临空经济示范核心区，依托重庆江北国际机场和中新合作航空产业项目，布局航空公司基地、航空保障服务、飞机维修、商务飞机保障、公务机托管服务中心、机场小型会展、总部经济等业态，"五区"即临空制造区、临空商务区、临空物流区、临空会展区、临空保税区。

完成进出口总额 1600 余亿元，占重庆进出口总额的四分之一。

图 5-1　宜商宜居宜业的渝北区鸟瞰图

（供图：渝北掌媒）

第 2 节　川渝联手实施重点改革任务的主要成效

一　川渝携手优化区域营商环境成效突出

（一）共同推进营商环境制度建设

2021 年 3 月，川渝两省市人大常委会分别表决通过四川省、重庆市的优化营商环境条例，均于 2021 年 7 月 1 日起施行。在国务院《优化营商环境条例》的大框架下，两部条例的制定出台实现了工作进度、体例结构和条文内容的协同，约 40% 的条款对同类事项做出相似规定，将川渝政府部门、司法机关在优化营商环境工作、促进成渝地区双城经济圈建设方面的合作交流措施提炼为地方性法规规定。另外，《重庆市优化营商环境条例》的第九条、《四川省优化营商环境条例》的第六条对川渝协同推进优化营商环境工作做出完全一致的规定，包括加强毗邻地区合作、政务服务、公共法律服务、多元化纠纷解决、执法联动、司法协作等。

2022 年 1 月，川渝两省市政府办公厅联合印发《成渝地区双城经济圈优化营商环境方案》，围绕激发市场主体活力、提升政务服务质效、健全法治保障体系三个方面，提出近 200 条举措，要求到 2025 年，成渝地区双

城经济圈营商环境全面优化，贸易投资便利、政务服务规范、法治保障完
善的一流营商环境区域基本建成。

案例5-2　重庆市江北区：奋力打造营商环境最优区

"打造营商环境最优区"是江北区第十三次党代会提出的战略目
标，初步探索出优化营商环境"12358"工作思路①。2024年上半年，
江北区GDP同比增长8%，增速位居重庆区县第1，全口径税收、区
级税收总量领跑全市，财政收入质量保持重庆区县第1，改革报表跃
居重庆区县榜首，新增经营主体近1.5万户，总数达13.5万户，"四
上"企业②突破980家，上市企业数量和市值均居重庆区县第1，重庆
百强企业中江北区的企业占七分之一。

2022年以来，江北区新春第一会都是营商环境大会，党委、人
大、政府、政协四大班子领导和区属单位负责人全部参会，重点企业
和商协会派员出席，并在各街（镇）、园区设立分会场，企业代表
被安排坐在"C位"，受表彰企业主戴大红花登台领奖，企业代表做
主旨发言，会后安排餐叙，企业有什么需求，尽管向区委、区政府
提出。

江北区突出科技手段和管理创新，建立覆盖企业全周期的营商服
务。例如，江北区升级重庆首个市场监管智慧终端，实现"秒批领
照"，近9成事项"网上可办"；江北区上线重庆首家知识产权运营公
共服务平台，设立国家知识产权局专利检索咨询中心重庆代办处，全

---

① 江北区优化营商环境"12358"工作思路："1"即"营商环境最优区"目标；"2"即开
展优化营商环境改革创新案例和"百千万"服务企业优秀实践案例两类评选活动；"3"
即提升市场化、法治化、国际化水平；"5"即实施政务环境、法治环境、市场环境、创
新环境、要素保障环境五大提升行动；"8"即开展机关党员在行动、部门在行动、街镇
在行动、企业在行动、群团在行动、民主党派在行动、"两代表一委员"在行动、专家
在行动八大行动。
② "四上"企业：规模以上工业、限额以上批发和零售业、限额以上住宿和餐饮业、规模
以上服务业的法人单位。

区有效注册商标 8 万余件，万人发明专利拥有量逾 46 件；江北区建成 15 分钟金融服务圈，央地协同共建"红金渝"品牌，开展"党建搭台·银企对接"活动，截至 2024 年 9 月，累计为 11361 户经营主体贷款 109.16 亿元；江北区发布 4 期民间投资机会清单，帮助企业拓展市场、获取业务；江北区投用集法律、诉讼、检察、警务等四大功能于一体的西部金融法律服务中心，截至 2024 年 7 月，累计办案 10.8 万件，涉案金额 175 亿元；江北区打造重庆首家金融人力资源服务产业园，推行"房产+电力"联动过户、"水电气讯"流动联办。

当前，江北区正重点打造三大产业集聚区，构建"企业需求清单+服务场景应用"精准服务新模式：江北嘴中央商务区打造西部金融中心核心承载区，配套建设西部金融法律服务中心、国家金融科技认证中心、数据交易中心、重庆金融博物馆、西部金融培训学校等平台；观音桥商圈打造国际消费中心城市首选区，以批发贸易、商务服务为核心产业，建设中新（重庆）跨境电商产业园、"一带一路"商品展示贸易中心等平台；港城工业园打造汽车、智能家电、生物医药、智能装备等先进制造集聚区，建设党群服务中心、政务服务专区、工程检测中心、人才公寓等功能平台。

2023 年 11 月，江北产业引导私募股权投资基金（有限合伙）成立，于 2024 年 5 月获批牌照，这是《私募投资基金监督管理条例》出台后重庆获批的首个区级基金管理人。至此，江北区完成"1 个管理公司+1 支产业引导基金+N 支专项子基金"的产业基金矩阵搭建。截至 2024 年 7 月，江北产业基金投资项目 14 个，总投资规模逾 450 亿元，实现资金的 12.68 倍放大。

（二）川渝稳步推进"放管服"改革合作

2020 年 7 月，川渝两省市政府办公厅签署合作协议，在政务服务标准化、数据共享利用、线上"一网通办"、线下异地办理、跨区域协同监管等方面，启动"放管服"协同改革。近年来，川渝两省市政府办公厅联合印发《成渝地区双城经济圈"放管服"改革年度重点工作任务清单》《川渝"一件事一次办"事项清单》《川渝"免证办"事项清单》《川渝跨区域数字化场景应用清单》等政策文件，多次召开工作对接会、专项业务推进会和新闻发布会，推动川渝各市区县、职能部门加强对接，共同研究出台利企惠民政策，建立联席会议、业务部门协作、重点领域监管、互联共享政务数据等机制，推进事项办理标准统一、受理流程统一、办事指南统一。

依托全国一体化政务服务平台，四川"天府通办"和重庆"渝快办"两个电子政务平台实现互联互通和统一身份认证，并开设"川渝通办"线上政务服务专区作为总入口，实现"不见面审批"或者"最多跑一次"。至今，川渝各级实体政务服务大厅全部设置"川渝通办"综合窗口；川渝两省市政府将关联性强、办理量大、办理时间相对集中的多个事项进行系统整合，累计发布四批"川渝通办"事项362项（第一批95项、第二批115项、第三批101项、第四批51项），涵盖工商、民政、税务、交通、商务等企业群众办事的各个高频领域。"川渝通办"专区获得央视《新闻联播》报道（见图5-2）。

图5-2 潼南区政务中心"川渝通办"专区获得央视《新闻联播》报道
（供图：潼南区政务服务管理办公室）

值得关注的是，前两批"川渝通办"事项清单主要是按照国家或行业主管部门要求实现"跨省通办"的任务事项，而第三批"川渝通办"事项清单采取"政府端菜+群众点菜"的方式，川渝政府部门在清单发布前公开向社会征集市场主体和群众最关心、最期盼的事项，超过15万人参与网上意见征集活动。在最终公布的第三批"川渝通办"事项清单中，车辆购置税申报、企业投资项目备案、律师执业许可等89项为高频特色服务事项，占比88%，其余事项才是根据国家或行业相关任务的清单梳理。

另外，第三批"川渝通办"事项清单中超过80项涉及企业办事需求，包括企业投资项目备案、跨省市保安服务公司设立分公司备案、会计师事务所及其分支机构设立审批、代开增值税普通发票等，涉及企业投资审批、分支机构开设经营、税务事项办理、特种作业操作资格审核、安保服务公司异地备案等，体现了川渝协同打造服务企业全周期的更优营商环境。

在"川渝通办"取得初步成效的基础上，川渝两省市积极与贵州、云南、西藏三个省自治区衔接，于2021年4月建立西南五省（区、市）政务服务工作对接机制。从"川渝通办"事项中选取148项高频事项，作为首批西南五省（区、市）"跨省通办"事项，2021年8月，该服务专区上线。

针对部分"川渝通办"事项仍需到实体政务服务大厅办理的情况，川渝政府部门采取措施优化政务服务：一是"全程网办"，实现"川渝通办"专区与四川"天府通办"、重庆"渝快办"的深度对接，为两地办事人提供申请受理、审查决定、制证送达全流程网上办理服务；二是"异地代收代办"，对法律法规明确要求必须到现场办理的事项，办事人可通过两地在政务服务大厅互设的"川渝通办"窗口提交材料，由窗口工作人员代为受理或直接办理，事项办结后，再快递送还办事人；三是"多地联办"，对需要办事人分别到不同地方现场办理的政务服务事项，实现一地受理、内部协同、一地办成。

为推动更多事项实现跨区域全程网办，提升"川渝通办"的便利化水平，川渝两省市政府部门推出公安、民政、人社、自然资源、交通等领域的电子证照亮证互认，减少办事人提交的纸质材料，缩短办事流程，提高通办效率，让"川渝通办"从"能办"向"易办""好办"升级。

为破解经营主体往返跑、耗时长等难题，川渝市场监管局推行市场准入异地同标，通过业务同标、数据共享和系统互融，经营主体只需办理一次实名身份信息采集认证，便能在川渝实现实名认证互认，从而简化异地办理流程；基于两地名称自主申报字词库规则和标准的统一，经营主体在川渝地区自主申报名称时，适用同一标准、同一规则，企业名称"一处可取、异地同标"。截至2024年8月，川渝"互办互发"营业执照950张。

川渝市场监管部门共同推出营商环境云地图、经营主体云迁移、川渝开放合作区云注册等"云服务"，"一站式"为经营主体提供两地营商要素导航，市场主体在两地有序流动和便利迁移，大型企业在两地可任意选址，按照"川渝开放合作区+实际生产经营地址"的方式登记住所，实现两地一体落户。

川渝两省市公平竞争审查联席会议办公室联合制定第三方评估实施方案，开展交叉互评、评估结果互认，形成"专业机构独立评估、专家团队集体研讨、专门会议审定结果、专函督促限期整改、专项跟踪整改效果、专题报告评估情况"的"六专"模式，实现成渝地区双城经济圈公平竞争审查工作一体化。

川渝税务部门在产业共建、政策协同、服务同质、开放共促等方面紧密协作，推动政策执行标准化、税费征管一体化、办税服务便利化，统一8个车船税税目税额标准、部分行业西部大开发优惠等政策执行口径，以及7类53项159种行政处罚裁量执行标准，电子税务局"川渝通办"税费事项扩围至84项。川渝毗邻地区税务部门实施合作事项共178项，设立9个川渝税费争议调解室，因地制宜探索总部经济、园区共建、飞地经济、项目合作、企业迁建、招商引资异地流转、企业兼并重组 7 类跨区域经济合作形式的财税利益分配。2024 年 7 月,重庆和成都税务部门签署《税收服务重庆成都双核联动联建战略合作框架协议》,推出 5 类 13 项合作事项,统一规范 14 类 272 项税费服务事项标准,联合印制《成渝纳税信用修复提示卡》,对部分即时评价为 D 级的纳税人开展信用修复提醒。

二　川渝以毗邻地区为突破口,推进经济区与行政区适度分离改革

探索经济区与行政区适度分离改革,是《成渝地区双城经济圈建设规划纲要》提出的一项重大改革任务。近年来,成都、重庆两大都市圈双向奔赴、相向发展,同时,川渝依据资源禀赋、人员往来、产业联系等指标,以毗邻地区作为融合发展突破口,共建 10 个区域发展功能平台,全面推进年度重点改革任务,区域性中心城市和毗邻地区呈现协同发展的新气象。

案例 5-3　共谋成渝地区中部崛起:壮大成渝主轴・
挺起"中部脊梁"

成渝中部地区包括重庆的璧山、江津、潼南、铜梁、荣昌、大足、合川、永川 8 个区,以及四川的泸州、宜宾、自贡、内江、资阳、遂宁、广安、达州 8 个地市,交通条件优越,产业基础扎实,以两省市 14.6% 的面积承载了 30.6% 的人口,创造了 27% 的 GDP(2022年),是成渝地区双城经济圈互动协作的主战场。过去成渝中部地区经济发展水平与重庆中心城区、成都主城区"双核"差距较大,甚至部分经济指标低于川渝平均水平,面临"双核强势、中部塌陷"的区域发展不平衡、不充分的挑战。

2023 年 6 月,在推动成渝地区双城经济圈建设重庆四川党政联席会议第七次会议上,把推动成渝中部地区加快崛起作为首要任务,围

绕构建现代化基础设施网络、培育现代化产业体系、打造内陆高水平开放门户枢纽、建设现代化城乡融合发展新样板、建设高品质生活宜居地等五个重点领域，突出"协同"与"合力"，推动重庆西扩、成都东进，提升区域发展能级。潼南百米大道见图5-3。

图 5-3　潼南百米大道

注：潼南区正加快建设成渝中部综合交通枢纽，"一环六射"高速路网①建成投用，努力打造"公铁水空"综合立体交通格局。

（马艾 摄　供图：潼南区融媒体中心）

《成渝地区双城经济圈建设规划纲要》提出"推动川南、渝西地区融合发展"的重点任务。2023年3月，川渝两省市政府联合印发《推动川南渝西地区融合发展总体方案》，将川南渝西地区明确为四川的自贡市、泸州市、内江市、宜宾市和重庆的江津区、永川区、綦江区（含万盛经济技术开发区）、大足区、铜梁区、荣昌区，总面积4.66万平方公里、常住人口超过2000万。从空间范围看，川南渝西地区的大部分市区属于成渝中部地区。《总体方案》亦明确提出，创新跨行政区融合发展体制机制，促进产业、人口及各类生产要素合理流动和高效配置，构建集约高效、动能强劲的融合发展轴带，增强对成渝地区双城经济圈经济发展的影响力和带

———————————

① 潼南区"一环六射"高速路网：渝遂高速、潼荣高速、合安高速围绕潼南城区形成高速公路环线，潼南至重庆主城、合川、大足、安岳、遂宁、南充形成6条高速公路射线。

动力。

从基础条件看，川南渝西地区是除重庆中心城区、成都主城区"双核外"，成渝地区双城经济圈区位优势明显、承载能力强、产业基础好的区域。因此，川南渝西地区是成渝地区双城经济圈10个区域发展功能平台之一，区域内又涵盖泸永江融合发展示范区、内江荣昌现代农业高新技术产业示范区等两个成渝地区双城经济圈区域发展功能平台，属于"大平台包含小平台"的协同发展模式。随着市区党政联席会议、联合办公室、专项工作组等工作机制建立，推动川南渝西地区融合发展工作实现实体化、联合化、清单化运行。

2023年5月，四川省委、省政府印发《关于支持川中丘陵地区四市①打造产业发展新高地加快成渝地区中部崛起的意见》，围绕"培育成渝地区新兴增长极"的总体要求，四市深化经济区与行政区适度分离改革，在先进制造业、现代高效特色农业、文化旅游、现代商贸物流等领域加强合作。自贡市打造新能源、新材料、无人机及通航三大产业集群，建设川南渝西科技成果转化中试基地。图5-4为自贡高新区板仓工业园区全景。内江市是川渝首个同时纳入成都、重庆"半小时通勤圈"的城市，以"做大工业、做强物流、美乡优城、共同富裕"为总抓手，建设内江荣昌现代农业高新技术产业示范区。遂宁市以遂潼涪江创新产业园区为突破口，与重庆潼南区建立"五共五促"合作模式②，打造"锂电之都"。资阳市融入成都都市圈，构建现代立体综合交通网络，承接成都的医疗器械、装备制造、电子信息、清洁能源、食品轻纺等现代化产业转移，与重庆大足区共建资大文旅融合发展示范区。

---

① 川中丘陵地区四市：自贡、内江、资阳、遂宁。
② "五共五促"合作模式：以"共商、共建、共创、共研、共享"为发展思路，达到"促交流、促发展、促效益、促转型、促富裕"目标。

图5-4　自贡高新区板仓工业园区全景

（供图：自贡高新区管委会）

案例5-4　重庆都市圈：渝西跨越协同打造先进制造业新高地

《成渝地区双城经济圈建设规划纲要》要求，围绕重庆主城培育现代化都市圈，推动广安全面融入重庆都市圈，打造川渝合作示范区。2022年8月，重庆市人民政府印发《重庆都市圈发展规划》，明确要求，强化重庆中心城区辐射带动作用，推进基础设施、创新创业、产业体系、公共服务、生态环境、城乡治理等领域同城共建，促进周边城市积极承接重庆中心城区产业转移和功能外溢，建成一批产城融合、职住平衡、生态宜居、交通便利的现代化郊区新城，到2025年，初步建成国际化、绿色化、智能化、人文化的现代重庆都市圈。

重庆都市圈由重庆中心城区、主城都市区和紧密联系的周边城市共同组成，包括重庆渝中区、大渡口区、江北区、沙坪坝区、九龙坡区、南岸区、北碚区、渝北区、巴南区、涪陵区、长寿区、江津区、合川区、永川区、南川区、綦江区－万盛经开区、大足区、璧山区、铜梁区、潼南区、荣昌区21个区和四川广安市。

重庆把江津、合川、永川、大足、璧山、铜梁、潼南、荣昌等

"渝西八区"，作为重庆都市圈推进新型工业化的"主战场"，出台《重庆市先进制造业发展"渝西跨越计划"（2023~2027年）》《渝西地区智能网联新能源汽车零部件产业发展倍增行动计划（2023~2027年）》《渝西地区国土空间规划》，会同毗邻的四川自贡、遂宁、内江、资阳、泸州、宜宾6市靶向发力，统一空间规划、产业布局，共建国家重要产业备份基地和世界级先进制造业集群。荣昌高新区见图5-5。

图5-5　荣昌高新区

注：荣昌高新区是国家高新区，成功创建轻纺消费品、眼镜、陶瓷、电子电路、休闲食品、智能网联新能源汽车零部件六个市级特色产业园。

（供图：荣昌区政府办公室）

渝西地区区位优势明显、交通条件优越、产业基础扎实、功能平台丰富、发展动能强劲。2023年，渝西地区GDP和常住人口分别为7696.05亿元、757.03万人，占重庆GDP和常住人口的比例分别为25.53%和23.72%。同时，渝西地区也是成渝地区双城经济圈开放前沿，是西部陆海新通道、中欧班列（成渝）、长江黄金水道的交汇区域，布局成渝、渝昆、兰渝、西渝、都市圈环线铁路等多条高铁、普铁，以及重庆新机场（璧山）、江津珞璜港，永川朱沱港、合川渭沱港等物流枢纽，形成新机场临空经济核心区、永川国际开放枢纽新城、重庆枢纽港产业园江津组团三大开放综合枢纽。

据《重庆市先进制造业发展"渝西跨越计划"（2023~2027年）》，

渝西地区重点培育一批千百亿级产业集群，包括4000亿级世界级智能
网联新能源汽车零部件产业基地、2000亿级新一代电子信息制造业、
1500亿级智能装备及智能制造、1500亿级先进材料、1500亿级食品
及农产品加工、1000亿级轻纺、1500亿级新能源及新型储能、500亿
级智能网联新能源汽车细分产品、600亿级高端摩托车等产业集群。

三　川渝携手推进民营经济高质量发展

近5年来，川渝民营经济保持稳定发展。2023年，重庆民营经济增加
值为17932.4亿元，增长5.8%，拉动重庆GDP增长3.5个百分点，占全
市GDP的57.1%，民营经济主体数量达364.73万户，占全市经营主体总
量的98.7%；四川民营经济增加值为32195.1亿元，增长5.6%，占全省
GDP的53.5%，民营经济主体数量达876.7万户，占全市经营主体总量
的97.3%。

2020年7月，川渝工商联签署多份推进民营经济高质量发展合作协
议，联办成渝地区双城经济圈民营经济高质量发展合作峰会、成渝地区双
城经济圈商会合作峰会、川渝民营企业家合作峰会、"百万英才兴重庆"
民营企业引才服务月、助力小微经营主体发展"春雨润苗"行动等活动，
常态化开展小规模、点对点对接活动，发起川渝民营企业家联盟，推动两
地民营企业携手参与成渝地区双城经济圈建设。

重庆民政部门同意在渝川籍企业家登记注册成立县级异地商会，作为
重庆市工商联所属商会管理。重庆渝北区、江北区与四川广元市、南充
市、广安市、达州市、巴中市工商联建立川渝五市两区商会联席会议制
度。重庆万州区、开州区、梁平区、云阳县、奉节县、忠县和四川达州市
7个市区县青年企业家组织联合发起川渝东北青年企业家商协会联盟。重
庆合川区、铜梁区、潼南区和四川德阳市、广元市、遂宁市、南充市、阿
坝州工商联（总商会）共同签署《涪江流域川渝九地商会联盟战略合作协

议》，携手为九地民营企业提供靠前服务、精准服务、集成服务，打造民营经济高质量发展共同体。

为解决川渝民营企业异地维权难、投诉渠道不畅等问题，重庆市政府民营企业维权投诉中心、重庆市经信委、重庆市工商联、四川省政府外来企业投诉中心、四川省司法厅签署合作备忘录，联合编制工作指引，以"异地优先、以邻为重"为原则，对群体性、应急性、易造成社会不良影响的事件，以及严重影响企业生产经营秩序、涉企业重大利益纠纷、对两地民营经济营商环境造成严重不良影响等事件共同会商、协商处置。四川省重庆商会、重庆市四川商会被认定为"成渝地区双城经济圈民营（外来）企业投诉服务工作站"，作为川渝跨区域民营企业投诉处理的公益服务机构。

为促进川渝毗邻地区民营经济协同发展，川渝两省市政府共同出台《成渝地区双城经济圈民营经济协同发展示范区总体方案》《成渝地区双城经济圈民营经济协同发展示范区建设工作机制》，重点建设"泸州-江津""广安-北碚"两个示范区。2021年7月，重庆江津区和四川泸州市两地政府办共同印发《成渝地区双城经济圈民营经济协同发展"泸州-江津"示范区实施方案》，提出，通过深化合作，推动两地民营经济增加值合计达3000亿元以上[1]，基本形成民营企业主导产业集聚发展。而后，两地民营办建立工作联席会议制度，制定重点任务年度清单，依托"合江·江津（珞璜）"新材料产业合作示范园区等，建立"泸州-江津"民营经济示范园区，推进现代产业协同、开放平台合作、营商环境优化、要素资源流动、工作机制完善等配套改革，促进两地民营企业广泛参与消费品（白酒）、电子信息、装备制造、新能源、新材料、现代服务业、现代农业等跨区域合作。

---

[1] 备注：2023年，泸州市和江津区的民营经济增加值合计2429.11亿元，占《成渝地区双城经济圈民营经济协同发展"泸州-江津"示范区实施方案》提出的2025年目标的80.97%。

第3节　川渝联手打造内陆开放高地的主要成效

一　中欧班列（成渝）："钢铁动脉"通丝路

中欧班列是由中国国家铁路集团组织，按照固定车次、线路、班期和全程运行时刻开行，运行于中国与欧洲以及"一带一路"共建国家间的集装箱等铁路国际联运列车，构建了一条畅通高效、多向延伸、海陆互联的新型国际多式联运网络通道。相较于海运和空运，中欧班列运输价格是空运的1/5，运行时间是海运的1/4，受自然环境影响小、稳定性高，在满足高附加值、强时效性等特定物流需求方面具有比较优势。同时，中欧班列也是绿色运输方式，平均碳排放量是空运的1/15、公路运输的1/7。

2011年3月19日，从重庆直达德国杜伊斯堡的中欧班列（渝新欧）正式开通运营，标志着中国向西直达欧洲的陆路国际贸易大通道全线贯通。2013年4月26日，首趟"蓉欧快铁"从成都青白江国际铁路港出发，奔向9000多公里外的波兰罗兹。十余年来，驰而不息的中欧班列，让不沿海、不沿边的中西部地区，从开放末梢一跃成为开放前沿。中欧班列（成渝）重庆团结村中心站见图5-6。

2020年3月，中欧班列开行的第10000班被冠上"中欧班列（成渝）"的称谓。2020年12月4日，川渝两省市口岸物流主管部门召开视频会议，明确合作细则，同时向国铁集团去函，恳请支持成渝中欧班列合作发展。当月8日，国铁集团复函，同意支持成渝使用统一名称"中欧班列（成渝）"开展品牌宣传推广，并从2021年1月起，合计和共同发布开行数等指标数据，支持当地政府与国铁集团共建联席会议机制。由此，首个由两个城市共同运营的中欧班列品牌诞生，"中欧班列（成渝）"从一个纪念性的称谓变成了现实，从过去的激烈竞争转变为精诚合作。2023年9月，国家发展改革委向全国推广成渝地区双城经济圈6大类18条经验做法，川渝统一运营中欧班列（成渝）品牌被列入其中。

图 5-6　忙碌的中欧班列（成渝）重庆团结村中心站
（周时帆 摄）

截至 2023 年末，中欧班列（成渝）累计开行超过 1.5 万列，累计运输货物近 130 万标箱，主要运行指标居全国中欧班列首位，成为线路最多、运量最大、货值最高、运输时间相对较短、运输成本相对较低、去回程均衡、运作成熟、通关高效快捷、运营平台统一、运输安全有保障、分拨模式灵活、仓储资源丰富、运输品类广泛、多式联运便捷的中欧班列品牌。

从出境货源看，中欧班列（成渝）运送货物由开行初期的手机、电脑等 IT 产品，逐步扩大到电子信息、纺织服装、机械装备、化工、汽车及零配件、日用品、食品等超过 50 个门类、数万种品类。从回程货源看，回程商品由开行初期的机械设备、葡萄酒、汽车等品类，逐步扩大到精密仪器、环保器材、高档服装、化妆品、奶制品、蜂蜜、食品等多元品类。

近 5 年来，川渝在中欧班列上的合作进一步加强，陆续签署《成渝地区双城经济圈口岸和物流合作备忘录》《成渝两地中欧班列运营平台战略合作框架协议书》《共建西部陆海新通道班列运输品牌协议》等文件。根据川渝两省市有关合作机制，中欧班列（成渝）形成"三步走"的发展路径：

一是共同宣传、打造、推广中欧班列（成渝）品牌，扩大国际竞争力和影响力，提高对供应商、运输商的议价能力，根据国内外政策变化共同提出需求和协调服务；

二是探索高效的运行、定价、服务、降本增效、制定标准、境外合作等协作机制。比如，为方便客户提前组织货运，渝新欧（重庆）物流有限公司和成都国际铁路班列有限公司每月召开协调会，对下月的中欧班列（成渝）基础运价进行协商，减少"价格战"；过去国际热门线路"一箱难求"，通过成渝两地统一调度，中欧班列（成渝）的场站、集装箱资源实现共享，空箱更少；川渝有关部门共商共议线路，共同向上争取更多图定班列计划，为中欧班列（成渝）扩大出境运量。

三是通道带物流、物流带经贸、经贸带产业。例如，成都国际铁路港引进顺丰、厦门建发等供应链管理企业，打造共建"一带一路"供应链配置中心；引进香港玉湖、盒马鲜生等国际贸易龙头企业，构建多功能国际贸易综合服务平台；TCL、佩南顿等加工贸易项目落户综保区，集聚出口型先进制造业。重庆国际物流枢纽园区引进普洛斯、安博、丰树、嘉民、汉宏、捷富凯等全球知名物流企业，以及中外运、永辉等40余家中国龙头商贸物流企业，落地保时捷、奥迪、阿斯利康、白俄罗斯奶粉、南亚辣椒等常态化进口商品，建成全市最大医药冷链物流基地。

案例5-5　成都中欧班列：引领蓉城内陆开放型经济高质量发展

成都是我国较早开行中欧班列的城市之一，成都国际铁路港（城厢）位于成都市青白江区，先后获批中国（四川）自由贸易试验区成都青白江铁路港片区、国家级经开区、综合保税区和国家陆港型物流枢纽，正聚焦国际供应链、国际贸易、临港智能制造三大主导产业，打造泛欧泛亚陆港主枢纽。

1. 国际物流通道不断拓展

成都中欧班列推出独具特色的"欧洲通"运输模式[①]，其一，以波兰马拉舍维奇为枢纽节点，组织华沙、杜伊斯堡、汉堡、米兰、巴塞罗那、马德里、布达佩斯、维也纳等站点的集装箱货物，经马拉舍维奇进行分拨、集结；其二，以波兰波兹南为枢纽节点，利用当地铁路运输网络衔接弗罗茨瓦夫、卢森堡、杜伊斯堡、鹿特丹等欧洲城市。目前，成都中欧班列联通境内外百余个城市，建成"四向拓展、全域开放"的国际班列线路网络，向西推进"公共班列+欧洲通"模式，向北运行资源性大宗商品班列，向东建设"蓉欧+日韩"海铁联运大通道，向南共建西部陆海新通道，初步形成"干支结合、枢纽集散"的高效集疏运体系。

2. 班列运营数量、质量和效率稳步提升

成都国际铁路港（城厢）在境内外搭建陆港单一窗口服务平台，上线班列订舱系统，目前货物整体通关中转时间较 2017 年压缩超50%，切实提高作业效率。回程占比、发送箱量、重箱率、折算列数等指标稳步提升，班列重箱率提升至95%以上。截至 2023 年 10 月，成都国际班列累计开行超过 2.3 万列，其中成都中欧班列累计开行超过 1.3 万列，联通境外 100 余个城市，形成中欧（亚）班列、西部陆海新通道班列、中老（越）班列等多向度班列协同运行格局。

3. 班列带动作用凸显

结合四川自贸试验区青白江片区建设，成都国际铁路港（城厢）建设适铁适欧制造业高地，开发"运贸一体化"定制班列，推动联想、戴尔等龙头企业在片区内贸易落地。目前，成都中欧班列累计带动总投资上千亿的 160 余个国际供应链项目落户青白江，实现港区贸

[①] "欧洲通"运输模式：针对按整列组织困难而又有运输需求的站点实行按箱报价，接受整列多箱、单箱订舱，满足不同客户群体的多种运输需求，提高客户需求受理的灵活性，缓解新增站点零散货源组织的困难程度，加密欧洲支线网络，实现整列货物在到达欧洲枢纽节点站后，通过公铁等多种运输方式配送至最终目的地，辐射范围可达欧洲全境。

易超 500 亿元。同时，加强为长虹、TCL、戴尔等 300 余家重点外贸企业及重点外向型产业服务，带动"四川制造"开拓亚欧市场。

案例 5-6　中欧班列（渝新欧）：引领重庆内陆开放枢纽建设

2022 年 6 月 22 日，中欧班列（渝新欧）重箱折列正式突破 10000 班，重庆成为全国首个中欧班列重箱折列数破万的城市。目前，中欧班列（重庆）稳定运行 49 条成熟线路，通道物流网络覆盖国内 18 个省份 68 个城市 135 个站点，通达全球 120 个国家和地区的 473 个港口，设立 8 个海外分拨中心（海外仓），干支网络基本覆盖亚欧大陆全境。

1. 通道+产业：四向贯通、陆海联动

10 余年来，重庆建起紧密串联中国与欧洲、东南亚市场的"陆海公空内外联动、东西南北多向互济"的多式联运物流大通道：向西，重庆以铁路为载体连接欧洲、中亚；向东，重庆以两江新区果园港为重点，通过铁水联运连接"一带一路"与"长江经济带"；向北，重庆以中欧班列（渝新欧）为基础，开行直达莫斯科等的"渝满俄"货运班列，加强与上合组织国家的货物流通；向南，重庆实现与长江经济带和西部陆海新通道的衔接。

依托中欧班列（渝新欧），重庆获批设立汽车整车进口口岸、重庆铁路保税物流中心（B 型）、首次进口药品和生物制品口岸功能、进境肉类指定监管场地等，与多个省市建立跨区域集货集运、合资合作、股权收购等战略合作关系，推动国际贸易及相关产业向园区集中，实现由"通道经济"向"产业经济"转型。截至 2023 年末，中欧班列（渝新欧）累计开行 1.4 万列，货重近 1300 万吨，总货值超 5000 亿元，其中，笔电产品货值超 1800 亿元、汽车整车及零配件货值超 600 亿元，累计带动重庆外贸进出口额近 8000 亿元，撬动汽车、电子信息两个具有国际辨识度的产业集群发展壮大，促进国际运邮、奶粉和药品进口等业态落地发展，铁路口岸周边集聚外向型企业近 4000 家。

中欧班列（渝新欧）保税进口有色金属专列货物进入江津综保区存储分拨见图5-7。

图5-7　中欧班列（渝新欧）保税进口有色金属专列货物进入江津综保区存储分拨

注：中欧班列（渝新欧）保税进口有色金属专列开行，来自欧洲国家的1600吨铝锭进入江津综合保税区存储分拨，相比以往货物运输至上海再分拨至内陆地区，运输费用压缩15%，运输周期缩短10天。

（供图：江津综合保税区管委会）

2. 改革创新：多元协作，提升服务

中欧班列（渝新欧）首创多项改革试点：建立中国、俄罗斯、哈萨克斯坦、德国等国铁路部门以及中国重庆"五国六方"铁路联席会议和跨国海关协调机制；率先研发控温集装箱、海关和铁路共用的"关铁通"电子锁，破解沿途低温和安全难题；开出第一单"铁路提单国际信用证"，首次赋予铁路运单金融属性，减轻企业资金压力；完成首票出口铁路快通出境，实现全新通关模式下的进出口双向贯通；完成中欧班列首笔跨境人民币支付业务；开具中欧班列（渝新欧）首张铁路电子提单，实现区块链赋能物权属性、全流程信息实时追溯、单据信息透明化"三大突破"；重庆铁路口岸成为全国首个国际铁路邮件进口口岸；创新"区港联动、一单多车"监管方式，制定保税仓储"整进分出"方案，压缩运输时间，实现"中欧班列"与"保税监管"无缝衔接。

二　川渝携手兄弟省区共建西部陆海新通道

西部陆海新通道是共建"一带一路"标志性项目，以重庆为运营中心、各西部省区市为关键节点，利用铁路、海运、公路等运输方式，向南经广西、云南等沿海沿边口岸通达世界各地。

（一）建立合作共建机制

2017年9月，西部陆海新通道的前身——渝黔桂新"南向通道"班列在重庆首发。2019年8月，国家发展改革委印发《西部陆海新通道总体规划》，标志着通道建设从地方探索上升为国家战略，并赋予重庆通道物流和运营组织中心的重要职责。2019年10月，西部12省区市、海南省、广东省湛江市在重庆签署《合作共建西部陆海新通道框架协议》，形成"13+1"合作共建机制。2022年7月，湖南省怀化市正式成为西部陆海新通道共建成员之一，形成"13+2"合作共建机制。2023年11月，西部陆海新通道省际协商合作联席会议第三次会议审议通过《高水平共建西部陆海新通道"13+N"省际协同推动实施方案》，合作共建机制进一步拓展。

川渝共建西部陆海新通道成效显著。在公路方面，重庆巴南区与四川天府新区联手打造西部陆海新通道跨境公路班车成渝运输平台，稳定运行川渝至东盟、中亚、欧洲、中东等6条跨境公路运输线路，共享品牌、车辆、服务网络以及境内外的分拨集散点。在水运方面，川渝合资组建重庆川渝港航物流有限公司，以资本联营方式共同发展集装箱航运、港口和航运配套业务，开行重庆—宜宾、重庆—泸州等集装箱公共支线班轮，加大嘉陵江广安港—重庆港集装箱班轮开行密度，共建万州新田港二期工程，加快建设成德绵—南充—达州—万州港、兰西新—广元—达州—万州港、关中—安康（巴中）—达州—万州港三条长江货运出海新通道；川渝共同打造成渝世界级机场群，与广西加强航线航班互联互通，共建面向东盟的国际空中大通道。

进一步看，跨省域"一盘棋"合作共建西部陆海新通道大幅减少了同质化竞争。重庆、广西、贵州、甘肃、新疆、宁夏等地政府指定的大型国有企业和专业物流企业合资组建陆海新通道运营有限公司，作为相关省区市政府共建的陆海新通道的跨区域综合运营平台，并在相关省市成立区域运营平台。四川省港航投资集团与广西北部湾国际港务集团、中国铁路成都局集团共同成立四川省陆海新通道发展公司。上述新设立公司按照"统一品牌、统一规则、统一运作"原则，统筹运营铁海联运班列、跨境铁路班列、跨境公路班车和公海联运班列。同时，政策创新促通道运营质量持续提升，比如，重庆推出"西部陆海新通道海铁多式联运境内铁路运费扣减"政策，复制推广到沿线省区市，为企业节约物流成本。

（二）不断拓展"朋友圈"

截至 2024 年 12 月，西部陆海新通道目的地拓展到 126 个国家和地区的 548 个港口，班列开行总量超 3 万列，货物品类增加至 1100 余种，成为加快内畅外联的开放通道、发展通道、战略通道。

重庆仅近两年就拓展出 100 余条物流新线路，越来越多的共建"一带一路"国家成为西部陆海新通道新晋目的地。比如，2019 年 4 月，西部陆海新通道重庆至印尼专列、印度专列先后首发；2021 年 12 月，中老铁路（成渝-老挝万象）班列首发；2022 年 4 月，中缅印国际联运班列（重庆-仰光-印度洋）首发；2024 年 6 月，西部陆海新通道中老泰马跨境铁路班列双向首发。以老挝为例，以前老挝的产品大多要先运抵泰国、越南等国港口，后经海运抵达我国东部沿海地区，再经长江运至重庆，耗时长，成本高。中老铁路开通后，重庆开行西部陆海新通道中老铁路班列，物流时间缩短 20 多天，成本大幅降低。如今，借助西部陆海新通道，老挝的大米、啤酒、咖啡、木炭以更快捷的方式进入川渝，通达中国市场；中国的汽车、摩托车等产品也借这趟班列远销东南亚。以此为契机，重庆与老挝的交流愈加紧密。2022 年 7 月，老挝代表团来重庆，开展了中国（重庆）-老挝经贸合作交流会、中国进出口商品集散分拨中心（老挝）揭牌、陆海新通道老挝有限公司揭牌等以西部陆海新通道为重点的活动。2023 年

6月，老挝人民革命党中央总书记、国家主席通伦率老挝代表团到重庆考察调研西部陆海新通道建设，在物流、贸易、产业等方面推动务实合作。首班西部陆海新通道中老泰冷链班列（成渝）见图5-8。

图 5-8　首班西部陆海新通道中老泰冷链班列（成渝）
（供图：重庆江津综合保税区管委会）

（三）推进通道经济走廊建设

西部陆海新通道是成渝地区双城经济圈产品、产业走向东盟、走向全球的国际经济走廊。依托这条新通道，东盟成为川渝两省市最大的贸易伙伴，成渝地区双城经济圈协力壮大通道经济，深度融入国际产业分工，推进外贸转型升级。比如，重庆赛力斯集团经西部陆海新通道出口汽车零部件直达印尼工厂，物流时间节约10余天，印尼工厂成功实现本地化整机量产，产品赢得东盟市场青睐，最大年产能提升至5万辆；陕西、新疆煤炭经西部陆海新通道运至重庆等地，保障当地能源安全；泰国金枕榴梿、柬埔寨香蕉、越南巴沙鱼、印尼猫屎咖啡等东盟农产品搭乘西部陆海新通道班列，10天之内即可摆上川渝商超货架，物流成本大幅减少；川渝生鲜农产品通过西部陆海新通道，远销东盟国家。

三　川渝自由贸易试验区协同开放示范区加快建设

中国（四川）自由贸易试验区自2017年获批成立以来，扩大贸易、投资、人才、运输、产业 5 大领域开放，构建高水平制度型开放体系，探索形成 800 余项制度创新成果，在近 4 批国家层面复制推广的改革试点成果中，四川贡献 14 项，在省内有关城市设立 13 家协同改革先行区，加强集成创新、产业协作、平台共建，以不足全省 1/4000 的面积，贡献全省近 1/4 的外商直接投资、1/10 的进出口、1/10 的新设企业，国际影响力、对外开放度、投资竞争力显著增强。

中国（重庆）自由贸易试验区自 2017 年获批成立以来，在全国自贸试验区"雁阵"中发挥西部大开发重要战略支点、"一带一路"和长江经济带联结点作用，围绕制度障碍和市场需求，累计培育重点制度创新成果 148 项，其中 7 项在全国复制推广，89 项在全市复制推广，在市内有关区域设立 25 家重庆自贸联动创新区，推进国际物流枢纽构建、现代化产业集聚、平台功能完善、一流营商环境营造，以全市 1.46% 的面积，贡献全市超 1/10 的新设企业、近 1/2 的实际使用外资、近 2/3 的外贸进出口总额。

在 2021 年的全国两会上，住川渝的全国政协委员联名提交《关于支持 建设川渝自贸试验区协同开放示范区的提案》。《成渝地区双城经济圈建设规划纲要》明确了"建设川渝自由贸易试验区协同开放示范区"的重点任务。2023 年 6 月，川渝两省市政府联合印发《川渝自贸试验区协同开放示范区深化改革创新行动方案（2023~2025 年）》，就高水平推动贸易投资便利化、共同建设高效率国际物流枢纽、共同打造高质量开放型产业体系、联动建设高能级开放平台、高标准打造国际化一流营商环境等五个方面，提出 24 条改革措施。

建设协同开放示范区是国家首次提出的跨省域自贸试验区合作。近年来，川渝自贸试验区协同推进流动型开放和制度型开放，强化目标、领域、产业、政策、机制、时序"六大协同"，在顶层设计、改革创新、开放引领、联动协作等方面取得积极成效，形成"'关银-KEY 通'川渝一体化"监管创新、中欧班列跨省域共商共建共享合作机制、川渝自贸试验区司法协同合作创新、成渝地区双城经济圈一体化税收管理模式、川渝共建多式联运集疏体系、综合保税区设备零配件便捷监管创新、川渝跨境投融资便利化"白名单"互认、跨区域金融风险联防联控机制等8项制度协同创新成果。

川渝自贸试验区法院签署合作协议,建立联席会议机制,围绕跨域立案、调解、庭审、执行等领域深化合作,打造川渝案例共享平台,构建从立案到执行的全流程、跨区域协同机制,联合打造专业化审判品牌,实现执行办案"同城效应""类案同判",共创司法服务示范区,工作经验入选最高人民法院《人民法院服务保障自由贸易试验区建设亮点举措》。进一步看,两院积极整合专业解纷力量,完善"程序有效对接、平台深度融合、工作高效联动、资源互惠共享"的跨域联合调解新模式。两院共享智慧法院建设成果,运用"天府智法院"电子诉讼平台等技术手段开展"云庭审"。两院延伸人民法院执行指挥管理平台事项委托范围,压缩协助期限,加强现场协助,基本实现在2个工作日内办结委托执行案件。

成都高新区综合保税区首创设备零配件便捷出境(区)监管模式,针对随自用设备整机进境未独立申报、需要出境处置的设备零配件,允许试点企业采用不与电子账册备案相关联的方式,以"退运货物"监管方式申报出境,或者依托金关二期海关特殊监管区域管理系统使用"设备检测维修"业务申报表直接申报出区。而后,设备零配件便捷出境(区)监管模式在川渝综合保税区推广,川渝海关共同简化出区手续,缩短出境(区)通关时间,节约企业成本,释放企业仓储空间。

过去,川渝企业申请进入"白名单",由各地银行根据资本项目便利化政策①进行审理,在本省或直辖市范围内生效。在川渝两省市外汇部门推动下,两地银行建立外汇和跨境人民币自律机制,完成资本项目外汇收入支付便利化"白名单"交换共享,实现"白名单"企业跨区互认。便利化政策提升了诚信经营、守法合规企业办理业务的便利性,"白名单"互

---

① 资本项目便利化政策:指符合试点条件的企业将其资本项目外汇收入及结汇所得人民币资金用于境内支付时,无须事前向银行逐笔提供真实性证明材料,业务办理由"先审后付"变为"先付后查",办理时长由1~2小时缩短至不到10分钟。

认则有助于营造"越诚信合规越便利"的良好氛围。

案例 5-7 "关银-KEY 通"① 川渝通办集成化改革项目：促进 成渝地区双城经济圈外贸企业跨境贸易便利化

随着川渝自由贸易试验区协同开放示范区加快发展，区内企业对增加电子口岸入网业务办理点、跨区域办理相关业务等诉求日益增多，在海关总署、建设银行总行指导下，成都海关、重庆海关联合建设银行四川省分行、重庆市分行共同推出"关银-KEY 通"川渝通办集成化改革项目。作为全国海关第一项跨关区自贸试验区协同创新举措，该项目被商务部评为全国自由贸易试验区第五批"最佳实践案例"，被海关总署评为全国海关"我为群众办实事"的"百佳项目"，被国家发展改革委作为成渝地区双城经济圈跨区域协作 18 条经验做法之一面向全国推广。

截至 2023 年末，"关银-KEY 通"川渝通办集成化改革项目已为企业办理业务 2.4 万余次，为异地办理相关业务的企业显著节约业务办理资金成本和时间成本，形成 3 项实践成果：一是实现川渝跨关区就近办，川渝企业可在本地办理"共享盾"，也可根据需要在川渝异地就近办理电子口岸业务；二是实现"海关+银行"跨窗口多点办，川渝共设置 40 个受理点，为新入网企业免费配发"共享盾"，异地办理相关业务的时间压缩 2/3 以上，优化企业手续办理流程；三是实现"政务+金融"跨领域一站办，引入银行协助办理电子口岸卡，"一站式"满足企业"电子口岸入网+线上金融"的综合业务需求。

---

① "关银-KEY 通"：中国电子口岸数据中心与建设银行为进一步便利企业口岸通关而合作开展的创新服务，推出的"共享盾"，采用"一 KEY 双证"技术打造二合一共享介质，同时具备电子口岸卡和建设银行网银盾的功能。用户既可登录中国电子口岸、国际贸易单一窗口等海关渠道，也可登录建设银行网上银行、"跨境 e+"等平台，方便企业办理各项海关业务及电子银行业务。

第4节　成渝地区双城经济圈联手打造内陆改革
开放高地面临的挑战和对策建议

一　成渝地区双城经济圈联手打造内陆改革开放高地面临挑战

（一）成渝地区双城经济圈联手深化改革进入攻坚克难的"深水区"

总的看，区域发展不均衡、毗邻地区合作平台合作尚待深入、产业协同不足、产业体系大而不强、市场体系不健全等问题在成渝地区双城经济圈依然存在，改革进程仍有不少"硬骨头"要啃。川渝受行政管理权限、财税体制不一致等因素影响，加大了区域统筹改革的协调难度。对比京津冀、长三角、粤港澳大湾区等东部发达地区，成渝地区双城经济圈制度型开放仍有提升和完善的空间，比如，川渝内陆开放尚存在政策落地、标准规则、管理体制等瓶颈，多式联运单证标准规则和法律制度还不完善，"一单制"需要系统化和分行业规范，铁路与海运货物类别、安全标准、货品代码、数据标准等还未完全实现协同互认。

（二）川渝内陆开放型经济总量质量亟待进一步提升

当前，世界经济持续低迷，经济全球化遭遇逆流，贸易保护主义、单边主义抬头，国际产业链、供应链向区域化、本土化深刻调整，国际经贸规则更趋碎片化，导致外需下降、贸易投资受阻。从成渝地区双城经济圈全域来看，不少地区面临产业基础薄弱、与中心市场对接程度不足、园区承载力不强、开放型经济总量小、外向型企业实力弱等问题。从重庆和成都"双核"开放型经济质量来看，开放平台还需丰富功能、提高能级、增强引领性，对外贸易主要依赖电子信息、汽车、机电等加工贸易，一般贸易、服务贸易、新兴产业和高新产业的出口需要提升，城市国际影响力与世界名城仍有差距，高水平国际交往平台、国际化生活配套、与国际接轨的涉外服务需要进一步丰富。

（三）对外通道网络建设面临系列风险和挑战

由于川渝部分中小城市外向型产业规模小，货源无法满足中欧班列（成渝）、西部陆海新通道班列的常态化开行要求，出现空载或发运低值货物的问题。部分城市为了通过开行跨境班列拓展境外投资经贸市场，开行班列存在非正常竞争行为。成渝地区双城经济圈综合交通网络布局仍需完善，结构有待优化，互联互通和网络韧性还需增强，部分出渝、出川大通道能力有待提升，规划城际铁路建设需要提速，部分地区综合的交通发展质量、效率和服务水平需要提升。全球经济复苏不如预期，前端的外贸出口压力增大，铁路运输货物正发生结构性变化，货物量增速下滑，消费类产品的出货量减少，汽车及零部件的出货量增多，加大了中小型物流和货代公司获取订单难度。

部分独联体国家、中东欧国家、东盟国家的铁路运输设施较为陈旧，口岸换装作业和通行能力不强，部分西欧国家设施更新进展缓慢，一些沿线国家对过境的中欧班列收取较高运费，加之海运的成本、网络等优势回归，航空物流快速崛起，中欧班列（成渝）和西部陆海新通道班列面临严峻挑战。俄乌冲突延宕，中亚、西亚的地缘政治风险加大，部分沿线国家政局动荡，对国际班列运行产生较大影响。俄罗斯遭遇西方国家多轮制裁，中欧班列通过俄罗斯转道开往欧洲的风险加大。

（四）营商环境亟待"同标同质"式全域优化提升

成渝地区双城经济圈营商环境存在不同区域、不同类型企业、不同要素之间不平衡不充分问题，重庆、成都营商环境的部分指标与国内外发达城市仍有一定差距，比如，据《城市营商环境评估报告（2023）》，成都和重庆分列第13和第14，成渝地区双城经济圈其他城市均未入选"2023营商环境50强城市"。一些中小城市沿用拼政策、拼资源、拼土地等传统招商引资方式，环境、信用、服务等软环境优化尚未形成长效机制，相关领域制度体系与国际接轨尚不充分。中小城市、欠发达地区在教育、医疗、就业、创业等方面的民生改善不足，制约市场主体发展和人才扎根。

二　成渝地区双城经济圈联手打造内陆改革开放高地建议

（一）进一步提升跨境班列的运行质量

成渝地区双城经济圈有关城市要协同提前谋划并行线路，共同开展对沿线铁路公司、货运公司的议价谈判，对定制班列、中亚班列、中欧班列（成渝）欧洲南通道班列等采取补贴缓退坡的灵活方式培育市场，培育成渝—吉尔吉斯斯坦—乌兹别克斯坦—伊朗—土耳其—中东欧（中欧班列南部通道）、东盟—成渝—中亚—欧洲、东盟—成渝—俄罗斯等精品线路，综合施策推进中欧班列（成渝）在本地加密、常态开行，力争川渝综合保税区、自贸试验区协同改革先行区、铁路口岸等所在城市开通"五定班列"①。增强中欧班列（成渝）、西部陆海新通道与长江黄金水道、国际航空网络接驳联系，打造丝路数字班列，共建"通道+枢纽+网络"的现代国际物流体系。应用内外贸同班列和集货集拼集运模式，结合川渝毗邻地区合作共建区域发展功能平台，策划重庆都市圈、成都都市圈、川南渝西、泸永江、万达开等区域联合班列。围绕共建世界级先进制造业集群，策划运营电子信息、汽车、装备制造等成渝地区双城经济圈优势产品定制专列。

（二）进一步融入中欧班列和西部陆海新通道的开放合作网络

成渝地区双城经济圈有关城市要加强与沿海、沿边、沿江节点城市联动协作，完善通道联通、口岸合作、物流运营等常态化协调机制，提升重庆和成都的中欧班列和西部陆海新通道集结中心辐射带动能力。加强与边境口岸在通关协作、铁路装卸作业、班列信息监测等方面的合作。共建共用境内外分拨集散中心、公共仓、海外仓、还箱点以及中东欧、中亚、东盟揽货和分拨配送网络，完善国际多式联运衔接、货物集结分拨、回程货源组织发运等跨境班列的境外营销和集散网络。加强与班列运单到站节点城市及亚欧地区海外仓、境外经贸合作区、"一带一路"合作园区等的联

---

① 五定班列：定点（装车地点）、定线（固定运行线）、定车次、定时（固定到发时间）、定价（运输价格）的快速货物列车。

系合作，提升境外货源的组织、集结、分拨、配送效能，通过扩大回程货源来增加去程班列。利用财政引导资金和平台公司领投资金，联合其他沿线城市的平台公司、物流公司、制造企业，共建自主产权的海外仓。

（三）进一步深化陆港开放型经济改革发展

聚焦打造高质量外资集聚区，成渝地区双城经济圈要协同促进贸易和投资自由化便利化，优化市场化、法治化、国际化营商环境，做好外商权益保护和服务。坚持绿地投资、并购重组等多种方式并重，鼓励欧洲、中东、东盟等企业投向先进制造、新能源、新材料、贸易物流等适铁领域。扩大中欧班列和西部陆海新通道沿线国家和地区招商引资，争取"中国-中东欧16+1合作"、上海合作组织等多双边合作机制下重点项目落地成渝。推进中新、中德、中法、中瑞（士）、中意、中以等国际合作园区（项目）建设，探索飞地经济、供应链合作、贸易畅通等领域创新合作机制。

自贸区、综保区、跨境电商试验区等川渝开放平台要积极开展首创性、差异化探索，大力发展"班列+冷链""班列+跨境电商""班列+保税"等外贸新业态，培育总部贸易、跨境电商、保税维修、保税再制造、平行汽车进出口等外贸新增长点。有关城市要联合打造特色服务贸易基地，共同运行跨境电商集货班列。重庆、成都加快建设国际消费中心，推动境外品牌商品和特色消费品在成渝集散。用好成渝国际友好城市合作机制，推动有关城市、产业园区、市场主体与境外城市和组织建立友好合作，争取开设成渝知名展会地区专区和国别专区，办好"一带一路"科技交流大会、陆海新通道国际合作论坛等品牌活动，申办、创办、联办、参与"一带一路"重要活动，促进内陆开放全要素在成渝集散。延伸发展与跨境班列沿线国家在文化、教育、科技等领域的交流，促进民心相通。

健全川渝自贸区、国家级新区、开发区、高新技术园区、综合保税区、国际合作园区、跨境电商综合试验区等开放平台的有效衔接机制，促进基础设施互通、数据信息共享、产业招商联动、创新成果共用、优惠政策同标，实现错位发展、协同发展。加强川渝自由贸易试验区协同开放示范区建设，接续开展陆上贸易规则、贸易金融、多式联运、数字贸易、竞争政策、公共服务、知识产权等首创性、差异化的内陆改革开放探索，健全适应高水平开放的行政管理体制，完善更加便利、公平的贸易监管体系。

第6章
成渝地区双城经济圈公共服务共建共享
五周年的主要成效、面临的挑战
与高质量发展建议

从打赢人类历史上规模最大的脱贫攻坚战、实现全面小康这个中华民族的千年梦想，到建成世界最大的高速铁路网、高速公路网，再到建成世界上规模最大的教育体系、社会保障体系、医疗卫生体系……波澜壮阔的发展画卷，也是恢宏壮丽的民生答卷。"共享包容，改善民生"是《成渝地区双城经济圈建设规划纲要》的主要原则之一，明确要求"坚持以人民为中心的发展思想，增加优质公共产品和服务供给，持续改善民生福祉，构建多元包容的社会治理格局，让改革发展成果更多更公平惠及人民"。按照"兜住底线、引导预期，统筹资源、促进均等，政府主责、共享发展，完善制度、改革创新"的原则，强化公共服务的共建共享，有利于促进川渝人员、信息等要素加快流动，有效促进公共资源在成渝地区双城经济圈各级各类城市间、城乡间合理配置，优化城市规模结构和功能布局，建设高品质生活宜居地，提高人民群众的获得感、幸福感、安全感。

第1节　公共服务共建共享视域下的2024年成渝地区双城经济圈民生保障和改善示范城市效能述评

成都市金牛区开展统筹优化公共服务设施规划布局和有效供给试点，

绘制"公共服务地图"，以图定量、以员定需、以规定供，并梳理多源数据，统一期初人口数据口径，汇总各街道"微网实格"人口数据，抓住土地供应、住房供给、拆迁改造、产业布局等关键因素，建立人口预测模型。同时，金牛区以 13 个街道行政管理边界为基础，以 15 分钟步行距离为服务半径，统筹考虑人口规模、行政管理、地物界线、规划管理、服务半径等因素，调整划定 17 个公共服务片区单元，确保每个片区单元服务人口控制在 5 万~10 万人，使公共服务供给与人口分布高度匹配。在全面准确掌握人口趋势、市民需求、服务短板等数据基础上，金牛区分行业制订公共服务设施建设计划，针对性推动规划布局再优化、服务供给再精准、资源配置再统筹，构建优质均衡、高效便捷的 15 分钟公共服务圈。

成都市双流区实施幸福美好生活十大工程[①]，成立以区委区政府主要领导为组长的领导小组，下设 10 个专项推进组，滚动发布《民生项目机会清单》，形成政企共建机制。双流区建立"市民观察＋专业观察＋网格观察"等监督机制，有效发挥公众、市场主体和专业机构的作用。2023 年以来，双流区实施民生实事项目人大代表票决制，构建"党委领导、人大主导、政府实施、群众参与"的兴办民生实事工作机制，区政府在广泛征求民意基础上提出民生实事候选项目，经区人代会以代表投票表决方式确定正式项目后再实施，并接受区人大及常委会、区人大代表和群众的监督。2021~2023 年，双流区连续三年入选"中国最具幸福感城区"。

近年来，重庆市江北区坚持惠民安民示范，建立从分管区领导到具体经办人的民生实事工作专班，做到"一事一案""挂图作战""打表推进"，民生支出占一般公共预算的比重保持在 80% 以上。2023 年，江北区建成小微停车位 1765 个，完成年度目标的 353%；新（改）建 7 个社区养

---

① 双流区"幸福美好生活十大工程"：居民收入水平提升工程、高品质公共服务倍增工程、生活成本竞争力提升工程、城市通勤效率提升工程、城市更新和老旧小区改造提升工程、生态惠民示范工程、稳定公平可及营商环境建设工程、青年创新创业就业筑梦工程、智慧韧性安全城市建设工程、全龄友好包容社会营建工程。

老服务站，建成老年社区食堂 29 个，通过"中心带站"①"党建引领+养老助餐""餐饮企业+养老助餐"等模式推广养老助餐服务，累计为 62 万余人次老年人提供服务，试点经验获全国推广。江北区建成集人才招聘、职业指导、政策咨询、权益保障等的一站式服务的公共就业服务数字平台，2023 年，全区城镇新增就业 5.5 万人，完成市级考核任务的 128%，获批创建全国公共就业创业服务示范城市。

重庆市巴南区"五个全覆盖"②打造养老服务体系，巩固全国养老服务业综合改革试点成果，形成 15 分钟养老服务圈。巴南区利用镇级养老服务中心的护工、医疗、文娱、社工、志愿者等团队，服务下沉，补齐村级养老互助点功能短板。巴南区从"如厕洗澡安全、室内行走便利、居家环境改善、智能监测跟进、辅助器具适配"五个方面，加快特殊困难老年人家庭适老化改造，60 周岁及以上特困人员家庭适老化改造率达 100%。巴南区对农村敬老院实施公办民营整合托管，打造集"医养结合、康体休闲、心理疏导、临终关怀"于一体的兜底保障养老服务模式。巴南区依托重庆市智慧养老云平台，汇集整理老年人口、计划生育特殊家庭、残疾老年人等基础数据，建立区级特殊困难老年人信息库，通过政府购买服务、党员干部结对联系等方式，开展特殊困难老年人探访关爱服务。

以"品位锦江·幸福城区"为战略目标，成都市锦江区制订做优城市基本公共服务功能工作方案，构建党建引领的"微网格"基层治理机制，整合社区力量、吸纳热心市民、统筹社会资源，组建 1.5 万余人的微网格员队伍，建立社区总网格、一般网格、微网格和专属网格"3+1"体系。锦江区建设青年发展型城区，建成以"一平台五中心"③为特色的人才综合服务体系，按照"政府引领搭台、青年需求牵引、企业资源联营"工作

---

① "中心带站"：利用示范社区养老服务中心的资源，补齐社区养老服务站点的短板。

② 五个全覆盖：农村养老服务设施全覆盖、困难老年人家庭适老化改造全覆盖、敬老院社会化运营全覆盖、困难老年人探访关爱全覆盖、养老护理技能培训全覆盖。

③ 一平台五中心："一平台"为锦江人才大数据平台，"五中心"为"一站式"人才服务中心、大学生就业服务中心、企业人力资源服务中心、创新创业孵化中心、科技成果转化中心。

模式，打造青年社区空间，以趣缘、业缘、地缘为纽带，将街道便民服务中心嵌入青年社区空间，集成提供民政、住房保障、法律咨询等便民服务，组建亲子活动、户外活动等社群，提供交友联谊、社区治理、城市融入等服务，促进广大青年选择锦江、拼在锦江、成就在锦江。

作为成都主城区之一，青羊区老旧小区多达 1034 个，占全市老旧小区总量的近 15%。青羊区按照"区级主导、行业支持、街道主体、社区动员、居民参与"模式，坚持"整体规划设计、分批推动实施"，统筹成片的老旧小区及周边街区，通过完善公共服务、功能转换提升、剩余空间利用、推广物业服务等多种方式，推进安全健康、设施完善、生活宜居、管理有序的完整居住社区建设。"生活嘉悦读"研学活动挖掘青羊区本地文化，以博物馆、科技馆、主题展览、历史建筑、文化遗产、红色教育基地等作为研学营地。青羊区文化馆打造的"方寸间"市民共享艺术空间，从一个供文化馆学员休息的区域，被改造为可供市民展示自己作品的新型文化空间。"青羊非遗少年行"把非遗传承传播与文化旅游深度融合，让少年儿童在行走中了解、学习和体验非遗。

近 5 年来，成都市武侯区打造"信托制"物业模式，将信托理念植入小区治理：用物业费、公共收益等设立全体业主的共有基金，将原来小区居民与物业企业双方的物业服务买卖关系，转变为业主大会为委托人、物业企业为受托人、全体业主为受益人的三方信义关系。为保障业主财产权益，全体业主的共有基金包括物业费、停车费、广告费等小区收入，物业公司按照约定比例从基金中提取酬金及相关支出。为保障业主自主决定权，信托制物业在实行共有基金"双密码"账户管理基础上，上线信托物业信息平台，推行开放预算，每名业主可随时查看每笔收支账目、财务凭证，由此倒逼物业公司依约做事、明白用钱。2024 年 4 月，该项做法入选全国 104 个"枫桥式工作法"典型案例，同时被收入"枫桥经验"陈列馆。武侯区在社区保障资金、社区基金会、社区社会企业等应用场景构建信义治理模式，实现"小事不出网格、大事不出社区、难事不出街道"。

成都市郫都区构建以社区居家养老为主导、机构养老为支撑的嵌入式养老服务体系，引导社区养老服务机构向集日间照料、康复护理、老年课堂、膳食供应等服务于一体的综合服务机构转型，城、乡社区养老服务设施覆盖率分别达100%和80%，获评全国第四批智慧健康养老示范基地。郫都区聚力校园安全、师德师风、学位攻坚、质量提升、廉洁校园"五个建设年"重点工作，实施"优教郫都"五年学位攻坚计划，与驻区高校、市域名校共建科创班、文创班、教学点，引进优质民办学校，实施新入职教师"菁苗"计划、青年骨干教师"菁锐"计划、名特优教师"菁卓"计划、高层次领军教师"菁英"计划，构建大中小学贯通式思政一体化培养模式，推进"做充满生命色彩的德育"实践，人民群众教育满意度明显提升。

成都市新都区推进"一心三区"①建设，以拼经济、搞建设的高质量发展来保障民生，圆满完成省市区确定的民生实事项目，民生支出占一般公共预算支出比重近80%。新都区通过科学规划布局、推进重点项目建设、打造医院特色专科、建设智慧医院等方式，以及完善医共体组织管理模式、运行机制和激励机制，构建优质高效的整合型医疗卫生服务体系。新都区实施城中村攻坚改造行动，建立项目全周期管理体系，深化"指挥部+公司"机制，以"战区制"推进地块拆迁、城市合伙人招引等工作，实现城中村与周边区域的无缝对接和融合发展。

四川省宜宾市以"物质富足、精神富有、更加可感可及"为导向，出台《关于做好新时代民生工作的实施意见》等政策文件，每年召开民生工作大会，实施"宜美家园·共同创造"十大惠民行动②，建立民生实事公

---

① 一心三区："一心"即成都都市圈北部中心总体定位；"三区"即智能制造先行区、成北消费活力区、天府粮仓精品区三大核心功能。

② "宜美家园·共同创造"十大惠民行动：实施"宜幼善育"行动，提高生育服务水平；实施"宜学优教"行动，推动基础教育增量提质；实施"宜岗兴业"行动，促进充分就业；实施"宜人健康"行动，优化医疗健康服务供给；实施"宜养天年"行动，提升养老服务质量；实施"宜居和美"行动，营造和美人居环境；实施"宜有众扶"行动，加大扶弱助困力度；实施"宜路畅通"行动，改善交通出行体验；实施"宜文惠民"行动，丰富精神文化生活；实施"宜享平安"行动，筑牢食药安全防线。

开征集、群众票选、代表委员票决机制，引导各类资本参与民生事业。宜宾市实施优化学校布局和建设三年行动，开展德育铸魂、智育固本、体育强身、美育熏陶、劳育历练五大行动，深化教育评价改革，强化特色品牌学校创建，建立以教研组为主的教师管理体系，教育资源配置更加均衡。宜宾市出台《"一刻钟"就业圈建设实施方案》，在就业人群密集的高校、商圈、园区等地，打造"宜就业"驿站。宜宾采取市县共建、部门挂联、点面结合、全域覆盖形式，在1万人以上的宜宾籍农民工就业集中地设立服务中心，为农民工提供稳定就业、回引创业、素质提升、维权救助、家庭关爱、政策宣传等服务。宜宾市印发《基本养老服务清单》，制定"兜底版""普惠版""个性版"三档标准，成立县级养老服务中心，推进农村敬老院"县级直管"，开办社区食堂，建设老年友好型社会。

案例6-1　重庆市九龙坡区：做好民生答卷，
绣出大城精治新图景

民生改善，没有最好，只有更好。2024年4月22日，习近平总书记在重庆考察看望九龙坡区谢家湾街道民主村社区居民时强调，中国式现代化，民生为大，中国共产党要做的事情就是让老百姓过上更加幸福的生活。进一步看，民主村社区曾是"老破小"社区，如今通过"留、改、拆、增"微改造、巧利用，既保留历史记忆和特色风貌，又解决房屋老旧、交通拥堵、停车不便、配套缺失等实际问题。道路宽敞亮堂，广场新潮别致，改造后的民主村社区以"高颜值"吸引众多游客前来打卡。

作为老工业基地，九龙坡区厂城一体、城村交织，"三线建设"以来累计形成的2588万平方米老旧小区、厂区、街区、商业区，亟须改造提升。近年来，九龙坡区围绕"提能提级高质量发展、宜居宜业高品质生活、精准精细高效能治理、优先优质高水平保护"的总体思路，抓住全国首批城市更新试点机遇，实施老旧商圈系统化、老旧小区多元化、老旧厂区文旅化、老旧街区艺术化的"四老四化"更新改造，截至 2024 年 7 月，已完成 931.6 万平方米的城市更新改造，初步形成系统化、规模化、清单化的全域更新格局。改造后的民主村社区见图 6-1。

图 6-1　改造后的民主村社区

注：民主村社区建于 20 世纪 50~90 年代，现存建筑 55 栋。2022 年初，民主村社区启动更新项目，改造建筑 11 万平方米，拆除危房 4.3 万平方米，提升配套环境 9 万平方米。同时，聚焦"一老一小"等重点群体需求，社区开展网格化治理，为居民提供精细化服务。

（供图：央广网）

为更好满足群众多元化安居需求，促进房地产市场平稳健康发展，九龙坡区在重庆率先推出房票制度。在拆迁工作中选择货币补偿安置并已领取货币补偿款的被拆迁人，自愿签订《房票购房协议》后，在规定时间内持《房票购房协议》购买房票房源中新建商品房（含住宅、车库、商业用房等）或区管国企房源的，可享受房票补助。

九龙坡区围绕"办好人民满意的教育、建好新时代教育强区"目标，构建"党政主体、教委主抓、学校主动"的三级责任体系，出台《优质教育布局规划建设项目三年行动计划》等政策文件，做实高位统筹一体化、办学条件标准化、教师队伍专业化、育人质量优质化、教育关爱人文化，与中国教育科学研究院共建全国首个教育强国实验区，围绕"五育示范校、五育特长生"培养，实施"一校一品"办学工程，开展铸魂、青蓝、萃英、领雁、强基教师培养"五项工程"，有效解决大校额、大班额及薄弱学校改造提升问题，获评全国义务教育优质均衡发展区。

第2节　成渝地区双城经济圈公共服务共建共享的主要成效

一　川渝携手推进基本公共服务便捷化标准化

2021年1月，川渝两省市政府办公厅共同印发《成渝地区双城经济圈便捷生活行动方案》，提出2021年的任务是实施交通通信、户口迁移、就业社保、教育文化、医疗卫生、住房保障六大便捷生活行动，包括16类公共服务事项，并同步建立便捷生活事项清单化管理制度和更新机制。

2022年1月，川渝两省市政府办公厅共同发布《成渝地区双城经济圈便捷生活行动事项（第二批）》，提出2022年的任务是实施交通通信、身份认证、就业社保、教育文化、医疗健康、住房保障、"一卡通"、应急救援八大便捷生活行动，包括27类公共服务事项。相较于首批便捷生活行动事项，第二批增加了"一卡通"、应急救援两个领域，且将"医疗卫生"调整为"医疗健康"。在正式发文之前，川渝两省市发展改革委对第二批便捷生活行动事项进行了网上公开征求意见。可以说，第二批便捷生活事项进一步满足了两地群众最急迫的共性公共服务需求。

两批成渝地区双城经济圈便捷生活行动事项实施后，初步完成《成渝地区双城经济圈便捷生活行动方案》提出的发展目标：基本建立川渝标准统一、相互衔接的公共服务政策体系，实现优质公共服务资源总量不断增加、效能不断提升，便民事项不断拓展，供需对接更加精准，人民群众获得公共服务更加高效便捷。

2024 年 2 月，川渝两省市办公厅联合印发《推进川渝公共服务一体化深化便捷生活行动事项（2024 年版）》，提出交通通信、户籍出入境管理、就业社保、教育文化、医疗卫生、养老助残、住房保障、应急救援、信用评估、畅游巴蜀 10 个领域，包括 39 项重点事项。相较于前两批便捷生活行动事项，2024 年版的实施区域从成渝地区双城经济圈扩展到川渝全域；重点领域扩展到 10 个，户籍出入境管理、养老助残、信用评估、畅游巴蜀为新增领域或者在原来领域基础上的扩展。进一步看，在三批便捷生活行动事项的推动下，川渝公共服务共建共享靶向精准、成效显著。

2024 年 9 月 26 日，重庆市六届人大常委会第十一次会议表决通过《重庆市社会保障卡一卡通条例》。9 月 29 日，四川省十四届人大常委会第十五次会议第二次全体会议表决通过《四川省社会保障卡一卡通条例》。作为川渝又一协同立法项目，两部条例于 2025 年 1 月 1 日起同步施行。两部条例明确，有关部门不再发放功能重复或者类似的民生服务卡、证、电子二维码，针对已经发放的，逐步将功能融合至社保卡，实现多卡并用，由群众自行选择使用，减少政府公共服务管理重复投资，解决卡证存放使用不便、资源浪费等问题。目前，川渝在人社领域的服务项目基本实现互通，医保结算功能在全部三级医院和大部分二级医院实现互通，两部条例进一步促进了以社会保障卡为载体，在社会保障、医疗卫生、交通出行、旅游观光、文化体验、金融服务等领域实现一卡通用和互认互通。

二　川渝教育协同合作持续深化

成渝地区双城经济圈教育协同发展被纳入国家教育"十四五"发展规划和川渝两省市的教育"十四五"发展规划。近 5 年来，川渝两省市政府签订《推动成渝地区双城经济圈教育协同发展框架协议》等多份合作协议，建立联席会议制度，成立 15 个专项工作组，联合印发《成渝地区双城经济圈教育协同发展行动计划》《深化现代职业教育体系改革服务成渝地区双城经济圈建设实施方案》等政策文件，探索跨区域的教育协同发展体制机制。

（一）拓展教育协同发展内涵

一是推动义务教育优质均衡。川渝两省市教育部门共同布局建设成渝地区城乡义务教育一体化发展试验区 10 个、培育试验区 9 个①，在课程资源共享、教研科研共推、研学基地共用、督导评估共施等方面先行先试。川渝推动流动人口随迁子女在入学、编班、资助等方面享受同城化待遇，将常住人口全部纳入教育发展规划和财政保障范围，累计服务随迁子女接受义务教育 25.8 万余人。采取跨校竞聘、集团化办学、对口支援、组建名师工作室等多种形式，促进川渝教师交流轮岗，并通过职称评审倾斜、完善岗位结构比例等措施予以激励。2023 年，四川省交流教师 27584 人，重庆市交流教师 17513 人。

二是推动高等教育协同创新。锚定国家新时代振兴中西部高等教育先行示范区，川渝共同实施高等教育综合改革试点战略工程，采取"高校试点+政府支持"模式，推动四川大学、电子科技大学、重庆大学在学科结对共建、拔尖创新人才联合培养等方面先行先试。川渝教育部门共建成渝卓越工程师创新研究院，依托"高校+实验室+企业"模式，打造集工程技术人才培养、科研攻关、成果转化、创新创业于一体的高技能人才平台。川渝高校、科研院所及企业组建产学研联合体，联合开展关键技术攻关。

三是推动职教体系深度融合。川渝职业院校等有关机构发起成渝地区双城经济圈职业教育协同发展联盟、财经职业教育联盟、成渝地区平急一体化产教联合体等职教合作平台 76 个，构建成渝地区双城经济圈职业教育

---

① 成渝地区城乡义务教育一体化发展试验区包括重庆的荣昌区、永川区、合川区、潼南区和四川的成都市青羊区、遂宁市安居区、资阳市安岳县、广安市武胜县、泸州市江阳区、内江市隆昌市。成渝地区城乡义务教育一体化发展培育试验区包括重庆的梁平区、大足区、秀山县和四川的成都东部新区、成都市温江区、成都市彭州市、泸州市合江县、广安市邻水县、自贡市荣县。

专项项目发布、财经类院校合作交流等职教协同机制。67 家川渝职业院校、商协会、企业参与共建陆海新通道职业教育国际合作联盟，打造熊猫工坊"职教出海"品牌。开展"广职融圈"行动，广安职业技术学院分别与重庆工业职业技术学院、重庆电子工程职业学院、重庆建筑工程职业学院、重庆化工职业学院、重庆三峡医药高等专科学校签署合作协议，在学生交换、学分互认、教师共培等方面开展交流合作。

（二）推进"校城企"融合

一是强化校校"融智"。川渝联合成立 29 个高校联盟，促进校与校之间设施共用、设备共享、教师互聘、课程互选、学分互认、科研互助。比如，四川的 12 所高校和重庆的 8 所高校联合发起成渝地区双城经济圈高校联盟；成渝地区双城经济圈职业教育协同发展联盟覆盖川渝 600 余所职业院校，2022~2024 年合作开展活动近 200 次，互派干部、师资近 1000 人次，共建课程、教材等专业资源超过 1000 个，联合培养人才 2 万余人。

二是强化校企"融创"。截至 2024 年 9 月，川渝教育、经信、财政、科技等多部门创设一系列校企合作"双激励"机制，分批打造 200 余个省级产教融合示范项目，建设省市级现代产业学院 186 个、国家级职业教育示范性虚拟仿真实训基地 8 个、国家级高水平专业群 12 个、优势特色专业（群）25 个、实践实训基地 128 个，开展生产、咨询、技术服务 1263 项，实现成果转化 265 项，带动产值 34 亿元。

三是强化校城"融合"。川渝教育部门选取产业基础较好、职教资源集聚的成都市、宜宾市、永川区、两江新区等开展产教融合试点，推进以城市为节点、行业为支点、企业为重点的校城融合改革实践。比如，宜宾坚持"城市围绕大学建、产业依托教育兴"，实现高校数量、在校大学生数量、高新技术企业数量均较 2019 年增长 5 倍，科技创新能力跃升至四川市州第三；永川区印发《西部职教基地产教联合体建设实施方案》，建设市级现代产业学院 6 个、现场工程师学院 2 个、校企共建"校中厂""厂中校" 2 个，对接重庆重点产业培养的学生占比达 85% 以上。

三 川渝共建"成渝健康圈"取得突破性进展

川渝的医疗卫生资源较为丰富，拥有四川大学华西医院、重庆医科大学附属医院等高水平医疗机构，基层公共卫生体系完善，卫生健康一体化拥有较好的基础条件。近5年来，川渝两省市卫生健康部门签署《川渝卫生健康一体化发展合作协议（2020~2025年)》《川渝中医药一体化发展合作协议》《川渝基层卫生交流合作协议》《川渝妇幼健康交流合作协议》《川渝疾病预防控制一体化发展合作协议》等多份合作协议，在健全工作机制、医疗卫生服务、健康惠民服务、医疗科技创新、毗邻地区基层卫生协同发展等领域深入合作，川渝群众看病就医渠道进一步畅通，医疗服务水平和公共卫生保障能力进一步提升，卫生健康服务的获得感和满意度显著增强。

（一）医疗服务合作持续深化

近5年来，川渝有关医疗机构组建眼科、神经外科、疼痛科、皮肤科等近百个专科联盟，推进优质医疗卫生资源共享。例如，西南眼科专科联盟依托重庆医科大学附属第一医院眼科成立，成员涵盖川、渝、云、贵、藏五个省区市的92家单位；西南中西医结合皮肤专科联盟涵盖渝、川、云、贵四个省市的195家医疗单位，对于联盟成员单位接收到的疑难病例，联盟专家提供远程会诊支持，联盟三甲医院帮助成员单位培养专业人才；成都市第二人民医院发起成立的皮肤专科联盟，成员单位包括成渝地区双城经济圈的50多家医疗机构，通过开展线上线下学术交流和人才培训，提升成员单位皮肤科医教研水平及服务能力。

川渝广泛开展知名医疗机构和地方政府之间、医疗机构之间的交流合作，推进区域医疗协同服务。例如，遂宁市中心医院与潼南区人民医院、潼南区中医院共同成立10个专科联盟，建立联盟成员之间的双向转诊绿色通道，潼南区人民医院和潼南区中医院相应专科纳入遂宁市中心医院胸痛中心、卒中中心、急救中心协作管理；重庆医科大学与宜宾市第一人民医院合作，后者成为前者非直管附属医院，双方在技术指导、人才培养、专家派遣、远程医疗、双向转诊、科研教学等方面开展合作；重庆医科大学附属第二医院在巫山县、奉节县、秀山县、彭水县、邻水县以建立分院的形式组建医联体集团，开展远程会诊、影像诊断、双向转诊、教学交流、知识共享等合作。

（二）川渝妇幼健康服务协作深入推进

近5年来，川渝两省市卫生健康部门签署妇幼健康合作协议，在专家库建立、标准规范协同、资源共建共享、母婴安全保障、人才培养等领域联动协作。随即，川渝妇幼保健机构合作实现"加速度"，比如，《国家卫生健康委关于设置国家儿童区域医疗中心的通知》（国卫医函〔2020〕343号）提出，在西南区域以重庆医科大学附属儿童医院为主体，联合四川大学华西第二医院设置国家儿童区域医疗中心；四川省妇幼保健院与重庆市妇幼保健院签署合作协议，在医院管理、医疗保健、科研教学、人才培养、公共卫生等方面开展合作；重庆医科大学附属儿童医院与广安市广安区妇女儿童医院建立学术主任团队技术指导合作，前者派遣专家团队定期赴后者开展查房、坐诊、疑难危重病例处置、专科医师培养等工作。

案例6-2　成渝地区双城经济圈建设卫生健康一体化发展优秀案例：引领川渝共建"成渝健康圈"

为总结宣传川渝两省市卫生健康系统推动成渝地区双城经济圈建设卫生健康一体化发展的好经验、好做法，激励和引导突破性、引领性、可推广性的典型经验，川渝两省市卫生健康委组织开展了成渝地区双城经济圈卫生健康一体化发展优秀案例评选活动，于2024年4月发布优秀案例。

四川省人民医院、重庆市人民医院发起，联合两院医联体单位及自愿加入的医疗机构，共同组建川渝采购联盟，对非集中带量采购的医用耗材、体外诊断试剂和医疗设备开展集体议价，实现以量换价，降低采购成本，提高采购效率，防范廉洁风险，减轻川渝群众就医负担。

2021 年 7 月，川渝电子健康卡互联互通功能启动，无论是在四川还是在重庆申领的电子健康卡，都可以在异地医疗机构实现"扫码就医""一码通用"，有效解决了传统就医模式下一院一卡、重复发卡、多卡并存互不通用等问题。截至 2024 年 3 月，川渝共 1857 家医疗机构实现电子健康卡"扫码互认"，其中，重庆市 997 家（二级及以上 138 家）医疗机构可识别四川电子健康卡，四川 860 家（二级及以上 531 家）机构可识别重庆电子健康卡，累计跨省使用 100 万余次。

川渝两省市卫生健康部门联合印发《统筹川渝跨界毗邻地区 120 应急救援服务范围实施方案》，建设成渝双城急救圈，成立复苏联盟、中毒联盟、教学联盟、急危重症临床研究转化联盟，通过建立统筹协调机制、强化基层基础建设、加强信息化管理、推进同质化质控等措施，完善跨行政区院前急救网络布局，实现毗邻地区 120 院前急救一体化服务。

宜宾市人民政府与重庆医科大学附属儿童医院合作，依托宜宾市第一人民医院共建重庆医科大学附属儿童医院宜宾医院，打造国家儿童区域医疗中心。该医院是按照"三甲标准"设立的市级公立非营利性儿童医院，集医疗、预防、教学和科研于一体，独立参与三级公立医院绩效考核。

川渝两省市血液中心签署《采供血协同发展合作协议》，建成全国首个跨区域共建共享献血屋——高竹新区献血屋，共同实施成渝采供血信息系统互联互通项目，广安市获批跨省域血液调剂备案制试点，建立常态化血液调剂联动机制，川渝血液资源互为补充、关键设施互为备份，缓解区域性、季节性、偏型性血液保障难题。2023 年，川渝血液调剂总量达到 171.6 万毫升，较 2020 年增长 20.6%。

重庆市万州区、开州区和四川省达州市三地卫生健康部门签订

《120 应急救援协同发展合作协议》《万达开毗邻区域 120 院前急救联动服务协议》《万达开川渝统筹发展示范区医疗卫生人才发展联盟协议》等合作协议，联合印发《万达开统筹发展示范区建立医疗质量控制体系实施方案》，成立 12 个涵盖万达开龙头医院国家级、省级临床重点专科的区域医疗质量控制中心，发起万达开云药学专科联盟、三峡神经内科专科联盟、肾病学科联盟等区域医疗专科联盟，在万达开二级及以上医疗机构开展 112 项检查检验结果互认，促进三地医疗服务一体化、规范化、同质化发展。

重庆黔江区地处渝、鄂、湘、黔四省市交界处，是渝东南唯一纳入《成渝地区双城经济圈建设规划纲要》的区县。四川大学华西医院和黔江区区政府共同成立以双方主要领导为组长的战略合作推进工作领导小组，并设置工作专班，建立联席会议机制，定期研究合作重大事项，助推黔江区打造市级区域医疗中心。同时，黔江中心医院挂牌"四川大学华西医院网络联盟医院"，以黔江区政府名义聘任华西医院专家作为黔江中心医院学术院长、学科主任、管理顾问，华西医院从学科建设、人才培养、医院管理等方面赋能，帮助黔江中心医院建成渝东南患者最终目的地医院和重大疾病兜底医院。

作为国家癌症区域医疗中心委市共建单位、国家区域中医（肿瘤）诊疗中心建设单位，重庆大学附属肿瘤医院与广安市邻水县和岳池县、达州市渠县等地政府签署合作协议，动员社会团体、企事业单位、居民参与肿瘤科普宣传、预防筛查、早诊早治。重庆大学附属肿瘤医院与广安区人民医院、大竹县人民医院、开江县人民医院、通川区人民医院、宜宾市第一人民医院、都江堰市人民医院等建立肿瘤防治合作，实施专家"组团式"驻点帮扶。

2021 年 5 月，重庆市中医院与成都中医药大学获批共建感染性疾病中西医结合诊治重庆市重点实验室，旨在融合感染性疾病诊疗及研究优势资源，提升川渝感染性疾病中西医结合科技攻关和成果转化水平。目前，该实验室形成由"全国著名专家+学术带头人+学术骨干"组成的集传染病、临床诊断、中医临床、现代生物学等多学科研究团队，产出多项成果。

（三）川渝中医药合作进一步深化

近5年来，川渝两省市中医药管理部门签署合作协议，在打造川渝毗邻地区中医医疗集群、实施中医药人才培养工程、建设川渝中医药科技创新高地等领域取得合作实效。川渝有关机构发起成渝地区双城经济圈中医药发展联盟、秦巴山·万达开中医药发展联盟、成渝地区双城经济圈道地药材产业高质量发展联盟、泛乌蒙山中医药传承创新发展联盟等合作平台和10余个中医专科联盟，带动中医医疗机构、科研院所、中药企业打造产学研用协同合作网络。重庆市中药研究院与四川省内江市、重庆市荣昌区和大足区共建东兴-荣昌-大足中医药大健康产业川渝合作示范区，打造以中药材种植加工为重点、药食两用品种为特色、中药商贸康养为延伸的现代中医药大健康产业体系。重庆市中药研究院与四川省中医药科学院共建川渝中医药大健康产业科技创新中心，获批首批川渝共建重点实验室（中药新药创制）。

四　川渝养老服务加快双向开放和共建共享

截至2023年末，川、渝两省市60岁及以上老年人口占比分别是21.7%和24.0%，面临老年人口总量大、老龄化加速快、高龄化程度深等突出问题。近5年来，川渝两省市民政、人社部门签署《川渝养老工作协同发展合作协议》《川渝养老保险政策协同协议》等合作协议，共同印发《川渝两地养老机构设立备案办事指南》《成渝地区双城经济圈养老服务协同发展专项工作方案》《养老服务补贴异地结算实施办法》等政策文件，联合举办川渝养老服务发展工作对接会、川渝养老产业协同发展交流会等活动，加强养老信息平台互联互通，研究制定居家养老、机构养老、医养融合等通用服务标准，共建共用毗邻地区养老服务设施，推动川渝养老机构设立备案线上"全网通办"、线下"异地可办"，协同构建覆盖城乡、布局合理的共享型养老服务网络。四川、重庆、贵州、广东、湖南、陕西等省市民政部门陆续签署《川渝黔三省养老服务协同发展合作框架协议》《西部养老服务协同合作发展宣言》《旅居养老合作框架协议》，推动养老服务政策衔接、标准共制、监管协同、资质互认。

川渝地方政府、养老机构、教育机构等的交流合作持续推进。比如，重庆市万州区、开州区与四川省达州市三地民政部门签署合作协议，搭建养老服务合作平台，提高养老服务供需匹配效率；重庆市渝北区与四川省广安市、巴中市、广元市、华蓥市四地民政部门合作，探索异地养老、智慧养老等新模式；重庆市第三社会福利院与成都市第二社会福利院等12家单位"结对"，在旅居养老、资源共享、人才培养、医养结合互助等方面开展合作；重庆龙湖、汇橙、凯尔，四川圣桦、成都寿而康等养老企业实现跨区域运营养老服务设施；四川城市职业学院、重庆城市管理职业学院牵头组建成渝地区双城经济圈智慧健康养老职教集团，吸纳相关职业院校和企事业单位参与，共同编制养老服务人才培训教材，实现养老服务专业人员技能评价互认、职业技能竞赛合作、人才培养平台共享。

川渝共同推广电子化模式，养老保险关系实现便捷快转：一是两地人社部门试点取消川渝间养老保险关系转移纸质表单邮寄传递，两地城镇企业职工养老保险关系转移均可网上办理；二是两地在全国率先实行城乡居民基本养老保险关系转移资金定期结算，推动转移业务经办"纵向贯通、横向联动、多跨协同"，相关经验做法获人社部全国推广。

五 川渝初步建成应急管理体系"一张网"

（一）川渝应急管理部门加强合作

近5年来，川渝各级应急管理部门在政策规划、信息通报、预案措施、资源共享、联合指挥等方面建立了一系列合作机制。比如，川渝两省市应急管理部门签署救灾物资协同保障协议，在灾情互联互通、物资储备共享、物资保障联动三方面建立合作机制；四川、重庆、贵州、云南、西藏、陕西、甘肃、青海8个省区市应急管理厅（局）签署《应急联动工作备忘录》，在工作互联、预案互补、能力共建、信息互通、力量互援、救援互动等方面加强合作；四川省泸州市、内江市、宜宾市、自贡市，重庆市永川区、荣昌区、江津区，贵州省毕节市、遵义市，云南省昭通市等川渝滇黔10市（区）有关部门共同签署区域应急管理合作协议，建立联席会议、信息通报、应急联动响应、资源共享保障等协作机制；川渝生态环境、水利、应急管理等部门联合开展长江流域地质灾害调查、勘察与评估工作，加强汛期长江、嘉陵江流域的雨情、水情预警及风险处置。

（二）川渝共筑防灾减灾"三道防线"

近5年来，川渝合作构建防灾减灾"三道防线"。气象预报是第一道防线，川渝两省市气象部门签署合作协议，实时共享雨情、雨量等气象信息，如遭遇强降雨天气，两地气象部门首席预报员随时发起会商，共同研判气象走向。水旱灾害防御是第二道防线，川渝两省市水利部门签订《成渝地区双城经济圈水利合作备忘录》《成渝地区双城经济圈水旱灾害防御信息共享和通报制度备忘录》，深化川渝跨界河流水事协作，跨省市河流干支流上的大中型水库（水电站）全部纳入川渝洪水联合调度范围。应急救援是第三道防线，川渝两省市应急管理部门签订救灾物资协同保障协议，实现双方灾情信息互通、物资储备共享、物资保障联动。

"三道防线"建立后，川渝应急联动步入常态。比如，2021年4月，重庆气象共享平台上线，重庆防汛抗旱成员单位可实时了解四川雨情、水情，增强预测预报精准性；2021年9月，泸州市泸县发生6.0级地震，重庆紧急向泸县发运1.2万件（套）救灾物资；2022年6月，雅安市芦山县地震发生后，国家隧道应急救援中交建重庆队参与现场救援；2022年8月，重庆山火肆虐，四川森林消防总队派出229名指战员增援山火扑灭工作。

（三）川渝联动开展应急演练

近5年来，川渝应急演练合作持续开展。例如，2020年6月，綦江区安全生产委员会、中国移动重庆公司、中国移动（成都）产业研究院、重庆国飞通用航空设备制造有限公司共同开展 5G 网联消防无人机应急消防救援演练，形成"云、网、端、应用、安全"一体化消防安全救援方案；2021 年 6 月，资阳市、成都简阳市、大足区、永川区的网信、公安部门联合主办成渝地区双城经济圈规模最大的网络安全应急演练；2024 年 6 月，"万达开云"洪涝灾害卫生应急联合演练举行，四地应急部门联合开展疫情监测、病媒生物监测、传染病防治监督、饮水卫生监测、食品卫生监测、消杀工作、健康教育、心理救援、风险评估等处置演练；2024 年 7 月，川渝两省市疾控部门和自贡市政府联合举办不明原因肺炎疫情应急演练，绵阳市、自贡市、宜宾市、泸州市、内江市、江津区、永川区、荣昌区、綦江区等 10 地的市（区）级疾控部门参与。

第 3 节　成渝地区双城经济圈公共服务共建共享
面临的挑战和对策建议

一　成渝地区双城经济圈公共服务共建共享面临挑战

成渝地区双城经济圈高品质生活宜居地建设及新型城镇化、乡村振兴的推进，催生了多层次、多样化、品质化的公共服务需求，但受限于经济社会发展条件以及大城市、大农村的区域发展结构，在重点人群稳就业和促创业、劳动权益保障、新业态从业人员社会保障、基层医疗卫生、食品安全、住房保障、教育均衡优质、养老服务、精神健康等领域，尚存在公共服务发展不平衡不充分的矛盾。

随着相关城市普遍进入老龄化社会和家庭小型化趋势加深，全面二孩、三孩生育政策的实施，使养老、托育的供需矛盾更加突出。突发公共卫生事件、洪涝灾害、森林火灾、地质灾害、危化品事故、环境污染事故等应急管理需要加强跨区域协同联动。与之对应，部分地区存在公共服务基础设施不足与利用率不高并存、专业人才缺乏、社会力量参与公共服务供给的活力和动力有待激发等问题。尤其是优质公共服务资源向重庆和成都的中心城区集中，本地公共服务资源向城区、城镇集中，造成城乡、区域间资源配置不均衡、软硬件不协调、服务水平差异较大。

另外，传统公共服务资源多基于行政区划配置，以满足居民的民生需求为导向，在居住区的覆盖率高，但在投资者、创业者、就业者、年轻人较为集中的产业园区、商务楼宇、商业街区覆盖率相对不足。部分职场人士工作和生活异地化，在社区的社会圈子小，存在公共教育、住房等竞争性公共服务获取成本高，医疗、社会保障等普惠性公共服务获取困难的窘境，进而影响其对城市的认可度，也增加了城市人才流失风险。

二　成渝地区双城经济圈公共服务共建共享建议

（一）共建共享均衡优质教育文化资源

推动教育合作发展。推进学前教育普及普惠安全优质发展，以共建民营、民办公助、购买服务等方式，引导成渝品牌幼教机构运营农村地区、城郊接合部、移民搬迁安置地、民族地区、新增人口集中地区幼儿园。推动川渝基层教育部门、中小学校在课程教学、教师队伍建设、数字教育平台共享、教育科研等领域结对合作，全面实现优质义务教育学校免试就近入学。推动川渝职业院校在人才联合培养、精品课程共建、学科专业联办、优秀教师共享、产教融合、"职教出海"等领域加强合作。引导川渝高校结对参与成渝地区双城经济圈重大项目，开展学科、专业、科研等互补型合作，在区域性中心城市布局教学基地和创新载体。

共建优质文化资源直达基层机制。优化城乡文化、旅游、体育资源配置，提升特殊群体文化服务效能。鼓励具备资质和能力的文化类社会组织、品牌文化机构跨区域运营川渝文化设施和场馆，打造新型文化空间。推动将川渝毗邻地区人口集中、工作基础好的乡镇综合文化站改造为覆盖周边地区的区域文化中心。完善"书香成渝"全民阅读服务体系，推动川渝毗邻地区文化场馆普遍建立跨区域总分馆制，联合开展经典诵读、阅读分享、艺术沙龙、手工艺作坊等文化艺术普及活动。鼓励成渝文化机构共同开展创意市集、街区展览、嘉年华等"国潮"活动，打造"成渝地·巴蜀情"等文化品牌。协同开展川剧保护传承，带动川渝文化遗产保护开发。

（二）加强公共卫生和医疗健康服务协作

推动川渝有关机构共建预防为主的医防协同机制，加强慢性病、重点传染病及地方病的联合防治，联动开展健康教育、精神卫生、职业病防治、卫生健康监督等专业公共卫生服务。引导川渝优质医疗机构和科研院校建立合作办医、学科共建、人才培养、多点执业、远程会诊等合作机制，协同打造医教研产创新平台，普及建设智慧医院，共建特色化医联体、城市医疗集团、专科联盟，共建"基层首诊、双向转诊、急慢分治、上下联动、横向协作"的分级诊疗体系。在常住人口较少、居住分散、交通半径大的川渝毗邻地区行政村，采取设立中心卫生室、与相邻行政村联合设置村卫生室、开展巡回医疗、上级机构驻村服务、发展移动智慧医疗等方式，确保群众就医可及性。深化中医药传承创新协作，普遍建成融预防保健、疾病治疗和康复于一体的城乡中医药服务体系，共建世界级中医药产业集群。

（三）推进养老服务优质共享

"一城一策"大力发展普惠型养老服务，推动公益性养老服务向常住人口普遍开放，推进渐进式延迟法定退休年龄改革，共建老年友好型社会。鼓励具备资质和能力的川渝养老服务机构跨区域、连锁化布局，开展家庭养老床位、老年餐桌、互助幸福院、嵌入式养老服务机构、巡访关爱、适老化改造等比较成熟的社区养老服务，探索养老顾问、时间银行、智慧养老等新型养老服务。推动医疗卫生、中医药与养老、文旅等深度融合，发展医养融合新业态，共建全国康养产业高地。推动老年人照护需求评估、老年人入住评估等的互通互认，建立多层次长期照护保障机制。

（四）健全公共安全应急管理联动长效机制

加快建设专常兼备、上下联动、平急结合、川渝协同的应急管理体系，强化毗邻地区安全生产、自然灾害等的联防联控，推动食品、药品、交通、消防、环境等安全管理标准统一与执法联动。共建流域、铁路、航空、矿山、森林、公共卫生、紧急医学等应急救援网络，建强"2小时成渝应急救援圈"。持续加强城乡社会治安防控"川渝一张网"建设，共建织密国家安全、社会治安、矛盾纠纷、技防人防四张防控网，联合依法严厉打击和惩治电信网络诈骗、黄赌毒黑拐骗、暴力恐怖、家庭暴力、网络犯罪、非法用工、破坏野生动植物资源等违法犯罪活动。

第 7 章
川渝一盘棋，唱好双城记：成渝地区双城经济圈建设下一个五年展望

重庆市统计局数据显示，2024 年上半年，成渝地区双城经济圈实现地区生产总值 40365.7 亿元，占全国的 6.5%、西部地区的 30.7%，分别比上年同期提高 0.1 个百分点和 0.2 个百分点；GDP 同比增长 5.8%，增速比全国、西部地区均高 0.8 个百分点。其中，重庆 GDP 14098.2 亿元，增长 6.1%，四川 GDP 26267.5 亿元，增长 5.6%，两地 GDP 增速均高于全国、西部地区平均水平。同时，2024 年上半年成渝地区双城经济圈经济总量相当于京津冀、大湾区（不含港澳）、长三角的 78.4%、75.8%、26.8%，均高于上年同期和 2024 年一季度，与三大经济区的差距持续缩小；经济增速比大湾区（不含港澳）、京津冀、长三角分别高 1.7 个、0.6 个、0.3 个百分点。

风劲好扬帆，奋进正当时。川渝一盘棋，唱好双城记。成渝地区经济圈要进一步充分发挥腹地优势、比较优势，进一步全面深化改革开放，主动服务和融入新发展格局，着力推动高质量发展，奋力打造新时代西部大开发重要引擎，共筑中国经济第四增长极，不断谱写中国式现代化成渝新篇章。

当前，成渝地区双城经济圈建设已站在新的历史起点，即将开启第 2 个五年新征程。为此，我们提出以下几方面的建议。

一　协同建设现代化产业体系

共建世界级电子信息制造产业集群，构建"核心承载地＋协同发展地"产业链分工协作体系。共建高水平汽车产业研发生产制造基地，跨区域协调布局整零协同、软硬结合、场景牵引、数字赋能、自主创新、品牌提升的智能网联新能源汽车产业生态，联动成渝"氢走廊""电走廊""智行走廊"等重大应用场景建设。共建世界级装备制造产业集群，打造"两核一带"成渝装备制造产业生态圈。共建世界级先进材料产业集群，在原材料开发、产品设计、生产端、应用端等全链条联合创新。共建国家数字经济创新发展试验区，协同打造"云联数算用"要素集群和"芯屏器核网"全产业链，构建服务新质生产力的普惠泛在的升级版新基建，推动数字经济与实体经济的深度融合，促进数字"善治"和区域"智治"。共建成渝地区现代高效特色农业带，强化"天府粮仓""巴渝粮仓"建设，推进农工旅深度融合，构建现代农业经营体系，打造"川菜渝味"区域公用品牌。共建全国重要的现代服务业高地，多维共建西部金融中心，共同做好金融"五篇大文章"，协同发展商贸物流，推动重庆和成都建设国际会展名城。促进先进制造业和现代服务业融合发展，联合打造"成渝服务"区域品牌。

二　共建具有全国影响力的科技创新中心

营造包容开放、近悦远来的科技创新环境，完善跨区域人才"同城化融入"保障机制和科技政策一体化机制。构建"科学家＋企业家＋经纪人＋投资人"的新型科创人才结构，完善科创企业全周期金融服务体系。统筹推进"国家科技创新中心—西部科学城—成渝综合性科学中心—分布式创新平台"梯度创新体系建设，构建"基础研究—技术攻关—成果转化—产业发展"全链条创新生态。发挥重庆两江新区和成都天府新区科技创新"双核"引领功能，在共同争取重大创新平台、协同建设重大科技基础设施、联合承担重大科技任务、共同发起大科学计划、共享科学仪器设备等方面加强合作。建设成渝中线科创走廊,同步推进毗邻地区重点功能平台的产学研用合作。加强跨经济圈科技创新交流合作。高水平共建"一带一路"科技创新合作区和国际技术转移中心,办好"一带一路"科技交流大会,优化布局"一带一路"联合实验室、国际科技合作基地和国别合作园区,开展国际杰青计划(成渝)、"一带一路"科技创新成渝奖学金、丝路青年科学家论坛(成渝)、丝路科学家成渝行等科技交流项目和活动,推动川渝与共建"一带一路"国家的各类创新主体开展科技交流合作,促进"一带一路"创新资源在成渝集散和融通,打造"一带一路"成渝科创走廊,打响"成渝创新"全球品牌。

三 打造富有巴蜀特色的国际消费目的地

联合推进重庆和成都国际消费中心城市建设,培育区域消费中心城市,打造商旅融合集聚区,提升"1小时便捷生活圈"的跨区域承载能力。培育规范乡村消费市场,建设富有乡土特色的商业名镇(村)和巴蜀美丽庭院示范片。发展体现巴蜀风情、承载城市记忆、展现工匠精神的特色小店,打造"吃喝玩乐购看"网红小店。依托成渝夜经济发展,保护传承经典川菜、重庆火锅、重庆小面等巴蜀美食文化。规范发展跨境电商、社交电商、直播电商等新业态,推广"前店后仓+快速提离""跨境电商+快速配送"等进口消费新模式。大力推广新能源汽车、绿色智能家电等大宗商品"以旧换新",挖掘绿色消费增长点。发展数字文旅、智慧医疗、电竞、数字藏品、元宇宙等数字消费新业态。联合开展巴蜀文化遗产挖掘、保护和开发,策划开发"成渝礼物""成渝手作""成渝限定""成渝联名"商品。共建巴蜀文化旅游走廊,完善政策协调、品牌共享、景区合作、营销互推、开发协同等长效机制,同步推进重庆和成都世界旅游目的地建设,推出分众、分龄、分时和贯通川渝的精品旅游线路。促进成渝地区双城经济圈一体化扩大内需和消费促进政策的互认。推动消费刺激政策延伸到小额、高频的日用消费品和消费服务,提升中低收入群体、特殊群体的可支配收入和消费信心、能力和层级。

四　共筑长江上游生态屏障

共同打造绿色低碳经济圈，加快建设长江经济带绿色低碳发展示范区。坚持一张负面清单管川渝，健全山水林田湖草沙一体化保护和系统治理机制。实施覆盖全域全类型、统一衔接的国土空间用途管制和规划许可制度。因地制宜探索生态产品价值实现机制，培育发展绿色新质生产力。构建上下游、左右岸、干支流贯通一体的流域横向生态保护补偿机制。固化跨界流域河长制，推动毗邻地区污水处理设施共用共管和数据共享。完善全域、全时的污染天气数据信息共享、联合预报预警、跨区域人工影响天气作业等应急管理联动机制，协同推进重点区域、重点行业、重点领域的大气污染协同治理。全域建设"无废城市"，优化危险废物跨省市转移"白名单"制度，推进毗邻地区固废处置设施共建共用。加强政府绿色采购协调，培育壮大绿色低碳产业。推动能源跨域互联互济，推广工业园区柔性负荷微电网和虚拟电厂建设。建立全域适应气候变化工作体系，做强川渝资源与环境交易市场，鼓励碳中和金融产品创新，建设"双碳"示范区。

五　联手打造内陆改革开放高地

共同推动国家综合改革先行先试，强化改革协同、联动、配套，共建川渝大市场，深化经济区和行政区适度分离改革，共同探索"双城"超大城市现代化治理和区域"大综合一体化"治理的新路径。提升重庆和成都的开放通道集结中心辐射带动能力，增强中欧班列（成渝）、西部陆海新通道与长江黄金水道、国际航空网络接驳联系，打造丝路数字班列，加强多式联运衔接，应用内外贸同班列和集货集拼集运模式，策划重点区域联合班列和优势产品定制专列。共建共用境内外分拨集散中心、公共仓、海外仓、还箱点以及中东欧、中亚、东盟揽货和分拨配送网络，加强与国际班列运单到站节点城市及境外经贸合作区、"一带一路"合作园区等的联系合作，提升境外货源的组织、集结、分拨、配送效能。协同促进贸易和投资自由化便利化，优化市场化、法治化、国际化营商环境，聚焦打造高质量外资集聚区。发展"班列+冷链""班列+跨境电商""班列+保税"等外贸新业态，培育总部贸易、跨境电商、保税维修、保税再制造、平行汽车进出口等外贸新增长点。用好成渝国际友好城市合作机制，申办、创办、联办、参与"一带一路"重要活动。推动各类开放平台之间基础设施互通、数据信息共享、产业招商联动、创新成果共用、优惠政策同标。

六 协同推进公共服务共建共享

共同打造具有吸引力的品质生活示范地，推进优质公共服务同城化，持续擦亮"川渝通办"品牌。共建共享均衡优质教育资源，推动川渝基层教育部门、中小学校在课程教学、教师队伍建设、数字教育平台共享、教育科研等领域结对合作，推动川渝职业院校在人才联合培养、精品课程共建、学科专业联办、优秀教师共享、产教融合、"职教出海"等领域加强合作，引导川渝高校结对参与成渝地区双城经济圈重大项目以及开展学科、专业、科研等互补型合作。鼓励文化机构跨区域运营川渝文化设施和场馆，优化"书香成渝"全民阅读服务体系，打造"成渝地·巴蜀情"等文化品牌。引导川渝优质医疗机构和科研院校建立合作办医、学科共建、人才培养、多点执业、远程会诊等合作机制，协同打造医教研产创新平台，普及建设智慧医院，共建医联体、城市医疗集团、专科联盟。深化中医药传承创新协作，普遍建成融预防保健、疾病治疗和康复于一体的城乡中医药服务体系。"一城一策"发展普惠型养老服务，发展医养融合新业态，共建老年友好型社会。建设专常兼备、上下联动、平急结合、川渝协同的应急管理体系，强化毗邻地区安全生产、自然灾害等的联防联控，共建流域、铁路、航空、矿山、森林、公共卫生、紧急医学等应急救援网络，织密国家安全、社会治安、矛盾纠纷、技防人防四张防控网。

专题报告

渝中：努力打造成渝地区双城经济圈 "六个新高地" *

渝中区是重庆市的行政中心、百年开放窗口、千年历史母城，东、南濒临长江，与南岸区水域相邻，北面濒临嘉陵江，与江北区水域连界，西面与沙坪坝区、九龙坡区接壤，总面积为23.24平方公里，常住人口57.63万人，户籍人口49.01万人。3000年江州城、800年重庆府、100年解放碑，渝中区积淀了巴渝文化、抗战文化、红岩精神等厚重的人文底蕴，孕育了重庆的"根"和"源"，浓缩了山城、江城、不夜城的精华，展现着"老重庆底片、新重庆客厅"的魅力神韵，在老重庆人心中，"到渝中就是进城"。渝中半岛见图1。

图1　渝中半岛

（李显彦　摄）

---

* 六个新高地：都市圈"极核"新高地、开放合作新高地、现代服务业新高地、宜业宜居新高地、市域社会治理新高地、城市党建新高地。

223

总的来看，渝中区积淀了万亿元金融"血脉"、1100亿元现代服务产业"规模"、1400万平方米载体"空间"、23万人才"支撑"、年均近200亿元区域税收"产出"，叠加了重庆自贸试验区、中新互联互通示范项目、服务业扩大开放综合试点、国家首批城市更新试点等政策红利，正以稳进增效、除险清患、改革求变、惠民有感为工作导向，创新驱动积蓄新动能、拓展新增量、培育新优势，努力引领示范成渝地区双城经济圈高质量发展。

在"强核提能级"上实现更大作为

《重庆市推动成渝地区双城经济圈建设行动方案（2023~2027年）》提出的"十项行动"中，第一项就是提升主城都市区极核引领行动，要求到2027年，主城都市区基本建成现代化国际大都市，发展能级和综合竞争力在中西部领先，加快形成具有国际影响力的活跃增长极和强劲动力源。作为主城都市区极核中的核心，渝中区提出，要立足渝中精耕深耕，跳出渝中抓发展，借助成渝地区双城经济圈、西部陆海新通道等国家战略，实行更大范围的开放，与京津冀、长三角、粤港澳大湾区等展开互动合作，积极承接东部沿海地区现代化产业转移，全力开拓东盟、"一带一路"沿线国家和地区市场，促进渝中实现更大的跨越式发展。

近年来，渝中区迭代升级"一核三带六园区"城市空间，进一步突出解放碑-朝天门片区"金融商务重点功能区（重庆解放碑步行街见图2）、总部经济集聚地、中高端国际化商圈"定位，推动下半城历史风貌带焕新赋能、两江滨江休闲产业带增颜提质、大鹅岭山脊自然生态带联动提升，整体推进菜园坝滨江新城、上清寺-大溪沟-两路口创意文体产业园、化龙桥国际商务区、大坪商圈、总部城数字经济产业园、环重医大健康产业园等产业载体建设。2023年，渝中区主要经济指标继续保持重庆中心城区和成都主城区的前列，GDP达1631.3亿元，居重庆区县第4位，单位面积GDP超70亿元/平方公里，税收约8亿元/平方公里，固定资产投资完成额210.4亿元，投资强度达9亿元/平方公里，商品销售总额突破4000亿元，外贸进出口额超过70亿元，市场主体总量突破 12 万家，形成 5 家百亿级、50 家十亿级、300 家亿元级的龙头企业矩阵，城镇居民人均可支配收入突破 5.5 万元，保持重庆区县第 1。

图 2　重庆解放碑步行街街景

注：重庆解放碑步行街突出文脉传承、风貌保护、功能提升、产业发展，打造文商旅融合精品，获得商务部首批"全国示范步行街""全国示范智慧商圈"，文化和旅游部首批"全国夜间文化和旅游消费集聚区"、全国"最具消费引领力商务区"等金字招牌。解放碑步行街还积极发展金融产业，打造中央商务区，实现"上楼办公、下楼逛街"。

（供图：商业新知网）

扩大高水平开放合作

渝中区锚定建设内陆开放高地先行示范区，突出"企业、经贸、合作、交流、节会"五大开放支撑，出台《重庆市渝中区深度融入西部陆海新通道建设五年行动方案（2023~2027 年)》等政策文件，持续在贸易端、消费端、服务端同步发力，强化"通道+经贸+产业"联动，建设西部陆海新通道的"一基地两中心"①，开放引领成效显著。

截至 2023 年末，渝中区的 RCEP 区域成员国家外资经营主体达 744 家，经西部陆海新通道的货运量、货运值增速保持重庆区县前列，"汇保

---

① 西部陆海新通道的"一基地两中心"：西部陆海新通道物流贸易总部基地、西部陆海新通道国际消费中心、西部陆海新通道金融服务专业服务中心。

通"汇率避险新模式①、"1+2+N"涉外法律服务新模式②获评商务部最佳实践案例，重庆领事机构全部落户"渝中半岛"，入驻的世界500强企业占重庆半壁江山，中新合作金融服务项目投资额占全市的50%以上。2023年，渝中区现代服务业增加值、服务贸易额、服务外包执行额保持全市区县领先，获评重庆内外贸一体化发展先行区。2022年，渝中区新增首店首牌100家。

2023年4月，中国（重庆）自由贸易试验区工作领导小组办公室批复第二批中国（重庆）自由贸易试验区联动创新区名单，重庆（化龙桥）国际商务区榜上有名，至今已招引金融、商贸、专业服务、软件信息等领域外资企业70余家，渝中区依托西部陆海新通道立体产业园，建设集采购、分拨、营销、结算、物流等功能于一体的总部贸易基地，成立重庆首家涉侨纠纷法律服务中心、外籍人士服务站、出入境办证厅等机构，在重庆率先打造一批高品质国际社区样板，为外籍人士提供"一站式"便利化服务，吸引英国、新加坡、意大利等20多个国家和地区的人员来此居住。2023年12月，中国（重庆）自由贸易试验区新一批28个最佳实践案例评选结果公布，渝中板块共有6项创新探索案例入选③，上榜数量在重庆自贸板块中名列第1，占全市的20%。

渝中区与成都市有关城区的交流合作也在全面推进。比如，渝中区和

---

① 渝中区在全国首创开展针对中小外贸企业的"汇保通"汇率避险新模式，建立规避汇率风险信保资金池，用授信额度替代外汇衍生交易所需的保证金，用风险补偿降低授信门槛，用政策担保增加企业信用，建立风险分担机制，破解企业外贸业务避险难、避险贵、避险繁的问题。

② 通过中国内地办公室（即"1"）与中国香港、纽约2个办公室（"2"）紧密联动，充分发挥外国法律顾问作用，与70多家境外律所精诚合作，以撰写专业书籍、实务文章与举办培训讲座等多种形式（即"N"），为中资企业"走出去"和外资企业"引进来"提供全链条涉外法律服务。

③ 此次渝中上榜的6个案例分别为"保税展示+跨境电商"快速配送新零售模式、国际陆海贸易新通道法律服务新模式、创新"文旅贷"特色产品推进文旅金融深度融合、经营主体"证照联办"打通"一次办"高效准入"最后一公里"、零售药店风险预警平台探索药品智慧化监管新模式、知识产权纠纷"行政调解"与"司法确认"无缝衔接机制。

成都锦江区是友好城区，在规划对接、政策互动以及金融、消费、专业服务、文化旅游、科技创新、招商引资、社会事业、干部人才交流等方面已有多年的深度合作；渝中区和成都金牛区签署打造"金渝良缘"品牌战略消费合作协议，推进解放碑-朝天门商圈、蓉北商圈高端消费合作，协同招引国内外知名企业分设品牌潮牌旗舰店、新概念体验店、购物免税店等，共同做优经典川菜、重庆火锅等特色餐饮品牌，联动发展假日经济、首店经济、夜间经济和跨境电商等新业态。

"渝中服务"高水平创新发展

渝中区要在争做成渝地区双城经济圈"领头羊"中有所担当、有所作为，核心在服务业，优势在服务业。渝中区委、区政府提出，强化现代服务业主体地位，实施现代产业、未来产业迭代计划，构建"11241"现代化产业体系①。

渝中区明确，要树牢"亩均论英雄""楼产论英雄"的新发展理念，实施楼宇经济、总部经济提升计划和特色园区、品质街区升级计划，"一街一业"打造具有全国影响力和竞争力的名街名品，集聚一批总部企业，培育一批亿元税收楼宇。2022~2023年，渝中区连续两年获评"中国楼宇经济（总部经济）标杆城区"。

渝中区是重庆金融中心，2023年本外币存贷款余额突破1.32万亿元，上市挂牌企业达92家，保费收入、绿色金融规模等各项主要金融业指标全市领先。作为成渝地区双城经济圈建设西部金融中心的主承载区，渝中区聚焦产业金融、贸易金融、绿色金融、科创金融、普惠金融、数字金融六大重点领域，建设金融总部、外资金融、新兴金融、中新金融等金融集聚区。2022年9月，全国第一家跨省域集中管辖相关金融案件的专门

---

① 渝中区"11241"现代化产业体系：两个"1"为现代金融业、现代商贸业两大支柱产业，"2"为千亿级文旅文创产业和千亿级软件信息产业，"4"即健康服务、专业服务、建筑和房地产、交通运输4个百亿级规模产业，"1"为楼宇工业。

法院——成渝金融法院揭牌，在渝中区设立重庆办公区。2023年10月，成渝金融司法协同中心在渝中区法院揭牌，负责调处成渝金融法院管辖范围内的金融民商事、行政纠纷，推进诉源治理。2023年12月，由重庆市委、市政府统筹推动的西部金融中央法务区在渝中区、江北区、南岸区同步揭牌，集聚门类齐全、链条完善、协同发展的法律服务集群主体。

2023年12月，重庆市中新项目管理局、重庆市大数据局、渝中区政府共同推动的中新（重庆）国际金融数据港启动，依托中新（重庆）国际互联网数据专用通道，为跨境电商、跨境直播、人工智能等行业提供跨境数据及金融服务。"重庆中新金融 & 科技产业园"同步开放，针对性招引金融科技等领域的中小型企业落户。

重庆商贸勃兴于渝中区，两江交汇的渝中半岛自开埠起就是西部商贸执牛耳者，勤劳实干的重庆人与来自海内外的客商在这一商贸福地开启锻造了商业文明。如今，渝中区是成渝地区双城经济圈打造富有巴蜀特色的国际消费目的地和重庆建设国际消费中心城市的核心区，第三产业占比达90%以上，商业密度、投资强度、消费热度均居全国中心城区前列，国际消费载体繁荣活跃，解放碑中央商务区社会消费品年零售总额在西部率先突破千亿元，在美国福布斯杂志发布的"2024福布斯中国中央商务区消费竞争力评选榜单"中排名第4位，大坪商圈发展能级不断提升，化龙桥新兴商圈蓄势待发，探索保税展销、跨境电商等新模式，打造RCEP贸易促进中心（中西部地区首个同类机构）、中国（重庆）东南亚商务中心（西部地区首个中国与东南亚经贸合作平台）、成渝涉外商会联盟、重庆数字文化出口基地（西部地区首个买断制游戏产业出口聚集地）、重庆对外文化贸易基地（西南地区最大的对外文化贸易集聚区）、陆海国际中心（西南地区第一高楼）等一批标志性商贸项目。

渝中区是城景一体的全域旅游之城、近悦远来的文旅消费之城，作为国家全域旅游示范区、国家文化和旅游消费示范城市，都市游、文化游、山水游等旅游资源得天独厚，朝天门、洪崖洞、长江索道等热门景区驰名天下，"开往春天的列车""云端之眼""天上的街市"等旅游品牌享誉中外，是重庆"大江、大城、大美"城市形象集中展示地，2023年接待游客逾8000万人次，比2019年增长19%。

渝中区洪崖洞与成都青羊区宽窄巷子两条全国知名商业步行街在品牌打造、市场营销、产品互推、游客导流等方面开展合作，联手打造"宽洪大量"商旅融合消费品牌。宽窄巷子、洪崖洞分别设立包含对方景点形象、城市文化、消费旅游活动等内容的"成渝双城记"互动交流展览，共同举办"成渝来打卡""成都好耍·重庆好玩"定向旅游线路等创意消费促进活动，联手推出成渝两地吃、住、行、游、购、娱消费线路地图，选定成渝主要地铁线路，打造"沉浸式洪崖洞·宽窄巷子主题车厢"，在成都至重庆往返高铁周末时段增设"成渝双城号"冠名专列，并放置旅行手册供游客在旅途中浏览，构建"城际休闲+轨道交通"的2小时消费圈。

发展新质生产力，渝中区走出特色路径。渝中区通过强力推进"重庆软件天地"建设，聚焦"1146"产业方向①，注重差异定位、功能互补、特色发展，加快构建软件信息产业集群。2023年，渝中区在重庆软件和信息服务业"满天星"行动计划综合排名的中心城区中位居第2，开放应用场景单项排名中心城区第3，引育人才1.5万人，归集载体20.7万平方米，招引重点企业23家，7家企业纳入市级软件信息产业"北斗星""启明星"培育库，软件业务收入突破360亿元。

宜业宜居提升民众获得感幸福感

党的二十大报告指出，必须坚持在发展中保障和改善民生，鼓励共同奋斗创造美好生活，不断实现人民对美好生活的向往。渝中区锚定优质均衡，聚焦群众关心关注的就业、托育、住房、养老、停车、电梯等民生领

---

① 渝中区软件信息"1146"产业方向：前两个"1"分别为工业软件、信息技术服务这两个300亿级主导产业，"4"为数字内容、工业设计、区块链、信息技术应用创新特色优势产业，"6"为人工智能、智慧能源、元宇宙、数据服务、卫星互联网、金融科技高成长性未来产业。

域突出问题，建立民生项目清单，完善制度机制，2023 年民生支出占区级一般公共预算支出的 81.5%，打造更高水平的"10 分钟公共服务圈"。

渝中区建设早、起步快，在享受了各种先发优势的同时，也更早步入城市新旧转化的阵痛期。抢抓全国首批城市更新试点机遇，立足重庆城市建设的"塔尖"，渝中区始终坚持人民至上的发展立场，突出惠民强企工作导向，坚持"整体更新、综合整治、风貌保护"三条路径，以棚户区改造、老旧小区改造、城市更新提升为重要抓手，持续优化城市形态、功能业态、发展生态，更好满足人民群众对美好生活的新期待。

针对山城地貌独特的地形以及旧城面积大、建筑和人口密度高等区情实际，渝中区建立"指标检验-评估诊断-更新治疗-平台支撑"工作机制，尤其是在体检评估中新增"山城步道长度""边角闲置空间数量"等特色指标，完善对老旧住房的采光、通风等方面的性能监测，用城市体检确保城市更新精度。同时，渝中区以"留、改、拆、增、升"分类推进的方式推动全域焕新："留"即保留历史遗产和风貌特色，精心实施 149 处文物、44 处历史建筑保护修缮；"改"即改造老旧小区、商圈、厂区、街区，累计完成投资超 150 亿元，老旧小区改造提升 400 万平方米以上；"拆"即拆除涉及城市安全的违法建筑和危房、无修缮保留价值的建筑，为城市消除隐患、腾出空间；"增"即增加城市绿地步道、产业载体空间、地下利用空间，补齐市政基础设施和公共服务设施短板；"升"即优化提升产业业态、空间品质、防灾能力，提升现代化城市能级。由此，渝中区从以开发建设为主的外延式拓展，迭代升级到以城市更新为主的内涵式发展新阶段。

市域社会治理现代化样板

渝中区作为全域城区和中心城区，外来人口、流动人口、商务楼宇和老旧小区多，"网红"效应带来巨大客流，极大地考验城市治理能力。近年来，平安渝中、法治渝中建设取得较好成效，群众安全感达 98.5%，获评全国市域社会治理现代化试点合格城市（在 2023 年的验收工作中排重庆区县第 1 位）、首批全国社会治安防控体系建设示范城市。

渝中区突出需求导向、网格治理和数字赋能，加快构建"141"基层智治体系①，建成全市首个"诉调对接－速裁中心"，建立物业、旅游、商事等 19 个行业性的专业性调解组织，设立"平安渝中"网格接待日，健全民意征集、定期协商、诉调对接、警民联调、访调结合、监督反馈等"街道（企业）吹哨、部门报到""群众吹哨、党员报到"工作机制，推动矛盾风险化解处置在早在小，2023 年排查化解各类矛盾纠纷 2.1 万余件，"五长制"② 获评中国最具幸福感城市管理创新范例，"三事三色"服务群众工作法③被民政部收录为服务民生 100 个优秀工作法。

党建引领赓续红色根脉

渝中区是红岩精神的重要发源地，把坚持和加强党的全面领导贯穿经济社会发展全领域、全过程，深入推进"党建扎桩、治理结网"党建统领基层治理现代化，实施基层党组织领导力组织力提升、党员干部现代化建设能力提升两大专项行动，健全全面从严治党体系，抓实做细党建统领"三项重点任务"④，以党建统领推动高质量发展、创造高品质生活、实现

---

① "141"基层智治体系：第一个"1"指每个镇街均建立 1 个基层治理指挥中心，作为镇街运行的"中枢"；"4"指聚焦镇街主要职能，构建党的建设、经济发展、民生服务、平安法治 4 个板块；第二个"1"指村（社区）网格。

② 五长制：渝中区推行城市综合管理街长、路长、巷长、楼长、店长"五长制"，街长由街道党政主要负责人担任，路长由街道处级领导干部担任，巷长由街道科级干部或社区负责人担任，楼长由社区工作者、志愿者担任，店长由门店经营者或企业负责人担任，突出分工协作、齐抓共管，实现大城智管、大城细管、大城众管。

③ 渝中区"三事三色"服务群众工作法：红色"公家事"挂号办，橙色"大家事"盯紧办，黄色"自家事"积极办。

④ 重庆党建统领"三项重点任务"：一是"八张报表"，推动党建、经济、平安、改革、创新、生态、文化、民生八个方面的工作，形成高分报表；二是"八张问题清单"，健全巡视、督查、审计、环保、网络舆情、安全生产、信访、社会平安稳定等问题清单，确保各项工作有序进行；三是"五项机制"，包括服务基层、服务企业和服务群众"三服务"机制、最佳实践激励推广案例和典型问题复盘机制、领导班子运行评估和群众口碑评价机制、区县委书记和部门一把手例会机制、争先创优赛马比拼机制，以推动各项工作高效落实。

高效能治理。

渝中区以打造新时代"红岩先锋"变革型组织为契机，坚持不懈把践行"两个维护"贯彻到基层、把党的全面领导落实到基层、把党的创新理论武装到基层，条目化分解、模块化管理街道、机关、学校、医院、商圈楼宇、新就业群体等党建工作，在机关实施"模范创建、示范争先"工程，在国企实施"强根铸魂、提效增能"工程，在事业单位实施"双融共进、聚力优服"工程，在新经济组织、新社会组织、新就业群体中实施"党建暖'新'、健康发展"工程，推动基层党组织全面进步、全面过硬。

结语

志不求易者成，事不避难者进。渝中区围绕建设"四化"现代化都市①、打造"四区"② 首善之地的总体目标，发挥"六大作用"③，打造"六个新高地"，在内涵式发展中破解"大城市病"，经济提振提质、城市品质提升、民生保障有力、安全基础巩固，聚势而强的成渝地区双城经济圈和重庆都市圈的极核效应正在加速显现，为中西部地区超大城市中心城区提供了高质量发展的实践创新案例。

---

① 四化：国际化、绿色化、智能化、人文化现代都市。
② 四区：重庆现代服务业引领区、历史文化传承区、创新开放窗口区、美好城市示范区。
③ 六大作用：成渝地区双城经济圈领头羊作用、西部陆海新通道节点作用、高质量发展龙头作用、高品质生活样板作用、平安建设标杆作用、党建引领先锋作用。

创新、质优、先进：引育绿色新质生产力的万州探索

绿色发展是中国式现代化的本底，绿色生产力即新质生产力，在实践中形成并展示出对高质量发展的强劲推动力和支撑力。新质生产力特点是创新，关键在质优，本质是先进生产力。"创新"意味着绿色新动能要赋能新质生产力加速形成，"质优"意味着生态活力助推新质生产力量质双升，"先进"意味着美丽中国新画卷支撑新质生产力持续发展。

万州区地处重庆东北部，幅员 3456.41 平方公里，其中城区面积 110 平方公里，辖 52 个乡镇街道，山清水秀、活力迸发，是宜居宜业之地以及大三峡旅游集散中心和重要目的地，2023 年末户籍人口 169.92 万、常住人口 154.59 万，常住人口城镇化率 71.01%，先后荣获中国烤鱼之乡、中国曲艺之乡、重庆市历史文化名城等荣誉称号。作为三峡库区经济中心和三峡工程中重庆移民任务最重、管理单元最多的区县，万州积极探索绿水青山向金山银山增值转化的实现路径，在打造川渝地区生态优先绿色发展样板区上取得新突破，生态环境持续改善，现代基础设施网络织密建强，现代化产业体系加快构建，巴蜀特色区域消费中心提速打造，科技创新中心川渝东北创新创业高地加快建设，区域中心城市、重庆重要城市副中心能级接续提升，城乡融合发展扎实推进，区域协作合作稳步落实，努力实现高水平保护和高质量发展、高品质生活、高效能治理同频共振、联动共赢。

2023 年，万州区地区生产总值达 1179.39 亿元，总量和增速均位列重庆区县第 8、渝东北区县第 1；生态环境质量更优，长江干流万州段水质总体保持 Ⅱ 类，全区森林覆盖率 56.8%，城区空气质量优良天数 336 天，农

作物绿色防控覆盖率59.6%，亩均化肥施用量下降到15公斤，畜禽养殖废弃物资源化利用率提升至93.1%。

打造川渝东北高品质生活宜居地

护好一江水，守好一方土，美好一座城。近年来，万州区坚持共抓大保护、不搞大开发，系统推进治水、治气、治土、治废、治塑、治山、治岸、治城、治乡工作，不断完善源头预防、前端减排、全程监管、协同增效的生态治理链条。良好生态环境成为万州金字招牌，既展现了万州在保护长江母亲河、确保一江清水永续东流的责任担当，也体现出万州坚决打好长江经济带污染治理和生态保护攻坚战的决心，重塑生产发展、生活富裕、生态良好并行的新发展道路，推动传统生产力在绿色转型中实现质的有效提升和量的合理增长。图1为万州三峡平湖旅游区全景。

图1　万州三峡平湖旅游区全景图

注：万州三峡平湖旅游区通过对三峡地区独有的南北滨江环湖景观带打造，形成"城在山中、水在城中、人在山水中"的景观格局，是典型的山水相依、湖城相融的城市型旅游区。

（供图：万州区文化和旅游委员会）

万州区因水而兴、因水而美，长江过境流程80.4公里，库体水面达100平方公里。万州以提升全域水质为中心，聚焦长江干流和支流，深入推进"三水共治"①，为流域面积50平方公里以上的21条河流治理编制

---

① 三水：水资源、水环境、水生态。

"一河一策"，通过生态修复、生态补水、提标改造镇级污水处理厂、新建和修复污水收集管网等措施，加快构建长江生态廊道。截至 2023 年末，万州区城市生活污水集中处理率达 98%，镇乡生活污水集中处理率达 85%，污泥无害化处置率达 100%，工业聚集区污水应收尽收、达标排放，城市集中式饮用水水源地水质达标率达 100%，水功能区水质达标率提升至 93.75%，万元GDP 用水量、万元工业增加值用水量分别较 2020 年下降 27.02% 和 13.49%，农田灌溉水有效利用系数达 0.5114，长江万州段生态屏障体系基本形成。

为多样性、稳定性、持续性地高水平保护生态系统，万州区探索资源环境要素市场化配置体系，促进产业绿色转型的增量收益反哺生态文明建设投入。比如，磨刀溪①是万州境内最大的长江支流，过去沿岸居民生态保护意识薄弱，水环境面临挑战，万州区与石柱县、云阳县三地政府签署磨刀溪流域上下游横向生态保护补偿协议，明确补偿方式、补偿基准、补偿标准和联防共治事项，共同保护磨刀溪流域生态环境。如今，磨刀溪水质重新稳定达标，一溪清水流入长江。随后，万州将横向生态保护补偿改革扩展到苎溪河、瀼渡河等区内次级流域。

当前，万州区正健全"无废城市"建设的制度、技术、市场、监管四大体系，形成了"把固体废物源头产生量降到'最少'，对固体废物资源化利用达到'最充分'，在固体废物产生、贮存、转移、利用、处置全过程环境管理中达到'最安全'，将固体废物环境影响降至'最低'"的创新实践。

目前，三峡库区首个垃圾焚烧发电厂——万州区垃圾焚烧发电厂日垃圾处理能力达 800 吨，每天可发电 36 万多度，可满足 3 万~4 万户家庭的用电需求。截至 2023 年 6 月，万州区垃圾焚烧发电厂累计处置生活垃圾超过 230 万吨，供应绿色电能 8.24 亿度，相当于为地球新栽 1380 万棵树、减排二氧化碳 115 万吨。该发电厂绿树成荫，一辆辆密闭的垃圾运输车进

---

① 磨刀溪系长江的一级支流，发源于重庆市石柱县武陵山北麓的杉树坪，流经湖北省恩施州利川市、重庆市万州区，在重庆市云阳县的新津口注入长江，河道全长 170 公里，流域面积 3167 平方公里。

进出出，却闻不到臭味，这源于最大限度实现生活垃圾减量化、资源化、无害化处理，生活垃圾在垃圾池堆放滤出的水分全部被收集到污水处理系统，经过先进工艺净化达标后回用或排放；焚烧产生的烟气经过脱硝、脱硫、物理吸附、除尘等组合工艺净化达标；炉渣综合利用车间通过先进的提取技术，将炉渣中的铁、铝等金属回收利用，其余部分作为建筑材料，飞灰经过螯合固化无害化处理后进入专门场所填埋。

人居环境既是高品质生态环境的样貌，也是发展绿色新质生产力的地利。塑造"美观、大气、协调、特色"的美丽山水城市典范是万州区满足居民美好生活需要的公共产品和民生福祉，聚焦城市建筑特色和空间环境品质提升，以长江为主线、次级河流为支线，统筹实施"坡、崖、壁、巷、道、岸、面"等生态修复和保护利用，建设"一季为主、四季兼顾，一色为主、多色互动"的滨江环湖景观，拓展亲水步道、休憩平台和观景平台等城市公共休闲空间，丰富林相、色相、季相、品相，使"城中有画，画中有山，山中有水，水中有城"的秀美城市画卷更加亮丽。

聚力打造区域科技创新中心

近年来，万州区着力建平台、强技术、优环境，不断加快创新主体培育、创新要素集聚、创新服务提升，增强各类市场主体的全方位创新能力，发挥市场导向在技术评价、金融支持、人才培养中的全链条协同效应，组建万州科创基金、重庆市自然科学基金创新发展联合基金（万州区），举办三峡人才节，引导企业开展产学研合作，搭建高校和科研院所创新团队库，科技专家"一对一"结对帮扶入围创新创业大赛的项目和企业，以科技项目资金和政策性补助等方式支持科技型企业，科技创新主要指标连续数年位居渝东北区县第 1。

2023 年，万州区全社会研发投入强度同比提高 0.2 个百分点，万人发明专利拥有量同比增长 22.9%，新培育市级科技型企业 391 家，累计培育 1167 家，新培育国家高新技术企业 23 家，累计培育 125 家，新培育市级专精特新企业 22 家，累计培育 65 家，新培育国家级众创空间 1 家、市级技术创新中心 2 家，首次获批重庆市野外科学观测研究站 2 家，环重庆三峡学院创新生态圈的核心载体"三峡科创智谷"建成运营，全区研发人员占渝东北总数的 38%，驻万州高校研发人员占比高于重庆平均水平 22.6 个百分点，具有硕士及以上学历研发人员占全区研发人员总量的 32.3%，高于重庆平均水平 9.5 个百分点。

产业转型升级催生绿色新质生产力

位于万州经开区九龙园的重庆湘渝盐化有限公司是全国最大的井矿盐和联碱生产基地，开展联碱装置绿色固碳、分布式光伏发电、空分尾气回收利用等多项技术改造项目，每年节约标准煤 2.9 万吨，减排二氧化碳、氮氧化物及烟尘近 5 万吨，产能增加 30 万吨。位于万州经开区九龙园的重庆九龙万博新材料科技有限公司采用设备大型化、数智化赋能传统生产模式，一条生产线年产氧化铝 90 万吨，每吨氧化铝能耗由过去的 92 立方米降至 83 立方米，减少生产环节的非必要人工干预，获得国家级智能制造优秀场景等荣誉。位于万州经开区光电园的施耐德万州基地（见图 2）是一家国家级绿色工厂，所有设备互联互通，从产品装配、测试到包

图 2　施耐德万州基地

（供图：万州经开区管委会）

装全程智能化和绿色化,生产效率较传统生产方式提高139.18%,产品不良率降低34%,运营成本降低28.5%,单位能耗降低14.74%……"设备换芯""生产换线""机器换人",近200个绿色智造项目正"燃"动万州"高大上"的产业结构转型。

通过科技创新的转化应用,形成以生产要素创新性配置和以产业深度转型升级为特征的产业创新,是形成绿色新质生产力的关键环节。万州坚定以新型工业化推进工业强区,加快构建"5+10+X"现代化工业体系①,以"四链"融合提升产业韧性和质量,在生产方式数字化、能源消费低碳化、资源利用循环化、生产过程清洁化等产业新赛道突破,一手做节能降碳的"减法",一手做培育绿色新质生产力的"加法",传统产业绿意盎然,新兴产业、未来产业渐成风景。2023年,万州区规上工业产值和增加值的增速均超过23%,连续12个月位列重庆区县第1,万州经开区获批成渝地区双城经济圈产业合作示范园区、重庆市产业转移示范园区,九龙万博、金龙铜管2家企业年产值均突破百亿元,百亿级工业企业实现"零"的突破,建成国家级绿色工厂2家、市级绿色工厂6家、市级数字化车间11个,产业"含金量""含绿量"进一步提升。

金融支撑绿色新质生产力的加快形成

金融是构建现代化产业体系的重要支撑,要把更多金融资源用于促进科技创新、先进制造、绿色发展和中小微企业。自2022年获批成为重庆主城区外唯一建设绿色金融改革创新试验区核心区,万州用足、用活、用好绿色金融政策工具,在能源、化工、建材、有色金属、农业、交通运输6个有代表性的领域,探索制定涉及17个行业、124项生产工艺的重庆首批

---

① 万州"5+10+X"现代化工业体系:"5"即先进材料、食品加工、装备制造、医药化工、新型能源五大重点产业,"10"即围绕重点产业细分的铜及铜合金材料、铝及铝合金材料、绿色建材、粮油加工、特色食品、汽车及零部件、船舶及配套、照明电气、医药、化工10个特色产业链条,"X"即若干未来产业。

转型金融①万州标准，建立高耗能产业、重点产业、特色产业企业转型金融项目库，鼓励辖内银行机构将企业转型进展与授信额度、贷款利率直接挂钩，建立重庆首个企业碳账户平台，建设碳数据云上"一组库"、碳核算"一本账"、碳披露"一张网"，推出重庆首批"碳挂钩"金融产品，在重庆率先发放转型金融贷款，累计额度 11.6 亿元（截至 2023 年末），绿色信贷余额增至 128.7 亿元（截至 2023 年末）。

2022 年，万州入选中央财政支持普惠金融发展示范区，以乡村振兴、绿色金融为重点，突出广覆盖、有特色、更精准，实施"财政+金融""信用+金融""担保+金融"工程，打造集信贷融资、保险服务、征信查询、产融对接等于一体的综合性普惠金融服务大数据平台，完善银政担风险分担机制，用好普惠金融发展融资担保贷款风险补偿资金，深化民营小微企业和个体经营户金融服务港湾行动和普惠金融到村基地建设，引导普惠金融增量扩面、提质增效，普惠金融服务实体经济相关数据指标、工作成效在渝东北领先，融资成本在渝东北保持洼地优势。

高水平合作共育绿色新质生产力

共谋"新"局、竞速"质效"的区域协作是绿色新质生产力培育和成长的重要方式。万州持续推动万达开一体化走深走实、万开云同城化全面加速，深化万州-两江新区对口协同发展，丰富绿色新质生产力的应用场景，促进创新要素在万州有序流动和开放共享，建立产业链供应链跨区域协同培育和优化布局机制，川渝地区改革探路先锋的示范效应凸显。《成渝地区双城经济圈建设规划纲要》部署渝东北、川东北一体化发展，提出"支持万州、达州、开州共建川渝统筹发展示范区"。万达开地区位于三峡库区和秦巴山区腹心地带，总面积 2.41 万平方公里，是长江上游生态屏障的重要关口和成渝地区东出北上的主要门户。《推动川渝万达开地区统筹

---

① 转型金融这一概念在 2019 年由经合组织（OECD）率先提出，是指在经济主体向可持续发展目标转型过程中，为它们提供融资以帮助其转型的金融活动。

发展总体方案》明确提出三地要共同建设生态优先绿色发展样板、统筹发展制度创新先行区、全国综合交通物流枢纽、川渝东北地区①重要增长极。

"协同创新"是万达开统筹发展 10 个专项工作之一,重点任务是完善创新协作机制,细化合作切口。万州、开州、达州、云阳四地政府共同签署万达开协同创新示范区建设框架合作协议,万州、达州、开州三地联合创建首个川渝共建的省级综合类技术创新中心——万达开技术创新中心,共建科技专家库、技术需求库、科技成果库。

万达开技术创新中心依托重庆三峡绿色智造赋能有限公司(万州)、达州产业技术研究院、开州产业技术研究院组建,实行理事会领导下的主任负责制。中心主任由三地联建主体负责人轮值担任(任期 1 年),发展定位为创新资源高效配置枢纽、技术协同攻关重要载体、产业高质量发展核心引擎,确定"1234"建设任务②,将先进材料、能源化工、食品医药、装备制造、电子信息等 5 个重点领域作为共性技术主攻领域,前期由三地联建主体分别建设运营机构,试运行 3 年,期满且经评估后,再共同组建中心总部,建立适配的协同创新、项目组织实施、人才激励等合作高效运行机制。

融合发展的另一路径是产业共兴。万达开云四地有关部门签订产业协作、绿色智能铸造产业园共建等合作协议,共同起草万达开新兴产业合作示范区建设、万达开云承接东部地区产业转移等工作方案,强化市场、产业、创新、招商、平台、要素等协同,建立供需配套企业库,促进万达开云先进制造业分工协作、链式配套、互补发展。如今,四地已有 40 余家企业建立上下游合作关系,协作业务总产值突破 20 亿元。比如,位于万州经

---

① 川渝东北地区:指渝东北和川东北 2 个地区,渝东北地区包括万州、开州、梁平、城口、丰都、垫江、忠县、云阳、奉节、巫山、巫溪 11 个区县,川东北地区包括广元、南充、广安、达州、巴中 5 个地级市。

② 万达开技术创新中心"1234"建设任务:"1"为打造由企业联合创新中心和专业研发机构共同组成的多元协同创新网络,"2"为营造科技人才、科技金融两个生态,"3"为要素、平台、共治三个协同,"4"为创新资源对接、技术研发攻关、成果转移转化、企业孵化培育四个平台。

开区的重庆长安跨越车辆有限公司在川渝东北地区布局车身冲压、车厢、车架以及后处理封装等多个工厂，与开州千能实业、开州信辉联科技、云阳三木汽车、达州川环科技等企业建立配套联合体，共育轻型新能源商用车技术创新、精益制造、数智转型的绿色新质生产力。

劳动者是生产力中最活跃的要素，培养更多适应新质生产力需求的高素质劳动者和高技能人才是职业教育改革的重点任务。万州职业教育中心是渝东片区第一所国家级重点中等职业学校，牵头组建万达开云职业教育联盟，组建联盟学校"中心教研组"，联合开展教师互派、专业共建、教研活动、科目统考、技能大赛，促进校校合作、校企合作和产教融合，共同打造区域性优质职业教育品牌，构建跨区域错位发展、协同培育服务区域产业发展人才机制，为培育新质生产力和构建现代化产业体系提供坚实的高素质技术技能人才支撑。

育绿色新质生产力促高质量发展

万州因"万川毕汇"而得名，因"万商云集"而闻名，因"万客来游"而扬名，高质量发展的底色、成色在于生态优先绿色发展，建设绿色新质生产力高地，同步推进降碳、减污、扩绿、增长，谱写人与自然和谐共生的中国式现代化万州篇章。为此，提出如下建议。

一是立足功能定位、发挥自身特色，聚焦区域协调发展战略和区域重大战略，构建绿色新质生产力驱动的现代化产业体系。健全政府部门推动、龙头企业带动、上下游企业联动、大院大所大才驱动的产学研用合作长效机制，构建科技企业"微成长、小升高、高变强"梯次培育体系，完善"众创空间+孵化器+加速器"全链条孵化体系，提升科技创新的内生绿色动力。做强新型工业化主战场、主阵地、主平台，推动园区产城景智融合发展，实施"绿色亩均论英雄"改革，推动先进材料、食品加工、装备制造、医药化工、新型能源等重点产业绿色转型，支持大中小微企业产研创新、梯度发展、做大做强。

二是坚持从实际出发，以绿色新质生产力为画笔绘就山水万州美好家园新画卷。迭代升级"九治"等生态环境治理体系，坚决守住万州的蓝天、碧水、净土。强化生态系统跨区域联保，坚定持续推进长江"十年禁渔"，推进国土绿化示范试点建设、长江岸线林相景观提升。稳妥推进碳达峰、碳中和，推动林业碳汇开发，用好转型金融市场化碳账户平台，丰富转型金融产品供给。依托重点行业清洁生产和节能减排场景，跨区域按需配置绿色科技创新资源。发挥绿色新质生产力高地的创新溢出和辐射带动效应，提升区域协作合作的绿色绩效。

三是构建与绿色新质生产力相适应的新型生产关系，加快形成全民生态自觉。充分发挥人在绿色科技创新中的能动因素，继续实施"平湖人才"计划、"百千万"引才工程、产业工人队伍建设等人才项目，加快青年发展型城市建设，建立与绿色新质生产力相适应的人才培养体系，促进以人才为核心的产学研用金服融合发展，健全争先创优的激励措施，提升驾驭绿色新质生产力的创新创业能力。

建设现代化渝东新城主引擎和重庆主城都市区重要增长极的涪陵样板

作为成渝地区双城经济圈泡榨菜生产加工端的核心项目，位于重庆涪陵高新区的中国榨菜城施工现场塔吊林立、一派繁忙景象，有108个腌池、11个周转池的1号车间已经竣工使用。这个总投资约50亿元、占地面积1050亩的全球最大的榨菜等腌制产品智能绿色制造基地将于2026年全部建成投用，届时可实现30万吨榨菜，10万吨泡菜、20万吨酱料类产品的年生产能力。在涪陵本土中医药企业太极集团的数字化工厂口服液体制剂车间，只需4名员工就能通过中央控制中心智能操作500多台设备，每天仅藿香正气口服液就能生产700万支……这是涪陵区在推动成渝地区双城经济圈建设中体现大担当，聚焦产业结构升级重点领域抓纲带目、集成攻坚，战略支点和活跃增长极建设厚积成势的蝶变缩影。

涪陵区地处三峡库区腹心地带的长江和乌江交汇处，在重庆地理版图上处于几何中心位置，被誉为"乌江门户""世界榨菜之乡"，幅员2942平方公里，辖27个乡镇（街道），常住人口111.5万人，城镇化率73.4%。近年来，涪陵区坚决做到"总书记有号令、党中央有部署，重庆见行动，涪陵抓落实"，强化与重庆中心城区功能互补、融合互动，在现代化渝东新城建设中发挥示范引领作用，加快构建"十百千"现代化产业体系①，点上突破与面上推进基层智治与市域治理变革重塑，以高水平改革激发高质

---

① 2023年的全国"两会"期间，重庆代表团举行专题记者会，涪陵区提出，力争到2027年，形成年销售收入百亿级的企业超10家、上市企业10家，100亿元级的一般公共预算收入，2100亿元规模的GDP，1000亿元规模的工业增加值，4000亿元规模的工业产值。

量发展内生动力，成功建成国家级经开区，获评国家新型工业化产业示范基地、全国文明城区、国家卫生区、国家森林城市、全国休闲农业和乡村旅游示范区、全国社会信用体系建设示范区、国家级页岩气示范区等荣誉称号。

2023 年，涪陵区地区生产总值达 1626.4 亿元，同比增长 8%，增速居重庆区县第 4 位，高于成渝地区双城经济圈和重庆平均水平 1.9 个百分点。地区生产总值在重庆区县的排名从 2019 年的第 5 位上升到 2023 年的第 4 位；固定资产投资同比增长 5.8%；社会消费品零售总额同比增长 8.6%；实现一般公共预算收入 70 亿元、税收 51 亿元，分别居重庆区县第 3、第 2 位，税收占一般公共预算收入的比重达 73%，区域协同发展的主引擎、重要增长极正在加速形成。

"固本兴新"推动"涪陵制造"迈向"涪陵创造"

作为传统的工业大区，涪陵是重庆规上工业年营收超 2000 亿元的 3 个大区之一，涪陵区白涛工业园区（见图 1）是重庆工业年产值超 1000 亿元的 10 个园区之一。近年来，涪陵出台《涪陵区制造业高质量发展行动方案（2023～2027 年）》等政策文件，聚焦打造"2349"现代制造业集群体系①，实施"科创+""绿色+"新型工业化战略，推动传统产业提质增效，引导新兴产业自主创新，前瞻性部署未来产业，实现区域之间、产业门类之间、大中小企业之间、上下游环节之间高度协同耦合，制造业总量规模、产业能级、企业实力、产业科创效能、产业平台集聚力均稳步提升。2023 年，涪陵区实现规上工业产值 2471 亿元，同比增长 6.7%，规模以上战略性新兴产业产值 770 亿元，同比增长 8.7%；工业增加值 771.2 亿元，

---

① "2349"现代制造业集群体系：先进材料、新能源汽车动力电池及轻量化部件 2 大千亿级主导产业集群，食品及农产品加工、页岩气及清洁能源、汽车船舶及智能装备 3 大五百亿级支柱产业集群，榨菜、现代中药及生物医药、新一代电子信息制造业、精细化工 4 大百亿级特色优势产业集群，前沿新材料、生物制造、生命科学、智能建造关键技术与装备、智能制造装备、新能源及新型储能、数字文创、高端纺织、软件信息服务 9 个"新星"产业集群。

同比增长 10%，规上工业增加值同比增长 11.2%，重庆区县排名第 3；完成工业投资 264 亿元，同比增长 16.3%；2 户企业上榜 2023 中国制造业企业 500 强，现有百亿级企业 6 家、领军企业和"链主"企业 10 家、工业"双百"企业① 34 家，数量均居重庆区县第 1 位。

图 1　涪陵区白涛工业园区

（供图：涪陵区发展改革委）

建峰工业集团前身为 1966 年始建于涪陵的三线企业国营 816 厂，近年加大新旧动能转换力度，建成年产 45 万吨合成氨/80 万吨尿素装置和配套热电联产装置，聚四氢呋喃等主要产品远销海外市场。重庆华峰化工有限公司（重庆市百强企业）是中国 500 强企业华峰集团在涪陵的子公司，己二酸、聚氨酯原液、超纤材料、聚氨酯树脂 4 种产品产量居全球第 1 位，己二腈等 6 种产品产量居全国首位，远销韩国、日本、印度、以色列、土耳其、俄罗斯、马来西亚、德国、巴西等几十个国家和地区，出口量占中国同类产品出口量的 30% 以上。进一步看，涪陵是重庆材料产业第一大区，2023 年材料产业产值 1203.7 亿元，占比超过全市的 1/5，其中一半以上的产值来自上述高性能复合材料，入选重庆首批 8 个战略性新兴产业集群（高性能复合材料产业），举办 2023 中国（重庆）国际高性能纤维复合材料产业创新大会等行业活动，现有相关规上企业 30 家、市级及以上研发机构 21 家，形成"龙头企业+骨干企业+配套企业"集聚态势。

---

① 　重庆工业"双百"企业：100 户重点工业企业和 100 户成长型工业企业名单。

　　进一步看，先进材料、新能源汽车动力电池及轻量化部件联动配套、相互促进是涪陵区产业协同创新的又一特色。高性能复合材料广泛用于制造动力电池箱体、车身及内外饰、车用高压储氢瓶、刹车片等汽车部件，因而涪陵在先进材料产业形成品种、品质、品牌的核心竞争力后，招商引进总投资超过 400 亿元的 3 个新能源汽车动力电池项目以及卡涞科技、联洋新材料等 11 个配套项目，从而深度嵌入成渝地区双城经济圈万亿级汽车产业链。比如，重庆卡涞复合材料有限公司是涪陵智能网联新能源汽车轻量化部件链主企业，曾创造一期项目不到半年就实现从招商签约到正式投产的纪录，将形成年产 300 万件高性能纤维复合材料轻量化部件的先进制造能力。

　　为提升本地制造层级，涪陵区梳理出 11 条重点产业链，绘制产业链招商图谱，构建"已有链主企业—潜在链主企业—未来链主企业"梯次引育体系，引导链主企业集聚上下游配套企业，培育高质量的企业雁阵，以协同创新构建跨区域产业生态圈，成为重庆建设沿江承接产业转移示范区的 7 个区之一，获批长江经济带国家级转型升级示范开发区和榨菜、船舶海工 2 个国家外贸转型升级基地，太极集团获批重庆首个国家中医药服务出口基地，承接浙江、江苏等东部地区产业转移重点项目 136 个，其中，攀华集团涪陵基地年产值近 500 亿元，华峰集团涪陵基地年产值近 400 亿元，万凯新材料涪陵基地年产值超 100 亿元。攀华薄板 450 万吨热轧生产线见图 2。

图 2　攀华薄板 450 万吨热轧生产线

（供图：涪陵区发展改革委）

向"新"而行，步履不停。涪陵区高水平打造"1238"产业科创体系①，推动科研机构、制造企业等组建优势互补、风险共担、利益共享的产业创新联合体（科创中心），在市场化、竞争型、细分型产业领域率先培育新质生产力，相继攻克多项"卡脖子"关键技术。2023年，涪陵区规模以上工业企业研发费用达44.5亿元，同比增长10.3%，成功创建市级智能化工厂18个、数字化车间62个、智能制造标杆企业6家，培育高新技术企业209家、科技型企业1996家、市级专精特新中小企业144家和专精特新"小巨人"企业12家，科技促进经济发展指数居重庆区县第1位，综合科技创新水平指数居重庆主城新区第4位，重庆区县科技竞争力综合排名从2021年的第10位跃升至2023年的第5位。华兰生物人血白蛋白产品生产线见图3。

图3 华兰生物的人血白蛋白产品生产线

注：位于涪陵高新区的华兰生物工程重庆有限公司以"全链条党小组+暖心工程""科技创新先锋班+稳心工程""共享平台与机制+初心工程""全员研发+同心工程"的党建引领企业创新发展模式，成长为国内知识产权数量最多、产能最大的血液制品生产企业。

（供图：涪陵区发展改革委）

---

① 涪陵区"1238"产业科创体系："1区"为推动涪陵高新区升级建设国家高新区；"1城1镇"为加快白涛新材料科技城（千亿级绿色新材料产业基地）、慧谷湖科创小镇；3个产业方向为数智科技、生命健康、新材料和绿色低碳；8个重点领域为人工智能与数字经济、高端装备与智能制造关键技术及装备、未来榨菜及食品创新与现代农业科技、现代中药与生命科学、先进材料与前沿新材料、页岩气与未来能源、新能源与新型储能、绿色节能环保技术。

协同焕发文化遗产勃勃生机

国家之魂，文以化之，文以铸之。习近平总书记强调："文物和文化遗产承载着中华民族的基因和血脉，是不可再生、不可替代的中华优秀文明资源。要让更多文物和文化遗产活起来，营造传承中华文明的浓厚社会氛围。"涪陵孕育了枳巴文化、白鹤梁题刻文化、易理文化和榨菜文化等本源文化，拥有世界第一古代水文站白鹤梁、易理文化圣地"点易洞"、世界最大地下人工洞体"816 工程"（改造后的 816 小镇见图 4）、"地球上最古老的伤痕"武陵山大裂谷等人文和自然遗产，与重庆武隆区、丰都县共建国家文化产业和旅游产业融合发展示范区。这些灿若星辰的文化和自然的瑰宝，在历史烟云里铭刻辉煌的过去，在世代传承下见证精彩的现在，更在历久弥新中孕育美好的未来。

图 4　改造后的 816 小镇

注：816 小镇通过改造原"堆工机械加工厂"的历史文化建筑，打造集军工文化体验、文旅文创、乡村振兴和自然生态体验于一体的爱国主义实践教育综合体。

（供图：涪陵区发展改革委）

涪陵区有着悠久的榨菜种植加工历史，涪陵榨菜与德国甜酸甘蓝、法国酸黄瓜并称世界三大名腌菜，实行商品化生产已有 100 多年历史，从最初当地居民的佐餐小食演变为"国民下饭菜"，孕育了继承传统、创新工艺、突破质量、做成产业的榨菜文化与商业文明，"涪陵榨菜传统制作技艺"入选国家级非物质文化遗产代表性项目，涪陵榨菜集团入选国家级非物质文化遗产生产性保护示范基地，拥有"涪陵榨菜""Fuling Zhacai"

"涪陵青菜头" 3 件地理标志证明商标和 "涪陵榨菜" "乌江" 等中国驰名商标 4 件,"涪陵榨菜" "Fuling Zhacai" 证明商标在美国、欧盟、印度等 40 多个国家和地区注册,"乌江" 榨菜品牌通过美国 FDA 市场准入认证。2023 年,涪陵区青菜头(榨菜原料)种植面积 73 万亩,产量 160 万吨,榨菜产业综合产值达 141 亿元,成为全国种植规模大、营销水平领先、品牌知名度高的现代特色高效农业。

涪陵榨菜集团是中国最大的榨菜生产经营集团,是农业产业化国家重点龙头企业,以工业化规模生产和传统工艺高端定制双轮驱动,在采用现代化智能生产线加工榨菜的同时,保留传统手工制作生产基地,设立榨菜标准化种植基地、榨菜风脱水晾晒地、腌制发酵窖池以及坛装、袋装生产线,其 "乌江" 牌榨菜凭借 "鲜脆爽口" 的独特口感和以销定产的经营机制,受到国内外大众青睐,出口 81 个国家和地区,全球热销超 150 亿包。

一碟碟榨菜不仅勾起人们的食欲,更带动当地群众走向共同富裕。涪陵区实施榨菜产业 "三变" 改革,推行 "龙头企业+合作社+农户" 榨菜原料订单生产经营模式,组建由菜农、榨菜半成品加工户、村集体经济组织、榨菜企业合股联营的榨菜股份合作社,深化 "一个保护价、两份保证金、一条利益链" 联农机制①,采取 "保底收购+盈利分红+优先务工" 惠农方式,让菜农获得榨菜增值收益。

涪陵青菜头一般九月播种,十月移栽,次年二月收获,构成长江、乌江两岸漫山遍野的翠绿景观。在 "世界榨菜第一村" 涪陵区江北街道二渡村,围绕榨菜产业 "接二连三",依托渝东南农业科学院和优质青菜

---

① 以涪陵榨菜集团为例,菜农以单季土地经营权入股榨菜股份合作社(建卡特殊困难户还获得财政帮扶资金支持入股),与榨菜股份合作社签订青菜头收购协议,按每吨不高于 30 元向榨菜股份合作社缴纳履约保证金,协议约定青菜头收获后合作社按不低于 800 元/吨的保护价收购,在收购结束后退还菜农缴纳的履约保证金;榨菜股份合作社再与涪陵榨菜集团签订榨菜半成品收购协议,合作社按每吨 30 元向涪陵榨菜集团缴纳履约保证金,涪陵榨菜集团向合作社承诺保护价收购,保证每吨榨菜半成品在扣除各项成本后能有 150~200 元的利润空间,并在收购结束后退还榨菜股份合作社缴纳的履约保证金。

头种植基地，打造现代农业科研区、特色农业（青菜头、特色蔬菜）种植区，并依托涪陵榨菜集团打造榨菜工业旅游区、青菜头大地景观和传统风脱水榨菜晾晒长廊，形成科工农文旅一体化的榨菜乡村主题旅游和研学体验网红精品线路。涪陵区国家现代农业产业园青菜头绿色种植基地见图 5。

图 5 涪陵区国家现代农业产业园青菜头绿色种植基地
（供图：涪陵区发展改革委）

2021 年 5 月，川渝两省市科技部门批复位于涪陵区的渝东南农业科学院、位于成都温江区的四川省食品发酵工业研究设计院共建中国酱腌菜科技创新重庆市重点实验室[①]，重点在川渝特色榨（泡）菜主要原料作物育种种质创新与品种遗传改良、轻简高效绿色原料标准化生产技术研发、传统酱腌菜加工工艺改进、新产品开发与品质调控、副产物综合利用 5 个方面开展跨区域、跨行业、跨学科关键技术攻关，共育榨（泡）菜新质生产力。比如，该实验室成功培育涪优 928、涪杂 2 号、涪杂 5 号、涪杂 8 号、

---

① 渝东南农科院从 20 世纪 60 年代开始从事榨菜综合配套研究，在榨菜和泡菜的原料作物——芥菜类蔬菜的新品种培育、主要病虫害防控、土壤改良及专用肥研发等方面居行业领先地位，技术优势集中在产业链"前端"。四川省食品发酵工业研究设计院的优势主要在"后端"，从 20 世纪 50 年代开始在农产品食品加工、微生物发酵、酿酒工程、传统食品改造方面进行新产品、新工艺、新技术的研究及配套工程设计。

青晚 1 号、涪优 203、涪优 3000、渝早 100 等早、中、晚熟和耐抽薹、优质、丰产的青菜头品种体系，在成渝地区双城经济圈广泛栽种，眉山、资阳、绵阳、遂宁等地八成的青菜头种子都来自涪陵。

2023 年 9 月，国家文物局召开蜀道保护利用座谈会，要求川陕甘渝 4 省市共同推进世界文化遗产申报，并将荔枝道正式纳入蜀道联合申遗。天宝岁贡取之涪，荔枝古道今犹存，荔枝道①是直接联系川东地区和关东地区的重要通道，自唐朝以后成为历代各朝通往四川、重庆的交通要道和贸易通道，明清时期更是成为众多商贾入川的必经之路。荔枝道跨越千余年，向现代人传达来自历史的讯息和宝贵的精神财富，实证中华文明"连续性、创新性、统一性、包容性、和平性"五个突出特性，面积广阔、生态各异、文化缤纷，沿途有白鹤梁、剑门关等文旅 IP，通过对荔枝道的线性文化遗产保护利用，有利于充分发挥以史育人作用，共建巴蜀文化旅游走廊和成渝双城经济圈世界级休闲旅游胜地。当前，涪陵区正编制《荔枝道（涪陵段）保护利用规划》，与达州等联合开展荔枝道研究、保护、申遗和开发，在城市更新中应用荔枝元素建设"荔圃春风"牌坊、"种荔枝、采荔枝、运荔枝、品荔枝"雕塑群等新地标，再现唐代涪州荔枝道的历史盛景。

白鹤绕梁千年，水文享誉世界。白鹤梁位于涪陵城北的长江中，是一道长 1600 米、平均宽约 15 米的天然石梁，千百年前的古人以石梁中间的一双石鱼为基准，记录长江枯水期水位变化，指导农业生产，留下"石鱼出水兆丰年"等民谚。除具有水文科学价值外，白鹤梁题刻还有重要的历史和艺术价值，上有 3 万余字题刻，留名者多达 700 余人，不乏黄庭坚、朱昂、秦九韶、王士祯等大家，字体篆、隶、行、草皆备，风格颜、柳、黄、苏并呈，被誉为独一无二的"水下碑林"。与之对应，埃及尼罗河水

① 荔枝道分水陆两程，西线为陆路，南起乌江与长江交汇处的涪陵，经长寿、垫江、梁平、达州、万源至汉中西乡，沿"子午道"抵西安；东线为水路，沿长江过丰都、石柱抵万州，再取开州、达州，抵西乡。

域的水位测量历史超过 5000 年，记载下 1300 多年的数据，古埃及人还发明了测量尼罗河水位的工具——尼罗尺。中国和埃及是全球保存有水位观测实物遗产的国家，白鹤梁题刻和埃及尼罗尺石刻分别代表亚、非大陆不同农业文明与江河水资源之间的密切关系，都是古代农耕文明测水用水的早期智慧，均为几千年气候变化提供了翔实的科学资料。

在高质量共建"一带一路"机制下，重庆市文化旅游委、重庆市政府外办、涪陵区文化旅游委与埃及水下文物部相关专家就联合申请世界文化遗产达成共识，开创了分处两个大洲且地域不相连的国家联合申遗的先例。为确定联合申遗的可行方案，涪陵区举办多场学术研讨会，邀请国内外专家围绕水文遗址的意义、价值进行深入探讨，最终确定将世界文化遗产申报范围细化到白鹤梁题刻与位于埃及开罗市中心的罗达岛尼罗尺石刻。同时，涪陵区以白鹤梁水下博物馆为载体，改造升级参观廊道、数字展厅，扩大遗址展陈范围，加强保护开发和宣传推介，让文物本体更好地呈现在观众面前，促进文博旅融合发展。

争做"一地创新、全市共享"的基层智治"先行军"

2023 年数字重庆建设大会召开以来，涪陵区迅即像抓工业一样抓数字改革、抓数字转型，不断夯实数字基础设施，累计建成 5G 基站超 4500 个，每万人拥有 5G 基站数超 40 个，行政村 5G 网络通达率 100%，并按照数字重庆建设"1361"整体架构，建成、衔接、用好一体化公共数据平台，在"承上、启下、贯通、闭环、迭代、提升、特色、典型"八个方面下足功夫，初步在重点领域形成一批具有涪陵辨识度的实用实战成果，努力在推进数字重庆建设中破题起势和走在前列。

数字时代，数据作为新型生产要素日益成为价值创造的重要源泉。涪陵对全区数据资源"应编尽编"，统筹做好急用、重要、全量数据归集，持续提升涪陵云计算大数据中心运行效能，优化完善数字资源"一本账"。截至 2023 年末，涪陵区共计 122 个应用、1689 类数据、18 个能力组件、

26891 个感知资源被纳入数据资源目录，归集公共数据 1416 类，总量达 7 亿余条，归集数据条数居重庆区县第 1，归集率达 83.8%。同时，涪陵归集了城区地下管网、路灯、井盖、充电桩等 127 类、近 80 万个部件的产权归属、经纬度等数据，为后续的合规确权、质量评级、成本归集、价值变现等数据资产入账入表改革做出先行探索和奠定基础。

为打通基层治理"最后 1 米"，涪陵区全覆盖建设"141"基层智治体系，培育"街道居民议事会议制度"① 等基层治理品牌，打造党建引领基层善治"升级版"。街道基层治理指挥中心对照"联勤联动"定位，紧抓数据归集、核心业务梳理、"一件事"应用，提升精准感知、科学分析、高效执行等实战能力，科室站所整合到"一中心四板块"，社区按照居民户和人数划分网格，配备"1+3+N"网格力量②，从而实现基层治理指挥中心第一时间"吹哨"、相关板块快速"听哨"、相关岗位立即"应哨"，"私事"自己办、"小事"社区办、"大事"政府办，"三事分流"、多部门、多岗位协同，网格、社区、街道三级联动，基层问题办结时间较传统方式提前 1~3 天，及时把矛盾纠纷动态排查化解在基层。2023 年，涪陵各镇街基层智治平台累计办理办结各类事件超过 20 万件。

同时，涪陵区突出需求导向和特色导向，对 161 个存量数字化应用开展调研梳理，进行分类分组整理，初步形成关停整合方案，并聚焦"小切口、大场景"开发涪陵特色应用。例如，"榨菜产业大脑"是涪陵区政府部门针对青菜头种植户、收购户、榨菜企业开发的移动端应用，整合榨菜种植、生产、加工全产业链的数据资源，实现以"三个发布、两个导航"

---

① 2022 年起，涪陵各街道全面推行居民议事会议制度，居民议事代表以各个街道的基层一线人大代表，兼顾吸收各级党代表、政协委员、社会各界人士。参照乡镇人大代表名额确定规定，各街道居民议事代表名额基数为 45 名，以上一年度户籍人口为基数，每 1500 人可以增加 1 名议事代表，但总额不超过 100 名。居民议事代表每届任期五年，与乡镇人大代表任期同步。各街道办征集民生实事项目，最后由居民议事会议代表大会投票确定。

② "1+3+N"网格力量："1"即网格长，"3"即专职网格员、兼职网格员、网格指导员，"N"即"两代表一委员"、群众、驻社区干部、专业执法力量、在职党员、志愿者等。

为特色的数智公共服务①和跨部门联合智慧监管。图 6 为华为涪陵云计算大数据中心。

图 6　华为涪陵云计算大数据中心

注：华为在涪陵区战略布局，在大数据云计算、工业互联网、智能网联新能源汽车、超充网络、AI 中医药大模型、软信产业及人才培养等方面探索更多合作机会。

（供图：涪陵区发展改革委）

努力打造成渝与 RCEP 国家合作的区域样板

涪陵区位于西部陆海新通道东线与长江黄金水道的连接点，拥有涪陵综合保税区、重庆自贸区涪陵联动创新区等国家级开放平台以及龙头港等码头，通过牢牢把握西部陆海新通道重庆市域辅枢纽这一功能定位，抢抓 RCEP 机遇，强化"通道+经贸+产业"联动，与沿线省份在基础设施、运输网络、跨区通关、产业配套等方面加强共建共享、互联互通等合作，获批重庆唯一的国家粮食物流核心枢纽（港口型），内陆开放型经济砥砺前行。2023 年，涪陵区内企业经西部陆海新通道货运量达 6875 标箱，同比增长 44.6%，货运值达 11 亿元，同比增长 17%；涪陵区与 RCEP 沿线国家实现进出口额 75 亿元，同比增长 33%。

涪陵历来是重要水运码头，是乌江流域通江达海的中转站，与四川广安、贵州遵义以及重庆长寿、武隆等地合作建立"川东渝东渝南黔北交通

---

①　"三个发布"指种植户可以发布种植地址、预计产量、销售价格等信息，收购户可以发布菜池容量、收购价格、收购地点等信息，榨菜企业可以发布加工能力、腌制池容量和计划收购量等信息，这些信息通过"榨菜产业大脑"构建起完整的榨菜产业地图，实现榨菜产业数据共享。同时，种植户、收购户、榨菜企业可以通过位置导航和信息导航功能快速定位交易地点，促进青菜头、榨菜半成品等交易，提升榨菜加工销售能力。

物流会商机制"，积极推进广涪柳铁路、涪武高铁等重大交通项目，共建开放大通道和共筑大联运提速成势。例如，涪陵至贵州遵义余庆的集装箱运输实现干支联运，涪陵与南充、达州、广元、广安、合川、北碚、万州等 14 座沿江城市达成港口利用、航道畅通、航运发展、安全环保、信息沟通、人文交流等嘉陵江流域与长江干线干支联动合作，公水联运合作项目的年货运量超 30 万吨。2023 年，涪陵区的港口货物吞吐量突破 3900 万吨，稳居重庆区县第 1，船舶制造产能、水路危化品运力、水路货运周转量分别占重庆总量的 32%、77%、23%。

2018 年 10 月，重庆第四个综合保税区——涪陵综合保税区经国务院批准正式成立，总规划面积 2.7 平方公里，分两期建设分别于 2019 年 12 月和 2023 年 11 月通过国家验收并实现封关运行。2022 年，涪陵综保区外贸进出口总额突破 120 亿元大关，连续 3 年每年贡献 60%~70% 的进出口贸易额。2021 年，涪陵综保区首度参加全国综合保税区发展绩效评估，评估结果为"双 B 类"，排名居全国 137 个参评综保区第 75，居中西部地区和东北三省 57 个参评综保区第 21；在重庆的国家级开发开放平台考核中，排名在全市 4 个综保区中居第 2，在全市 12 个国家级开发开放平台中居第 4。

涪陵综保区结合"链接双循环、服务双城圈"的功能定位，坚持"错位发展、协同发展、集群发展"的原则，按照"54321"工作思路①，充分利用保税、免税、退税政策，创新"区港联动"②、活用"分送集报"监管等服务本地、辐射周边的制度机制，加快建设长江上游重要开放口岸、成渝地区双城经济圈重要进出口加工基地、西部地区独具特色的服务贸易

---

① 涪陵综保区"54321"工作思路："5"为打造加工制造、设计研发、物流分拨、检测维修、销售服务五大中心，"4"为发展生命健康、装备制造、食品粮油、新一代信息技术四大产业，"3"为完善保税加工、保税物流、保税服务三大功能，"2"为坚持加工贸易、一般贸易和货物贸易、服务贸易两手抓，"1"为全力实现绩效评估上等升级目标。

② 按照进出口"单票提单报关一次性查验"要求，货物须全部运抵经海关一次性验放后才能进入综保区，但涪陵综保区入驻企业攀华薄板进口板坯动辄数万吨，一次性验放入区不仅物流成本高，综保区场站也无法容纳。涪陵综保区联动重庆海关争取海关总署风险管理司支持，创新"区港联动"机制，企业进口货物申报入区后，先到先放，无须全部运抵。

示范基地，初步形成以聚豪、涪源等为主的食品粮油加工，桑普、港盛、帅泓、德天等为主的电子信息加工，易力嘉、道景、天狗等为主的保税物流，潘多拉、粟米等为主的跨境电商，大账房、百望财税、51 社保等为主的总部结算五大产业集群。

涪陵综保区立足地域产品优势，建设集榨菜出口企业集群办公平台、榨菜外贸企业孵化交易平台、涪陵榨菜文化展示平台、榨菜保税加工集散中心和海外保税仓，畅通榨菜产品国内外供销链，打造《成渝地区双城经济圈建设规划纲要》提出的"全球泡（榨）菜出口基地"。另外，涪陵综保区积极推动金属新材料产业走廊通道试点建设，与内蒙古巴彦淖尔市乌拉特中旗甘其毛都口岸合作推动"蒙肉南下""蒙矿南下"，与老挝等国有关机构合作建设以"老肉北上"为基础的国际肉类"产加销运"体系。

努力在成渝地区双城经济圈建设中展现大担当、做出大贡献

勇立潮头，扬帆激浪。涪陵区从全局谋划一域、以一域服务全局，整体推进成渝地区双城经济圈、西部陆海新通道、长江经济带高质量发展等国家战略落地实施，以实干实绩实效体现大区大担当、做出大区大贡献的底层逻辑和示范经验在于：坚持党建统领，突出稳进增效、除险固安、改革突破、惠民强企、区域协作的工作导向，以科技创新引育新质生产力和引领现代化产业聚链成群，坚持"固本"做强优势产业集群，聚焦"兴新"抢抓产业科创新赛道，强化优势产业跨区域补链、延链、强链，推动产业平台和开放平台协同提能增效，以推进数字重庆建设撬动全面深化改革，推动以"三高地三示范区"①为特色的现代化新涪陵建设跑出新速度、积累加速度、实现新突破。

---

① 三高地三示范区："先进制造业、产业科创、开放合作"三个高地和"城乡融合、绿色转型、高品质生活"三个示范区。

建设巴蜀国际文旅名城的大足实践

千手观音、华严三圣近如眼前；漫步青石小路，一日可览宝顶山四季美景……2024 年春天，大足石刻"飞上云端"，这是大足石刻数字化建设最新成果——"云游·大足石刻"工程①。大足石刻始建于初唐，鼎盛于两宋，明、清两代续有开凿，是世界八大石窟之一、重庆唯一的世界文化遗产②和人类石窟艺术史上的丰碑，具有不可替代的历史、艺术、科学价值，并以规模宏大、雕刻精美、题材多样、内涵丰富、保存完好而著称于世。

大足区位于重庆西部，距重庆中心城区 55 公里，距成都 155 公里，处于成渝相向发展的战略腹地，幅员 1436 平方公里，辖 6 个街道、21 个镇，总人口 107 万。近年来，大足区将大足石刻蕴含的中华优秀传统文化基因转化为坚定文化自信、推动高质量发展的动力源泉，围绕做好"国际文旅名城、特色产业高地、城乡融合示范"三篇文章，以"开山化石、励志图新"的精神抓实一批重点项目、做强一批重点平台、推进一批重点改革，做靓享誉世界的文化会客厅，建强链接成渝的"两高"③桥头堡，让大足石刻走下崖壁、与世界对话。

2023 年，大足区实现地区生产总值 870.3 亿元，同比增长 6.5%，增

---

① "云游·大足石刻"工程利用高精度数据采集设备配合无人机取景方式，在不对景区及文物造成任何损害的前提下，对大足石刻景区地形地貌、摩崖造像，及大足石刻博物馆（见图 1）馆藏文物，进行毫米级三维数据扫描和 1∶1 数字孪生建模，网友通过智能终端可在线观赏大足石刻。

② 1999 年 12 月，大足石刻被列入《世界遗产名录》，联合国教科文组织评价"大足石刻是天才的艺术杰作，具有极高的历史、艺术、科学价值"。

③ 两高：高质量发展和高品质生活。

速分别高于全国、成渝地区双城经济圈、重庆市平均水平 1.3 个、0.4 个、0.4 个百分点，居重庆区县第 17、重庆主城都市区第 10。作为国家级生态示范区、国家园林城市、全国绿化模范城市、国家卫生区、国家森林城市和中国旅游高质量发展县（区），2023 年，大足区共接待游客 3512.6 万人次，同比增长 15.14%；旅游总收入 201.7 亿元，同比增长 24.64%；过夜游客 87.7 万人次，同比增长 59.4%；大足石刻景区购票游客 116.6 万人次，同比增长 356.6%，门票收入 9397.7 万元，同比增长 431.1%，均创历史新高。大足石刻博物馆见图 1。

图 1　大足石刻博物馆

注：大足石刻博物馆位于大足石刻宝顶山景区，是一座集陈列展示、保护、收藏及服务于一体的公益性、综合性的现代博物馆，生动展示了石窟艺术从印度到大足的发展脉络、大足石刻在石窟艺术中国化进程中所开创的典范之美、大足石刻研究保护历程、大足石刻申遗之路和千手观音修复等情况。

（供图：大足区文化和旅游委员会）

共建川渝文物和文化遗产保护示范区

作为集儒、释、道三教造像于一体的大型石窟造像群，大足石刻共有造像 144 处、5 万余尊，以宝顶山、北山、南山、石门山、石篆山 5 处石窟最具特色，代表了公元 9~13 世纪世界石窟艺术的最高水平。邓小平、江泽民、胡锦涛、习近平等党和国家领导人，以及美国前国务卿基辛格、柬埔寨西哈努克亲王、新加坡前总理吴作栋等国际友人先后到大足石刻参观。2019 年 4 月，习近平总书记视察重庆时，再次亲切关怀大足石刻，嘱咐"一定要把大足石刻保护好"。2021 年 3 月，大足石刻入选人民教育出版社七年级历史教材。另外，大足区围绕"文物保护的样板、传承利用的示范、文旅融合的标杆"目标，努力将大足石刻研究院建成世界级文保平台，高水平推进大足石刻保护，打造具有国际影响力的国家文物保护利用示范区。

历史文化遗产是不可再生、不可替代的宝贵资源，必须把依法保护放在第一位。1998 年出台的《重庆市大足石刻保护管理办法》，为大足石刻的保护管理提供了基础性规范。为了适应世界文化遗产的保护需要，2017 年 3 月，重庆市四届人大常委会第三十五次会议表决通过《重庆市大足石刻保护条例》（2017 年 6 月 1 日起开始施行），这是重庆首部保护历史文化遗产和风景名胜区的地方性法规，标志着大足石刻保护进入法治化、专业化、体系化轨道。2022 年 12 月，《重庆市大足石刻保护条例》经重庆市五届人大常委会第三十九次会议修正通过，进一步扩大了大足石刻的保护范围。

大足区检察院与大足石刻研究院签订重庆首个在文化遗产保护领域加强公益诉讼与文物保护合作的协议，建立对口联系、信息共享、联合巡查、调查取证等 11 项协作机制。大足区检察院在大足石刻博物馆设立"文化遗产检察官办公室"，开展线索受理、联合巡查、法律咨询、法治宣传等工作，该项工作机制已在全市推广。重庆市检察院在大足石刻宝顶山建成文化遗产保护中心，成为全国首家集专业化检察办案、恢复性司法保护、综合性法治宣传等功能于一体的省级文化遗产保护法治基地。

川渝两省市石窟寺及摩崖造像多达 2850 处，占全国总数的 1/3 以上，是我国石窟寺分布最密集的区域。"突破行政隶属，打破行政边界，建立川渝石窟寺联合普法、立法、执法机制"是跨区域高效协作保护的关键。2020 年 6 月，大足区与四川省乐山市、重庆市武隆区三地检察院建立成渝地区双城经济圈首个世界遗产保护领域公益诉讼检察工作跨区域合作机制。随后，大足区陆续与四川省资阳市的安岳县、雁江区、乐至县建立类似的合作机制。2023 年 8 月 15 日（全国生态日），大足石刻研究院、渝北区法院、大足区法院、大足区检察院、安岳县法院、安岳县检察院共同签署《大足石刻文化遗产生态司法保护战略合作框架协议》，成立"资大文旅巡回法庭"，构建受理举报、移交处理、巡回审判等协作机制，联合开展"普法+科普+文旅"相结合的文化和自然遗产保护宣传活动。

另外，大足区深化与中国科学院武汉岩土力学研究所、浙江大学、复旦大学、四川大学、重庆大学等知名高校科研院所，以及意大利威尼托文化遗产集群、日本奈良文化财研究所等国际文物科研机构合作，建设中国南方石质文物保护科研基地、潮湿环境石窟寺水害治理技术国家文物局重点科研基地、国家文化与科技融合示范基地、大足石刻文物修复医院等平台，开展宝顶山圆觉洞综合性保护、宝顶山卧佛及小佛湾造像保护修缮、广大寺修缮工程等重点文保项目，实施文物数字化保护工程，切实保护大足石刻的文化根脉。

《巴蜀文化旅游走廊建设规划》《"十四五"石窟寺保护利用专项规划》等政策规划均提出"建设川渝石窟寺国家遗址公园"的重点任务。川渝两省市文物局签署合作协议，共同编制川渝石窟寺重大保护利用项目及基础设施、产业发展、公共服务等领域专项规划，大足石刻研究院与乐山大佛石窟研究院、安岳石窟研究院共建川渝石窟保护研究中心、联合实验室、科技创新基地，共同提升石窟保护利用水平。

讲好大足石刻故事，传播大足石刻价值

近年来，大足区有关部门组建大足石刻学术委员会和专家智库，参与发起成立中国石窟文化联合研究生院[①]，创办《大足学刊》（大足石刻研究

---

① 2023 年 9 月，在教育部、国家文物局和山西省人民政府的支持下，由山西大学牵头组织，兰州大学、四川大学、浙江大学、郑州大学等高校联建，协同敦煌研究院、云冈研究院、龙门研究院、大足石刻研究院、新疆克孜尔石窟研究所等石窟研究机构，联合成立中国石窟文化联合研究生院，打造石窟文化遗产保护利用人才培养基地和科学研究高地。

院与四川美术学院合办），四川美术学院成立"大足学①研究院"并招收大足学方向硕士研究生，编撰《巴蜀石窟全集》《大足石刻中小型石窟考古报告》，与中国社会科学院等合作开展学术课题研究。越来越多的学者投身于大足石刻这座学术金矿，从屈指可数的几篇文章到上千篇论文的发表，从没有专著到上百部著作的出版，从一般性研究到"大足学"的建立，让尘封在历史中的文化瑰宝闪耀出新时代的光芒。

大足区以政德教育为重点，结合大足石刻中蕴含的志道忠诚、崇俭尚廉、警示惩戒等内容，编制干部廉政教育教材，开设特色党课，大足石刻廉政教育基地成为全国首批"大思政课"实践教学基地和重庆市干部教育培训现场教学基地，累计培训1万余名干部。同时，开展4000多次"大足石刻文化进校园"活动，办好大足石刻大讲堂，打造"行走的思政课"育人项目，为青少年讲好优秀传统文化故事。

2023年8月，国家文物局、重庆市政府主办的首届石窟寺保护国际论坛在大足区召开，来自中国、阿富汗、巴基斯坦、伊朗、尼泊尔、挪威、英国等世界石窟寺保护领域的近百名专家学者分享多项研究成果，发布《气候变化背景下石窟寺保护大足宣言》，促进石窟寺文化文明的交流互鉴，全球1344家媒体报道、5.1亿人次关注，为全球石窟寺保护提供中国方案和大足经验。大足区高标准搭建学术交流平台，办好中国石质文物保护国际学术研讨会、大足石刻国际学术研讨会、川渝石窟保护学术研讨会、川渝石窟保护技术与文化挖掘研讨会等学术活动，拓展中华文明的全球影响力。

让大足石刻"活"起来、"走"出去

走在大足区的街道上，随处可见以大足石刻为主题的石雕工艺品，并畅销国内外，年创造产值20亿元，带动上万人就业。大足石刻文化创意产

---

① 大足学：以大足区为中心，覆盖周边及巴蜀地区，以石刻造像为主体，兼及该地区丰富的文化遗存与历史文化，以大足学理论为主要研究对象的一门学问（学科）。

业园坚持"文化+产业+旅游"的发展模式，建设西部地区最大的雕塑产业基地和特色文创产品集散地，培育27位省部级工艺美术大师，累计签约入驻企业162家、总投资209亿元，被认定为成渝地区双城经济圈重大文旅项目，川渝文创企业在这里共享石刻文化、共用雕刻人才、共享专业车间、共创石雕品牌。

大足区加快建设大足石刻数字博物馆等智慧旅游场景，推出4K银幕电影《天下大足》、8K球幕电影《大足石刻》，开发主题文创产品和数字藏品，形成线上云游、线下体验的"孪生"格局，大足石刻数字展示中心获评国家首批"智慧旅游沉浸式体验新空间"。同时，组建大足石刻国际营销传播实验室，深入实施主题歌、文化书、故事汇、微视频、画册、网文、游戏、动漫等"N个一"计划和"四百工程"①，不断提升大足石刻国际影响力。大足石刻国际旅游文化节已成功举办11届，成为宣传大足、推介川渝、展示城市形象、促进经济发展的知名品牌节会。每届旅游文化节除安排大型文艺演出、盛大民俗活动外，还有"非遗"演出、音乐会、商品展销、项目签约等丰富的文化交流活动。

示范共建具有国际范、中国味、巴蜀韵的世界级文化旅游目的地

2020年4月，大足区与资阳市签订合作协议，共建资（阳）大（足）文旅融合发展示范区，这是川渝毗邻地区合作共建区域发展功能平台中唯一一个以"文旅融合"为主题的平台。2022年2月，川渝两省市发展改革委联合印发《资大文旅融合发展示范区总体方案》，明确示范区发展定位为世界石刻（窟）文化遗产保护利用示范区、巴蜀特色文化旅游目的地和全国知名文化创意产业基地，五大重点任务为共推文化遗产保护利用、共建文旅基础设施网络、共塑区域文化旅游精品、共促"文旅+"产业巴蜀文化融合发展、共创文旅发展保障机制，从而构建"一

---

① 大足石刻"四百工程"：在全球举办大足石刻百场展览、百场讲座、百馆赠书、百集微视频展播活动。

轴两区两带"① 的空间发展格局，引领带动大足、资阳全域文旅融合发展。

作为巴文化与蜀文化的交融地，大足区与资阳市的石刻文化②、蜀源文化、五金文化、红色文化、农耕文化等一脉相承、交相辉映，互补性强。两地有关部门联合制作的大足石刻、安岳石窟纪录片《镌刻千年的巴蜀印记》《我们的故事》荣获第十二届北京国际电影节短视频"知识类"二等奖，MV《崖壁上的永恒》用于两地石刻的宣传推广，联创川渝石窟寺国家遗址公园，发布"资大文旅融合发展示范区投资机会清单"，依托渝西川东经济社会发展协作会、成渝轴线区市县联盟、渝西川东八区县旅游协作组织、成渝直线经济联盟等平台开展文旅合作，年互送客源近百万人次，联动都江堰、武隆、眉山等地推出巴蜀文化遗产、佛教等主题精品旅游线路，共创"资足常乐"区域公共文旅品牌。

2020 年 6 月，大足石刻研究院和成都金沙遗址博物馆签订《学术文化交流备忘录》，在文化遗产保护、学术科研交流、展览交流、文物保护、宣传推广、社会教育、公众服务、文创开发、智慧博物馆建设等多领域开启合作，联手打造"点石成金"的"文旅 CP"。

2020 年 9 月，大足石刻研究院与武隆世界自然遗产保护中心、金佛山旅游景区管委会、青城山 – 都江堰风景名胜区管理局、峨眉山风景名胜区管委会、乐山大佛风景名胜区管委会等发起巴蜀世界遗产联盟；大足区文化和旅游发展委员会、大足石刻研究院与资阳市文化广播电视和旅游局、资阳市博物馆、安岳县文化广播电视和旅游局、乐山市文化广播电视和旅游局、乐山大佛石窟研究院、夹江县文化体育和旅游局发起巴蜀石窟文化旅游走廊联盟。两个联盟的重点任务是推动遗产资源共享、科技创新赋能遗产保护传承、遗产保护经验分享、景区联合宣传营销，共同提升成渝地区双城经济圈遗产地的旅游品质和品牌。

---

① 　一轴两区两带："一轴"为资大文旅融合发展主轴，"两区"为资阳文旅融合核心区、大足文旅融合核心区，"两带"为"红色印记"文旅融合发展带、"巴蜀匠心"工旅融合发展带。

② 　资阳市安岳县拥有始于南北朝、盛于唐宋的安岳石刻，被誉为"中国石刻艺术之乡"。

此外，大足区推动龙水湖水利风景名胜区打造"休闲运动+康体疗养+研学体验+主题游乐+创意夜游"的休闲度假产品体系，提档升级隆平五彩田园、"如梦荷棠·山湾时光"、重庆红岩重汽博物馆等特色景点，实施"增星添 A""快旅慢游"等旅游提升计划，打造一批名景、名镇、名街、名村、名巷、名楼、名店、名品等，加速构建"日月辉映、繁星闪烁"的全域文旅融合发展新格局。

展望与建议

飞檐插空藏古匠，望壁流芳耀高峦。大足区建设巴蜀国际文旅名城的关键在于做靓"重庆唯一世界文化遗产"的品牌引领，在资大文旅融合发展示范区建设中做表率，与川渝相关城市共同推进石刻（窟）历史文化系统性研究研学和石刻（窟）技艺活态传承，迭代升级大足石刻数字档案、智慧博物馆等数智资源平台，以新质生产力促进大足石刻元素在文创、旅游、音乐、舞蹈、绘画等领域创新运用，丰富石刻（窟）文化旅游、红色文化旅游、遗产旅游、研学旅游、生态旅游、会展节事等"主客共享、近悦远来"的旅游业态，完善门票互认、线路共推、客源共享、联合营销等协作机制，加快大足石刻文化城、川渝雕塑共享产业园等重点项目建设，持续唱响"精美的石刻会说话"的文化品牌，争做巴蜀文化旅游走廊"桥头堡"。

迭代升级现代化新江津的"一枢纽三高地"创新路径

重庆市江津区是大江要津、长寿之乡，是万里长江入渝第一区，自古就是渝西川南水陆交通枢纽和商贸中心，全区面积 3218 平方公里，辖 5 街道、25 乡镇，常住人口 135.4 万，是重庆主城都市区同城化发展先行区、长江经济带与西部陆海新通道"叠加区"和渝川黔省际交界"缝合区"，以及泸永江融合发展示范区、川南渝西地区的重要增长极，获得国家农业现代化示范区、国家新型工业化产业示范基地·装备制造、食品（粮油加工）、中国人居范例奖、中国生态硒城、中国优秀旅游城市等荣誉称号。江津区全景见图 1。

图 1　江津区全景

成渝地区双城经济圈建设启动以来，江津区对标对表和贯彻落实重庆市委关于把成渝地区双城经济圈建设作为"一号工程"和全市工作总抓手总牵引的决策部署，迭代升级现代化新江津建设目标体系和工作体系，重点打造"一枢纽三高地"①，全区域融入、全方位推进、整体性跃升，切实发挥区位优势、要素优势、产业优势、生态优势，强化内陆开放、现代产业、城乡融合、乡村振兴、民生改善等领域的协同发展，聚力形成更多具有江津辨识度的标志性成果和示范性经验，努力在唱好"双城记"、共建经济圈中彰显江津担当、展现江津作为。

一 "通道+平台+贸易+产业"建强西部陆海新通道重庆主枢纽

江津区处在"一带一路"、长江经济带和西部陆海新通道的联结点上，港口和通道是最好的资源，产业和开放是最大的底气，现有江津工业园区、江津综合保税区 2 个开发开放平台，5 个国家级深水良港，珞璜港（重庆市五大区域性重点港口之一）具备年吞吐量 2000 万吨作业能力，通过铁路专用线与年到发货量 2000 万吨且具备自站编组和整列到发能力的小南垭铁路综合物流枢纽无缝接轨，建成 4 条高速公路出省通道，渝昆高铁、渝黔新线、成渝铁路、川黔铁路和重庆铁路枢纽东环线进一步增强江津与周边市区县的互联互通能力，搭建起中欧、中老、中越、中缅、成渝等 10 余条串联"一带一路"和成渝地区双城经济圈的班列品牌，升格建设西部陆海新通道重庆主枢纽水到渠成。

江津区将提速提质推动重庆枢纽港产业园（江津片区）建设作为建强西部陆海新通道重庆主枢纽的"一号工程"，成立区委、区政府主要领导为组长的领导小组，下设工作专班，举全区之力做大产业、做强物流、做美园区、做活贸易，初步形成具有江津特色的内陆开放型枢纽经济新路径：一是围绕打造国家战略产业备份承载地、重大技术装备集成创新新高地的定位，聚焦高端装备、先进材料、现代物流及供应链服务三大方向，构建现代化产业体系；二是通过完善集疏运体系、提升通道能级、健全枢纽功能、优化运营成本等举措，提升园区联动带动辐射周边区域的能力；

---

① 江津"一枢纽三高地"：西部陆海新通道重庆主枢纽、成渝地区双城经济圈先进制造业新高地、城乡融合发展宜居宜业新高地、服务高品质生活新高地。

三是持续推动"城、港、园、镇、区"一体化发展，着力打造生产美、生活美、生态美的"三美园区"；四是通道带物流、物流带经贸、经贸带产业，在做实做强做优江津班列的基础上，不断扩展境外经贸合作网络，积极布局海外仓，推进重庆枢纽港产业园（江津片区）与泰国罗勇工业园、老挝磨丁经济特区等境外园区的产能、经贸合作。

从晒出来的"成绩单"可以一览重庆枢纽港产业园（江津片区）建设的阶段性成效：西部陆海新通道江津班列（见图 2）实现常态化运行和货量、货值连续 3 年翻番，辐射范围扩展至全球 124 个国家和地区的 523 个港口；2024 年前三季度，西部陆海新通道江津班列累计开行 1305 列，同比增长 65.6%，运量占全市的约 40%，排名重庆区县第 1，周边货源（含市外货源）约占江津班列货源的 84%，到发 65249 标箱，累计运输货值 71.2 亿元；重庆枢纽港产业园（江津片区）累计签约项目 52 个，完成协议引资额 116.2 亿元。

图 2 西部陆海新通道江津班列

注：珞璜港海关监管作业场所首批外贸货物从珞璜港铁路专用线出发，抵达广西钦州后通过海船转运至墨西哥和英国。

（供图：江津综合保税区管委会）

跨山越海，连通世界。在重庆市陆港型国家物流枢纽建设的整体框架下，江津区不断完善枢纽通道基础设施，做强通道品牌，拓展通道线路，小南垭铁路物流中心、珞璜港、江津综合保税区（见图 3）在重庆枢纽港产业园（江津片区）合力构成了较为完善的多式联运基础设施体系。

图 3　重庆江津综合保税区
（供图：江津综合保税区管委会）

2024 年 8 月，小南垭铁路物流中心货场扩能改造工程完工，集装箱自动化作业区投入使用，实现集装箱装卸、堆垛、翻箱全过程全自动作业的升级。同年 9 月，作为重庆港水运口岸扩大开放珞璜港区的重大基础设施，珞璜港海关监管作业场所正式投用，进出口货物可在该地"一站式"办理报关、查验等手续，并与小南垭海关监管作业场所、江津综合保税区形成有效联动，由此重庆枢纽港产业园（江津片区）成为重庆首个同时具备铁路和水路运输类海关监管作业场所的区域，"水公铁"多式联运"四向齐发"的枢纽服务能力实现跃升。

进一步看，江津区充分发挥开放平台叠加国际通道的带动效应，探索国际贸易集采分销等新模式，围绕保税加工、保税物流、先进制造、大宗物资贸易、平行进口车、二手车出口等方向全面建设综合保税区。2023 年，江津综保区网内进出口总额 141 亿元，保税加工业务占比由 2019 年的 10% 增长到 2023 年的 48.43%，实际利用外资达 2458 万美元。

近年来，江津区加快建设一体化供应链物流服务体系，开行了进出口榴梿、火锅食材、老挝木薯、东风汽车、吉利汽车零部件等特色运贸一体化班列，成为粮油、纸品等大宗商品"引进来"和装备制造、汽摩及零部件等产品"走出去"的重要渠道。2023 年 8 月，"一带一路"商品展销中心在江津滨江新城万达广场运营，涵盖 30 多个国家的 1500 余个品类产品。

2024年1月，菜鸟天猫国际保税西南自营仓在江津综合保税区开仓，仓库总面积近2万平方米，年服务贸易规模超5亿元，年出货包裹数量超500万个。如今，无论是线上还是线下，在江津乐享"全球购"更加便利。重庆枢纽港产业园（江津片区）通道网络示意见图4。

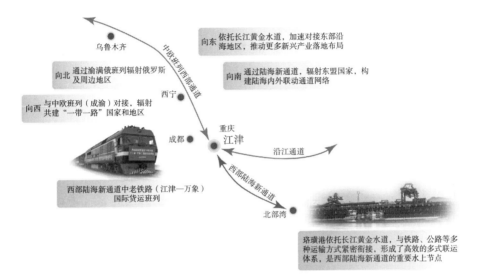

图4 重庆枢纽港产业园（江津片区）通道网络示意

二 引育新质生产力打造成渝地区双城经济圈先进制造业新高地

作为传统工业大区，江津区拥有各类工业企业超过5400家，2023年工业总产值突破2200亿元，规上工业企业数量稳居重庆区县第1。近年来，江津坚定"工业强区"不动摇，抢抓新产业、新技术的新赛道，通过补链、强链、扩链、延链，构建"3+3+N"现代化产业集群①，统筹推进传统产业改造升级、新兴产业培育壮大和未来产业前瞻布局，推动制造业朝着高端化、智能化、绿色化、集约化升级。

---

① 江津区"3+3+X"现代化产业集群：发展壮大智能装备及智能制造、消费品、新能源及新型储能3个千亿级产业集群，升级壮大智能网联新能源汽车及零部件、新材料、新一代电子信息制造3个500亿级产业集群，培育壮大低空经济、丘陵山区农机装备产业等N个百亿级产业集群。

科技创新赋能，江津区的传统企业正加快转型升级。汽车产业多年来是江津区的主导产业之一，拥有赛力斯（双福工厂）、重汽（重庆）轻型汽车、铁马专用车 3 家整车生产企业和一批零部件厂商。2023 年以来，江津出台《重庆市江津区汽车产业转型发展行动计划（2023~2025 年）》等制度文件，从整车新能源和智能网联、汽车零部件供应链、自动驾驶及车联网场景应用等方向发力，以产研创新推动汽车全产业链迈向高端。

另外，江津区农业机械化发展较快，农机产业规模居重庆区县前列，拥有润通科技、威马农机、万虎机电、恒昌农具、汇田机械 5 家市级重点农机企业，入选工信部 2023 年度国家中小企业特色产业集群（丘陵山区农机装备），尤其在微耕机领域形成年产量超 50 万台的规模，约占全国微耕机总产量的 16.7%，出口量多年位居全国第 1。

进一步看，江津区围绕"五个聚焦"（聚焦前沿技术攻关、聚焦成果转化落地、聚焦创新主体培育、聚焦创新平台建设、聚焦创新生态打造），深入推进产学研融合发展，参与发起泸永江融合发展示范区技术经纪人创新联盟，加强与泸州、广安、永川、开州等地科技创新合作，在全市率先试点科技副总进企业制度，江津区科投集团和成都科创投集团、华达基金联合发起设立成渝地区双城经济圈第一支产业基金——成渝团结湖战略性新兴产业投资基金，举办成渝地区双城经济圈首届"专精特新"创新赋能大赛、成渝地区双城经济圈高质量发展论坛，协力推动越来越多的科技成果转化为新质生产力。目前，江津区高新技术企业达 394 家，总数居重庆区县第 6、渝西地区第 2；科技型企业达 2422 家，总数居重庆区县第 9、渝西地区第 1；建成市级及以上平台 207 个，其中国家级创新平台 14 个；全区发明专利数量达 2893 件，累计获国家级、市级科学技术奖 23 项；累计推动制造企业实施智能化改造项目 485 个，建设智能工厂 13 个、数字化车间 81 个。

2024 年上半年，江津区工业增加值同比增长 5.5%，对 GDP 的贡献率达 55.2%，拉动经济同比增长 2.5 个百分点；规上工业增加值同比增长 6.0%，高于 GDP 增速 1.5 个百分点；实现高技术制造业产值 57 亿元，同比增长 4.9%；实现战略性新兴产业产值 241 亿元，同比增长 7.8%。同时，润通科技、重庆齿轮箱、江增船舶、重庆水轮机、龙煜精密铜管等企业入选重庆市制造业领军企业名单，智笃新材料入选重庆市制造业链核企业名单。润通科技现代化生产车间见图 5，渝丰科技数字化车间见图 6。

图 5　润通科技现代化生产车间

注：位于江津双福工业园的重庆润通科技有限公司是重庆通机行业领军（链主）企业，产品 90% 销往海外，覆盖 80 多个国家和地区。2024 年上半年，该公司总产值约 24 亿元，销量同比增长超 15%。

（供图：江津区经济和信息化委员会）

图 6　渝丰科技数字化车间

注：位于西部（重庆）科学城江津片区的渝丰科技股份有限公司是我国电线电缆行业具有竞争力的企业之一，已创造国内外专利 72 项，产品远销共建"一带一路"国家。

（供图：江津区经济和信息化委员会）

西部（重庆）科学城江津片区依托江津双福工业园开发建设，北邻西部（重庆）科学城核心区、重庆大学城，南依江津滨江新城，东接九龙坡区，西傍缙云山，规划面积 200 平方公里，重点打造以团结湖数字经济产业园为核心、以环重庆交通大学创新生态圈为产业带、以高新技术龙头企业和高端创新平台为支撑的"一核一圈多点"的科创新格局，截至 2024 年 8 月，累计引育 656 家科技型企业、158 家高新技术企业、6 家国家级专精特新"小巨人"企业、103 家"专精特新"企业，在国家西部科学城版图中占有重要位置。

江津白沙工业园（见图 7）拥有"一江一桥三铁六高速两空港"的立体交通网络，高速公路、铁路、码头、空港实现无缝连接，形成"水公铁空"多式联运优势，加之良好的工业基础和丰富的人才资源，可以顺势融入成渝地区双城经济圈光伏制造业协作扩产。自四川武骏光能股份有限公司与江津区人民政府 2020 年 12 月签订投资协议以来，白沙工业园的光伏制造业从零起步，用 4 年时间加速光伏新质生产力布局，完成总投资约 347 亿元的 9 个光伏产业项目落户，构建光伏玻璃、封装胶膜、光伏组件等日趋完整的光伏产业链。2024 年 1~9 月，江津区新能源及新型储能产业实现产值 83 亿元，同比增长 11.3%，而白沙工业园现有光伏项目全部达产后有望实现年产值 742 亿元，进而成为千亿级新能源光伏产业园。

图 7　建设中的白沙工业园

（苏盛宇 摄）

作为全国消费品三品战略示范城市和重庆市消费品工业高质量集聚发展示范区，江津区培育了几江白酒、玫瑰米花糖等 5 个中华老字号，芝麻官、荷花米花糖等 17 个重庆老字号，形成粮油加工、火锅食材、白酒、休闲食品四大产业集群。截至 2024 年 9 月，江津区食品及农产品加工规上企业达 60 家，总数保持重庆区县第 1。2023 年，江津区消费品规上工业产值达 591.6 亿元，"千亿级消费品工业集聚区"已达成近 60% 的目标进度。

发掘本地要素资源的比较优势，成为粮油行业重点企业的生产加工、仓储物流、市场营销等功能中心，是德感工业园建设江津区消费品工业主战场的路径。拥有 2 亿多人的西南地区是食用油主销区，但以前原料及加工长期依赖外地市场。随着行业竞争加剧，在主销区设立精炼和包装工厂、通过本地化生产实现降本增效，成为食用油企业的主流选择。水运是食用油长途运输的理想方式，重庆是西南地区唯一可通行大型油罐船的地区，江津德感工业园的兰家沱港常年能靠泊 3000 吨级船舶作业，是全市首个拥有油罐船专用码头和油泵的港口，因而益海嘉里、中粮、鲁花等龙头企业选择德感工业园作为西南地区重要的加工生产基地。由于粮油食品行业具有龙头带动、就近配套的特点，在粮油巨头"扎堆"后，德感工业园打出强化投资、做优环境、集群发展的产业升级"组合拳"，上下游企业纷至沓来。图 8 为桃李面包（重庆）有限公司工人正在生产蛋糕和面包。

图 8　桃李面包（重庆）有限公司工人正在生产蛋糕和面包

注：作为全国知名糕点品牌，桃李面包股份有限公司的"中央工厂+批发"商业模式强调产能规模，在江津德感工业园设立生产基地，周边半小时车程内能便捷采购生产所需的面粉、食用油、调味品等原材料，新鲜出炉的面包又能迅速送达成渝地区双城经济圈数千家商超售卖。

（廖秋萍 摄）

《水经注》记载："巴人善酿，郡出名酒"。重庆地处北纬30度酿酒黄金段，拥有超过3000年的酿酒历史。位于江津白沙镇的重庆江小白酒业有限公司承载了渝酒振兴的使命，围绕"酿酒古镇、酒庄酿酒、国际品质、三产融合"的运营思路，将青年客群作为目标用户，小聚小饮作为消费场景，推出更适合初尝者饮用的小瓶低度酒，以出奇守正的整合营销创新塑造中国新生代消费者的首选白酒品牌（"江小白"）和中国青梅酒第一品牌（"梅见"），在布鲁塞尔国际烈酒大赛、旧金山烈酒大赛等国际赛事中斩获上百个奖项，发展成为集高粱育种、生态农业种植、技术研发、酿造蒸馏、分装生产、品牌管理、市场销售、现代物流和电子商务于一体的，拥有工农文旅全产业链的综合性酒业集团。江小白数字化车间见图9。

图9　江小白数字化车间

注：江小白立足"清香自然酒"战略定位，传承千年酿酒工艺，加快数智转型升级，推动中国酒的利口化、时尚化、国际化创新，这是赢得未来的战略创新。

（供图：江津区经济和信息化委员会）

三　"近悦远来"建设城乡融合发展宜居宜业新高地

宜居宜业城市是社会文明度、经济富裕度、环境优美度、资源承载度、生活便利度、公共安全度较高的城市，也是一座城市具有可持续发展竞争力的核心指标。围绕打造宜居、韧性、智慧城市，江津区以城市更新为抓手，聚焦补齐基础设施短板、美化老旧社区环境、修复城市生态、提升城市风貌、改善人居环境等，分期分层次实施城市品质提升项目，彰显江津"青山入城、曲水润城、田园缀城"的独特生态基地特征，形成"布局均衡、成织成网"的城市公园网络，打造便捷舒适、布局科学的城市微型公共空间。如今，江津"一江两岸、四十里滨江"风景如画，江津滨江路享有"万里长江第一路"的美誉，建成鼎山公园、篆山坪公园等 10 余个城市公园，切实让居民得到实惠、看到变化、见到成效。江津滨江新城见图 10。

图 10　江津滨江新城

（供图：江津区滨江新城建设管理中心）

2024 年 5 月，江津区大数据应用发展管理局、江津区数字化城市运行和治理中心揭牌，数据驱动的城市智治进入新篇章。江津区坚持"按需归集、应归尽归、互联互通、共建共享"，统一数据归集标准，形成数据"一本账"，聚焦城市安全和群众高频问题，围绕七大板块、58 条跑道和区级特色子跑道，谋划具有江津辨识度的综合应用场景 46 个，启用全市统一的新版驾驶舱，完成城镇建成区 L2 级实景地图建设，落图风险点位 4439 个，建成视频融合共享平台，开通单位数字工作台权限，实现事件双向贯通、智能分拨、协同处置。截至 2024 年 6 月，累计归集公共数据 4936 类、1.38 亿条，数据动态治理合格率保持 100%，实现 22 类、1000 万余条数据回流镇街使用，编目感知设备 38 万余个，接入感知设备数据 32 万余个，受理事件 16.22 万件，办结 16.16 万件，办结率达 99.63%。

近年来，江津区深入开展农村厕所、垃圾、污水"三个革命"，持续改善农村人居环境。江津花椒入选全国农业品牌精品培育名单，"江津枳壳""江津甜橙"成为全国名特优新农产品，截至 2023 年末，江津区培育市级农产品加工业"双百企业"18 家、"十佳企业"8 家、"十佳园区"1 个，创建全国绿色食品原料（茶叶）标准化生产基地 2.8 万亩，首创丘陵山区适度规模户作机械化生产模式，2023 年建成水稻全程全面机械化应用场景 30 万亩，实现农村广播电视、5G 信号、场镇天然气、区镇村三级物流体系全覆盖，行政村通客率、行政组通达率均达 100%。2023 年，江津区村级集体经济年平均经营性收入超过 50 万元，农村居民人均可支配收入超过 2.7 万元，率先在全市探索构建党建统领的"院落制"乡村治理模式，实施美丽家院、经济庭院、文化大院、服务大院"四院共建"，打造各具特色宜居宜业"津彩大院"136 个。远山如黛、小河清澈，步道洁净、庭院花香，山水相映、景中有业……走进江津，"十镇引领、百村示范、千院和美、万家幸福"的新时代巴渝乡村振兴新图景正在徐徐展开。江津区石蟆镇粮油基地见图 11。

图 11　江津区石蟆镇粮油基地

（供图：江津区农业农村委员会）

四 农商文旅融合蝶变服务高品质生活新高地

江津区是商贸旺区，自古就是长江上游航运枢纽和物资集散地，目前有双福国际农贸城、攀宝钢材市场、和润国际汽摩城、英利国际五金机电城等 8 大专业市场，2023 年全区专业市场商贸流通额超 800 亿元。江津区还是重庆主城都市区生活服务中心，双福国际农贸城是重庆市最大的"菜篮子"基地，蔬菜、水果、干货、粮油等农产品日均交易量达 1.3 万吨左右，并分拨分销了全市 63%的东盟进口水果。

江津区依山傍水、宜居宜游，90.2%的土壤富硒，是中国富硒美食之乡、中国生态硒城，四面山入选中国最美十大森林公园（图 12 为四面山景区洪海湖），望乡台瀑布被评为中国最美十大瀑布之一，爱情天梯成为重庆新地标，重庆影视城（江津白沙）是 100 余部影视剧主要取景地，白沙、中山、塘河、吴滩、石蟆 5 个中国历史文化名镇和江小白·金色黄庄、鲁能·美丽乡村等农文旅综合体成为热门打卡地。

图 12　四面山景区洪海湖

注：四面山景区位于江津区南部，集山、水、林、瀑、石于一身，融幽、险、雄、奇、秀为一体，荣获国家级风景名胜区、国家 5A 级旅游景区等荣誉称号，是江津区融入巴蜀文化旅游走廊的"排头兵"。

（刁忠荣 摄　供图：江津区文化和旅游发展委员会）

未来展望

潮起大江，大道同行，美丽的江津山水相依，开放的江津百业并举。当前，江津区正借国家战略之大势，谋服务全局之新篇，通过内陆开放、先进制造、城乡融合、供给服务"四轮驱动",全力建设现代化新重庆枢纽之城:重庆枢纽港产业园、江津综保区、小南垭铁路物流中心、珞璜港等载体构筑起江津开放发展的"四梁八柱",提速发展内陆开放型枢纽经济;以科技创新和产业创新锻造新质生产力,促进"江津工业"提质融入成渝世界级先进制造业集群;筑牢长江上游生态屏障,深化重点领域改革,铺展江津城乡融合"最美画卷";发挥货通全球和区域性消费中心的综合优势,提效建设服务重庆主城乃至西南地区民众高品质生活的"通道后花园"。

建设现代制造业基地和西部职教
基地的永川实践

永川区位于长江上游北岸、重庆西部，因三河汇碧形如篆文"永"字、山形如"川"字而得名，东距重庆中心城区 55 公里，西距成都 276 公里，是西部陆海新通道新枢纽、现代化新重庆重要增长极，全区面积 1576 平方公里，辖 7 个街道、16 个镇，常住人口 114.9 万人，拥有国家高新区、综合保税区、重庆自贸区联动创新区、国家农业科技园区等国家级开放平台和产业载体。永川城市风貌见图 1。

图 1　永川城市风貌

（供图：永川区政府）

永川区抓住成渝地区双城经济圈建设战略机遇，锚定《成渝地区双城经济圈建设规划纲要》赋予的现代制造业基地、西部职教基地战略定位，出台《关于加快建设双城经济圈桥头堡城市"双百"区域性中心城市的决定》《永川区推动成渝地区双城经济圈建设"十大系列工程"》等专项文件，以产聚人兴城、以城留人促产、以校育人优产，一座充满青春活力的成渝地区双城经济圈"桥头堡"城市正在崛起。2023年，永川区实现GDP1281.4亿元，同比增长8.1%，总量居重庆区县第7，增速居重庆主城都市区第1，"八张报表"①综合排名居重庆区县第2，经济报表排名居重庆区县第1。

"反弹琵琶"招大引强促现代制造业跨越

永川区工业过去以钢铁、煤炭等传统产业为主，高附加值的新兴产业发展相对滞后。近年来，永川出台《永川区推进制造业高质量发展加快建设制造强区行动方案（2023~2027)》《重庆市永川区成渝地区双城经济圈现代制造业基地建设"十四五"规划》等政策规划，突出高端化、智能化、绿色化，明确"2515"先进制造业集群体系②，坚持"链"上发力，实施制造业亩均论英雄改革，推进资源要素差别化配置，积极融入重庆和成都的汽摩、电子信息等优势产业链供应链，筑巢引凤，吸引龙头企业落户，围绕龙头企业搭建产业生态，一跃成为国家新型工业化产业示范基地。

2023年，永川区规上工业总产值1815.8亿元，同比增长10%，增速排重庆区县第4、主城都市区第2，其中，智能网联新能源汽车、先进材料两大主导产业产值分别同比增长5.6%、5.7%，电子信息、新能源摩托车、消费品、高端装备、生物医药及大健康五大特色优势产业产值分别同比增

---

① 重庆"八张报表"：党建报表、经济报表、平安报表、改革报表、创新报表、生态报表、文化报表、民生报表。突出目标管理导向，坚持把党的领导贯穿到经济社会发展全过程各方面，围绕高质量发展首要任务，聚焦党中央重大决策部署和市委中心工作，紧扣稳进增效、除险清患、改革求变、惠民有感工作导向，建立健全可量化、可比较、可评价的指标体系，构建体系推进、抓纲带目、多跨协同、集智攻坚的工作格局，推动决策更加科学、治理更加精准、服务更加高效。

② 永川区"2515"先进制造业集群体系："2"为智能网联新能源汽车、先进材料产业两个千亿级主导产业，"5"为电子信息、新能源摩托车、消费品、高端装备、生物医药及大健康五个特色优势产业，"15"为智能网联新能源汽车零部件、锂电池绿色循环利用、航空装备、纤维及复合材料等15个高成长性细分产业集群。

长 11%、105.5%、4.6%、17.1%、15.5%，集聚长城、中船、东方希望、信义、雅迪等一批世界（中国）500强企业；规上工业增加值同比增长11.2%，增速排名主城都市区第1，工业技改投资占比居重庆区县第2。

几年前，永川区的汽车、摩托车产业基础还比较薄弱，只有少数零部件企业，没有整车企业，摩托车只有一个小型的代工企业。2021年，永川高新区凤凰湖产业园提出要建设千亿汽摩生态城的扩能提质目标。2022年10月，永川区政府印发《西部智能网联新能源汽车城建设工作方案》，成立由区长任组长、相关部门负责人为成员的智能网联新能源汽车特色产业发展领导小组，明确"一城两基地五中心"① 的发展定位，提出到2030年，智能网联新能源汽车产业营业收入将达到3000亿元（为永川2023年规上工业总产值的1.65倍），构建起"人-车-路-云-网-城市"开放协同的创新生态，永川谋划用七年的时间，依托智能网联新能源汽车产业，再造一个永川工业。

到2023年，智能网联新能源汽车已发展成为永川区的主导产业之一，2023年生产整车22.2万辆，实现规上产值567亿元，形成以长城汽车为龙头、太平洋精工等45家零部件厂商为配套的集群体系，发动机、变速器、车身、底盘、电子器件"汽车五大件"全部实现"永川造"，产业工人超过4万人，基本建成全国最大的中高端皮卡生产基地、西部最大的新能源摩托车产业基地。

这样的巨变源于永川区坚持"两眼向外"的招商理念和打造"做得要比说得好、干得要比签得好"的营商环境。2017年，永川区有关部门获得长城汽车有意在南方选址建设生产基地的信息，区领导和招商干部跑了50多趟长城汽车总部（保定），最终达成合作。当年12月，永川区成立由书记、区长任"双组长"，所有区级领导任成员的"长城办"，下设综合协

---

① 永川区"一城两基地五中心"："一城"为西部智能网联新能源汽车城，"两基地"为智能网联新能源汽车生产制造基地和自动驾驶科技创新产业基地，"五中心"为智能制造、研发创新、数据处理、人才培育、测试运营五个中心。

调、工商资质、要素保障、物流运输、税收财务、人力资源、行政效率监督、投资环境保障 8 个专项组，以"最强团队"服务长城汽车永川工厂项目，只用 45 天完成 1200 亩工业供地的平场工程、14 个月完成工厂建设，比原计划缩短 10 个月，创造当时国内全工艺汽车整车工厂建设的最快速度。同时，凤凰湖产业园配套提供 1500 套员工公寓（长城家园），参照长城汽车总部的同类公寓标准进行装修，安排厨师到保定学习当地特色菜，让远道而来的长城汽车总部员工感受到家的温暖。无微不至的服务细节得到长城汽车的高度认可，公司董事长要求管理层和员工"要把永川同志当兄弟一样"，并一再追加投资和扩大产能。2023 年 8 月，长城汽车永川智能工厂（见图 2）第 50 万台"长城炮"[①] 下线，成为首个突破 50 万台的中国高端皮卡品牌生产线。

图 2　长城汽车永川智能工厂

（王雪 摄）

在总结引进长城汽车的招商服务经验的基础上，永川区提出"打造营商环境最优区"的目标，落实区领导联系服务重点企业、"企业吹哨、部门报到"和"服务企业专员"等营商服务制度，解决企业融资、用能、用地、用工、物流等难题。同时，永川区实施产业能级提升工程及先进制造

---

　① 目前，长城汽车重庆永川生产基地主要生产"长城炮""坦克 300"两款热销车型。其中，"长城炮"皮卡的国内销售量和出口销售量均居全国第 1，约占国内皮卡市场的 28%。

业集群培育、招商引资、特色产业园区建设、优质企业培育、数字化转型、科技创新赋能、包片服务企业、区域融合发展八大行动，促进重点产业集群整体"量质跃迁"，努力形成"千亿集群+百亿龙头+十亿专精特新企业"的现代化产业新发展格局。

数字经济赋能新质生产力发展

培育发展数字经济正在为永川区现代制造业高质量发展提供坚实支撑。目前，重庆云谷·永川大数据产业园已吸引阿里巴巴、百度、携程网、科大讯飞、达瓦科技、博彦科技等500余家企业落户，构建起科技影视、自动驾驶、服务外包、智能终端、元宇宙、地理信息、低代码、区块链八大业态，从业人员达2万余人，2023年营收突破250亿元，是重庆市单体规模最大的大数据产业园区。

依托数字经济底座，永川区打造智能汽车应用场景，构筑制造和应用两条示范赛道，力图在内卷的行业竞争中发掘可持续的竞争力。2023年9月，由中国智能交通协会、中国公路学会、重庆市经信委、重庆市科协等指导，永川区政府和招商局检测控股有限公司承办的2023中国国际智能产业博览会首届智能汽车应用场景挑战赛在永川召开，来自智能汽车领域的180余名行业代表、19支参赛队伍参加，创造两个"全国首次"[1]。

永川区融合单车智能和车路协同两条技术路线，出台《重庆市永川区智能网联汽车道路测试与应用管理试行办法》《永川区低速无人化功能车测试运营管理试行办法》等政策，开放全域1576平方公里、双向1446公里测试道路，推出30余个山城典型开放道路测试场景，构建"虚拟仿真+封闭测试+开放测试+高速测试"的全链条测试能力，测试里程超300万公里，占重庆开放路网总量的75%，成为西部地区政策开放程度最高、开放里程最长、测试场景最丰富的自动驾驶测试基地。好环境吸引自动驾驶企业纷至沓来，永川陆续引进百度、酷哇、九识、白犀牛等公司的自动驾驶

---

[1] 首次在城区进行不封路比赛，首次在高速公路上比赛。

网约车、环卫车、物流车项目 17 个，总投资超 150 亿元。2020 年 9 月，永川区建成投用全国首条 L4 级自动驾驶公交线。2022 年 8 月，百度推出的"萝卜快跑"无人自动驾驶网约车在永川区实现商业运营。

"永川打造西部科技影视城"被纳入《关于加快推进新时代文化强市建设的意见》等重庆市多份文化建设政策文件。2023 年 5 月，拥有亚洲最大的 LED 虚拟拍摄屏，配套有虚拟制片、动作捕捉、全景声、数字资产、视效、渲染等生产环境的"永川科技片场"建成投用。采用 LED 虚拟拍摄屏制作影视剧可以实现"所见即所得"，即演员以屏幕虚拟画面为背景进行表演，通过智能合成、实时渲染，直接达到成片效果，而常规绿幕拍摄需要花费大量人力进行抠图。相比传统拍摄，LED 虚拟拍摄可降低 30% ~ 40% 的制作成本，节约 60% 的制作时间。

目前，永川区在影视科技方面聚集了达瓦科技、天图万境、瑞云科技、九紫文化等知名影视科技企业，在虚拟制片软件、影院声场建设、实时渲染技术等方向攻克多项"卡脖子"技术，获得知识产权 200 余项；中国电影家协会、中国电影科学技术研究所等主办的中国电影科创峰会永久落户永川；永川建成中国人民大学文化科技园西部分园、爱奇艺文创园、完美世界游戏产业园等载体，聚集上百家游戏、动漫、电影等制作公司。

融入成渝世界级先进制造业集群

聚焦成渝地区共同打造电子信息、汽车摩托车、装备制造、消费品等世界级制造业集群和先进材料、生物医药等具有全国影响力的制造业集群，永川区依托凤凰湖、港桥、三教等产业园，加强与泸州、德阳、自贡、眉山、蒲江、龙泉驿等市（县）联系合作，永川-蒲江中德产业合作示范园、泸县经开区-港桥产业园先后创建成渝地区双城经济圈产业合作示范园区。

永川高新区凤凰湖产业园与中德（蒲江）中小企业合作区共建永川-蒲江中德产业合作示范园区，围绕装备制造、生物医药、职业教育等重点产业，加强联动招商、产业协作、人才培训、宣传交流等合作，联办智博会欧洲智能产业新技术企业线上路演、中欧创新峰会、中德工业 4.0 暨全球采购大会等对外推介活动，促成永川职教城与中德 AHK 职教培训中心、KUKA 机器人研究院合作，联建中德职业教育产教融合联盟，联招一批欧资企业，共同打造高能级智能制造产业集群和高层级对外开放平台。

2020 年 5 月，永川区与四川省自贡市两地经信部门签署合作协议，建立联席会议、干部交流机制，共同发起西南物流联盟，共建川南渝西装备制造产业协同发展飞地园区，依托两地高校院所建设重点实验室、先导型工程技术研究中心、技术（企业）创新中心等创新平台，联动培育行业龙头企业和专精特新企业。

2021 年 1 月，永川区和四川省德阳市两地经信部门签署合作协议，建立规划编制、实施的协同机制，共同打造汽摩及零部件、智能装备、电子信息、特色消费品、先进材料、大健康等产业集群，永川凤凰湖产业园、德阳罗江经开区共建产业合作示范园区，引导本地企业跨区域投资建设产业项目。

产教融合培养大国工匠

1952~1983 年，永川作为地区行政公署所在地，先后建有永川师专 1 所大专、重庆农机校等 10 所中专学校，1983 年地市合并后，这 11 所学校留在了永川。20 世纪 90 年代初，永川抓住国家推进教育改革机遇，开启第一轮职教改革，大力引进和培优扶强重庆信息工程技术学院等民办职业院校。2004 年起，永川启动第二轮职教改革，将职教改革与新城开发结合起来，通过强强联合、以强扶弱方式整合辖内职业院校，将职业院校迁建至新城，在改善办学条件的同时，提升新城人气，永川城市规模由此扩大三分之二，这种"城校互动"模式被称为我国职业教育发展"第四种模式"。2017 年，永川区出台"职教 24 条"政策，开启第三轮职教改革，职业教育成为推动当地经济高质量发展的重要动力源。

2019 年起，永川区委、区政府把主管职业教育的权责由永川区教委划转给永川高新区管委会，后者设立西部职教基地建管委，以更顺畅机制、更大力度、更实举措推动成渝地区技术技能人才供给区建设。2021 年 11 月，教育部、重庆市人民政府联合出台《关于推动重庆职业教育高质量发展促进技能型社会建设的意见》，再次明确支持永川区建设西部职教基地、建设国家级产教融合型城市。

近年来，永川区加大职教改革力度，与东盟等国家地区共建"职业教育发展共同体"，与德国、俄罗斯等国家高校共建工程师学院，建立企业相关负责人、工程技术人员与院校相关领导、专业教师互派挂职锻炼制度，培养既懂理论又懂实践的"双师型"教师，引导辖内大中专院校建设创业孵化基地，为学生创新创业提供项目推介、资本对接、担保贷款、导师指导等公共服务，发挥职业教育集群的"产教融合、应用为本"综合效益，获国家首批市域产教联合体、2023 年"中国年度最佳引才城市"、全国创新驱动示范市（区）等荣誉称号。

至今，永川区拥有 8 所中职院校、5 所高职院校、2 所应用型本科院校和 2 所成人教育学校，在校师生约 20 万人（占全区常住人口的 17.5%左右），对接重庆市重点产业的学生占比达 85%以上，累计开设有 44 个专业、90 个校企共建订单班和中国特色学徒制班，校企共建实训基地数量突破 1300 个，2020 年以来每年向社会输送约 5 万名技术技能人才，其中约六成毕业生在川渝就业、20% 毕业生留在永川服务地方经济发展，使得永川区保持人口净流入，越来越多的高素质人才为永川发展注入生机活力。

2023 年 5 月，2023 年成渝地区双城经济圈职业教育活动周启动仪式等相关活动在永川举行。活动期间，西部职教基地发展研究中心[①]、西部职教基地产教联合体[②]成立，永川高新区管委会、重庆智能工程职业学院等

---

① 西部职教基地发展研究中心是重庆市科协、永川区和重庆水利电力职业技术学院共建的地方智库。

② 西部职教基地产教联合体以永川国家高新区为基础，重庆电子工程职业学院、长城汽车等职业院校与龙头企业为牵头单位，联合西部地区的产业园区、企业、学校、科研机构共同组建。

在永职业院校和西门子工厂自动化工程有限公司等23家政校企单位就共同培养现场工程师、成立国家级技能大师工作室和共建现代产业学院等14个产教融合项目进行集中签约。

塑造区域性中心城市的整体比较优势建议

总的来看，永川处于重庆中心城区、成都主城区两大极核之间，有"两边吃糖"的机遇，也存在被"双向虹吸"的挑战。永川建成区面积86.7平方公里，要素资源禀赋虽然在渝西地区排名靠前，但与毗邻地区尚未形成显著发展梯度和辐射层级，对完善重庆城市体系、发挥重庆都市圈功能、辐射带动区域发展的作用还不够明显。因此，永川区要努力发挥"桥头堡"先行示范作用，紧密联系成渝，融入泸永江融合发展示范区、渝西地区一体化、川南渝西融合发展等区域战略，构建跨区域产业产能转移、非中心城区重要功能疏解、技术技能人才流动、成渝中部崛起的重要承载地，以现代制造业和职教名城双轮驱动塑造集合引领力、创新驱动力、产业支撑力、改革牵引力、开放带动力、市场主体竞争力和服务保障力。

第一，系统提升"大城市"能级。永川区要比照中心城区面积超过100平方公里、人口超过100万人，布局重大基础设施、重点产业集群和优质公共服务，落实与毗邻地区的重大合作项目，形成"内生+外延"互促发展。完善"水公铁空"立体交通网络和多式联运服务，建好永川临江-朱沱国际物流枢纽，推动大安通用机场融入成渝世界级机场群建设，强化商贸、物流、金融、文旅、科教、卫健、保税等区域性综合服务功能，建设宜居宜业宜商宜游的现代田园城、西部欢乐城。推进国家城乡融合发展试验区建设，形成新型工业化、信息化、城镇化、农业现代化协调同步发展新格局。

第二，系统提升现代化产业能级。发挥要素、人才、交通、市场、通道等综合优势，改造建设高容积率、高科产业、高端服务的新质产业园，提质、引强、补链、延链、建圈承接我国东部地区、重庆"向西"和成都"东进"以及发达国家的产业梯度转移和科技成果转化,聚焦拳头产品、关键节点的突破突围,提升细分领域竞争力。继续推进经济区与行政区适度分离改革,完善信息对接、权益分享、税收分成等跨区域产业合作政策,做实永川-蒲江中德产业合作示范园、泸县经开区-港桥产业园,与有关地区探索建设产业共建型、飞地经济型、人才输出型等适配模式的产业合作园区。做强重庆云谷·永川大数据产业园,推动大中小微企业按需上云用数智赋,促进两化融合。

第三,系统提升技术技能人才培养能级。深化"产城职创"融合发展,形成"学技能到永川、选人才到永川、兴产业到永川"的品牌效应,推动职普融通、校企合作、产教融合、科教融汇、职教出海,构建贯穿全生命周期、服务全产业链的现代职教体系,建成"成就工程师的现代化城市"。统筹产业发展和职教布局,加强与川渝职业院校在人才联合培养、精品课程共建、学科专业联办、优秀教师共享等领域合作。营造有利于小微市场主体成长的良好环境,建设青年发展型城市,畅通教育与科技、人才的良性循环,促进驻永川院校的科技人才、青年学子跨区域、跨行业服务基层一线,培养更多"新质生产力青年"。打造成渝人才创新创业服务港,促进技能人才培养与"四链"融合,形成"人才港服务驱动、各类新型研发机构赋能提速、产业园区承载孵化落地"的新质生产力引育路径。

潼南:"十个先行"* 建设成渝地区中部崛起新增长极

潼南区是重庆西部凸入川中腹地最远的"地理边缘",东邻重庆合川区、铜梁区,南接重庆市大足区,西连四川资阳市安岳县和遂宁市安居区、船山区,北与遂宁市蓬溪县、广安市武胜县相邻,涪江、琼江两江横贯,幅员 1583 平方公里,常住人口 68.81 万人,GDP 在重庆 38 个区县排名处于中游。成渝地区双城经济圈建设上升为国家战略后,潼南成为连接渝西北、辐射川东南的交会点和成渝中部地区的区域几何中心,以及重庆西部毗邻四川县区最多的对外开放重要门户,联动双核、辐射周边的"落一子而拥两城"的战略优势开始凸显。

进一步看,渝西地区是成渝地区双城经济圈区位优势最明显、承载能力最强、产业基础最好的区域,随着渝西地区一体化高质量发展战略持续推进,潼南作为渝西重要板块,土地承载空间充足,水、电、天然气等要素资源富集,产业综合配套较好,拥有重庆唯一农科城、渝西唯一化工园区、30 平方公里高新区,是国家现代农业示范区、智能终端高新技术产业基地、重庆自贸区联动创新区,面向重庆中心城区和成都市的整车、整机、整装等优势产业链,积极发展整零配套,在成渝地区双城经济圈国家重要产业备份基地和世界级先进制造业集群建设中占有后发赶超的枢纽地位。

---

* 十个先行:建设国家战略腹地先行融入、完善现代基础设施网络先行互联、推动制造业高质量发展先行跨越、打造成渝现代高效特色农业带先行示范、共建巴蜀文化旅游走廊先行融合、打造数字经济新兴高地先行抢滩、推进深化改革扩大开放先行突破、创建区域消费中心城市先行提质、共建涪江生态走廊先行引领、创造高品质生活宜居地先行共享。

另外,在"双循环"新发展格局框架下,潼南的地理区位和要素资源等战略腹地优势决定了其适宜承接重大生产力和新质生产力布局以及重要产业安全转移。比如,潼南的现代特色高效农业优势突出,年产蔬菜 220 万吨、粮食 37 万吨、生猪 80 万头,是成渝"菜篮子""米袋子""肉盘子",成为农产品平急保供的大后方。

一体化建设区域性综合交通枢纽

经济命脉畅,交通是保障。潼南区具有沟通南北、承东启西的独特交通区位,在成渝地区中部崛起中承担构建辐射性交通枢纽和腹地大通道的重要任务,随着一批重大交通基础设施项目建设落地,"一环六射"高速路网加快构建,渝潼遂绵城际铁路、市域铁路璧潼线、渝遂高速扩能潼南段加快推进,已建成的潼荣高速、合安高速与渝遂高速围绕潼南城区构成高速环线,形成潼南至重庆中心城区、合川、大足、安岳、遂宁、南充六条高速射线。

涪江是嘉陵江右岸的最大支流,内河航运历史悠久,在相当长的时间内,担负着绵阳、遂宁、潼南、铜梁、合川等沿岸地区的大宗物资运输任务,20 世纪 70 年代后才逐步衰退。成渝地区双城经济圈建设启动后,川渝两省市交通部门和涪江沿线区市县都有推动涪江复航的强烈愿望,由此,涪江干流梯级渠化双江航电枢纽工程(见图 1)被列为成渝地区双城经济圈建设首批重点工程,潼南随即成立工作专班,重庆航发集团与潼南水务集团共同出资组建项目主体(重庆双江航运发展有限公司),计划于 2025 年完成一个以航运为主、兼顾发电和生态修复的枢纽型工程。届时,潼南可通航 1000 吨级的船舶,实现"铁公水"多式联运,跃升为成渝中部地区重要的港口城市,夯实重庆主城都市区西北门户枢纽的地位。

遂潼川渝毗邻地区一体化发展先行区是成渝地区双城经济圈 10 个区域发展功能平台之一,交通互联互通则是两地经济相连、产业互补的"先手棋"。两地联合成立基础设施专项工作组,签订《遂潼运输服务一体化发展协议》《推动遂潼交通互联互通一体化发展协议》等合作协议，高位谋划、联合推动涉两地的重大交通基础设施建设，共同提高两地交通外部辐射力和内部畅通力。同时，开行跨省城际公交线路、遂潼省际商务定制快客，为两地群众跨域出行、来往交流提供便利。

图1 涪江干流梯级渠化双江航电枢纽工程建设现场
（王华侨 摄 供图：潼南区融媒体中心）

全力打造成渝中部先进制造业重要基地

根据《重庆市先进制造业发展"渝西跨越计划"（2023～2027年）》，到2027年，潼南区规模以上工业将实现营业收入1000亿元。与之对应，潼南2022年规上工业产值达480.8亿元，意味着五年要跨越式实现翻番。为此，潼南坚定不移把制造强区作为赶超跨越赢得未来的首位战略，实施制造业"涪江奔腾"计划，紧密衔接重庆市"33618"产业体系，出台支持工业企业高质量发展18条等政策措施，在空间布局、要素保障、优惠政策、产业基金、落地服务等方面给予市场主体全方位扶持，设置"税收贡献奖""成长壮大奖""培育升规奖""培优育强奖"等扶优扶强奖项，集聚发展"3+3+N"先进制造业产业集群①。重庆巨科环保电镀工

---

① 潼南区"3+3+N"先进制造业集群：智能网联新能源汽车零部件、生物医药、新能源及新型储能三大主导产业集群；化工新材料、食品及农产品加工、电子信息三大特色产业集群；智能（农机）装备、数智科技、静脉产业、生命科学、太空产业、双碳产业等N个高成长性"新星"产业集群。

业园区全景见图 2。

图 2　重庆巨科环保电镀工业园区全景

注：位于潼南高新区的重庆巨科环保电镀工业园区为电子信息、汽摩、装备制造等成渝地区双城经济圈支柱产业的重要表面处理作环保配套，国内首创"电镀用水清洁处理-重金属污染物在线回收-电镀污水处理-电镀污泥无害化处理-资源化产品"循环经济全产业链。

（供图：潼南区融媒体中心）

　　在潼南创新大道再制造产业园，每年有 10 余万台废旧车辆迎来残值的成倍提升，来自天南海北的废旧车辆在这里接受查验、清洗、拆解、再造，部分零部件被重新投入市场，动力电池被梯次利用，金属器件被重新冶炼……随着国内汽车保有量稳步增长，成渝地区双城经济圈的汽车整机厂商超过 40 家，动力电池生产企业超过 20 家，潼南在一个半小时物流范围内可以覆盖经济圈 80% 的整车企业、95% 的电池生产企业、99% 的上下游供应链企业，为发展汽车后市场提供了充足的空间和动能。近年来，潼南区发力打造"中国第一汽车后市场基地"，布局二手车销售、动力电池回收再利用、储能、驾校租车、零部件修理、贵金属提炼、汽车再制造、废料处理、大数据应用 9 大板块，实现"一车九吃"。

　　成渝地区双城经济圈是西部地区重要的医药制造基地，对原料药的需求巨大。2022 年，潼南高新区化工产业园获批为重庆市级化工产业园区，规划约 3 平方公里区域作为国家级绿色原料药基地的启动区域，引进成都及重庆北碚、九龙坡等地多家生物医药企业，"创新研发+生产基地"的绿色原料药产业集群正在潼南加快形成。重庆潼南高新技术产业开发区见图 3。

图 3　重庆潼南高新技术产业开发区

（马艾 摄　供图：潼南区融媒体中心）

努力在建设成渝现代高效特色农业带中走前列、做示范

潼南是重庆传统的农业大区，近年来全力融入成渝现代高效特色农业带规划布局，推进种业振兴、产业延链、科技赋能、流通保供，做强"一高地、两集群、三平台、四名片"①，先后获批全国农业科技现代化先行区、国家首批乡村振兴示范县等 20 余个国家级乡村振兴"金字招牌"，油菜、蔬菜、柠檬、小龙虾等单品面积、产量稳居重庆区县第 1，"潼南绿"农产品公共品牌打响全国知名度，正着力打造粮油、柠檬、预制菜、中药材、调味品 5 条 30 亿级精深加工产业链，已培育近 50 家国家级、市级农业龙头企业，初步形成上下游配套齐全的现代农业发展生态。2023 年，潼南区规上食品及农产品产值同比增长 28.7%，增速排名重庆区县第 1。

得益于拥有偏酸性土壤和便利灌溉条件，潼南与美国加利福尼亚州、意大利西西里岛并称为世界三大柠檬产地。锚定六个"中国第一"②，潼南区实施柠檬优品工程、智慧工程、强链工程、品牌工程、畅销工程、共富

---

①　潼南现代高效特色农业"一高地、两集群、三平台、四名片"："一高地"为长江上游制种高地，"两集群"为蔬菜、柠檬双百亿产业集群，"三平台"为重庆农科城、成渝中央厨房产业园、重庆市农产品第三保供基地，"四名片"为国际柠檬之都、西部绿色菜都、中国油菜之乡、生态小龙虾之乡。

②　潼南柠檬六个"中国第一"：中国第一柠檬种苗繁育高地、柠檬核心产区、柠檬产品研发基地、柠檬出口基地、柠檬数字大脑、柠檬融合发展标杆。

工程"六大工程"，柠檬种植面积达 32 万亩，年产量达 35 万吨，累计带动 10 万余人就业，带动户均年增收超 2 万元，形成从种苗脱毒到规模化种植，再到精深加工成 400 余种产品的柠檬产业链，远销俄罗斯、德国、新加坡等 30 多个国家和地区，柠檬深加工及出口量居全国地市第 1，年综合产值超 60 亿元。2020 年，重庆柠檬产业集群入选农业农村部、财政部批准建设的首批 50 个优势特色产业集群。重庆檬泰生物科技有限公司的生产线见图 4。

依托连续举办 7 届的中国（潼南）国际柠檬节这一行业盛会，潼南联合四川遂宁、广安、达州、资阳（安岳县）和重庆江津、合川、大足、铜梁 8 个柠檬主产地共同成立成渝地区双城经济圈国际柠檬产区联盟，重庆、海南、四川、云南四省市签署《中国柠檬产业科技创新合作协议》，携手打造世界级柠檬产业集群。

图 4　重庆檬泰生物科技有限公司的生产线

注：重庆檬泰生物科技有限公司拥有全球首套自主设计研发、制造的干湿一体柠檬果胶生产线，实现对柠檬的 100% 加工利用，可以让一颗柠檬果增值 10 余倍，产业链条显著拉长。

（供图：潼南区融媒体中心）

2023 年重庆市政府工作报告首次提出将农科城建设成科创核心承载区，由潼南区政府与重庆市科技局、农业农村委三方联建。重庆（潼南）

农科城围绕"提升基础设施促产业、完善科研配套促转化、加快农旅融合出亮点、加快征地拆迁出形象"的工作策略，突出"特色种业、山地农机装备、农产品加工、智慧农业"四大农业科技领域，引入重庆市农科院、西南大学、四川美术学院、西部（重庆）科学城等的成渝地区双城经济圈专家团队，成立农科城产业科技研究院，建设果蔬书院、玫瑰书院、柠檬书院、蔬菜书院等集传统文化学习、农耕文化体验、休闲旅游、研学团建等业态于一体的农科艺术田园型书院，促进"科产城+农文旅"融合发展。

目前，重庆（潼南）农科城成功研发"庆油"系列油菜制种（国标一级种），其中"庆油3号"连续两次获得长江中游油菜新品种区试第1名，"庆油8号"含油量高达51.54%，刷新中国冬油菜含油量最高纪录，并发展油菜制种面积1.5万亩，最高亩产达160公斤，油菜播种面积稳定在32万亩以上，油菜良种覆盖率100%，精深加工产值达3.77亿元，农文旅融合产值达6.82亿元，并为长江中上游种植区提供油菜良种1000余吨，推广面积达到3500万亩，油菜制种基地建设经验在农业农村部官网等推广。

在农村生活垃圾资源化利用领域，潼南区充分考虑农村厨余垃圾产生、处理成本等综合因素，推广农村厨余垃圾就地堆肥处理模式，广泛应用于村民农业生产自用、退耕还林、果蔬种植及补植补造苗木等领域，入选川渝两省市农业农村部门联合发布的"2023年成渝地区双城经济圈农村人居环境整治引领技术和典型案例"。

数智化引领、撬动、赋能现代化潼南建设

"数"潮奔涌涪江，"智"兴赋能未来。近年来，潼南区数字变革加快推进，实现数字资源加速汇聚，重塑基层智治体系，推出"数字农业大脑""潼心照护""首席数字官"等实用实战成果。截至2023年，潼南区累计实施智能化改造项目149个，建成数字化车间9个，装备数控化率提升至78.5%，培育科技型中小企业675家、高新技术企业近60

家、专精特新企业 62 家。

潼南在重庆率先建成区县级"数字农业大脑",绘制"农业数字一张图",依托卫星遥感技术,对辖区内 260 万个地块、27 个土地图层、35 亿个地块属性数据进行无缝叠加及智能分析,实现对丘陵山地细碎化地块精准调控、粮油种类智能解译、作物长势适时监测、阶段产量定期预测、风险预警等全种植期智慧管理,为全区农业发展提供统一、权威、标准的数据支撑和决策依据。

柠檬产业大脑是潼南"数字农业大脑"的一个应用场景,整合"政、银、企、商"全产业链数据资源,涵盖柠檬生长决策模型、柠檬产业指数、柠檬产量预估模型等能力组件,构建数字生产、数字加工、产业致富、惠柠服务、数字管家等应用体系,通过产业一图统览、主体一图集成、信息一图感知,实现包括潼南在内的成渝柠檬主产区的生产加工实时监测、精准管理、业务协调。

为解决部分病患群体无人照护、多次入院、反复搬抬、不便到院等痛点难点问题,潼南区集合医护机构、基层社区等照护资源与病患群众需求,推出集在线咨询、视频问诊、上门服务、健康档案等多项功能于一体的"潼心照护"数字应用,为老年患者、慢性病患者、出院待康复患者以及罹患疾病且行动不便的特殊人群提供"一键响应"的居家照护与上门护理服务。同时,"潼心照护"运营机构成立护理与照护质控小组,对用户做好回访,对留痕服务过程中产生的数据资料做到可查询、可追溯,定期对后台订单进行服务质量检查,对发现的问题及时整改,不断提升用户"点单-派遣"服务体验。

2023 年 10 月 31 日,重庆市委召开数字重庆建设推进会,潼南率先探索的"首席数字官"制度在推进会上作为亮点通报。为解决基层数字化人才匮乏、信息基础薄弱、数据横向贯通存在差距等问题,潼南区打破职务、级别、职称、年龄等限制,选配部门(镇街)首席数字执行官,强化系统培训和职能赋权,将首席数字官培养为数字理念传导者、数字资源管理者、业务开发应用者、多跨协同创新者，实现推进数字重庆建设在潼南基层能落地、有人管、有人干。

商农文旅融合打造特色消费品牌

云楼栉比涪江岸，桥卧漪澜一椅琴。潼南正以独特的旅游、文化、资源等优势，建设"一圈三区"城市消费空间①，打造红色教育到潼南、旅游观光到潼南、寻忆乡愁到潼南、共享农场（庄）到潼南、健康养生到潼南等特色旅游品牌，培塑"郊游潼南"乡村旅游新地标，并围绕"乡愁潼南""花漾潼南""水韵潼南""田园潼南"四大系列节会，举办柠檬节、菜花节等旅游节庆活动，吸引更多川渝游客前来旅游、休闲、购物。

围绕"夜游、夜娱、夜购、夜宴、夜演"，潼南大力发展夜经济，打造夏季消费名片，精心策划夜游涪江、水上露天电影、星空酒馆市集、吃货挑战赛、对酒当歌音乐会等特色突出、文化氛围浓厚的夜市文化活动。2023年夏季，隆鑫中央大街、外滩美食街、嘉年华购物公园、子同街等夜经济聚集区消费突破3亿元。

涪江壹村是潼南打造"世界宽谷、田园城市"的新地标，由前进村、新生村、丰产村、胜利社区等三村一社区组成，并由潼南大佛街道组织4个村（社区）党组织组成联村党委一体化开展乡村振兴工作。2023年，潼南区旅投集团与联村集体经济组织成立合资公司，利用其收储的农房与流转的耕地，开发研学旅游、乡村旅游、智慧旅游、儿童旅游等多维度旅游产品。以涪江壹村"时光街区"项目为例，按不同时代元素将传统文化、时代印记、时尚新潮、田园轻奢等多元化内容融入街区风貌、特色业态、艺术装置，2024年春节长假接待游客200多万人次，成为新晋乡村网红打卡点。

---

① 潼南区"一圈三区"城市消费空间：以隆鑫中央大街、中骏世界城为核心的江北商圈，凉风垭片区、接龙桥片区、八角庙片区三个消费集聚区。

跨界治水筑牢绿色生态屏障

潼南区水资源丰富，涪江、琼江贯穿全境，拥有大小河流 136 条，水库 75 座。近年来，潼南做好"管水、治水、护水、亲水"四篇文章，建立"双总河长+区镇村三级河长"责任体系，实行"一河一长、一河一策、一河一档"，率先在全市构建"河长+部门河长+河段长"工作机制，推动检察长、警长、河长协同推进水环境监督检查、河段问题精治、流域项目实施，在全市首聘第三方河流管家，建立多层次、立体化、多方参与的"民间河长"队伍，创建"污水零直排区"，建起"河畅、水清、岸绿、景美"的生态景观，辖内的涪江、琼江水质稳定为Ⅱ类、Ⅲ类，出境水质优于入境水质，2023 年涪江（潼南段）有 3 个月水质达到Ⅰ类，琼江（潼南段）入选 2023 年重庆市美丽河湖优秀案例、重庆市首批示范河流创建名单，潼南治水经验入选全国河湖长制典型案例。图 5 展示了潼南水生态环境持续改善带来的水清岸绿的宜居城市形象。

图 5　潼南水生态环境持续改善后的城市形象
（王华侨 摄　供图：潼南区融媒体中心）

同饮一江水，遂潼一家亲。潼南区与四川遂宁市共建遂潼川渝毗邻地区生态绿色一体化发展先行示范区，在环境管理联通、环境污染联治、环境监管联动、环境安全联保、横向生态补偿等方面紧密协作，探索出一条生态环境跨行政区域共保联治的生态文明新路径。2018 年 12 月，两地生态环境局共同签订《生态环境联防联控联治合作协议》，并在两地"十四五"生态环境保护规划中专章部署"协同推进区域生态环境共保共治"工作。遂潼一体化发展先行区建设启动后，两地签订生态环境保护一体化协议，共同出台《琼江流域水生态环境保护川渝联防联治三年行动计划》等政策文件，建立分区管控协同、年度计划安排、定期调度会商、信息资源共享、重大事项相互通报、突发水污染事件应急处理、跨界巡河等协作机制，联合开展跨界河流联防联控联治，涪江愈发水清岸绿。

涪江地处龙门山暴雨区，历史上容易诱发洪涝、山洪、泥石流等灾害，甚至出现"旱涝交替"灾情。近年来，潼南与遂宁、合川、铜梁等涪江沿线城市签署防汛抗旱协作协议，建立联席会商、信息通报、协同处置、联合发布信息、联络员督查督办等机制，协同开展跨界水文监测、水库联合调度、防汛抗旱突发事件防范及应急管理工作。

城市品质与居民幸福感双提升

今日的潼南，漫步在大街小巷，道路整洁有序，景色宜人；走进各个小区、楼道，环境干净优美，居民怡然自得；农贸市场里，处处通畅洁净、秩序井然；公园、广场绿树成荫……近年来，潼南区委、区政府将塑造高颜值山清水秀美丽潼南作为重点任务，从碎片化土地着手，将"边角地"统一规划、特色建园，建成大佛寺湿地公园、人民生态公园、时光长廊、金三角街心公园、松林坡公园、东安公园、金福坝湿地公园、福山公园等公共绿色空间，总占地面积约114万平方米，人民生态公园荣获联合国可持续城市与人居环境奖，并被评为远郊区县人居环境改善示范项目。按照基础类、完善类、提升类等不同类型，潼南因地制宜推进老旧小区改造，完善基础设施和公共服务配套，努力打造环境优美、功能完善、安全舒适、管理有序的生活环境，让老旧小区变得好看又好住。

谋民生之利，解民生之忧。近年来，潼南加快落实"川渝通办"事项，做精做细川渝在潼企业的全周期服务，与遂宁共同打造遂潼一卡通协同"样板间"，实现政务、文化、交通、旅游、金融、惠民六大功能场景事项跨省通办、少跑快办、高效办成。比如，实现遂潼社保无障碍转移接续、异地住院直接结算、公积金互认互贷；共建遂潼就业信息共享平台，联办遂潼杯创新创业大赛、川渝毗邻地区职业技能大赛；参与发起成渝中部地区教育联盟，共建遂潼教师教育创新试验区，纳入成渝协同重大改革试验项目，并联办川渝两地五市校长论坛、遂潼教育涪江科研论坛等活动；与遂宁深化医疗卫生服务协同，共建医疗专科联盟 17 个、远程诊疗中心 3 个，推动 100 余项医学检验结果互认共享。

遂潼一体化先行探索"两区"适度分离改革

2020 年 12 月，川渝两省市政府批复设立遂潼川渝毗邻地区一体化发展先行区。同月，川渝两省市发展改革委联合印发《遂潼川渝毗邻地区一体化发展先行区总体方案》，确定先行区规划范围为遂宁市和潼南区全域，总面积 6905 平方公里，提出"三地一枢纽"[①] 的发展定位，构建"双中心、三走廊、一园区"[②] 的跨域发展格局。

四年来，潼南与遂宁共同组建遂潼一体化发展领导小组和 9 个专项工作组，推进基础设施、产业发展、生态环保、机制创新、公共服务"五个一体化"，建立共同决策、规划共编、招商联合、党建联动、园区共建等协作机制，编制遂潼合作相关专项规划 40 余个，联合成立川渝锂电及新材料研究院科创技术联盟、涪江流域大型科学仪器设备共享平台、遂潼区域职业教育中心、遂潼川渝毗邻地区人力资源产业园（潼南）等合作组织，共建成渝遂绵优质蔬菜生产带 12 万亩，年产值约 20 亿元，全力绘就各美其美、美美与共的遂潼一体化发展新画卷。2023 年，遂潼川渝毗邻地区一体化发展先行区经济总量达 2160.78 亿元，潼南、遂宁 GDP 分别增长 6.8%、6.7%。

[①] 三地一枢纽：川渝毗邻地区一体化制度创新试验地、成渝中部地区现代产业聚集地、成渝地区双城经济圈高品质生活宜居地和联动成渝的重要门户枢纽。

[②] 双中心三走廊一园区："双中心"为遂宁和潼南的中心城区，"三走廊"为现代产业创新走廊、涪江生态绿色走廊、琼江乡村振兴走廊，"一园区"为遂潼涪江创新产业园区。

2021 年，潼南、遂宁联合印发《遂潼涪江创新产业园区建设实施方案》，明确园区规划面积约 450 平方公里，其中潼南约 212 平方公里，遂宁约 238 平方公里。遂潼园区按照"经济活动一体化，社会管理属地化"的原则，成立遂潼涪江创新产业园区临时党委、筹委会，共同组建全国首个川渝字号跨区域企业——川渝遂潼投资发展有限公司，设立遂潼园区产业发展基金，与重庆银行潼南支行、建设银行遂宁分行等两地 6 家银行签订 5 年授信 580 亿元的合作协议，联合开展"三家-崇龛""荷叶-米心"，为试点区域的首个跨省毗邻区域村连片规划和项目包装建设，在潼南区双江镇九道社区和遂宁市安居区磨溪镇老木垭村打造全国首个零碳绿能田园综合体，促进特色农业、新型工业、文旅融合精准协同，加快构建"一心两带五组团"① 发展格局。

结语

总的来看，潼南区紧扣"一体化"和"高质量"两个关键词，细化实施"十个先行"，创新实施融入成渝地区双城经济圈建设的标志性项目，加快建设遂潼合作园区等重大平台，重点领域改革持续突破，创建政策协同示范区，2023 年，潼南地区生产总值同比增长 6.8%，高于重庆市和成渝地区双城经济圈 0.7 个百分点，居重庆区县第 10、主城都市区第 6，固定资产投资同比增长 10.3%，一般公共预算收入同比增长 17.2%，规上工业增加值同比增长 9%，农业增加值同比增长 4.7%，服务业增加值同比增长 7.2%，存贷款余额同比增长 14.3%，奋力打造国家战略腹地建设重要承载地、成渝地区中部崛起新增长极、产城景融合发展"桥头堡"正成势见效。

---

① 一心两带五组团："一心"即"遂潼之心"，布局天然气综合利用（绿色化工）功能区、文化旅游功能区、综合服务功能区，打造产业融合发展示范区；"两带"即涪江农文旅融合发展示范带、琼江现代农业示范带；"五组团"即遂宁高新区南部组团、老池临港组团、安居组团和潼南高新区东部组团、双江-大佛坝组团，布局天然气综合利用（绿色化工）、新材料、新能源、电子信息、装备制造、特色消费品、节能环保、绿色建材等特色产业。

答好"乡村两问"*的丰都乡村振兴实践

在丰都县武平镇坝周村，通过发展香葱、肉牛养殖等产业，2023 年村集体收入近 60 万元；在丰都县高家镇建国村，白墙黑瓦的农家小院掩映其间，村后青山绿水，房前绿树红花，庭院整洁有序，随处可见印花石栏杆、文化墙、太阳能路灯，俨然一幅富有文明气息的乡村美景。在丰都县最偏远的栗子乡，保护修缮古村落、古民居，建设涵盖古寨、梯田、红色遗址等元素的农文旅示范带，高海拔山村变成"产业寨""文化寨""和谐寨"……这是重庆市丰都县推进乡村振兴、实现强村富民的真实写照。

丰都县地处重庆地理中心、三峡库区腹心，辖 30 个乡镇（街道），总人口 85 万，面积 2901 平方公里，是特色旅游县、重点移民县、国家首批对外开放县和全国优秀旅游城区、全国十佳生态休闲旅游城市、国家园林县城、国家卫生县城。近年来，丰都县立足"国家农产品主产区、重庆特色农牧产业基地"定位，聚焦"乡村两问"，按照"以'新农人'培育为牵引，做实强村公司，建强共富农场，推动村集体经济组织经营性收入倍增"的工作思路，实施农业创优行动，打造农村经济增长新引擎、创新创业新热土、群众美好生活新场景、城乡融合发展新样板，绘就新时代巴渝和美乡村图景，成功创建国家乡村振兴示范县和国家农产品质量安全县。

精准滴灌培养"新农人"①

发展农业新质生产力要求劳动者从受教育年限较短、具备科学素养比

---

* 乡村两问：现在靠谁来振兴乡村、未来靠谁下地种田。

① "新农人"：懂技术、会经营、善管理的新型乡村人才队伍，包括大学毕业生、致富带头人、党员及入党积极分子、市场主体带头人、现代农业产业工人、退伍军人等。

例较低的传统农民向新质劳动者即"新农人"跃升，关键是从存量农民中培养高素质农民、中坚农民，引导知识型、技能型劳动者返乡入村，提高农业全要素生产率，优化现代农业产业结构，促进共同富裕和乡村善治，提升乡村群众获得感、幸福感和安全感。

2022 年丰都县人口流动摸底调查显示，过去 10 年丰都每年约有 1.5 万人进城落户，其中近 1 万人去了丰都以外的城镇，累计有 26.5 万户籍人口在外务工，其中 6 万人在丰都县城、8 万人在重庆经济较发达的城镇。农村 80%的常住人口为"三留守"人员①，"90 后""00 后"等年轻人多不具备务农技能，乡村振兴面临力量不足、后劲缺失的难题。

乡村振兴根本在于人才振兴。丰都人才强县的总体思路是突出"新农人"抓农业、"小巨人"抓工业、"年轻人"抓文旅、"带头人"抓党建。尤其是丰都县建立利益共享、风险共担、财务共管、联农带农等机制，培养更多示范带动强、利益联结广、经济效益好的"新农人"，推动"新农人"共建现代农业产业链供应链，同步破解乡村缺产业、缺人才难题。2022 年 9 月，丰都县成立重庆首个"新农人"互助会，系政府引导、"新农人"自发参与的非营利性组织，下设肉牛、生猪、花椒等 10 个行业互助分会及 30 个乡镇（街道）互助分会。在互助会成立之前，"新农人"大多凭借一腔热情和情怀做事，经验和资源缺乏，成效不显。互助会成立后，以组织化的形式开展交流对接活动，实现"新农人"之间的资源共享、信息互通、合作共赢。截至 2023 年末，丰都县共培育认定"新农人"4673 人、联结农户 4.41 万户、12.71 万人，创设 5000 万元规模的"新农人"发展资金，开发"新农人贷"② 等金融产品，放贷 2.7 亿元，新增农业市场主体 3519 家，同比增长 490%。

---

① "三留守"人员：留守儿童、留守老人、留守妇女。

② "新农人贷"是丰都县推出的精准对接"新农人"发展产业的信贷产品，以"政府增信、全额贴息、风险共担"方式运行，免担保、免抵押，由金融机构在"信易贷·渝惠融"平台发布"新农人贷"产品，在线完成申请、审批、贷款发放，有关经验入选重庆市政务信用十佳典型案例。

丰都县按照"集体性质、市场机制、实体形式、共建共享"的思路，通过党支部领航、村集体经济组织领衔、强村公司领项、"新农人"领办的方式，打造共富农场，逐步解决村集体经济竞争力不足和农民增收渠道少等难题。截至2023年末，丰都县累计发展强村公司343家，建成共富农场223个，实现农村集体经济组织全覆盖，带动年经营性收入10万元以下的村集体经济组织全面清零，农村居民人均可支配收入达20317元，同比增长7.9%，增速居重庆区县第2。

坚持"农民主体"的乡村治理

围绕"让农村基本具备现代生活条件，让村庄成为农民喜欢的样子"两大目标，丰都县构建"家庭互助、院落自治、一院两会、三事分流"的乡村治理机制，以自然院落为最小自治单元，常态化开展领导干部"四下基层"①"千名干部进网格"等行动，并在村党支部领导下，村委会授权院落群众组织独立开展"四议两公开"工作，建好养老、生产、医疗等互助会和"村党组织领导+院落群众互助会负责人协商"的院落联席会，将村民问题诉求分类分责处理，实现政府快办公共领域"大事"，村（社区）协商共办村级"小事"，院落群众自办个人"私事"。

丰都县把服务"一老一小"作为乡村善治的"小切口"，发挥家庭的社会问题兜底功能，传承敦亲睦邻、守望相助、诚信重礼的孝善文化共同价值理念，利用村集体收益建立家庭教育互助会、老年大学、爱心食堂、农民工工会等。值得关注的是，丰都县家庭教育互助会形成"以会促会、组织家长、选好会长、家庭互助"的良性运行机制。首先，在农村建立28个农民工工会组织，吸纳1.7万余名农民工入会；其次，通过农民工工会会员把家长组织起来，引导他们自愿组建家庭教育互助会，选好负责人和"轮值家长"，推动家庭间互相帮助，亲朋好友和邻里乡亲为留守儿童提供

---

① 四下基层：宣传党的路线、方针、政策下基层，调查研究下基层，信访接待下基层，现场办公下基层。

家庭教育支持。

丰都县整合党员活动室、村委活动室、农家书屋等场所，行政村（社区）全覆盖打造集礼堂、学堂、食堂等功能于一体的"新丰书院"，汇集理论宣讲、乡情展陈、爱心餐食等服务，推动乡风文明蔚然成风。运行机制上，"新丰书院"组建理事会，村（社区）党组织书记为第一责任人，理事会成员由村（社区）干部、村（居）民小组长、群众代表、互助会会长组成，确保"制度管人，有人做事"。

提质发展以畜禽养殖加工为重点的现代山地特色高效农业

丰都县把发展现代畜禽产业作为提振县域经济、助推乡村振兴的重要抓手，以国家现代农业产业园[①]为平台，按照"大龙头引领、强科技驱动、集约化发展、标准化建设、全链条推进、资源化利用"的"一主两辅多特色"[②]产业发展思路，培育农产品加工规上企业 32 家，打造中国肉牛之都、西南地区鸡产业基地、重庆市智慧生猪养殖强县。2023 年，丰都县肉牛存栏 16 万头，年出栏 9 万头，存出栏量稳居重庆区县第 1；牛肉加工约 5 万吨，销往重庆中心城区 4.5 万吨，销售额 30 亿元，市场占比约 14%；家禽出栏 1280 万羽，居重庆区县第 6；禽肉产量 2 万吨，销往重庆城区 1.5 万吨，市场占比约 5%；年产鸡蛋 6.5 亿枚，居重庆区县第 3；每年为西南地区供应 5000 万羽健母雏，市场占有率 30%以上。

丰都县把"藏粮于技"作为农业发展的原动力，与西南大学、中国农科院、南京农大等高校合作，建成肉牛产业良繁中心、恒都肉牛科技研究院、肉牛产业研究院、肉牛产业大脑、丘陵山区智慧农场等科技创新平台，构建"首席专家+县级科技特派员+乡镇技术员+村社指导员"四级农业科技服务体系，从良种培育与推广、动物疫病防控、畜产品加工、食品

---

① 丰都国家现代农业产业园范围涵盖 9 个乡镇（街道），涉及人口 28.5 万人，占地面积 127.5 万亩，耕地面积 26.51 万亩，主导产业为肉牛和鸡，2023 年被农业农村部、财政部认定为国家现代农业产业园。

② 一主两辅多特色："一主"为肉牛，"两辅"为鸡、榨菜，"多特色"为若干特色农产品。

保鲜和仓储物流等方面提供全方位科技支持。

挖掘优秀传统文化的文旅新动能

平都天下古名山，自信山中岁月闲。历史文化名城丰都古称平都，有73万年历史的旧石器文化、7000年历史的新石器文化，曾为巴子别都，置县有两千余年历史，1958年周恩来总理定名"丰都"（寓意"丰收之都"），山水丰茂、物产丰盛、人文丰厚，是道教"洞天福地"中七十二福地之一，素以5000年凤凰城、2000年县城、1000年鬼城闻名天下，现有可移动文物5.5万件、不可移动文物点1104个、国家级非遗1个（丰都庙会）、市级非遗16个，境内海拔1000米以上具有开发价值的高山旅游资源占重庆的10%以上，拥有名山、雪玉洞、九重天等4个AAAA级景区和南天湖国家级旅游度假区，以及三抚林场、雪玉山、太平云海等旅游资源。

近年来，丰都县融入巴蜀文化旅游走廊建设，实施"文化创意、旅游创业"，提速打造国际知名文化旅游目的地，成立重庆首个区县级文化旅游研究院，不断挖掘本地优秀传统文化内涵，让沉睡的文化资源与全龄、全时、全域分众旅游市场衔接，围绕"月月有活动、季季有热点"，办好丰都庙会（见图1）、祈福文化节、南天湖啤酒露营音乐狂欢季、南天湖冰雪旅游季、共富乡村旅游文化节、丰都短视频大赛、电音狂欢节、龙河湿地酷跑等文旅节会，以文塑旅，以文塑城，在规划引领提标、投资建设提

图1　丰都庙会

（供图：丰都县政府）

速、经营效益提升、品牌创建提效、管理营运提能、旅游服务提质六个方面实现新突破，形成"黑珍珠"与"红宝石"两张丰都文化新名片①。2023 年，丰都县共接待国内外游客 2980 万人次，同比增长 19.1%，旅游直接收入 93.13 亿元，同比增长 15.5%，上缴税金 3.07 亿元，同比增长51.4%，旅游综合收入 133.55 亿元，同比增长 5.2%。

丰都庙会起于东汉、成于西晋、盛于明清，2014 年成功入选国家级非物质文化遗产，成为展示丰都民俗文化的重要窗口。2024 年丰都庙会以"逛丰都庙会、结三生情缘"为主题，举办"千年之约""缘启福地""凤鸣平都""商贸展销"四个篇章共计 17 项活动，祈福、巡游、鬼舞表演、万人宴、美食展等民俗活动丰富多彩，文、旅、商、农、体跨界融合，讲出"庙会经济"千年传承、与时俱进、服务发展的新故事。

引成渝"活水"促乡村振兴

在成渝地区双城经济圈建设机制下，丰都县与巴南区、荣昌区强化对口协同，协同出台政策文件、制订任务清单，建立高层互访、联席会议、项目对接、招商协同、农特文旅产品助销、人才培训、干部和专业人才互派等合作机制，签订农业、科技、教育、文旅、物流、招商等一揽子合作协议。2023 年，巴南区、荣昌区援助丰都县资金达 2223 万元。

巴南区招商投资局协助丰都县引进江阴市鹏鹞联业生物科技有限公司建设总投资额为 1.1 亿元的农牧废弃物资源化循环利用中心，促成巴南区长岗果园在丰都县建设总投资额为 1.2 亿元的仙女湖镇车厘子主题公园；重庆农禾电子商务有限公司、重庆凤梧商贸有限公司、区工商联餐饮住宿业商会等巴南区骨干企业和相关机构在丰都县建立特色农产品定向采购基地；丰都县与巴南区的相关龙头企业和专业合作社共同编制《丰都红心柚生产技术规程》《红心柚降酸技术草案》，联合做大柚产业；丰都县与荣昌

---

① "黑珍珠"是以鬼城为载体的"丰都鬼城文化"，内核是扬善、惩恶、公正、和美；"红宝石"是以巴渝神鸟为载体的"丰都凤凰文化"，内核是吉祥、平安、富贵、奋飞。

区签署农牧产业合作示范园共建协议，在招商引智、产业培育、人才交流等方面协同合作。

"发展依靠人民"点燃乡村振兴新动力

丰都县处于重庆"一区两群"战略中主城都市区、渝东北三峡库区城镇群、渝东南武陵山区城镇群三者的连接处，"承接主城、联结两群、联动成渝"的区位优势和发展潜力正在显现。丰都县集城市、农村、山区、库区于一体，建设现代化新丰都，最艰巨最繁重的任务在农村，最大潜力和后劲也在农村。推动乡村振兴，首要解决发展主体问题。作为成渝地区双城经济圈首个制定"新农人"标准并将其作为本地战略抓手来推进的城市，丰都县发挥"新农人"有技术、有经验、有乡愁、有根基等复合优势，让"新农人"成为"兴农人"，构建"'新农人'+村集体+农户"的乡村振兴新模式，将共富农场作为乡村产业振兴的重要载体，新丰书院作为乡村治理的重要阵地，构建粮经饲统筹、产加销贯通、农文旅融合的现代化乡村产业体系，为后发地区推动城乡深度融合、农民增收致富、实现共同富裕提供了一条可借鉴的新路径。

从"四座城"到"一个圈":成都都市圈同城融圈实践创新与高质量发展路径

工业化、城镇化是发达国家经济发展的一般规律,也是中国改革开放以来的成功实践,特大型城市及以其为中心的都市圈已经成为重要的经济增长极和创新要素集聚高地。例如,纽约、东京、巴黎、伦敦等都市圈,普遍以不足5%的国土集聚了所在国20%左右的人口和30%左右的经济总量。

2019年2月,经国务院同意,国家发展改革委印发《关于培育发展现代化都市圈的指导意见》,提出要培育发展一批现代化都市圈,形成区域竞争新优势,为城市群高质量发展、经济转型升级提供重要支撑。2021年以来,国家发展改革委先后批复南京、福州、成都、长株潭、西安、重庆、武汉、沈阳、杭州、郑州、广州、深圳、青岛和济南14个都市圈的发展规划,涵盖东中西部主要中心城市。"以都市圈为依托,促进大中小城市协调发展"成为我国推动城乡融合和区域协调发展的重点任务。

将成都都市圈①培育发展为现代化都市圈是《成渝地区双城经济圈建设规划纲要》提出的重点任务之一。2020年,四川省做出建设成都都市圈的决策部署。2021年11月,国家发展改革委正式批复《成都都市圈发展规划》,这是继南京都市圈、福州都市圈之后,国家层面批复的第三个、

---

① 据《成都都市圈发展规划》,成都都市圈以成都市为中心,与联系紧密的德阳市、眉山市、资阳市共同组成,主要包括:成都市,德阳市旌阳区、什邡市、广汉市、中江县,眉山市东坡区、彭山区、仁寿县、青神县,资阳市雁江区、乐至县,面积2.64万平方公里,2020年末常住人口约2761万人;规划范围拓展到成都、德阳、眉山、资阳全域,总面积3.31万平方公里,2023年末常住人口约3006.4万人。

中西部的第一个都市圈规划。四年多来，成都以建设践行新发展理念的公园城市示范区为统领，分类推进中心城区、城市新区、郊区新城做优做强，积极推进城市空间、产业、交通、能源结构调整，全域统筹推进产业建圈强链，深入实施幸福美好生活十大工程，城市核心功能得到优化提升，非核心功能实现梯次合理疏解；眉山、德阳、资阳三市的宜商宜居宜业宜游功能持续完善，城乡品质风貌与公共服务水平不断提升；成都都市圈县域单元承载能力加快提升，交界地带同城化融合发展试点项目快速推进，12个县（市、区）入围全国百强县区。2023年，成都都市圈GDP达2.78万亿元，占全省的比重为46.3%（见表1），省内经济聚集度相较2020年提升0.2个百分点，"协同""跨市""共建""共享"正成为同城融圈的鲜明特色，极核引领、轴带串联、多点支撑的新发展格局已见雏形。

表1　国家发展改革委批复的14个经济圈2023年主要经济指标比较

序号	都市圈	2023年GDP（万亿元）	占全省（直辖市）比重	序号	都市圈	2023年GDP（万亿元）	占全省（直辖市）比重
1	成都都市圈	2.78	46.3%	8	沈阳都市圈	1.13	37.4%
2	重庆都市圈	2.46	76.7%[①]	9	杭州都市圈	4.11	49.7%[②]
3	南京都市圈	5.1	29.6%[③]	10	郑州都市圈	2.59	43.8%
4	福州都市圈	2.04	37.5%	11	广州都市圈	4.66	34.3%
5	长株潭都市圈	1.72	34.4%	12	深圳都市圈	5.18	38.2%
6	西安都市圈	1.51	45.3%	13	青岛都市圈	1.97	21.4%
7	武汉都市圈	3.37	60.5%	14	济南都市圈	1.92	20.8%

①减去重庆都市圈内的四川省广安市的GDP测算，即重庆主城都市区经济总量占重庆市GDP比重。

②减去杭州都市圈内的安徽省黄山市的GDP测算。

③减去南京都市圈内马鞍山、滁州、芜湖、宣城四座安徽省地级市的GDP后测算。

注：

1. 2023年成都都市圈GDP在14个都市圈中排名第6，占全省比重在14个都市圈中排名第4，对成渝地区双城经济圈建设的示范带动作用凸显。

2. 成都都市圈和重庆都市圈作为成渝地区双城经济圈两个增长极，前者的GDP略高于后者（差距为0.32万亿元），但后者的经济聚集度更高（差距为30.4个百分点）。

3. 成都都市圈与长三角地区、粤港澳大湾区的都市圈的GDP差距仍然较大，为杭州都市圈的67.6%、深圳都市圈的53.7%、广州都市圈的59.7%，"对标东部地区发达城市都市圈，超常规谋划加速度"是高水平建设成都都市圈的重点任务。

制度机制创新促协同发展

同城化是城市间区域合作最紧密、最高级的形态，被认为是现代化都市圈形成的必由之路，而都市圈则是区域经济加快发展的重要驱动力和未来城镇发展格局演变的主要方向。

2018年6月，中共四川省委十一届三次全会提出"成德眉资同城化发展，促进成都平原经济区的一体化发展，带动全省高质量发展"的战略部署。随后，成德眉资四市签署同城化合作协议，建立党政主要领导定期互访、常务副市长牵头的综合协调会议、分管市领导负责的专项协调会议等合作机制。

2020年，四川省召开成德眉资同城化发展推进会，省委办公厅、省政府办公厅联合印发《关于推动成德眉资同城化发展的指导意见》等政策文件，建立"领导小组统筹、同城办协调、省直部门指导、四市主体落实"的工作推进机制，同城化办公室实现"常态化运作、实体化运行"，省直部门和四市分领域共同组建14个专项合作组，构建以成都都市圈发展规划"定性"，国土空间规划"定量"，各类专项规划、毗邻地区区域规划"定点"的"1+1+N"规划体系，以"清单制+责任制"的方式按年度落实重点工作。

四川省人民政府印发的《成都都市圈发展规划》共十一章，涵盖规划背景、总体要求、发展布局、基础设施、创新驱动、产业聚集、开放合作、公共服务、生态环境、体制机制改革等方面，明确了成都都市圈建设的发展目标、重点任务和保障措施，并提出到2025年，成都都市圈经济总量突破3.3万亿元，城乡居民人均可支配收入接近东部发达地区水平，常住人口城镇化率达75%。

总的来看，2020~2022年是成德眉资同城化发展的起步加速期，成都都市圈建设实现从顶层设计到夯基垒台。2022年12月召开的四川省委十二届二次全会提出"建强现代化成都都市圈"的明确要求。1个月后，在资阳召开的四川省推进成德眉资同城化发展领导小组第六次会议审议通过的《成德眉资同城化发展暨成都都市圈建设成长期三年行动计划（2023～2025年）》，围绕增强成都都市圈现代产业协作引领、创新资源集聚转化、改革系统集成和内陆开放门户建设、人口综合承载服务四大功能，确立了八个方面26个领域的重点任务。至此，成都都市圈进入高质量成长期。

另外，成都都市圈还形成了若干细分领域的区域协同治理制度机制创新的突破性成果。比如，2022年10月，成德眉资四市人大常委会同步表决通过《关于协同推进优化成德眉资区域营商环境的决定》，开展优化区域营商环境协同立法，这是全国设区市范围内经济发展领域协同立法的首次探索。

建圈强链促产业链供应链"跨市"优化布局

成德眉资是典型的"大带小"城市组群，德眉资三市中心城区距离成都主城区均在50公里左右，都在高铁半小时、高速公路一小时通勤圈内，便于"跨市"创业、就业、生活、消费，可以共享成都的发展红利，而成都的产业发展也通过成德眉资同城化增加了纵深空间。

2021年以来，成德眉资四市连续共同发布成都都市圈重大项目清单，涵盖基础设施、现代产业体系、公共服务、生态环境等领域。以2024年重大项目清单为例，158个重大项目中涉及现代产业的有57个，占比36.1%，重点在于加强产业"跨市"分工协作，提升产业链竞争力。另外，四市还在成都都市圈框架下发布城市机会清单，将城市发展需求场景化向四市的市场主体公平开放，促进人才、技术、资金等要素有序流动和畅通循环。

《成都都市圈发展规划》勾勒了成德临港经济、成眉高新技术、成资临空经济三条共建产业带。成德眉资四市协商确定了新型显示、轨道交通、航空装备、新能源汽车、绿色食品（调味品）、医美服务、清洁能源装备、锂电、医疗器械（口腔医疗）9条重点产业链，其中后三条重点产业链为德眉资三市主导，体现出"优势导向、相互依托、相互借力、相互融合"的产业布局特色。截至 2023 年末，四市间开展"跨市"协作配套的企业已有 1551 家。

资阳市中国牙谷从承载成都口腔装备材料创新成果转化起步，围绕"产学研销医养"全产业链，构建一类产品市局当日即办、二类产品省局"一事一议"、三类产品国家局沟通交流的审评审批"绿色通道"，依托四川大学华西口腔医学院、中华口腔医学会、四川口腔医学会等权威机构，实施"口腔英才计划"，累计签约引进企业 110 户，建成全国最大的口腔产业聚集地和成渝地区双城经济区产业合作示范园区，成为成资临空经济产业带一颗璀璨的产业明珠。图 1 为贵阳市中国牙谷全景。

图 1　资阳市中国牙谷全景

（供图：四川牙谷建设管理有限公司）

目前，全国 45 个国家先进制造业集群中，成都都市圈拥有 3 个，即成都市软件和信息服务集群、成（都）德（阳）高端能源装备集群、成渝地区电子信息先进制造集群，均为成渝地区双城经济圈重点打造的世界级万亿产业集群。其底层逻辑在于，依托三条共建产业带，聚焦新一代电子信息、装备制造、轨道交通等战略性新兴产业，突出"成都制造"产业"跨市"布局和"成都创新"新质生产力"跨市"转化的引擎作用，强化德眉资三市的产业配套承接能力，推动链式关联、梯度布局，一体化构建成都都市圈产业功能区，促进都市圈内上下游企业紧密合作。

成（都）德（阳）高端能源装备集群是四川首个"跨市"国家级产业集群，开展"链主+配套""研发+制造""总部+基地"等产业"跨市"分工协作，截至 2023 年末，集聚企业近 3000 家，产值超 2300 亿元，占全国能源装备产业总产值超 20%，贡献全国 60% 的核电产品、50% 的大型电站铸锻件、40% 的水电机组、30% 的火电机组，发电设备年产量居全球第 1，太阳能电池片产能居全国第 1。

共建区域发展功能平台促交界地带融合发展

《成都都市圈发展规划》提出，在彭州-什邡、青白江-广汉、金堂-中江、四川天府新区成都直管区和眉山片区（见图 2）、蒲江-丹棱、新津-彭山、简阳-雁江-乐至等交界地带开展规划布局、交通连接、产业协作、政务服务等融合发展试点，打造同城化发展的若干支撑点。

成都都市圈交界地带山水相连、人缘相亲、文化相通，主要是小城市、小城镇和乡村，过去多为后开发地区，甚至是经济欠发达的脱贫县。随着成都都市圈建设上升为国家战略，交界地带在要素资源、产业载体、区位空间方面的比较优势迅速显现，积极探索经济区与行政区适度分离改革，共建区域发展功能平台，成为成都主城区要素共享、产业转移的优选地区，曾经的"偏远地带"一跃成为现在的"发展前沿"。

2023 年，四川省推进成德眉资同城化发展领导小组办公室组织开展了成德眉资交界地带融合发展启动项目的综合评估，对 2 批次的 12 个启动项目发展效益进行了综合评价，彭什川芎现代农业产业园区获评唯一一个一等次。川芎是成都彭州市和德阳什邡市交界地带的支柱产业，2021 年起，两市成立由书记、市长任组长的彭什区域协同发展领导小组和蓉北乡村振兴（彭什交界地带）协同融合发展管委会。在管委会领导下，按照各占 50% 股份的比例，两地共同出资成立平台公司——四川彭什农业发展有限公司，公司化打造彭什川芎现代农业产业园区，携手探索"区域共通、产业共融、平台共建、资源共享、园区共营"的现代农业发展新模式，共建"龙头企业+专业合作社+行业协会+合作联社+种植户"的利益联合体，实现年产川芎约 3 万吨，辐射带动种植面积约 20 万亩，产值超 10 亿元，在全国的市场占有率 75% 以上。

图 2　天府新区（眉山片区）航拍图

注：天府新区（眉山片区）以"现代产业新高地、创新发展新引擎、内陆开放新门户、公园城市新典范"为主攻方向，奋力打造成都都市圈高质量发展新兴城市先行示范区。

［供图：天府新区（眉山片区）管委会］

简雁乐农旅融合发展示范区是成都简阳市和资阳雁江区、乐至县交界地带融合发展的切入点和突破口，三地建立"联席会+管委会+平台公司+科研单位+合作社+新型经营主体+农户"的全链条合作机制，共同邀请四川省农科院专家担任技术顾问，促进农产品品种提档升级、错峰上市，结合成都都市圈乡村旅游扩容的市场机会，聚力打造乡村旅游、休闲康养、观光体验等农旅融合新业态，进而形成产业互补、错位布局的同城融圈现代农业联动发展格局。

共建公共服务便捷共享生活圈

成都都市圈轨道交通以"两环三射"[①] 为主骨架，聚焦"外建大通道、

---

① "两环"是成都铁路枢纽环线、成都外环铁路；"三射"是以成都为核心，分别向德阳、眉山、资阳放射出去的三条市域（郊）铁路线。按照有关规划，成都都市圈统筹建设以成都为中心枢纽的多层次轨道交通网络，打造 16 条放射状铁路对外通道，并以 2 条环形铁路强化放射状铁路转换，构建畅达国内主要城市的"138"铁路交通圈——至重庆 1 小时通达，相邻城市群的主要城市 3 小时通达，京津冀、长三角、粤港澳大湾区的主要城市 8 小时通达。

内建大网络、共建大枢纽",推动基础设施一体化建设和互联互通,日均流动人次超 60 万人次。另外,成资 S3 线即将建成,成眉 S5 线、成德 S11 线的相继开工建设,成都都市圈有望成为全国首个中心城市到全部区域中心城市均运营市域铁路的都市圈。同时,织密高快速路网,"3 绕 20 射"高速公路主骨架建成 17 条,通车里程超 2100 公里,天府大道南北延线实现通车运行,打通城际"断头路"13 条。成都都市圈日开行动车 136 对,发车间隔时间缩短至半小时内,稳定开行 15 条跨市公交线路,投入定制客运车辆 130 辆,"一卡通刷、一码通扫、优惠共享"的天府通卡(码)覆盖成都都市圈的 29 个区(市、县)。

另外,成都都市圈以均衡普惠、整体提升为导向,一体化促进公共服务便利共享。接续实施三批同城便捷生活行动,通过线上办理不动产抵押登记和公积金业务,累计减少群众跑腿超 611 万人次。四市结对学校增至 292 对,共建 27 个医联体,519 家公立医疗机构的电子健康卡(码)互认,154 家二级以上公立医疗机构的 138 项检查检验结果互认;2023 年异地就医直接结算 541.8 万人次,医保基金支付 23.7 亿元,分别同比增长 44.4%、41.7%。四市明确 4 大类、12 项、28 分项重点任务,建立灾害联防联控、互帮互助等应急管理联动机制。

建强现代化成都都市圈的同城融圈建议

对标国内外成熟的发达城市都市圈,发展不平衡不充分仍是成都都市圈建设具有全国影响力的现代化都市圈面临的主要挑战,德眉资三市的经济总量加起来不到成都的 1/3,较大的经济落差并不利于区域综合能级及竞争力的整体提升。2023 年,德阳、眉山、资阳的 GDP 在四川省 21 个市州中分别排名第 4、第 12、第 17,分别为成都的 13.7%、7.9%、4.6%。另外,成都都市圈还存在中心城市梯度辐射效应不明显、基础设施联通深度不够、重点产业链供应链协作配套不强、优质公共服务供给不足、国土空间布局不优等问题。

党的二十大报告提出，以城市群、都市圈为依托构建大中小城市协调发展格局。因此，成都都市圈高质量发展的要义在于，以同城融圈为导向，强化成都作为国家中心城市的辐射带动作用，发挥德阳、眉山、资阳的差异化优势，德阳加快打造区域性中心城市①，增强小城市、县城及重点镇的支撑作用，促进大中小城市融通发展和区域均衡发展，加快建设空间结构清晰、城市功能互补、要素流动有序、产业协作高效、交通往来顺畅、公共服务均衡、环境和谐宜居的现代化都市圈。

1. 加速推进基础设施同城同网

稳步推进成都都市圈综合立体交通体系建设，推进能源、市政、水资源等基础设施联通成网。加快建设轨道上的都市圈，推动干线铁路、城际铁路、市域（郊）铁路、城市轨道交通"四网融合"，畅通公路网，持续提升公共交通服务同城化水平。依托中欧班列（成渝）、西部陆海新通道、长江黄金水道等干线通道，构建多式联运网络，加快形成"四向齐发、四式联运、四流融合"的都市圈内外通道体系和"通道+枢纽+网络"的商贸物流体系，持续提升国际门户枢纽能级。统筹市政设施规划建设和改造升级，加强交界地带重大公用设施选址协商和联建共用，推动企业"跨市"承接市政服务和公共设施运营。加强水利工程共建共用和水资源联合保护保障。

2. 以培育新质生产力加速共建现代化产业体系

聚焦以科技创新引领现代化产业体系建设，加强优势产业协同壮大，前瞻布局新兴产业和未来产业，整合创新资源赋能产业发展，积极推动"数字经济+"融合发展，以数智化因地制宜催生新质生产力，"点燃"高质量发展新引擎。统筹推进紧密型梯度协同创新体系建设，以新质生产力赋能成都都市圈高质量发展。

---

① 德阳是 2020 年 7 月出台的《中共四川省委关于深入贯彻习近平总书记重要讲话精神 加快推动成渝地区双城经济圈建设的决定》确定的七大区域性中心城市之一。2022 年德阳 GDP 为成都的 13.5%，2023 年提升了 0.2 个百分点，而眉山、资阳的该指标值则无变化，可见德阳正稳步推进区域性中心城市建设，并已见成效。

围绕 3 条共建产业带、9 条重点产业链，结合成德眉资四市的要素资源禀赋、市场功能定位、产业发展基础、总体比较优势，通过提质、引强、补链、建链、强链、延链、建圈等协同发展，形成研发在中心城区、制造在园区、配套在区域，圈层推进、梯度布局、错位发展、多点支撑、相互融合、集群集约的现代高端产业协作体系和空间布局。继续推行经济区和行政区适度分离改革，按照产业链供应链创新链延伸型、监管政策飞地型、一体化联动发展型、轨道交通延伸型、携手共建型等多种方式，灵活打造"跨市"合作示范园区。推动现代服务业和先进制造业的协同融合发展。共建安全友好、协同共享的一体化消费环境，加强成都国际消费中心和德眉资区域消费中心建设，提升"1 小时便捷品质生活圈"的承载能力。做精交界地带现代农业合作重点项目，共建彰显"观山水、品川味、慢生活"天府之国生活特质的都市现代高效特色农业示范区。

3. 促进公共服务均衡提质

建立满足常住人口需求的成都都市圈基本公共服务标准及动态调整机制，促进基本公共服务同标同质，多元扩大普惠性非基本公共服务供给，丰富多层次多样化生活服务供给。整合分散于各部门的数字公共服务资源，实现公共服务一云贯通、一码通用。统筹教育资源"跨市"配置，增加小城镇和农村的优质教育资源供给。共建体系完整、分工明确、城乡联动、反应灵敏、运转高效、都市圈同质的"防、控、治、学、研、产"六位一体公共卫生体系。引导基层医疗卫生机构加入成都知名医疗机构发起的医联体、县域医共体、专科联盟，构建"基层首诊、双向转诊、急慢分治、上下联动、横向协作"的整合型医疗卫生服务体系。共建"嵌入式"新型文化空间，鼓励将交界地带人口集中、工作基础好的乡镇综合文化站建设为覆盖周边地区的区域文化中心。共建老年友好型社会，推动公益性养老服务向都市圈常住人口普遍开放，支持养老服务机构跨市连锁布局。坚持以人民为中心，以高质量发展为主题，聚焦基层治理关键领域、重点任务、难点问题，深化成德眉资四市党建引领基层治理，打造共建共治共享的都市圈基层治理新格局，不断提升人民群众获得感幸福感安全感。交界地带要率先建立统一指挥、专常兼备、上下联动、平急结合、区域协同的应急管理体系，强化食品、药品、交通、消防、环境等的联防联控联调联治。

建设成渝地区双城经济圈南翼中心城市的泸州方案

在泸州老窖百亿级智慧生产线上，白酒灌装、包装、仓储、运输全流程自动化运作，年包装能力10万吨，成品酒储存能力500万件，这是白酒行业首家设备智能化、管理标准化、品质一流化的"灯塔工厂"。在泸州古蔺县东城产业园，依托当地龙头企业郎酒集团"大招商、招大商"，白酒包材企业实现"零"的突破，形成酱酒全产业链。在京东（泸州）数字经济示范园，已有数十家企业入驻，以"平台+生态+运营"模式，推动泸州及周边地区特色产品货通全球。在泸州国家高新区，通过引进中国电子信息产业集团等龙头企业，从无到有构建研发设计、电子元器件、智能终端、整机组装、供应链金融等的电子信息产业生态圈……这是四川泸州实施特色优势产业提质倍增、成长型支柱产业突破发展、战略性新兴产业引育壮大"三大行动"，建设先进制造业集群的缩影。

泸州地处四川东南、云贵川渝接合部，长江、沱江、赤水河在境内交汇，是成渝地区双城经济圈南翼中心城市，下辖三区四县，户籍总人口502.21万人，户籍人口城镇化率40.2%。泸州自古素有"巴蜀门户""西南要会"之称，拥有两千多年的酿酒历史，因朱德在泸州题诗"酒城幸保身无恙""风过泸州带酒香"，"中国酒城"由此得名。泸州还是四川唯一开通国际水运、国际陆运双通道的城市，获得全国文明城市、国家历史文化名城、中国优秀旅游城市等荣誉称号。2023年，泸州GDP达2725.9亿元，同比增长5.6%，在四川市州中排名第6，与四川排名第5地市的差距从2019年的251.18亿元缩小到2023年的8.86亿元，高质量发展的质效持续向好。图 1 为泸州市区航拍图。

图 1 泸州市区航拍图

（牟科 摄）

构筑深度融入成渝的战略平台矩阵

近五年来，泸州陆续成立由本市相关机构发起并在当地以实体形式实质运作的战略平台——成渝地区双城经济圈川南公共实训基地、成渝地区双城经济圈（泸州）先进技术研究院、国家技术转移西南中心泸州分中心、中国西部工匠城、川南渝西融合发展（泸州）研究院、成渝地区双城经济圈（泸州）商学院。这些战略平台立足泸州、连接成渝、辐射国内外，推动泸州"政产学研用"全方位融入成渝地区双城经济圈要素资源融通配置，发掘、引进、培育新质生产力促进泸州高质量发展。

泸州科技创新培育新质生产力按下"快进键"。2021 年 6 月，泸州市人社局和泸州职业技术学院共建建筑面积 2 万平方米、总投资 1.2 亿元的成渝地区双城经济圈川南公共实训基地投用，按照"需求导向、训为企用、校企共享、公共服务、促进就业"原则，建成人工智能与大数据技术、智能制造、汽车、电梯工程、现代服务业、焊接、钢筋、虚拟仿真八大实训中心，承接工业机器人、物联网应用、云计算、大数据应用、建筑信息模型等 10 余个工种的技能培训、鉴定和竞赛，年培训数万人次。

2021 年 8 月，泸州市委八届十一次全会审议通过《中共泸州市委关于深入推进创新驱动引领高质量发展的决定》。2021 年 9 月，泸州市第九次党代会提出全力建成国家创新型城市。2022 年 3 月，成渝地区双城经济圈（泸州）先进技术研究院（简称"泸州先研院"）在第十七届中国国际酒业博览会上揭牌。图 2 为成渝地区双城经济圈（泸州）先进技术研究院产学研融合的科技创新孵化体系。

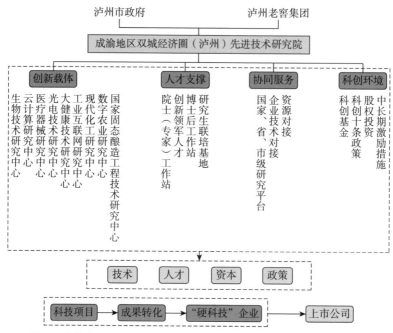

图 2　成渝地区双城经济圈（泸州）先进技术研究院产学研融合的
科技创新孵化体系

一头连着科研，一头连着市场，泸州先研院是由泸州老窖集团设立、非财政补助的事业单位法人，发展定位为"汇聚创新资源、当好转化桥梁、服务产业升级"的创新资源配置枢纽、科研成果转化枢纽、人才价值实现枢纽、创新生态集成枢纽，致力于围绕生物工程、智能制造、电子信息、化工等成渝优势优先产业领域，开展共性关键核心技术研发、项目孵化、新兴产业培育、科技成果转化、军民融合发展，构建"科研、教育、产业、资本"四位一体的微创新体系。

值得关注的是，高校科研院所研发往往缺乏市场需求导向，成果转化比例和实效价值不高，而中小企业受人才、资本等约束，科技创新和成果转化"有心无力"。为此，泸州老窖博士后科研工作站科创有限公司（以下简称"博科公司"）同步配套成立，形成"泸州先研院+博科公司+博士后工作站"三位一体的"政府引导、市场运作、开放共享、协同创新"运作模式。作为科技创新体制改革探路者，泸州先研院推进职务科技成果权属改革，用好中长期激励工具，创新利益捆绑分享机制，健全重大科技项目"揭榜挂帅""赛马"等制度，市场化选聘科技管理服务团队，以博科公司做大做强为抓手，加速培育科技型上市企业。目前，泸州先研院已和清华大学、中国农业科学院、中国机械科学研究总院、上海交通大学、四川大学、成都高新区、京东集团等高校科研院所、政企机构的院士专家团队和科创企业团队建立合作，发布和对接多个产学研项目。

2022 年 4 月，由四川省科学技术厅、泸州市人民政府共同主管，国家技术转移西南中心指导，泸州市科学技术和人才工作局与泸州职业技术学院共建的国家技术转移西南中心泸州分中心启动运营，聚焦供需对接、成果评价、技术交易、人才培育、融资孵化五大服务功能，主要依托本地高校院所的智力资源和科技成果，打造西南技术转移市场。

2022 年 6 月，中国西部工匠城在泸州启动建设，以"以教促培、以培兴产、以产带城、以城育教"为主线，为成渝地区双城经济圈建设提供技术技能人才保障。2023 年 7 月，泸州市人民政府与四川省人力资源和社会保障厅、经济和信息化厅、教育厅、总工会联合印发《中国西部工匠城建设总体规划》，明确打造全国首座新时代工匠城、全国工匠人才创新改革试点先行区、西部"教培产城"融合发展示范区、西部新型技能人才培训试验区四大战略定位，建设一流工匠院校、示范工匠园区、工匠小镇、西部工匠智谷四项重点任务，培育存量优势型、增量发展型、技能输出型三类产业工匠的建设思路。

目前，中国西部工匠城核心区（纳溪）入驻四川化工职业技术学院、西南医科大学附属医院卫生学校、泸州医疗器械职业学院、泸州交通职业技工学校等院校，在校师生达3万余人。另外，泸州轻工业基础良好，形成食品、饮料、农产品加工、造纸、家具、包材、陶瓷制品、玻璃制品等产业链，因而培养轻工业的工匠成为中国西部工匠城的"先手棋"，中国轻工工匠学院、中国酒业工匠学院、中国酒业学院、川酒学院、乡村振兴工匠学院等工匠院校[①]已开班开学，中国西部工匠城党群服务中心等建成投运，累计设立特色工匠培训班100余个，技能人才培训5万余人次。

2022年11月，由四川省社会科学院、重庆市社会科学院、中共泸州市委、泸州市人民政府联合主办的高质量发展天府论坛·数字经济赋能成渝地区双城经济圈建设学术研讨会在泸州举行。研讨会期间，泸州市人民政府、四川省社科院签署《共建川南渝西融合发展（泸州）研究院战略合作框架协议》，川南渝西融合发展（泸州）研究院揭牌成立。

2022年12月，以"成渝地区双城经济圈"为品牌的首家商学院——成渝地区双城经济圈（泸州）商学院（以下简称"泸州商学院"）揭牌，由泸州市政府部门支持，与泸州职业技术学院商学院实行"一套人马、两个部门"运作，泸州职业技术学院党委书记兼任泸州商学院党委书记，以培养"专业化+实战化"企业经营管理人才为主业，融通学历教育、职业教育、在职培训，打造以本地培训为主、国内"飞行培训"为辅的教学基地矩阵，构建企业经营管理人才培训中心、产业发展人才实战基地和成渝地区企业家交流平台。

---

①　第十七届中国国际酒业博览会开幕式上，中国轻工业联合会、中国财贸轻纺烟草工会分别为泸州老窖集团、四川轻化工大学授牌中国酒业工匠学院、中国轻工工匠学院称号。中国酒业工匠学院是泸州职业技术学院与中国酒业协会共建的二级学院。川酒学院是四川化工职业技术学院的二级学院。乡村振兴工匠学院是中国西部工匠城江阳区建设项目。

形成一批可观可感、有形有态的泸永江融合发展成果

近 5 年来，泸州以推动泸永江融合发展示范区建设为主要抓手，有力有序有效推进与周边地区各领域合作事项，在重大规划、平台建设、项目实施和便民政策落实等方面取得积极成果。图 3 为泸州涉成渝地区双城经济圈战略平台引育新质生产力逻辑框架。泸州和重庆永川区、江津区三地人民政府共同印发《泸永江融合发展示范区发展规划》，共同成立由三地党政主要负责人任组长的推动泸永江融合发展示范区建设领导小组，共同制定实施三年行动计划、年度重点任务清单等政策文件，建立常态化干部互派交流机制，以"项目化+清单化"推动工作开展。2023 年，泸永江融合发展示范区实现地区生产总值 5408.9 亿元，比 2019 年增加 1348.5 亿元，增长 33.2%，占成渝地区双城经济圈的比重为 6.6%，较 2019 年增加 0.2 个百分点。

2023 年 6 月，泸州率先成立实体化运行的泸永江融合发展示范区（泸州）党工委、管委会，为市委、市政府派出机构，市委副书记兼任泸永江示范区（泸州）党工委书记，党工委与管委会合署办公，主要职责为牵头统筹推进泸永江融合发展示范区（泸州）的经济发展、体制机制创新、制度建设和目标管理。

泸州将先进材料列为重点发展的六大工业产业之一，深耕优特钢铁、新型水泥、环保玻璃、装配式建材、家装建材五大领域。泸州合江临港工业园区与江津珞璜工业园区、泸县经开区与永川国家高新区港桥产业园分别共建新材料产业合作示范园区，以新材料龙头企业为链主，开展原材料和产品配套加工、产品订单对接、技术交流、产品销售服务等合作，均入选成渝地区双城经济圈产业合作示范园区。另外，泸州还建成成渝地区双城经济圈化工新材料科技成果转化中试熟化平台，成功孵化众邦金刚烷等项目。

以现代农业园区创建为抓手，泸州联合江津、永川共同建设现代高效

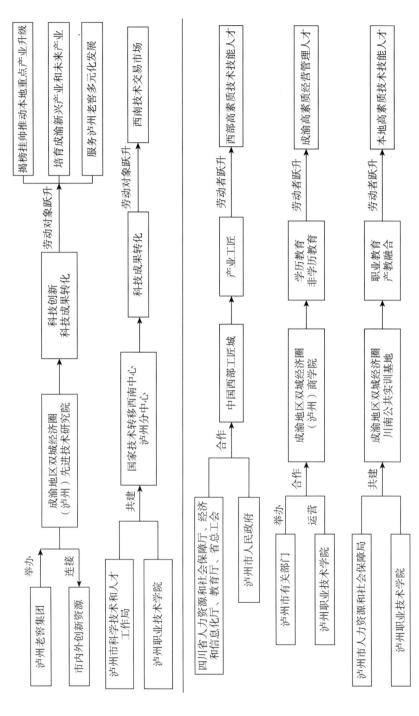

图3 泸州涉成渝地区双城经济圈战略平台引首新质生产力逻辑框架

特色农业产业带和精品乡村旅游观光带，建成稻田及高粱产业带 59 万亩、龙眼荔枝产业带 70.39 万亩、茶叶产业带 6.5 万亩、花椒产业带 57.3 万亩。合江县与江津区共建稻渔综合种养融合发展合作园区①，组建"巴蜀鱼米之乡"产业联盟，建成"田成方、土成型、渠相通、路相连、旱能灌、涝能排"的高效粮油产业基地 1.5 万亩，建立规划共做、设施共建、产业共融、市场共通、利益共享等合作机制，入选成渝现代高效特色农业带合作示范园。泸州市泸县立石镇毗邻永川区吉安镇，两镇成立吉立联合党委，实行理论联学、活动联办、党员联培、治理联建和人才联享，各辖 5 个村共同注资成立川渝首个跨省市强村公司，采取统分结合和政策共享的方式，开展农机农技服务、农产品深加工、农旅发展等领域资源集中利用与产业联建合作，培育做强一批市场主体，带动 10 村村民增收致富。

泸州市与永川区、江津区签署《泸永江政务服务合作运行机制》，打造"一江通"政务服务合作新模式，在落实 362 项"川渝通办"事项基础上，推出 34 项"泸永江"通办事项，推动政务服务"同事同标"、"异地代收代办"、多地联办，切实提升企业群众办事便利度。泸州联合川渝长江沿线有关城市开展生态环境保护合作，实施跨区域联合执法。合江县人民法院、江津区人民法院共同成立川渝环境资源司法协作巡回法庭，并在合江县福宝镇大亨村挂牌长江上游珍稀动植物川渝司法协作生态保护基地（试验点），为两地四院（重庆市第五中级人民法院、江津区人民法院、泸州市中级人民法院、合江县人民法院）巡回审判提供基地和驻点，展示两地环境资源审判成果、司法协作典型案例。发挥泸永江矛盾纠纷联调机制作用，组建江津-合江联勤警务室，合江白鹿镇与江津塘河镇联合打造家事联调大院，共同排查化解边界区域矛盾纠纷。

2020 年 8 月，泸州高铁东站（云锦）至永川区副中心（朱沱）的省

① 稻渔综合种养融合发展合作园区包括合江县临港"稻渔+"示范区、白鹿稻渔融合发展示范区和江津区石蟆富硒水稻示范区三个功能区。

际公交开通，这是川渝首条双向对开省际公交线路，惠及沿线约 25 万群众。至今，泸州开通多条跨省公交线路，获评全国综合运输服务示范城市。泸州聚力建设区域教育培训中心，举办 2024 年成渝地区双城经济圈职业教育活动周等活动，与永川区、江津区、荣昌区、自贡市、宜宾市、内江市、綦江区、大足区、铜梁区、万盛经开区联合成立川南渝西教育共同体，打造成渝地区双城经济圈教育协同发展示范区。泸州高标准建设国家区域医药健康中心，成立泸州市医药健康产业发展局，与永川、江津共建泸永江基层医疗卫生服务中心、口腔专科联盟、卒中专科联盟、儿童自闭症康复联盟等合作机构，整体提升区域医疗卫生服务水平。

持续发力内陆开放

2022 年 10 月，成都联合重庆以城市群申报成为国家综合货运枢纽补链强链首批城市（群），其中，"泸州—宜宾"明确为全国性综合交通枢纽。泸州拥有四川第一大水运港，与重庆、宜宾实现集装箱水水中转班轮（水上穿梭巴士）常态化开行，2023 年开行 220 航次，推动长江上游港口优势互补、合作共赢。另外，一批串联泸永江、沟通成渝、通江达海的重大交通基础设施建成投用，成渝地区双城经济圈战略实施以来首条开工的川渝直达高速——泸永高速建成通车，国道 G246 升级改造全面完成，泸州到川南渝西地区的"1 小时通勤圈"初步成形。

泸州锚定港口型国家物流枢纽城市，实施开放合作提升行动，联动运营中国（四川）自由贸易试验区川南临港片区、泸州综合保税区、天府首港（泸州港）、中国（泸州）跨境电子商务综合试验区、进境粮食指定监管场地、进境肉类指定监管场地、国家中医药服务出口基地、国家临时开放水运口岸等国家级开放平台，发展壮大内陆开放型经济。2023 年，泸州累计开行中欧班列 28 列，货值 5.7 亿元，首次开通泸州—钦州—东盟国际铁海联运货运班列，外贸进出口总额 220.9 亿元，同比增长 17.6%，对"一带一路"共建国家进出口额占泸州外贸进出口总额的 53.5%，同比增长 42.4%，对东盟外贸进出口额 40.7 亿元，同比增长 26.7%，对欧盟外贸进出口额 16.6 亿元，同比增长 42.4%，获评四川省开放发展示范市。

初步构建起的"水公铁空邮"综合立体交通运输体系为泸州外联内畅"双循环"提供了物流通道、贸易通道、产业通道，发展基底日益牢固。如今，泸州东可借长江黄金水道出海，西可通中欧班列连接欧洲、中亚，南可经西部陆海新通道覆盖东南亚，北向连接石家庄、沈阳等国内城市通达东北亚。图 4 为四川西部陆海新通道江铁海联运班列在泸州首发。

图 4　四川西部陆海新通道江铁海联运班列在泸州首发
（供图：泸州市社科联）

2017 年 4 月，作为中国（四川）自由贸易试验区三大片区之一，中国（四川）自由贸易试验区川南临港片区挂牌运行。2019 年 12 月，泸州综合保税区（见图 5）、中国（泸州）跨境电子商务综合试验区相继获批。为充分发挥平台叠加优势，泸州市委、市政府对自贸区川南临港片区管理体制进行调整，在原党工委、管委会基础上加挂泸州综合保税区、跨境电商综试区党工委、管委会牌子，按"三块牌子、一套人马"模式运行。

七年来，自贸区川南临港片区聚焦"投资便利化、贸易便利化、金融便利化、监管法治化"四大领域改革创新，成为泸州对外开放的核心区、示范区和桥头堡。截至 2023 年末，在这片仅占泸州面积万分之十六的土地上，累计新增注册企业 1.88 万家，进出口贸易额占泸州外贸比重 60% 以上，形成多层级、多领域、矩阵式的 495 项制度创新成果，9 项创新成果在全国推广，33 项创新成果在全省推广，实现服务国家重大战略和服务地方经济发展双管齐下。

图 5　泸州综合保税区

（供图：泸州市社科联）

与宜宾组团共建川南省域经济副中心

2020 年 4 月，习近平总书记在中央财经委员会第七次会议上指出，"我国各地情况千差万别，要因地制宜推进城市空间布局形态多元化"，"中西部有条件的省区，要有意识地培育多个中心城市，避免'一市独大'的弊端"。而后，全国有 10 余个省份提出打造 30 多个省域副中心城市①的计划，战略路径是承接本省中心城市要素辐射、产业转移，带动周边地区协同发展，总体缩小与中心城市发展极差。

与粤港澳大湾区、长三角地区的城市群相对均衡发展不同，成渝地区双城经济圈面临的一大挑战是第二梯队城市断档问题，四川其他市州与成

---

①　省域副中心城市：指在一省范围内，区位优势明显、交通条件优越，具有较大的人口和经济规模及较强的产业竞争力，与中心城市有一定距离，在区域内具备较强辐射带动能力的城市，是国家或省为推动区域协调发展、遵循区域经济发展规律打造的新兴经济增长极。

都的主要经济指标差距明显。2023 年 12 月，中共四川省委、四川省人民政府联合印发《关于支持宜宾泸州组团建设川南省域经济副中心的意见》，提出两市合力打造国家重要的先进制造业基地、全国城市组团发展样板和全省南向开放枢纽门户，2035 年将合力建成实力雄厚、特色鲜明的川南省域经济副中心。

泸州与宜宾地理相近、人文相亲，产业结构具有协作基础①，且优势产业竞争力较强、人口较为集中、交通条件良好，在川南地区②经济发展中处于前列。但是从省域经济副中心的功能看，泸州和宜宾的经济体量和城市能级均难以独立承担。进一步看，两市 2023 年 GDP 分别在四川 21 市州中排名第 6 和第 3，GDP 合计为 6532.54 亿元，超过排名第 2 的绵阳，常住人口合计为 889.5 万人，接近中心城市常住人口规模，因而以两市组团的方式共同打造川南省域经济副中心，打破行政区划壁垒，实现优势互补、相向而行。

泸州宜宾组团建设川南省域经济副中心的价值在于：一是分担成都部分中心城市的功能，承接成都和重庆的部分产业转移，形成紧密的产业链供应链分工协作关系；二是聚焦主导产业发展和龙头企业培育，将部分产业环节疏解到毗邻地区和周边地区，打造区域一体化产业集群；三是合作带动全域城乡一体化发展，推动省域和成渝地区双城经济圈的经济均衡发展。

目前，泸州与宜宾在空间融合联动、产业互补共兴、生态联保共治、民生普惠均衡、体制机制改革等方面的合作正提速推进。比如，两市政府签订共建世界级优质白酒产业集群合作协议，共建长江上游优质浓香白酒

---

① 泸州"2+4+2"产业体系为以白酒（食品轻纺）、能源化工产业为代表的特色优势产业，以电子信息、装备制造、先进材料、医药健康为代表的成长型支柱产业，以航空航天、机器人为代表的战略性新兴产业。宜宾"4+4+4"现代化产业体系为优质白酒、动力电池、晶硅光伏、数字经济四大主导产业，机械制造、轻工纺织、能源化工、建筑材料四大传统产业，以及新型储能、数字能源、智能网联新能源汽车、通用人工智能四大未来产业。

② 川南地区包括泸州、宜宾、自贡、内江四市。

核心区和赤水河流域酱香酒谷，共同提升川酒的整体竞争力。图 6 为四川泸州白酒产业园区。泸州国家高新区与宜宾三江新区、泸州港与宜宾港分别签订协议，在港口运营、电子信息产业、高端装备制造业等领域展开协同合作。

图 6　四川泸州白酒产业园区

（供图：泸州市社科联）

潮起长江畔，"泸"力向未来

总的来看，泸州坚持以全面融入成渝地区双城经济圈建设为总牵引，以"四化同步推进、城乡深度融合、'一体两翼'齐飞①"为工作总抓手，科技创新和产业创新双轮驱动培育新质生产力及现代化产业体系，主动参与成渝"双核"产业配套，示范推进泸永江融合发展示范区建

---

① 2021 年 11 月，泸州市第九次党代会提出，实施"一体两翼"特色发展战略。江阳区、龙马潭区、纳溪区三个中心城区组成"一体"，聚焦提升城市能级和核心竞争力，打造支撑新时代区域中心城市建设的核心增长极；毗邻重庆的泸县、合江两县组成"东翼"，充分发挥川南渝西融合发展的桥头堡作用，打造助力新时代区域中心城市建设的新兴动力源；乌蒙山区的古蔺、叙永两县组成"南翼"，充分利用红色资源、生态资源、气候优势，打造助力新时代区域中心城市建设的特色发展带。"一体两翼"特色发展战略实施三年来，江阳区跻身全国百强区，龙马潭区、纳溪区上榜中国西部百强区，泸县、合江县、古蔺县上榜中国西部百强县。

设、川南渝西地区融合发展、宜宾泸州组团建设川南省域经济副中心等重大战略落地，以建设成渝战略平台推动区域合作，高标准建设国际陆港城市，推进市域三个主体功能区加快形成各具特色、协同并进的新发展格局，在建设成渝地区双城经济圈南翼中心城市的新时代新征程中酿造着新未来。

西部地区科技协同创新培育新质生产力和塑造现代化产业体系的绵阳样本

习近平总书记指出："要以科技创新引领产业创新，积极培育和发展新质生产力。立足实体经济这个根基，做大做强先进制造业，积极推进新型工业化，改造提升传统产业，培育壮大新兴产业，超前布局建设未来产业，加快构建以先进制造业为支撑的现代化产业体系。"① 与传统生产力形成鲜明对比，新质生产力是创新起主导作用，摆脱传统经济增长方式、生产力发展路径的先进生产力，具有高科技、高效能、高质量的特征。

四川省绵阳市素有"富乐之乡、西部硅谷"的美誉，是党中央、国务院批准建设的中国唯一科技城，始终心怀"国之大者"，自觉服务国家高水平科技自立自强，实施"五市战略"②，在科技创新和科技成果转化上同时发力，推出云上大学城、云上科技城、科创基金小镇、科技顾问、科技助理和"人才十条""金融十条""科创十条"等一系列打基础、利长远的改革举措，与重庆、成都合作共建西部科学城，全社会研发经费投入强度保持全国前列、全省首位，加快建设川北省域经济副中心和成渝地区双城经济圈副中心城市，获批国家创新型城市、全国科技进步先进市、国家知识产权示范城市、全国创业先进城市、国家新型工业化产业示范

---

① 《习近平主持召开新时代推动中部地区崛起座谈会强调：在更高起点上扎实推动中部地区崛起》，中国政府网，https://www.gov.cn/yaowen/liebiao/202403/content_6940500.htm，2024 年 3 月 20 日。

② 五市战略：科技立市、产业强市、开放活市、人才兴市、生态美市。

基地、国家电子商务示范城市、国家产城融合示范区，走出一条依靠科技协同创新培育新质生产力和塑造现代化产业体系、促进经济高质量发展的新路。

2023 年，绵阳 GDP 达 4038.73 亿元，同比增长 8%，增速高于成都（6%）、四川（6.2%）、成渝地区双城经济圈（6.1%），主要经济指标居全省前列，"创新活力有效激发，创新能级持续提升"起到经济发展主引擎作用。中国电子信息产业发展研究院发布的《2023 中国城市科技创新竞争力研究报告》显示，绵阳入选中国十大最具科技创新潜力城市，在"2023 城市科技创新竞争力 50 强"榜单中排名第 17（与成都共同成为成渝地区双城经济圈唯二入选排名前 20 的城市），两年提升 24 位，为全国进位最快；中国科学技术信息研究所发布的《颠覆性技术前瞻（2023）》显示，在驱动未来产业的 17 项颠覆性技术中，绵阳在 5 项技术上有较强的研究能力，特别是在可控核聚变领域，研究实力领跑全国。图 1 为绵阳三江半岛。

图 1　绵阳三江半岛

（供图：绵阳市政府办公室）

从"中国唯一科技城"到"中国特色社会主义科技创新先行区"

"科技创新 DNA"与绵阳这座城市共建共兴，一代代科学家和产业工人的不懈钻研与甘于奉献，奠定了中国重要国防军工与科研生产基地和电子信息产业基地的战略地位。新中国成立之初，国家实施"三线建设"，在绵阳重点布局了大批国防科研院所和"三线"工业企业。改革开放后，绵阳依托"三线资源",实施"军转民科技兴市"战略,科技创新驱动川渝第三城的发展路径清晰而坚定。

2000年9月,中共中央、国务院做出建设中国科技城的重大决策,成立由科技部等10个部门(成员单位现在增至18个)组成的绵阳科技城建设部际协调小组。2020年12月,四川省人民政府批复设立绵阳科技城新区,提出"成渝地区双城经济圈创新高地"的定位。如今,中国(绵阳)科技城已发展为绵阳经济发展的火车头,2023年,绵阳高新区(科技城直管区)GDP同比增长9.4%,增速高于全市平均水平1.4个百分点,规上工业总产值达1023亿元,占绵阳规上工业总产值的28.4%,居全市第1,成为绵阳首个产值规模突破千亿的园区。

2021年12月,中央编办、四川省委编办同意设立新的绵阳科技城党工委、管委会,作为省委、省政府派出的正厅级机构,委托绵阳市管理。2022年7月,国务院办公厅出台《关于支持绵阳科技城建设科技创新先行区的意见》,赋予绵阳科技城建设具有全国影响力的中国特色社会主义科技创新先行区的光荣使命。与之同步,新的绵阳科技城党工委、管委会与绵阳高新区进行整合,推动绵阳由单一科技研发向全面科技创新与转化应用拓展,并为成渝地区双城经济圈其他城市乃至全国同类城市提供可复制、可推广的经验。

更值得关注的是,"科技协同创新"正成为绵阳引领经济圈、拥抱世界、走向未来的鲜明特质与核心目标。比如,2020年12月,科技部印发《关于加强科技创新促进新时代西部大开发形成新格局的实施意见》,提出支持绵阳科技城探索建立区域科技创新特区的科学路径。2021年10月,中共中央、国务院印发《成渝地区双城经济圈建设规划纲要》,提出高水平建设中国(绵阳)科技城,鼓励大院大所发展孵化器、产业园。2023年3月,科技部等14个部门联合印发《关于进一步支持西部科学城加快建设的意见》,将中国(绵阳)科技城作为先行启动区之一,要求构建定位清晰、优势互补、分工明确的协同创新网络。

进一步看，2021 年 6 月召开的中共四川省委十一届九次全会提出，打造成渝绵"创新金三角"，建设全国重要的科技创新和协同创新示范区；一个月后召开的绵阳市委七届十一次全会将"优化创新布局"作为首要任务，提出打造优势互补、合作共赢的区域创新发展共同体。20 多年来，中国（绵阳）科技城已拥有国家级科研院所 18 家、高等院校 15 所、两院院士 30 位（占全省近一半）、专业技术人才 25.6 万人，先后承担国家科研重点项目 1000 余项，全社会研发投入强度达 7.15%（2023 年，居全国城市前列），累计获得国家科技奖励 70 余项（数量居全国地级市前列），集聚各类创新平台超过 200 个。扎实的科技创新指标背后，绵阳已不局限于"一城"服务保障国家战略科技力量，而是以科技协同创新谋划建设更具引领带动性的成渝地区双城经济圈创新高地。

在科技创新和科技成果转化上同时发力

聚焦国家重大创新需求，绵阳广泛探索"地方推动+院所技术牵引+N 个研发团队"模式，打破实验室到生产线的壁垒，院地共建光子技术研究院、航空动力科创中心等一批高能级协同创新平台，以及国省级重点实验室、工程技术研究中心、企业技术中心等基础研究和技术创新平台。以核医学产业为例，绵阳构建起研发、生产到应用首尾相连的闭环链条：在研发上，成立涪江实验室，构建核医学"人才汇聚+基础研究+技术攻关+成果转化+产业孵化+临床应用"全过程创新链；在生产上，建设科技城核医疗健康产业园，采取"院所技术支持+地方基础设施配套+市场化管理运营"的方式，依托国内领先的科研实力和反应堆独特资源，开发核医疗中心、核诊疗设备、核素核药三大业态，打造集医、教、研、科、工、贸六大领域的世界级现代健康产业基地。

同时，绵阳注重组建龙头企业牵头、科研院所和高等院校支撑、各创新主体相互协同的创新联合体，围绕行业关键领域共同开展技术突破，主导制定一批技术标准，增强自主产研能力，着力解决技术"卡脖子"问题。比如，九洲集团研制的北斗三号导航民用芯片性能指标达到行业主流水平，在重庆布局智能网联汽车高精度导航研发制造基地；华丰公司牵头制定中国电源连接器第一个国际电工委员会标准，玖谊源公司研制的医用回旋加速器、东材科技开发的5G通信用乙烯基树脂等产品打破国外垄断，填补国内空白。

同时，绵阳做好"融合""联动""共赢"文章，建设"云上大学城""云上科技城"①，深入开展"招院引所"行动，推动国内外高端创新要素通过"云端"汇聚科技城，打造"买全球、卖全球"的科技创新成果交易大市场。截至2023年底，"云上两城"已入驻哈尔滨工业大学、西安交通大学、中国科学技术大学等23所知名高校和29个创新团队，突破关键核心技术100余项，培育科技企业300余家，实现技术合同交易额20多亿元。

2022年2月以来，绵阳推行科技助理制度②，采取"1+1+N"模式③，遴选数十名"懂科研、明需求、懂市场、有人脉"的科技助理全职参与科技服务管理工作。在科技助理牵线搭桥下，绵阳选聘10余名两院院士和高层次科技领军人才担任科技顾问，为产业发展建言献策，推动科研项目实现重大突破。同时，以"五个一"工作推进机制④健全院地、校地

---

① 绵阳坚持"不求所有、但求所用"，运用云计算、大数据、元宇宙等先进技术，打破地域界限，邀请与当地产业结合度高、学科优势强的"双一流"高校"云上"入驻，构建"政、产、学、研、用、教、金"协同发展的"云上大学城"；通过云端，实施招院引所、招商引资、招才引智，打破仪器、成果、人才等信息壁垒，建成多维度的科技创新数据库，打造立足绵阳、服务经济圈、辐射西南、面向全国、连通国际的"云上科技城"。同时，建成线下总面积约5000平方米的物理空间，实现合作项目"拎包入住"。

② 绵阳主要从西南科技大学、中物院等高校院所遴选科技助理，推动在绵院所、高校、企业的创新资源、人才资源、技术资源共建共享。结合科技助理的专业领域、个人意愿和全市重点领域的科研人才需求，按照人岗相宜的原则，将科技助理选派到部门、园区、企事业单位等。突出"专才专用、通才通用、留才长用"，支持科技助理的派员单位保留其原职务职级，对贡献突出的科技助理在职称评定、岗位竞聘、就医购房时予以倾斜，畅通科技助理留任地方政府部门、企事业单位的工作渠道。

③ 科技助理"1+1+N"模式：1个科技助理+1个科技助理所在的原单位+N个科技助理背后的校友会、朋友圈等资源。

④ "五个一"工作推进机制：一个专项工程、一个市级领导、一个牵头单位、一个工作专班、一个实施方案。

对接机制，发布院所高校需求建议、可转移转化成果、促进民营企业参与国防建设配套项目等"三张清单"，探索科研人员职务发明成果权益分享、"技术+团队+股权"捆绑式科技成果转化、"创新金三角·智汇科技城"科技成果对接会、"创新挑战赛"、项目"揭榜制"以及"赛马""军令状""里程碑式考核"等新模式，促进科技成果与科技需求"双向奔赴"，截至 2023 年末，遴选收集技术需求和科技成果 700 余项，成功转化科技成果 30 多项。

由此，"科技助理+科技顾问+平台打造+主体培育+引领性协同创新+示范性成果转化"的内生式创新驱动发展路径正在绵阳形成。

发挥区域协同创新主引擎作用构建创新共同体[①]

中国（绵阳）科技城国际科技博览会（简称"科博会"）创立于 2013 年 10 月，由科技部和四川省人民政府共同主办，是国家全面创新改革试验工作交流、国际国内军民融合展示交流、国际国内科技成果与科技人才展示交流、国家科技信息及政策和项目发布、高新技术和战略性新兴产业投资促进的知名展会，先后两次荣获"中国十佳品牌展会"称号，被商务部确定为 2015 年重点引导支持展会，是与西博会并列的四川两个重大展会之一。凭借科博会的成功举办，绵阳获评"中国十佳会展城市"，成为四川唯一、西部地区第二个获此荣誉的非省会城市。

2023 年 11 月召开的第十一届科博会邀请到 30 余家科研院所、10 余所高校、22 家大型跨国企业、150 余家高新技术企业，携 3000 余件"高精尖"展品参展，举办各项科技论坛和交流活动 17 场，绵阳、泸州、德阳、广元等成渝地区双城经济圈城市及中关村、武汉东湖、上海、扬州、厦门、长沙、青岛、无锡等创新高地组团参展，吸引近 2600 位嘉宾莅

---

① 创新共同体：以提高自身以及共同体创新发展水平为目标，打破区域空间分割和行政壁垒，通过跨地区、跨行业、跨机构的合作协议、协同机制，依托不同层级、部门及多元主体之间的集体行动与伙伴关系，对分散的创新要素加以集聚整合，促使创新要素优化配置，形成具有凝聚力和向心力的协同性、开放性、创新性的共同体。

临，现场观展人数超过 3 万人次，线上观展超过 70 万人次，集中签约科技合作协议 6 个、产业项目 101 个，投资合作金额累计 1024.89 亿元。值得关注的是，第十一届科博会将主论坛命名为川渝科技论坛，意在汇聚国内外创新资源，为科技自立自强塑造成渝地区双城经济圈新动能新优势做出"绵阳贡献"。

2018 年，成德绵国家科技成果转化示范区建设获得科技部批复，于 2022 年通过验收，基本构建"三位一体、纵横联动"的功能布局①。同时，绵阳高水平运营国防工业科技成果西部（绵阳）转化中心，与国家国防科技工业局、成都签约共建先进技术成果西部转化中心，聚焦航空装备等特色产业集群和人工智能、工业软件、核技术应用等新兴赛道，推动中国（绵阳）科技城与西部（成都）科学城协同联动，共育先进技术产业带。

2016 年 5 月，科技部授牌、全国唯一的军民两用技术交易平台——国家军民两用技术交易中心在中国（绵阳）科技城揭牌运营，以推进科技成果、科技资源交易、转移、转化为目标，开展成果遴选、评估评价、技术经纪、活动组织、再研发等公共服务，而后在成都、重庆建立分中心，在遂宁、成都郫都建立工作站，累计收录科技成果 4.7 万余项、企业 1.3 万余家，征集技术创新需求 3000 余项。图 2 为中国（绵阳）科技城创新中心。

2017 年 1 月，四川省科技厅与绵阳市政府共建四川大型科学仪器共享平台，以仪器设备共享共通共用为主线，开展仪器研发、仪器金融、仪器产品、仪器处置、检验检测、计量校准、认证培训等公共服务，在北碚区设立重庆分中心，与 140 余家院所、高校、机构合作开放仪器设备近 7500 台（套），形成 19 万项数据能力指标，累计服务企事业单位近 5 万次，帮助企业购置设备融资数亿元。

---

① "三位一体、纵横联动"的功能布局："三位一体"是以成都国家自主创新示范区、绵阳国家高新区、德阳国家高新区为核心，以成都环高校知识经济圈等创新资源集聚区域为重点区域，构建覆盖成德绵地区的科技成果转移转化共同体；"纵横联动"是以军民融合协同创新和军民融合成果转移转化为着力点，打通军民科技成果双向转移转化的横向通道，以及国家科技成果到地方落地的纵向通道。

图 2 中国（绵阳）科技城创新中心

（供图：新华网）

涪江①发源于四川，在重庆汇入嘉陵江，自古以来就是沿途各地沟通联系的"黄金水道"，商贸人流往来频繁。2023 年以来，涪江流域川渝九地科协在绵阳联合召开科技协同创新发展暨科技供需对接会，共同搭建科技供需对接、科技人才共享、科普全域交流等科技协同创新合作平台。首届活动围绕涪江流域各地特色产业，征集遴选出 200 项科技成果及科技需求，达成 28 项意向合作，累计签约金额 2.53 亿元。

优化配置关键科技创新支撑要素

作为国家首批促进科技和金融结合试点地区，近年来，绵阳与成都联合创建国家级科创金融改革试验区，加速打造机构组织强、市场辐射广、科创特色明、生态环境优的成渝金融副中心，实施科技创新金融服务"千帆计划"，中国农业银行绵阳分行设立总行级科创金融服务示范中心，绵阳市商业银行、绵阳农商行设立科创企业首贷服务中心、业务办理专岗，"天府信用通"平台搭建绵阳科创金融服务专区，推出"科创 e 贷"、"票 e 池"、"链 e 通"、仪器设备贷、成果转化贷等科创信贷产品，设立信贷

① 涪江流域位于四川省北部及重庆市西北部，其中，四川省涉及绵阳市、阿坝州、遂宁市、德阳市、广元市、南充市，共计 6 市（州）24 县（市、区）；重庆市涉及潼南区、铜梁区和合川区 3 个区。

融资风险补偿基金，科技型企业贷款余额超过 500 亿元，建成运营科创基金小镇①，设立全国非省会城市及计划单列市首家、四川省首家保险科技支公司（平安产险绵阳科技支公司），上交所、深交所、北交所在绵阳设立全国地级市首个服务基地……科技、产业、金融相互塑造、紧密耦合、良性循环的科创金融新发展格局在绵阳正在形成。

绵阳努力唱响"科技绵阳·城纳贤才"城市人才品牌，出台系列人才政策，设立 10 亿元人才发展专项资金，组建四川省首家国有人才发展集团，成立国家科技领军人才创新驱动中心（绵阳），打出精准引才组合拳。其一，实行事业编制"一站引才"，带编走进重点城市、知名高校，现场报名、现场考核、现场签约；其二，开展重点产业"专场引才"，绘制引才地图，举办产业专场招聘活动，2023 年引进产业人才 2.45 万名；其三，激活在外人才"以才引才"，聘请 100 多名招才引智大使，由市领导带队"一对一"招引领军人才；其四，瞄准创业团队"资本引才"，设立 3 亿元绵阳科技城梧桐引才创业投资基金，用于引进高水平创新创业团队和储备优质项目；其五，探索校地协同"前置引才"，与 20 余所高校合作，组织硕博生来绵阳实习，将"毕业季引才"延伸到"订单式培养"。

科技创新"新赛道"前瞻布局现代化产业"主赛道"

绵阳成立深入实施产业强市战略加快建设现代化产业体系工作指挥部，出台《中共绵阳市委关于深入推进新型工业化加快建设现代化产业体系的决定》《绵阳市深入推进新型工业化十条政策措施（试行）》等政策文件，确立"4+8+1"新型工业化产业体系②，实施"园区提质、企业满

---

① 科创基金小镇位于绵阳高新区飞云大道，采取政府主导、市场引导、企业参与的运营模式，引进银行、证券、保险、基金、信托、期货等金融机构，已入驻金融机构 12 家，产业基金 32 支（基金管理规模近 300 亿元）。

② 绵阳"4+8+1"新型工业化产业体系："4"为电子信息、先进材料、装备制造、食品饮料四大主导产业提质倍增，"8"为核技术应用、激光技术应用、新型显示、光伏储能、磁性材料、智能机器人及无人机、连接器及传感器、生物医药及医疗装备八大新赛道产业集群成链，"1"为制造业数字化转型。

园"、"新赛道"卡位竞速、产业强链补链延链等行动计划，采取"院地引导＋企业主导＋市场化运作""院所许可＋技术转让＋地方配套＋平台融资""五个一"① 等模式，推动院所、高校、企业合作组建创新载体、战略联盟，突出企业创新主体地位，强化创新团队、新型研发机构等引进，构建"众创空间-孵化器-加速器"初创科技企业一体化孵化服务体系，提高科技成果转化率和产业配套率，加快建设富有绵阳特色和优势的现代化产业体系。

2023 年 9 月，绵阳市现代产业发展促进中心正式运行，主要负责产业发展研究和分析，制定重点产业发展规划和政策，统筹推动产业发展。同时，绵阳建立由市级领导担任"链长"的重点产业链链长制，按照"一条产业链、一家链主企业、一名首席科学家、一个工作专班、一套扶持政策"的工作模式，培育一批具有全国影响力的"赛手"企业，涌现一批原创性的技术验证场景和产品应用场景，形成一批以创新平台、领跑"赛手"、应用场景为核心的新质生产力生态圈。

目前，绵阳建成核医疗健康、激光技术应用、机器人等特色产业园 10 个，拥有长虹 1 家千亿级企业，九洲、京东方、惠科 3 家百亿级企业，国家级专精特新"小巨人"企业 35 家，制造业单项冠军企业（产品）5 个，"贡嘎培优"企业② 13 家，瞪羚企业 18 家，高新技术企业 709 家（2023 年净增 185 家，创历史新高），3 个国家级产业集群，6 个省级产业集群，30 个众创空间，35 个科技企业孵化器，2023 年高新技术产业营业收入达 2594 亿元，同比增长 11.5%，均居成渝地区双城经济圈地级市前列。长虹集团、九洲集团入围中国企业科技创新竞争力百强榜。九洲集团入围国务

---

① 五个一：一个研究院所、一支领军团队、一个实训基地、一支产业基金、一个产业园区。

② "贡嘎培优"企业：聚焦战略性新兴产业、高新技术产业、新经济领域以及绿色低碳优势产业，具备资源消耗少、环境影响小、科技含量高、产出效益好、发展可持续等特征，且原则上 2020 年企业营业收入达到 10 亿元及以上、2025 年至少实现翻倍，2020 年企业研发经费支出占比超过全省规上工业企业平均水平、2025 年研发经费支出金额至少实现翻倍的四川省企业。

院国资委"创建世界一流专精特新企业"名单，是四川唯一入围的地方国企。

把科技"富矿"转化为推动高质量发展的新质生产力

"绵"延不息，蓬勃向"阳"。从雷达到火箭，从"神舟"到"天舟"，从大飞机到"天问一号"，"绵阳造"在大国重器中屡建奇功。穿越时光，在不同时期主动对接重大战略部署，积极抢抓多重战略机遇，以科技协同创新促科技成果"走出"实验室、"走向"生产线，促进产业转型升级、城市能级跃升，一直是绵阳的主旋律。

2023年12月召开的推动成渝地区双城经济圈建设重庆四川党政联席会议第八次会议指出，统筹推进新型工业化与培育新质生产力，加强优势产业协同壮大，前瞻布局新兴产业，整合创新资源赋能产业发展，共同打造具有川渝特色的世界级产业集群。同月，四川省委、省政府印发《关于支持绵阳发挥科技城优势加快建成川北省域经济副中心的意见》，赋予绵阳新的历史使命——在服务国家实现高水平科技自立自强上勇当排头兵，在推动成渝地区双城经济圈建设上争做主力军。

作为中国唯一科技城、成渝第三城、成渝绵"创新金三角"重要一极，绵阳在深度参与成渝地区双城经济圈建设中展现更大作为，应坚持以科技协同创新引领产业协作共兴、交通互联互通、生态环境联防联治、公共服务共建共享，示范带动成渝地区双城经济圈共建具有全国影响力科技创新中心和协同建设现代产业体系。为此，提出如下建议。

1. 高水平建设中国特色社会主义科技创新先行区夯实高质量发展底座

统筹推进"国家科技创新先行区-中国（绵阳）科技城-分布式跨区域创新合作平台-产业载体-创新主体"梯度协同创新体系建设，构建基础研究、技术研发、成果转化、产业创新、推广应用、开放共享的全链条创新生态。加强院（校）地合作及国防科研院所服务保障，依据"四链融合"持续开展"招院招企招才"，深化核技术、高能激光等优势领域军民协同创新。营造包容开放、近悦远来的科技创新环境，高效运营"云上大学城""云上科技城"，常态发布本地及成渝科技协同创新机会清单，建立容错纠错免责机制和重大成果超常规激励机制，以创新联合体的形式广泛汇聚创新资源。贯通实施"科技助理""科技顾问"等制度，落实科技创新人才共享和政策同享制度，构建"科学家+企业家+经纪人+投资人"的新型科创人才结构，建设青年发展型城市。

中国（绵阳）科技城加强与西部（成都）科学城、西部（重庆）科学城、两江协同创新中心及发达地区科技创新中心等对接合作，联合培育国省级创新平台，提升成渝绵"创新金三角"的"绵阳"辨识度和影响力。以"一城多园"模式在成渝地区双城经济圈布局科技城合作园区。科产城景智融合建设激光技术应用产业园、航空与燃机产业园、涪江科创港等示范性创新载体。

综合运用财政金融政策工具包，激励企业加大研发投入力度，强化知识产权保护和价值转化，引导银行保险机构在科技城、新区、高新区、众创空间等设立科技支行和业务网点，推动国家军民两用技术交易中心牵头组建西部科学城技术交易联盟，争取知识产权、技术、数据等交易场所、服务网点的设立，项目导向引进、参股创业投资机构、产业基金，支持其投资早中期、初创期的绵阳科技企业，拓宽"技术-项目-产品-产业"投融资对接通道，完善科创企业全周期金融服务体系。

2. 高水平建设现代化产业体系筑牢高质量发展支撑

中国（绵阳）科技城发起组建涪江流域川渝九地科技成果转化生态合作联盟，以产学研用深度融合促进安全可控的创新链产业链资金链人才链共建共享，同步加强与非毗邻地区的跨区域联动发展，打造流域科技协同创新样本。支持高校、科研院所和企业在绵阳共建各类创新平台和综合性检验检测平台，共同实施关键核心技术攻关，以技术突破培育新市场、孕育新产业。

发挥新型工业化主导作用，以园区为载体做强先进制造业，推动国省级园区在同类园区中晋级升位，深入实施"产业强链补链延链"行动，用好产业链链长制，实施四大主导产业提质倍增工程和八大新赛道产业集群成链工程，前瞻部署新一代信息技术、空天、低空经济、氢能、前沿新材料等未来产业。深化重点工业企业梯次培优行动，加快创新型企业梯度培育，实现大中小微企业融通发展。协同促进数字科技与实体经济的深度融合，全链条推进三次产业"数改智转"，打造一批行业级、企业级工业互联网平台、产业大脑、智能工厂、数字化车间等"5G+场景生态"，提升全要素生产率，建设西部新质生产力高地。

续写"春天的故事"：打造川渝合作示范区的广安路径

广安是改革开放总设计师邓小平同志的家乡，位于四川省东北部，辖两区一市三县，辖区面积 6339 平方公里，总人口 450 万，常住人口 324 万，与重庆渝北区、合川区、长寿区、潼南区、垫江县接壤，是四川距离重庆中心城区最近的地级市，也是全国唯一全域纳入跨省域都市圈（重庆都市圈）的地级市，在成渝地区双城经济圈建设"双核双圈"空间格局中的"川渝焦点""战略前沿"地位显著。把"同城融圈"作为首位战略，广安正加快建设川渝合作示范区、重庆都市圈北部副中心和成渝地区中部崛起重要支撑。2023 年，广安 GDP 达 1512.5 亿元，同比增长 6.6%，增速分别高于四川省、成渝地区双城经济圈 0.6 个和 0.5 个百分点，广安经开区在 2023 年国家级经开区综合发展水平考核评价中位居西部地区第 7、四川省第 3。同时，广安的工业与重庆协同程度超过 50%，广安高新区的 131 家企业有六成来自重庆，邻水县有超 5000 家企业与重庆有着紧密联系，每年接待的游客中有 60% 以上是重庆人，70% 以上的农副产品销往重庆市场，常年有近 100 万人为重庆建筑业提供劳务，是重庆制造业配套基地、农产品供应基地、旅游休闲目的地和劳动力供给基地。

一 "川渝合作示范"是广安改革开放坚定坚守的长期战略

2011 年和 2016 年，国务院批复的《成渝经济区区域规划》《成渝城市群发展规划》均提出了广安要对标和融入重庆城市群、建设川渝合作示范区的战略部署。

2013 年 6 月，经国家发展改革委批复，四川省政府印发《川渝合作示范区（广安片区）建设总体方案》，"川渝合作发展的先导区"明确为 2017 年的阶段性目标，"工业化城镇化达到重庆城市群平均水平"则是 2020 年的阶段性目标。当年，广安在广安区、前锋区的七个镇（街道、乡）设立广安经济技术开发园区、枣山物流合作园区、协兴生态文化旅游园区，作为与重庆有关区县产业合作的载体。同时，以"再建一座滨江新城，再建一个产业园区"为总体目标，广安在主城区东南部设立面积约 100 平方公里的官盛新区，作为川渝合作示范区核心区，重点发展先进制造业、都市产业、现代服务业、休闲旅游和高端居住等产业。

2018 年 6 月，川渝两省市发展改革委与广安市政府共同签订《深入推进川渝合作示范区（广安片区）建设合作协议》，重庆市将广安纳入新一轮城市总体规划修编统筹范围。当月，中共四川省委十一届三次全会对广安做出"建设川渝合作示范城市"的战略定位。2019 年，广安签约引进来自重庆的项目 205 个，与重庆有关区县对接合作的示范效应初步显现。

2020 年 1 月 3 日，习近平总书记在中央财经委员会第六次会议提出，推动成渝地区双城经济圈建设，在西部形成高质量发展的重要增长极。1 月 6 日召开的中共广安市委五届九次全会暨市委经济工作会议明确了"争创成渝地区双城经济圈建设示范城市"的战略目标。随后，广安陆续出台《广安市融入成渝地区双城经济圈建设对接争取事项任务清单》《赴重庆对接成渝地区双城经济圈建设工作方案》等文件，分行业、分条块与川渝两省市对口部门及毗邻地区对接，为广安融入成渝地区双城经济圈凝聚共识、创造条件、争取机会。

2021 年 10 月，中共中央、国务院印发《成渝地区双城经济圈建设规划纲要》，明确提出"推动广安全面融入重庆都市圈，打造川渝合作示范区"的重点任务。1 个月后，广安市第六次党代会将"坚定实施同城融圈"战略列为作为未来 5 年行动纲领的"四大战略"之首。

2022 年 3 月，广安市委、市政府联合印发《广安市全面融入成渝地区双城经济圈建设行动方案》，就实施"同城融圈"战略确定了十大重点任务、35 项细化行动，每项行动都明确了牵头的市领导和责任单位，并要求制订本地区、本行业（领域）的具体行动计划和专项推进方案，以保障行动方案落到实处。

2022 年 8 月，川渝两省市人民政府联合印发《重庆都市圈发展规划》，其中 38 处提及广安，提出推动广安全面融入重庆都市圈，支持广安加快与重庆中心城区同城化发展，着力打造重庆都市圈北部副中心。一年后，川渝两省市发展改革委和广安市政府共同组建广安融入重庆都市圈专项工作组，"责任制+清单制+销号制"推动重点工作落地见效。

2023 年 7 月，四川省委、省政府联合印发《关于支持广安深化改革开放探索高质量发展新路子的意见》，这是广安设地建市以来首个以省委、省政府名义出台的专项支持文件，涉及 6 个方面 19 项政策措施。随后广安市委、市政府联合出台的《中共广安市委、广安市人民政府贯彻落实省委省政府〈关于支持广安深化改革开放探索高质量发展新路子的意见〉的实施方案》进一步提出了"五大行动""五个加快"①的具体任务抓手。

由于成都主城区、重庆中心城区客观上存在极核虹吸效应，成渝中部地区可能遭遇要素流失、产业低端、协作不足等"塌陷"风险。2023 年 6 月召开的重庆四川党政联席会议第七次会议提出，把成渝中部崛起作为推动双城经济圈建设走深走实的重要突破口，加快推动重庆西扩、成都东进。由此，广安进一步加快了与成渝中部地区其他市区的对接合作。

二 经济区与行政区适度分离改革促毗邻地区深度融合发展

"以跨省市区域合作功能平台为重点，率先探索经济区与行政区适度分离改革"是广安"同城融圈"首位战略的首要任务，川渝高竹新区、合

---

① "五大行动""五个加快"：经济区与行政区适度分离改革示范行动，加快跨省域深度融合发展；区域协调共兴行动，加快破除城乡二元结构；要素保障提升行动，加快激发市场主体活力；全域开放拓展行动，加快构建开放合作新格局；产业优化升级行动，加快建设现代化产业体系。

（川）广（安）长（寿）协同发展示范区在规划统筹、政策协调、协同创新、共建共享等方面已取得实质性突破，催生了一批可复制、可推广的经验，正形成系统集成、"以点带面"的综合效应。2023 年以来，广安推进"同城融圈"重大项目 209 个、重大改革 43 项、重大政策 26 项、重大平台建设事项 55 项。

（一）共建川渝高竹新区"成本洼地+服务高地"

川渝高竹新区（见图 1）是四川省、重庆市于 2020 年 1 月共同批准的唯一一个跨省域省级新区，入选首批成渝地区双城经济圈产业合作示范园区，规划总面积 262 平方公里，其中涉及广安邻水县 138 平方公里、重庆渝北区 124 平方公里，距重庆两江新区 15 公里、江北国际机场 35 公里、重庆北站 55 公里、果园港 52 公里，毗邻中国（重庆）自由贸易试验区、重庆临空经济示范区等国家级功能平台。

广安和重庆渝北区共同成立川渝高竹新区开发建设领导小组、管委会，建立联席会议机制，联合出台发展规划、工作要点、重大项目清单、行动方案等制度文件，以对等股权的方式共同组建川渝高竹新区开发建设集团有限公司，按照"存量收益由原行政辖区各自分享、增量收益五五分成"原则，创新跨省域投资成本共担、利益联结共享的新模式。

图 1　川渝高竹新区航拍图

（郝飞 摄）

截至 2024 年 8 月，川渝高竹新区政务服务中心设立 11 个服务专区，涉及税务、公安、社保、住建等 16 个部门，开设 32 个窗口，安排 50 余名工作人员为办事人提供"同城共享、两地事务一窗通办"的 375 项政务服务。

以"政策从优、程序从简、负担从轻"为标准，川渝高竹新区挂牌成立全国首个跨省域税费征管服务平台，设立全国首条跨省 12366 纳税服务热线、全国首个跨省社保费服务专窗、全国首个跨省"枫桥式"税费争议调解室，实现川渝两地 53 项税费政策执行口径、76 项税费征管流程的统一。广安与渝北创新"承诺制"方式保障川渝高竹新区建设用地，建成跨省域运行的供电服务中心，与重庆水务集团合资组建高竹水务公司，实现水、电、气等生产要素"同城同价"。

2024 年 7 月 29 日和 7 月 31 日，川渝协同立法项目《关于川渝高竹新区行政管理有关事项的决定》先后在四川、重庆两省市召开的人大常委会会议上获表决通过，意味着川渝高竹新区取得了行政主体资格和相应行政管理权限。

凭借颇具优势的区位、低成本的要素供给、高质量的政务服务、产城景乡深度融合等综合优势，川渝高竹新区正加速发展为重庆先进制造业配套的汽车零部件、智能制造、电子信息、新材料等先进制造业，以及主要满足重庆都市圈消费需求的近郊现代农业和生态康养旅游产业，截至 2023 年末，累计入驻企业 205 家，同比增长 75.2%，培育规上企业 47 家，同比增长 46.8%，银行授信额度累计 1206 亿元，2023 年实现工业产值 60 亿元，创税收 2.2 亿元。

（二）融入合广长协同发展示范区先进制造业高水平协作配套

合广长环重庆主城都市区经济协同发展示范区是川渝毗邻地区合作共建区域发展功能平台之一，广安、合川、长寿三市区紧邻重庆中心城区，综合承载能力较强，具备在城镇空间布局、基础设施、优势产业、生态环保、公共服务等方面统一谋划、一体部署、相互协作、共同实施的良好基础。尤其是装备制造作为广安的优势产业，现有规上企业 181 家、上市企业生产基地 13 个，依托现有产业园区与合作共建平台，强化三市区优势互补、产业协作，承接成渝双核关联产业协同转移和科技成果转化，共建

"原材料-工业设计（模具）-零部件-总成-成套装备"完整产业链条。

岳池经开区是广安首个工业园区，也是四川省最大的原料药生产基地，年产值超过150亿元。通过建设川渝合作生物医药城，与重庆合川工业园共建合川-岳池医药健康产业园（第二批成渝地区双城经济圈产业合作示范园区），与成都共建"研发创新在成都、转化生产在广安"的生物医药"双飞地"产业园，大力发展专利原料药、特色原料药，推进"中间体+原料药+制剂"一体化发展，超半数医药企业与重庆生物医药产业有着上下游配套关系，成链聚集重庆医药企业7家、成都医药企业44家，累计承接成都、重庆药品品种转移生产项目187个（重庆42个、成都145个）。

2020年7月，广安武胜县与合川区签订《产业园区合作共建协议》，将规划面积15平方公里的合武共建产业园作为武胜县工业发展主战场，坚持合川武胜共建、园区县城一体，协同开展招商推介，探索收益共享机制，至今每年承接重庆工业项目10个以上，已入驻73家企业，六成企业来自重庆，60%以上的工业项目是为重庆配套，入驻规上企业与重庆产业关联度高达90%以上。

（三）共建"绿水青山就是金山银山"的明月山绿色发展示范带

邻水县将明月山西麓的五华山、白茶基地、让水湖等旅游景点串联为旅游环线，与明月山绿色发展示范带沿线的重庆梁平区、长寿区、垫江县和四川达州市达川区、大竹县、开江县在品牌打造、市场营销、产品互推、游客导流等方面展开合作，联合成立旅游联盟，共同推出文旅惠民政策和精品旅游线路，共建共享"明月山""明月江""龙溪河"等区域公用品牌，开展龙溪河、明月江等跨界流域水污染联防联治，做深做实重庆"后花园"文章。

三 共享川渝优质资源，共建均衡公共服务

密织交通网，是广安融入成渝地区双城经济圈的"先手棋"。2022年，广安启动"同城融圈"交通三年大会战，计划三年内完成投资400亿元，

基本形成"1+4+9+2"（1个机场、4条铁路、9条高速、2条水运通道）骨干交通网络，实现广安至重庆中心城区半小时通勤、至成都1小时通达、至国内重要经济节点3小时到达等目标。截至2024年3月，西渝高铁广安段"9桥6隧"重点工程全面开工，广安机场前期工作加快推进，川渝高竹新区南北大道三期、省道208线罗渡渠江大桥等10个重点项目相继建成，镇广高速广安段、广邻快速通道华蓥山隧道及引道工程等14个重点项目加快建设，解决近而不快、通而不畅的交通难题进入集中攻坚的冲刺阶段。

2021年，广安武胜县政府与重庆西南大学基础教育集团签订协议，引入后者先进的管理模式、运行机制和人才资源创建集初中、高中于一体的高标准、示范性、特色化公办完全中学——龙女湖中学，这是广安首个川渝合作项目学校。2022年7月，川渝两省市教育行政部门与广安市政府签订合作协议，在广安布局建设成渝地区双城经济圈教育协同发展试验区，这是全国首个跨省域教育协同发展试验区，川渝两省市教育行政部门在党建工作、新时代教师队伍建设、基础教育优质发展、提质升级开展职业教育、高等教育创新发展、深化教育科研改革、加快教育信息化建设、研学实践活动八方面共同加大对广安教育的支持力度和政策倾斜。截至2024年3月，广安与重庆渝北区、四川大学等12个教育强区（市）、川渝知名高校建立合作，参与发起成立成渝学前教育发展共同体、"行知行"教育共同体，90余所中小学（幼儿园）与川渝优质学校缔结友好合作关系，"重庆云课堂"平台也免费向广安学子开放。

聚焦建设川渝卫生健康合作示范市，广安与重庆毗邻地区卫健机构签订《渝广卫生健康合作协议（2020～2025年）》《毗邻区域120应急救援合作协议》《卫生健康监督执法合作协议》《疾病防控一体化发展合作协议》等20多份跨省域合作协议，采取"下派副院长+驻点专家团队+临时指导"等模式，与川渝知名医疗机构、医科高校开展交流合作，邻水县人民医院与重庆医科大学附属第二医院共建全国首个跨省域紧密型医联体，川渝高竹新区建成全国首个跨省共建共享的献血屋、成渝地区双城经济圈首个跨省域共建的医疗保障服务站，邻水县高滩镇卫生院与重庆渝北区人民医院共同成立广安首个跨省域签约的医共体……截至 2023 年末，广安累计加入成渝等地医联体 21 个、远程医疗协作网 8 个、专科联盟 92 个，开展联合诊疗 7 万人次，带动医疗技术、服务实现"双提升"。

四 "同城融圈"的加速度、高质量展望

总的来看，发展基础薄弱、经济欠发达、产业链中低端、人才人口外流等发展不平衡不充分矛盾仍然是广安面临的主要挑战。比如，广安近年若干经济指标增速高于全省平均水平，但是总量在全省 21 个市州中排名靠后，部分指标差距有增大趋势。2023 年广安三次产业比例关系为 16.4∶30.4∶53.2，而成渝地区双城经济圈三次产业比例关系为 8.0∶36.9∶55.1，广安工业化水平相对较低、产业配套链不完整、承载的部分川渝合作项目尚处于培育发展阶段、大院大所大企大才招引集聚较少等结构性矛盾暂未得到根本性改变。因此，广安要坚定坚持"一盘棋"、一体化、高质量的"同城融圈新质"战略。

一是"同城"加速。广安要全域全程全力融入重庆都市圈，加强与重庆毗邻地区基础设施建设协调，建立区域产业、职能的分工协作机制，联动重庆主城都市区共建便捷高效的通勤圈、梯次配套的产业圈、便利共享的生活圈，打造重庆中心城区同城化示范区，形成与重庆都市圈北部周边地区优势互补、错位发展的产业新格局，建成重庆都市圈北部副中心，显著提升发展能级和综合实力。

二是"融圈"示范。广安要主动承接和平移成渝极核的适宜产业资源和创新要素，以体制机制创新和开放合作为根本动力，以规划高效衔接、基础设施互联互通、产业专业化分工协作、公共服务共建共享、生态环境共保共治、统一市场建设、城乡融合发展等为重点，不断放大"梧桐成林、金凤成群"的集聚效应，建设成渝双核绿色低碳优势产业配套区、重

庆都市圈人与自然和谐共生绿色发展先行区，建成高规格川渝合作示范市，持续推动区域经济实现质的有效提升和量的合理增长。

三是"新质"突破。广安要积极参与成渝地区双城经济圈共建具有全国影响力的科技创新中心，超前发现、超前布局、超前孵化适配"331"现代化产业体系①的重大创新成果，推动创新链产业链资金链人才链跨市域共建共享和深度融合，因地制宜、因业制宜培育新质生产力，加快构建以传统产业转型升级支撑战略性新兴产业发展、以战略性新兴产业新赛道孵化未来产业、以未来产业抢占发展机遇的现代化产业协同新发展格局。

① "331"现代化产业体系：壮大绿色化工、装备制造、医药健康 3 个优势产业，发展电子信息、先进材料、食品轻纺 3 个特色产业，培育 1 批新兴产业。

雅安：努力建设成渝地区双城经济圈西向拓展"门户枢纽"

  向"新"出发，乘"云"而上，"扛旗争先、奋楫奋进"的热潮正在四川雅安兴起，并带来可视可感的高质量发展蝶变：在中国·雅安大数据产业园，20亿亿次的计算正在进行、12.5万张图片正在被分享，顷刻间，数据联通过去、现在与未来，也让雅安与世界有了零距离联系；在雅州新区①，作为全球锂盐产品主要生产商和全球知名车企、电池厂商的核心供应商，雅化锂业建成全球电池级氢氧化锂技术装备领先的生产线，是相关国家标准起草单位，与特斯拉、LGC、SK On等国际头部企业建立稳定的合作关系。在天全县水产现代农业园区，300口直径20米的圆形养殖池排列在1000亩土地上，这是西部地区最大的冷水鱼（鲟鱼）繁育、养殖、加工基地，2023年产销鱼子酱近60吨，居全国第二，全球市场占比超过10%……

  近年来，雅安坚定不移把融入成渝地区双城经济圈建设作为重大政治责任和重大战略机遇，"川藏铁路第一城、绿色发展示范市"建设稳步推进，做强工业、旅游业"双引擎"，夯实城市、交通"双支撑"，构建一北、一南"双平台"②，抓好与川藏铁路沿线市（州）协作，放大承东启西"杠杆"支点作用，承接和传导成渝势能向西拓展。2023年，雅安地区

---

① 雅州新区规划范围包括以金鸡关—光华山—水津关为轴向东拓展，沿成雅快速通道、川藏铁路成雅段，接成都邛崃、蒲江的连片区域，具体范围以雅安经开区、文教新城、成雅新城"一区两城"为主体，重点吸纳雅安物流园以及成雅高速、成雅快速通道沿线的名山区百丈镇、新店镇，面积约276平方公里。

② 双平台：雅安经济技术开发区、雅州新区。

生产总值突破千亿元大关（1010.03亿元），完成"三年跨千亿"的发展目标，综合实力实现历史性跃升。同时，地区间的差距逐步缩小，雅安地区生产总值在四川市州中的排名从2019年的第19上升到2023年的第18，与排名第17的城市差距从54.01亿元缩小到9.17亿元。

进一步看，雅安位于川藏、川滇公路交会处，距成都120公里，东邻成都都市圈，西连甘孜，南界凉山，北接阿坝，素有"川西咽喉""西藏门户""民族走廊"之称，位于成都平原经济区[①]1小时交通圈内，具有融入成都、辐射康藏、链接攀西、抱团乐眉的区位优势，境内有2条铁路、4条高速公路和3条主干道路，正在规划建设通用机场和雅安无水港，将构筑水公铁空多式联运体系。绿色是雅安最鲜明的底色，雅安是长江上游重要水源涵养地和生态屏障，以浅丘地貌为主，山水环境优越，森林覆盖率保持四川省市州第1，城市空气、地表水质量位居全国前列，被习近平总书记誉为"天府之肺""动植物基因库"，获评中国优秀旅游城市、国家卫生城市和四川省历史文化名城，发展生态经济基础良好。

谋划主平台促跨越发展

作为经济后发地区，雅安面临与同类城市相似的产业集群发展不足、关键核心产业缺失、本地配套率偏低、全域发展"碎片化"且联动向上的内生动力不足等结构性问题，还面临周边特大型中心城市的"虹吸效应"、周边城市竞争等挑战。因此，雅安亟须谋划打造一个能起领航和牵引带动作用的"火车头"平台，实现"一域之治，破局入圈"。

从全球经验看，美国、日本、韩国、英国、法国等发达国家在不同历史时期都曾有过建设产业新城、城市副中心、卫星城、边缘新城等零基础打造区域新增长极的实践。中国的深圳特区、浦东新区、雄安新区等零基础或者

---

① 成都平原经济区：包括成都市、绵阳市、德阳市、资阳市、眉山市、雅安市、乐山市、遂宁市8个地市，总面积8.64万平方公里，2023年GDP总量约为37056.5亿元，占四川的61.66%，人口占四川的50.45%。

基础条件有限发展起来的"特区""新区"的经验表明,通过都市建设、产业发展、区域协同、政府治理、制度机制等一系列改革创新试验,能够跳出西方国家传统工业化、城镇化路径,充分发挥优越的地理位置、独特的主导产业、国家赋予的战略定位和政策倾斜等综合优势,创造性构筑现代化产业和新型城镇化双轮驱动的经济增长极,引领都市圈、经济圈等区域协同发展。

一域之谋,落子铿锵。2021年6月,《成都平原经济区"十四五"一体化发展规划》提出,推动成都协同雅安打造川藏铁路陆港新区。2021年7月,雅安市委四届十次全会明确提出,高水平建设雅州新区,推动形成引领全市经济高质量发展的核心增长极。2021年12月,雅安市第五次党代会强调,把高水平建设雅州新区作为全市的"头号工程"。2022年11月,雅州新区揭牌。2023年2月,雅安发布《雅州新区发展规划》,明确将雅州新区作为协同建设川藏铁路陆港新区的主引擎和核心区、深度融入成渝地区双城经济圈建设的主平台,即绿色宜居的高品质新城、低碳可持续发展的产业新区、开放合作的高能级平台。

大数据、先进材料、智能制造、大健康、体育等特色产业是雅州新区规划的主导产业,核心是通过聚焦域内资源禀赋和广袤大市场,加强与成渝地区双城经济圈中心城市、有关城市的重点领域合作、重要功能配套,引发达地区龙头企业及先进生产力,把雅安的区位、产业、空间等"本地优势"与"成渝优势"有机结合,着力打造雅安产业之翼、未来新城。

以"数"为媒,以产入圈。雅安有近5300米的海拔落差,绿色水电能源丰富,清洁能源富集,水电装机容量1270万千瓦,加之年均气温在14℃,水温在18℃以下,这样的环境有利于给机房设备进行降温散热处理,可有效降低能耗,发展大数据产业优势明显。

从2018年10月动工到2019年6月开园,中国·雅安大数据产业园仅用8个月便实现园区"从无到有",创造了国内大数据园区建设的"雅安速度"。同时,雅安大数据产业园瞄准数字经济新赛道,以优良生态"保障"、优质网络"配套"、优惠政策"加持"、优秀企业"抱团"、高端人才"赋能"，围绕"成渝应用、雅安智算"，发挥地理区位、产业基础、应用场景、营商环境、算力和网络等优势，尤其是为入驻企业提供相对低廉电价和配套服务，实施"1+5+7+N"工程①，正加快打造立足成渝、辐射全国、服务全球的大数据产业基地。

2020年7月召开的中共四川省委十一届七次全会明确"支持雅安建设成渝地区大数据产业基地"。2021年12月印发的《重庆四川两省市贯彻落实〈成渝地区双城经济圈建设规划纲要〉联合实施方案》再次明确，支持雅安建设数据中心集聚区。2022年2月，雅安大数据产业基地入选共建成渝地区双城经济圈2022年重大项目（数字经济类）。

短短几年时间，雅安大数据产业园实现直连国家骨干网②，算网一体，机架超过3万个，建成数据机房等基础设施超23万平方米，为天府软件园、重庆仙桃数据谷、西部（重庆）科学城等成渝地区双城经济圈创新平台提供数据服务，成为"东数西算"工程中"天府集群"规模最大、标准最高的绿色数据中心，以及全国唯一一个同时获得国家绿色数据中心、国家新型数据中心、国家新型工业化产业示范基地三个国家级品牌认定的大数据园区，成功打响"中国雅云"大数据产业名片。

截至2024年3月，雅安大数据产业园（见图1）共签约大数据产业项目171个，协议总投资487亿元，涉及云计算、区块链、人工智能、5G应用等东数西算、东数西训、东数西渲等前沿领域。阿里巴巴、腾讯、字节跳动等互联网头部企业竞相落户，成为中国电信天翼云全国三大资源池之一、中国移动云全国九大节点之一、阿里云成渝地区核心资源池。从开创国漫新纪元的《哪吒之魔童降世》，到问鼎中国影史票房总榜的《长津

---

① "1+5+7+N"工程："1"是做大做强国家级互联网绿色数据中心；"5"是重点建设超大规模绿色数据中心、新型智能算力中心、数据创新应用中心、数据人才培训中心、电子信息材料制造中心；"7"是培育数据存储、数据计算、数据交易、数据应用、数据安全、智能制造和人才培训的数字经济产业链；"N"是重点发展人工智能、游戏渲染、高清影视服务、智能算力、智慧教育、元宇宙等N个未来数智领域应用。

② 雅安是四川省内唯一直连国家骨干网的非省会城市，雅安大数据产业园网络时延在1.8毫秒左右，而一般民用网络时延则在20毫秒左右，时延低意味着更快的传输速度。

湖》，再到国产科幻电影里程碑续作《流浪地球2》，越来越多的优秀影视作品的大部分渲染工作都在园区完成。

图 1　雅安大数据产业园
（供图：雅安经开区管委会）

锂电新材料是实现碳达峰碳中和和绿色高质量发展的重要支撑，也是成渝地区双城经济圈世界级先进材料产业的重要板块，并随着消费电子、新能源汽车、储能行业的快速发展，迎来百舸争流的高速成长期。按照"做大基础、延伸链条、构建集群"的思路，雅安纵向延伸发展锂电"材料端"和"利用端"，初步构建"锂矿洗选-高端锂盐-锂电材料-锂电池-新能源汽车-回收利用"六位一体的锂电全周期产业体系。

目前，雅安已落地锂电企业17家，建成锂电正负极材料年产能超40万吨，2023年锂电产业实现产值86.4亿元，创建国家高新技术企业3家、省级企业技术中心2家，绿色低碳优势产业正集聚形成。例如，2023年8月，成都未来科技城电池企业投资的四川安雅特电大容量高安全凝胶固态锂电池产业化提前批项目正式投产，项目总投资约60亿元，全面投产后预计可实现年销售收入约100亿元，项目从签约到动工用时仅3个月，从动工到提前批投产用时不到3个月；厦钨新能拥有高电压三元正极材料、高功率磷酸铁锂正极材料核心技术；天力锂能具备行业内正极材料最低能耗生产技术；贝特瑞的石墨负极材料生产技术国际领先……

"圈层推进"川藏经济协作

雅安与西藏山水相依、人文相亲、经济相连，且位于国道318线正中位置，川藏铁路、川藏公路、川藏高速公路 3 条入藏线路在这里交会，是川西综合交通枢纽。随着"一带一路"倡议、长江经济带、成渝地区双城经济圈、川藏铁路建设等多重战略机遇交汇叠加，雅安一跃成为成渝地区双城经济圈通过铁路进出西藏乃至西出南亚的重要枢纽节点和开放前沿。

2022 年 11 月，四川省委十二届二次全会明确，支持雅安建设川藏经济协作试验区。1 个月后召开的雅安市委五届二次全会细化提出，打造川藏特色产业协作基地、川藏物资贸易集散地、成渝地区西向开放高地、民族团结进步示范区、区域协作发展机制试验区，力争通过 3~5 年建成国家级试验区。随后，雅安印发《川藏经济协作试验区建设工作方案》，超前谋划重大项目 223 个，总投资 3153.5 亿元，实质启动试验区建设。2023 年 10 月，雅安市委、市政府联合印发《关于加快建设川藏经济协作试验区的意见》，明确建设目标和路径：充分发掘川藏铁路战略大通道和经济大通道的巨大价值，共同建设"繁荣、幸福、平安、和美"的民族走廊，构建"圈层推进、两轴带动"①的发展格局，力争到 2035 年，川藏经济协作试验区全面建成，成为融入国家和四川省重大战略的高能级开放平台以及体现新发展理念的特色经济区。

川藏经济协作试验区的产业协作配套、开放协作同兴、资源协作开发、政策协作共享、人文协作交流随即进入"快车道"。例如，雅安市政府与拉

---

① 川藏经济协作试验区包括起步区、核心区、拓展区、协作区，形成圈层推进空间格局，并建设横向和纵向经济发展轴，形成两轴带动发展态势。成雅新城是起步区，重点建设川藏（雅安）合作工业园区，协同推进西藏优质资源在合作园区精深加工。雅州新区是核心区，为试验区建设提供动力支撑。雅安其余县（区）是拓展区，加强特色产业协作发展。同时，川藏铁路沿线城市、试验区周边市（州）及其他地区被纳入协作区范围，拓展合作共建领域，为试验区提供更加广阔的发展空间。横向经济发展轴以川藏铁路、雅叶高速公路、国道 318 线、国道 351 线和规划建设的重庆至自贡至雅安铁路等为主干线，重点布局先进材料、装备制造、电子信息、文旅康养、物流商贸等产业，带动中心城区、芦山县、宝兴县、天全县联动发展，拓展与拉萨市、林芝市、山南市、昌都市和甘孜州等川藏铁路沿线城市乃至成渝地区对接协作。纵向经济发展轴以雅西高速公路、国道 108 线和规划建设的雅安至甘洛铁路、邛崃至荥经高速公路等为主线，重点布局矿产品精深加工、文旅康养、食品药品等产业，带动中心城区、荥经县、汉源县、石棉县联动发展，深化与攀西地区、云南地区等协作。

萨市政府缔结为友好城市，雅安市级相关部门、相关县（区）与川藏铁路沿线城市在若干领域签订区域合作协议，建成川藏人力资源产业园、川藏物流园和为民族地区服务的农副产品批发市场，民族地区每年在雅安就医达 50 万人次以上，在雅安就业、就学、旅居人数超过 10 万人；加快建设成雅新城、川西教育中心、川西医养中心等行政、商务、商业、民生、休闲等功能设施，形成宜居宜业、人气汇聚的活力新区；2023 年 6 月，石汉工业园①投资推介会在拉萨市举行，有色金属、绿色磷化工、矿物功能材料、农产品精深加工等川藏产业协作有望在园区落地发展；2023 年 11 月，"2023 川渝藏区域经贸交流合作·蒙顶山会议"在雅安召开，川渝藏三省市区工商联和雅安市政府联合发布合作倡议。

特色文旅打造成渝"后花园"

《成渝地区双城经济圈建设规划纲要》提出，推动雅安等发展人文休闲、度假康养，打造成渝"后花园"。以文塑旅、以旅彰文，雅安整合生态资源打造大蒙顶山、大周公山、大夹金山、大牛背山、大王岗坪五大片区，结合"文旅+体育、农业、工业、康养、研学"系列项目，举办"环茶马古道"雅安国际公路自行车赛，建设文化产业赋能乡村振兴试点，升级藏茶世界等省级工业旅游基地，创建省级中医药健康旅游示范基地，支持各类景区打造研学基地，主动融入大峨眉、大贡嘎、大香格里拉、大九寨、大熊猫等巴蜀文化旅游带，与周边地区线路共谋、客源共享、市场共拓、基础共建，并推出熊猫、茶、红色文化等主题精品线路，多次前往重庆、成都、乐山等地举办推介活动，吸引更多成渝游客畅游雅安。2023 年，雅安文旅形象宣传覆盖约 8189 万人次，网络累计曝光 8.5 亿次；81 个市级重点文旅项目完成投资 148.23 亿元，年度投资完成率达 111.24%；22 个省级文旅重点项目完成投资 30.43 亿元，年度投资完成率达 127.18%。

---

① 汉源县、石棉县是雅安经济"南平台"，两县省级工业园区共建石汉工业园，构建错位互补、链式协同的产业体系。

雅安是大熊猫的科学发现地、命名地、模式标本产地。1869 年，法国博物学家阿尔芒·戴维在这里发现大熊猫，由此掀起全球"熊猫热"。雅安也是大熊猫国家公园中面积最大、占比最高、山系最全的市（州），四川省委十二届二次全会赋予雅安建设世界大熊猫文化旅游重要目的地的重大使命。雅安将大熊猫作为带动全域旅游、建设文旅强市的超级 IP，做好"保护""合作""融合"文章，建设大熊猫国家公园飞地城市社区，推出清凉、探秘、溯源、放归、和谐等主题的大熊猫文化旅游线路，建设"1869 中国大熊猫生态世界项目"（大熊猫主题的"生态+文化+旅游"融合发展城市组团），包装引进一批大熊猫题材的生态度假、文化创意、康体养生、研学旅行等文旅项目，进一步打响"安逸走四川·熊猫看雅安"旅游品牌。图 2 为大熊猫国家公园雅安市荥经县龙苍沟入口社区雕塑。

图 2　大熊猫国家公园雅安市荥经县龙苍沟入口社区雕塑
（供图：荥经县委宣传部）

打造成渝西向门户"雅安路径"

总的来看，雅安融入成渝地区双城经济圈建设正处于前期成果收获和后续项目打磨叠加的爬坡过坎新阶段。2023 年，雅安 7 个纳入共建成渝地区双城经济圈的重大项目完成投资 52.54 亿元，年度投资完成率达 136.46%；泸石高速石棉段、国道 351 线夹金山隧道正加快建设；签约经济圈来雅安投资亿元以上制造业项目 17 个，总金额 125.91 亿元；四川建安工业有限公司（长安汽车集团直属企业，总部在雅安）在成都设立研发中心，在重庆商用车微卡系列产品的市场占有率达 70%以上；与成都、自贡、绵阳、广元、乐山、南充、凉山签署《人力资源服务产业园战略合作协议》；与川渝公立医院（四川省 673 家、重庆 77 家）检验检测结果互认；与德阳、眉山等地实现 347 项事项"省内通办"，与重庆实现 311 项事项"川渝通办"……

立足新起点，迈向新征程，雅安坚定生态立市、农业稳市、工业强市、文旅兴市，融汇联通成渝、涉藏两个区域，推动跨区域基础设施互联互通、要素资源自由流动、现代产业互补共赢、公共服务共建共享，提升雅州新区主平台的经济承载力、创新资源集聚力、改革集成力和人才吸纳力，扩容升级中国·雅安大数据产业园，深度参与成渝战略性新兴产业和未来产业的配套链、供应链、创新链联动协作，以共育新质生产力促雅安现代化产业赶超发展，将大熊猫全球公共品牌转化为雅安大熊猫特色文旅IP，喊响做靓"蜀里安逸·雅致生活"消费品牌，以建设成渝"后花园"促全域旅游发展，构建"一区一地引领、两轴三圈①联动、县域重点突破、全域协同共兴"的高质量发展新格局，努力在成渝地区双城经济圈向西拓展提速成势中发挥门户和枢纽作用。

---

① 三圈：雨名经核心经济圈、天芦宝荥生态经济圈、石汉特色产业经济圈。

主要参考文献

1. 刘洋，方宁主编．成渝地区双城经济圈建设研究报告（2022），社会科学文献出版社，2022.

2. 刘洋，方宁主编．重庆市江津区融入成渝地区双城经济圈建设研究报告（2023），社会科学文献出版社，2023.

3. 赵宇飞，伍鲲鹏，周思宇．成渝地区双城经济圈：迈向高质量发展重要增长极，经济参考报，2024 年 5 月 7 日.

4. 唐琴．成渝地区双城经济圈 18 条经验做法缘何获全国推广，重庆日报，2023 年 9 月 25 日.

5. 张学良，杨羊．以区域协调发展推进中国式现代化，光明日报，2023 年 10 月 17 日.

6. 戴宾．共同唱好新时代西部"双城记"，成都日报，2024 年 5 月 8 日.

7. 邢灿．成渝地区双城经济圈建设向纵深推进，中国城市报，2024 年 5 月 6 日.

8. 新华社记者．唱好新时代西部"双城记"，求是，2024 年第 11 期.

9. 蔡之兵．纵深推进双城经济圈建设要把握好"一体化"和"高质量"两个关键，重庆日报，2024 年 2 月 19 日.

10. 周宝琴．渝西何以跨越？，上游新闻，https://www.cqcb.com/shenyidu/2024-04-03/5538618_pc.html，2024 年 4 月 3 日.

11. 唐弈．从西部鞋都到绿色车城——重庆璧山的新质生产力转型之变，新华网，http://www.news.cn/photo/20240426/4780ab0eac8346c8b9e7be1348cedd8d/c.html，2024 年 4 月 26 日.

12. 刘政宁，黄亚辉，江志斌．建设"五新四城"谱写中国式现代化璧山新篇章，人民网，http://cq.people.com.cn/n2/2024/0122/c365401-40722139.html，2024年1月22日．

13. 陈丽霏．"三驾马车"与"3+1"产业添动能，四川日报，2024年8月12日．

14. 蒋培路，李洋．乐山：先进制造业发展倍增 新型工业化铿锵前行，四川经济网，https://www.scjjrb.com/2024/02/18/99391905.html，2024年2月18日．

15. 唐楸．江北：加快打造先进制造业集聚区，人民网，http://cq.people.com.cn/n2/2023/1120/c365411-40647213.html，2023年11月20日．

16. 李艳玲．全国首个跨省域国家先进制造业集群建设不断加码，成都日报，2024年6月19日．

17. 凯风．超级产业链丨万亿级产业崛起，这座国家中心城市剑指制造强市，澎湃新闻，https://m.thepaper.cn/newsDetail_forward_25612567，2023年12月11日．

18. 寇敏芳．川渝携手共同发力，推动汽车产业驶向"智高点"，四川在线，https://sichuan.scol.com.cn/ggxw/202406/82549780.html，2024年6月20日．

19. 万明．川渝打造汽车万亿级产业集群，决策，2023年第6期．

20. 韩清华，陈忆．四川宜宾：打造全球一流动力电池产业集群，中国经济时报，2024年8月21日．

21. 夏元，赵鹏．川渝合力共建世界级装备制造产业集群，重庆日报，2023年6月14日．

22. 吴黎华．四川遂宁：擦亮中国"锂电之都"名片，百家号，https://baijiahao.baidu.com/s?id=1780785251544679764&wfr=spider&for=pc，2023年10月26日．

23. 陈维灯．川渝协作前景广 铜梁近半规上企业与川企深度合作，重庆日报，2024 年 8 月 20 日.

24. 李欣，乔亚美，杨妮，范建峰. 新"材"辈出！看西南小城眉山如何实现产业转型，百家号，https://baijiahao.baidu.com/s？id=1795273402698218476&wfr=spider&for=pc，2024 年 4 月 3 日.

25. 长寿经济技术开发区管理委员会. 长寿经开区：打造具有全球影响力的新材料高地，国际商报，2024 年 7 月 22 日.

26. 申晓佳，张廉. 川渝数字经济共同迈入全国一流方阵，重庆日报，2023 年 6 月 15 日.

27. 孙磊. 夯实数字经济发展基础底座 助力成渝双城经济发展"扬帆远航"，上游新闻，https://www.cqcb.com/toutiaotuijian/2024-03-12/5522481_pc.html，2024 年 3 月 13 日.

28. 夏元. 川渝携手共建一体化数字底座 年内将新增 5000 类共享数据，重庆日报，2024 年 2 月 21 日.

29. 王欣悦. 成渝地区双城经济圈产业数字化赋能基地投用，人民日报，2022-10-24.

30. 夏元，肖乔. 为高质量发展插上"数字翅膀"重庆加快打造"产业大脑+未来工厂"，重庆日报，2024 年 4 月 14 日.

31. 张廉. 以数字化引领开创两江新区高质量发展新局面，两江新区官网，http://www.liangjiang.gov.cn/mixmedia/a/202312/28/WS658cd1c7e4b0b216bb463e9a.html，2023 年 12 月 28 日.

32. 彭瑜. 看梁平与四川开江如何共种"一片田"，百家号，https://baijiahao.baidu.com/s？id=1802831833571414837&wfr=spider&for=pc，2024 年 6 月 25 日.

33. 邓俐. 川渝两地农业科技合作结硕果，农民日报，2023 年 12 月 5 日.

34. 张红霞. 携手重庆联动成德眉资 成都农村产权交易跨区域协同发展，四川在线，https://sichuan.scol.com.cn/ggxw/202409/82612935.html，2024 年 9 月 21 日.

35. 唐琴. 永川 & 泸州 10 个乡村 "抱团" 合作版本持续升级, 重庆日报, 2024 年 6 月 23 日.

36. 张义君, 席小莉, 顾勇. 川渝经济联动的 "双昌" 样板是怎样炼成的, 重庆法治报, 2023 年 5 月 5 日.

37. 黄光红, 季敏. 重庆靠什么跻身全球金融中心 100 强, 重庆日报, 2024 年 8 月 30 日.

38. 余亚如, 李真慧. 提升含 "金" 量 做好 "融" 文章——成渝金融法院助力西部金融中心建设一周年纪实, 人民法院报, 2023 年 10 月 8 日.

39. 吴迪. 川渝金融信用信息综合服务专区正式上线, 金融时报, 2021 年 12 月 7 日.

40. 吴静, 刘梦婕. 川渝合力共建长江上游航运中心, 中国水运网, https://www.zgsyb.com/news.html? aid=693724, 2024 年 9 月 6 日.

41. 佘振芳. 江北高质量发展 "上新" 记, 重庆日报, 2024 年 8 月 7 日.

42. 雍黎, 谭旺. 重庆沙坪坝区: 打造从 "厂门" 到 "校门" 技术攻关 "直通车", 科技日报, 2024 年 7 月 26 日.

43. 龙丹梅, 李雨恒. 连续 3 年综合科技创新指数全市第一 北碚以创新解锁发展密码, 重庆日报网, https://www.cqrb.cn/disijii/2024－08－28/2008297_pc.html, 2024 年 8 月 28 日.

44. 文弦. 新都: 打造现代产业体系 建设有辨识度的成北科创高地, 四川日报, 2023 年 7 月 28 日.

45. 明炬. 深入实施科技创新中心建设行动 扎实推进成渝地区双城经济圈建设走深走实, 重庆行政, 2024 年第 1 期.

46. 文露敏. 择优支持研究方向相近、联动创新链各环节或产业链上下游的川渝两省市重点实验室联合共建——共建重点实验室 培育新质生产力, 四川日报, 2023 年 12 月 22 日.

47. 张亦筑, 白秀颖. 西部科学城 川渝共筑科技创新 "一座城", 重庆日报, 2023 年 8 月 1 日.

48. 王静，杨燕燕．"五大创新支撑"齐发力 成渝综合性科学中心（金凤）现雏形，重庆日报，2022 年 12 月 28 日．

49. 西永微电园．西永微电园：从内陆槽谷到国际枢纽科创智核，重庆与世界，2024 年第 3 期．

50. 孙建和．两江协同创新区推动打造一流创新生态服务商，人民网，http://cq. people. com. cn/n2/2024/0929/c365412 - 40994350. html，2024 年 9 月 29 日．

51. 刘溪涵．西部唯一综合性重大使能平台 明月湖·π7 大使能平台建设启动，人民网，http://cq. people. com. cn/n2/2023/0822/c367650-40540895. html，2023 年 8 月 22 日．

52. 张锦．成渝地区共建"一带一路"科技创新合作区取得积极进展，百家号，https://baijiahao. baidu. com/s？id = 1781168904225574560&wfr = spider&for = pc，2023 年 10 月 30 日．

53. 王林伟．"领跑县"何以"领跑"？——垫江县县域商业经济高质量发展之路，新渝报，2024 年 1 月 3 日．

54. 赵茜，杨飞，喻庆．促消费 添活力 沙坪坝打好"商文旅体"组合拳，人民网，http://cq. people. com. cn/n2/2024/0927/c367650 - 40992404. html，2024 年 9 月 27 日．

55. 周盈．重庆亮出国际消费中心城市建设三年成绩单，重庆日报，2024 年 9 月 5 日．

56. 杨蓉．从"一张网"，看成都的潜力与活力，央广网，https://sc. cnr. cn/scpd/xwsd/20240830/t20240830_526879396. shtml，2024 年 8 月 30 日．

57. 欧阳虹云．南川大金佛山 178 环线：一条公路为乡村振兴注入新动能，新华网，http://www. cq. xinhuanet. com/20240925/2d2ea5c7be67416281d90d63ba348daf/c. html，2024 年 9 月 25 日．

58. 谢杰．全域绽放，四川南充吹响文旅兴市"集结号"，封面新闻，https://www. thecover. cn/news/INdeqY3eIKeH90qSdq8Jkw = =，2024 年 5

月 22 日.

59. 韩毅.打造世界知名目的地,渝鄂湘黔川共绘武陵文旅新图景! 2024 武陵文旅大会举行,重庆日报网,https://www.cqrb.cn/wenlv/shangy-ou/2024-07-29/1981009_pc.html,2024 年 7 月 29 日.

60. 李艳.搭"跨界"开放舞台迎"双城"八方来客,开州日报,2024 年 6 月 19 日.

61. 袁敏,袁城霖.城宣万革命老区振兴发展示范区 3 县市携手并进 打造革命老区振兴发展样板区,四川日报,2024 年 7 月 14 日.

62. 张旭.宣汉、万源、城口共打大巴山"旅游牌"共促成渝地区双城经济圈建设,中国新闻网,https://www.chinanews.com.cn/life/2023/01-19/9938851.shtml,2023 年 1 月 19 日.

63. 重庆市文化和旅游发展委员会.重庆:推动巴蜀文化旅游走廊建设 打造世界知名旅游目的地,中国旅游报,2024 年 5 月 17 日.

64. 朱旭森,彭国川,张伟进.筑牢长江上游重要生态屏障,人民日报,2024 年 7 月 18 日.

65. 王静,刘廷.南川:高质量建设渝东生态新城,重庆日报,2024 年 9 月 26 日.

66. 左黎韵.扛起上游责任 绘就美丽重庆新画卷,重庆日报,2024 年 9 月 25 日.

67. 陈维灯.完善生态文明基础体制 加快打造美丽中国建设先行区,重庆日报网,https://www.cqrb.cn/quxiantoutiao/2024-08-01/1983733_pc.html,2024 年 8 月 1 日.

68. 陈钰桦.垫江:全力打造渝东新城生态城市,重庆日报,2024 年 6 月 19 日.

69. 刘磊.长寿:筑牢绿色生态屏障 共建绿色宜居家园,新华网,http://www.cq.xinhuanet.com/20240927/e70ef6bb0cb54ee2a960a2b7f560491e/c.html,2024 年 9 月 27 日.

70. 陈维灯．深化生态文明体制改革 厚植巴渝绿色本底 重庆奋力打造美丽中国建设先行区，重庆日报，2024 年 9 月 12 日．

71. 张蒙．筑牢长江黄河上游生态屏障，四川日报，2024 年 7 月 25 日．

72. 王亚同．从"半个立法权"到跨省际协同立法——地方立法中重庆取得的标志性成果，重庆日报，2024 年 9 月 18 日．

73. 龙丹梅．破解跨界河流治理难题——川渝河长制联合推进办公室的故事，中国水利报，2024 年 5 月 22 日．

74. 张蒙．四川安排中央、省级专项资金 81.99 亿元作为流域横向生态保护补偿资金 同抓共治护碧水 上下游都"赢了"，四川日报，2024 年 8 月 23 日．

75. 底伊乐，田程晨．共建"无废城市"川渝如何"双向奔赴"，四川日报，2023 年 10 月 26 日．

76. 曾业．共建明月山绿色发展示范带"川渝七兄弟"五年间干了哪些大事？，封面新闻，https：//www. thecover. cn/news/TdMoc6x%2BCq2H90qSdq8Jkw＝＝，2024 年 6 月 19 日．

77. 唐琴．"双圈"建设，如何破解下一题，重庆日报网，https：//www. cqrb. cn/disijii/2024－08－21/2001509_pc. html，2024 年 8 月 28 日．

78. 王彩艳，杨敏．登高望远天地阔 渝北焕新再出发，重庆日报，2024 年 9 月 30 日．

79. 吴平华，潘欢欢，李静．重磅"加码"举措 金牛开启营商环境 6.0 时代，中国新闻网，http：//www. sc. chinanews. com. cn/bwbd/2024－04－09/207394. html，2024 年 4 月 9 日．

80. 彭光灿，王彩艳，杨敏．南岸：深化改革激发社会发展活力 全力打造具有辨识度和影响力的标志性改革成果，重庆日报，2023 年 12 月 26 日．

81. 王丹．青白江：在枢纽和"枢纽＋"的路上奋楫扬帆，成都日报，2024 年 6 月 18 日．

82. 贺娜，姚兰．綦江：培育全国一流营商环境高地，重庆日报，2023 年 12

月 4 日.

83. 王彩艳,陈佳佳.系统谋划 政府有为 市场有效 江北"三连冠"背后的营商环境"方法论",重庆日报,2024 年 9 月 14 日.

84. 姜峰.川渝推进市场准入异地同标,人民日报,2024 年 8 月 27 日.

85. 陈静,程梦凡."高竹经验"打造川渝税收一体化"桥头堡",央广网,https://news.cnr.cn/local/dftj/20240924/t20240924 _ 526916479.shtml,2024 年 9 月 24 日.

86. 李国.成渝地区探索经济区与行政区适度分离改革——进一扇门,办两地事,工人日报,2024 年 8 月 19 日.

87. 唐琴.探索经济区与行政区适度分离改革 川渝"成绩单"来了!,重庆日报网,https://app.cqrb.cn/economic/2023-12-12/1775163_pc.html,2023 年 12 月 12 日.

88. 雍黎.重庆四川携手推动成渝地区"中部崛起",中国科技网,https://www.stdaily.com/index/kejixinwen/202306/d5b0f47ffc5e487eb229143b91835c6f.shtml,2023 年 6 月 27 日.

89. 欧亚非,芶思,池莉.见证成渝地区"中部崛起"——四市党媒联动川中看变,自贡日报,2024 年 5 月 22 日.

90. 刘洋,方宁.关于推进中欧班列(成渝)进一步发展的建议,四川日报,2024 年 1 月 15 日.

91. 刘洋,方宁.中欧班列(成渝):"钢铁动脉"通丝路,丝路百科,2024 年第 2 期.

92. 陈国军,赵宇飞,李晓婷,吴燕霞.五周年,西部陆海新通道的重庆担当,新华网,http://www.xinhuanet.com/politics/20240827/719774803556481a9769a123104139e6/c.html,2024 年 8 月 27 日.

93. 王眉灵.四川持续推进西部陆海新通道建设 提速、降本、增效,川货出海更通畅,四川日报,2024 年 3 月 5 日.

94. 陈碧红.四川自贸试验区从"试验田"走向"高产田",百家号,ht-

tps：//baijiahao. baidu. com/s？ id = 1792746284053277784&wfr = spider&for = pc，2024 年 3 月 6 日.

95. 郭少圳，林卫.“关银－key 通”川渝通办集成化改革获评全国自贸试验区“最佳实践案例”，人民网，http：//sc. people. com. cn/n2/2024/0204/c345167－40738536. html，2024 年 2 月 4 日.

96. 四川自贸区法院. 加强司法协作 助推川渝自贸区法治化营商环境协同建设，中国网，https：//t. m. china. com. cn/convert/c＿rEElBUub. html，2024 年 7 月 18 日.

97. 陈方耀.“公服配套地图”提前精准布局，成都日报，2024 年 5 月 17 日.

98. 王渝凤，张锦旗. 在不断实践中创新，九龙坡区让“城市更新”更有温度，上游新闻，https：//www. cqcb. com/yukuaibao/2024－07－05/5604919. html，2024 年 7 月 5 日.

99. 重庆市巴南区民政局. 重庆巴南区：“五个全覆盖”打造养老服务新模式，中国乡村振兴，2024 年第 7 期.

100. 李文. 成都锦江：让广大青年敢于有梦、勇于追梦、勤于圆梦，中国网，http：//guoqing. china. com. cn/2024－07/19/content＿117320321. htm，2024 年 7 月 19 日.

101. 郭莹，宋雅婷. 成都市武侯区：建立社区信义治理机制 实现居民自治社区赋能，人民网，http：//sc. people. com. cn/n2/2024/0421/c345509－40817820. html，2024 年 4 月 21 日.

102. 秦怡. 成都郫都区：聚焦高质量发展 努力办好人民满意的教育，华西都市报，2024 年 9 月 10 日.

103. 郭发祥. 社保卡“一卡通”川渝两地协同立法保障“一卡多能”，上游新闻，https：//www. cqcb. com/yukuaibao/2024－09－26/5664965. html，2024 年 9 月 26 日.

104. 四川省、重庆市深化教育协同发展 服务国家重大战略，教育部简报，

2024 年第 31 期．

105. 王文凭，石小宏．四川交出国家中医药综合改革示范区建设两年成绩单 做好"必答题"做亮"特色卷"，四川日报，2024 年 2 月 28 日．

106. 陈银华，王显科．加快推进双城经济圈养老服务一体化，重庆日报，2024 年 7 月 29 日．

107. 余虎，崔曜，黄婴．战汛情：看川渝如何应急联动，重庆日报，2023 年 8 月 15 日．

108. 王彩艳，陈佳佳．渝中：奋力书写发挥"六大作用"、打造"六个新高地"的党建新篇章，重庆日报，2024 年 2 月 4 日．

109. 王静，刘廷．母城蝶变 渝中更新，重庆日报网，https://www.cqrb.cn/content/2023-11-16/1703512_pc.html，2023 年 11 月 16 日．

110. 李华晶．发展新质生产力要注重——绿色动力 生态活力 美丽实力，中国绿色时报，2024 年 3 月 11 日．

111. 罗晶，王琳琳，熊焱．系统推进"九治"工作 万州 绘就青山绿水美丽画卷，重庆日报，2023 年 8 月 16 日．

112. 李成敏．让"放错位置的资源"重新归位，三峡都市报，2023 年 7 月 27 日．

113. 黄玉保，邹文武．打"人才牌"吃"创新饭"走"改革路"我区加快培育发展新质生产力新动能．万州时报，2024 年 3 月 20 日．

114. 吴陆牧．高质量构建上游生态屏障——重庆一体推进绿色发展调查，经济日报，2024 年 4 月 3 日．

115. 解书睿，牟雨霖．万州绿色发展动能澎湃"含金量""含绿量"持续提升，万州时报，2022 年 10 月 8 日．

116. 袁城霖．从建好工作机制入手，推进规划衔接、政策对接、产业链接 万达开地区协同下好"一盘棋"，四川日报，2024 年 4 月 11 日．

117. 张国圣，李宏，黄汉鑫．创新，推动制造向创造转变——重庆市涪陵区持续推动产业结构优化升级，光明日报，2024 年 1 月 16 日．

118. 王斌来，刘新吾，王欣悦．重庆涪陵推动制造业高质量发展"科创+""绿色+"双驱发力，人民日报，2022 年 3 月 29 日．

119. 冉富月．涪陵榨菜集团：保护+传承 守住文化根脉 开创美好未来，巴渝都市报，2024 年 4 月 1 日．

120. 张凌漪．川渝共建中国酱腌菜科技创新重庆市重点实验室：让"国民下饭菜"越吃越香，重庆日报，2023 年 5 月 24 日．

121. 赵迎昭，左黎韵．白鹤梁与埃及尼罗尺联合申遗背后的故事，百家号，https://baijiahao.baidu.com/s? id = 1784555184421598693&wfr = spider&for=pc，2023 年 12 月 6 日．

122. 谭艳华，刘雷．加快数字重庆建设 涪陵基层治理跑出"加速度"，涪陵网，http://www.fl.gov.cn/zwxx_206/ywdt/202311/t20231102_12505277.html，2023 年 11 月 3 日．

123. 温显杰．涪陵综保区获批五年跃新阶 打造内陆开放高地迈新步，巴渝都市报，2023 年 11 月 14 日．

124. 刘洋．街道议事会议制度变"为民做主"为"由民作主"，中国社区报，2024 年 8 月 26 日．

125. 刘洋，杨吉顺．探索农业现代化视域下的榨菜全产业链，乡镇论坛杂志，2024.9（上）．

126. 陈一清．大足推动石刻文化创新发展，百家号，https://baijiahao.baidu.com/s? id = 1783770262270962944&wfr = spider&for = pc，2023 年 11 月 8 日．

127. 张国圣．这一曲保护石窟艺术的合唱，韵味悠长——重庆积极筑牢大足石刻保护法治屏障，光明日报，2023 年 11 月 4 日．

128. 王琳琳，黄伟，马菱涔．永川：推动现代制造业基地建设再提升，重庆日报，2023 年 11 月 20 日．

129. 贺娜，王美蓉．永川加快建设现代制造业基地 打造千亿汽摩生态城，上游新闻，https://www.cqcb.com/county/yongchuanqu/yongchuanqux-

inwen/2021-01-25/3630328.html，2021 年 1 月 25 日.

130. 李勇，张桂林，周凯. 永川：打造成渝双城经济圈"桥头堡"，新华每日电讯，2023 年 3 月 3 日.

131. 姜峰，常碧罗，王欣悦. 产教融合共发展，人民日报，2023 年 10 月 27 日.

132. 贺娜，姚兰. 永川：谋划"十大系列工程"加快建设成渝地区双城经济圈桥头堡城市，重庆日报，2023 年 3 月 7 日.

133. 贺娜. 永川：在成渝地区双城经济圈建设中打头阵 挑重担 做示范，重庆日报，2024 年 4 月 22 日.

134. 王琳琳，马建保. 潼南：打造成渝地区中部先进制造业基地，重庆日报，2023 年 11 月 20 日.

135. 周雨. 成渝中部崛起 渝西八区发力，重庆日报，2023 年 12 月 28 日.

136. 李勇，何宗渝，伍鲲鹏. 重庆潼南：科技引领产业蝶变，新华每日电讯，2024 年 3 月 4 日.

137. 梁惠. 遂潼携手 共筑长江上游生态屏障，遂宁日报，2024 年 3 月 12 日.

138. 马艾. 潼南：全力推进遂潼一体化发展见行见效，潼南网，https://www.cqtn.com/web/article/1279026572168716288/web/content _ 12790 26572168716288.htm，2022 年 12 月 8 日.

139. 杜林德. 提质提速加快成势 打造川渝合作新样板，遂宁日报，2024 年 1 月 29 日.

140. 刘钦，陈钰桦. 以高质量全面发展推进乡村振兴 丰都：让乡村变成村民喜欢的样子，重庆市人民政府，http://www.cq.gov.cn/zwgk/zfxxgkml/zdlyxxgk/shgysy/tpgj/202404/t20240422_13147123.html，2024 年 4 月 22 日.

141. 李燊，黄欢. "丰收之都"乡村文化振兴的"三个加法"，华龙网-新重庆客户端记者，https://news.cqnews.net/1/detail/107148875870506

1888/web/content_1071488758705061888.html，2023 年 2 月 5 日．

142. 王婷婷．重庆丰都县委书记张国忠：答好"乡村两问"激发乡村振兴新动能，中新网，http://www.cq.chinanews.com.cn/news/2023/0203/39-42591.html，2023 年 2 月 3 日．

143. 肖乾胜，何军林，杜宜平．做大做强畜禽产业 助力乡村全面振兴——重庆市丰都县国家现代农业产业园纪实，西南商报，2024 年 4 月 16 日．

144. 罗晶，刘钦，龙搏．以人民为中心答好"丰都八问"奋力书写建设现代化新重庆的美丽丰都新篇章，重庆日报，2024 年 1 月 22 日．

145. 吴林静，杨欢，刘艳美．加快提升发展能级 成都都市圈如何答好"协同"这道题，每日经济新闻，2024 年 2 月 2 日．

146. 王凡．共建、共创、共赢：彭什携手绘就成德眉资交界地带融合发展新图景，人民网，http://sc.people.com.cn/n2/2023/1107/c345167-40631512.html，2023 年 11 月 7 日．

147. 黄欢，周鸿．轨道上的都市圈："一小时通勤圈"加速呈现，成都日报，2024 年 1 月 23 日．

148. 范芮菱．泸州深入推进新型工业化服务全省现代化产业体系建设 助力成渝地区双城经济圈南翼跨越发展，四川日报，2023 年 10 月 15 日．

149. 杨林兴．牢记嘱托 勇毅前行 奋力谱写新时代泸州高质量发展新篇章，旗帜，2023 年第 11 期．

150. 李平，王洪江．余先河代表：打造新时代成渝地区双城经济圈区域合作新样板，人民网，http://sc.people.com.cn/n2/2024/0307/c345167-40767561.html，2024 年 3 月 7 日．

151. 陆宣．泸州：潮起长江畔"泸"力向未来，四川日报，2024 年 1 月 22 日．

152. 匡科，乔陆．自贸区川南临港片区挂牌七周年：抓改革 促开放 激活发展动能，四川日报，2024 年 4 月 1 日．

153. 王有为，刘花，高国力．省域副中心城市概念内涵、特征功能与评价体系研究，经济纵横，2023 年第 8 期．

154. 郭煦．解码科创"绵阳范儿"，小康，2023 年第 33 期．

155. 杜江茜．解局"创新金三角"，封面新闻，https：//www. thecover. cn/news/aPbACdwp5bY＝，2022 年 11 月 14 日．

156. 中共绵阳市委政策研究室．在科技创新和科技成果转化上同时发力，学习与研究，2024 年第 2 期．

157. 李文滔．四川绵阳助推企业打破"卡脖子"难题，上游新闻，https：//www. cqcb. com/shishijingwei/2024－02－29/5514025. html，2024 年 3 月 1 日．

158. 钟文，郭若雪．绵阳：向新而行 竞逐新赛道，百家号，https：//baijiahao. baidu. com/s？ id＝1792673496878237918&wfr＝spider&for＝pc，2024 年 3 月 5 日．

159. 张洪林，汪良慧，王邱悦，李政．争创成渝地区双城经济圈建设示范市的广安路径，巴蜀史志，2022 年第 2 期．

160. 王林，蓝天．广安：聚力"同城融圈"全面深化改革，四川日报，2024 年 1 月 22 日．

161. 彭华．相融共兴 竞相跨越 奏响高质量发展"协奏曲"——雅安在成都平原经济区中主动作为携手推进"五区共兴"，雅安日报，2024 年 3 月 5 日．

162. 中共雅安市委党校课题组．壮大发展极 培育新动能 夯实雅州新区经济发展引擎基石，雅安日报，2023 年 7 月 19 日．

163. 杨德慧．加快建设现代化产业体系 雅安"绿色智造"迸发新动能，百家号，https：//baijiahao. baidu. com/s？ id＝1791673936793876088&wfr＝spider&for＝pc，2024 年 2 月 23 日．

164. 胡月，杨宇龙．奋力建设高能级开放平台——雅安建设川藏经济协作试验区成效综述，雅安日报，2023 年 11 月 15 日．

165. 彭瑜．江津："四轮驱动"全力建设现代化新重庆枢纽之城，重庆日报，2024年10月23日．

166. 周杭．奋力推进巴渝和美乡村建设 加快打造城乡融合发展宜居宜业新高地，江津日报，2024年8月28日．

附　件
成渝地区双城经济圈重点法规政策规划（2020.1～2024.10）

序号	政策规划	发文机构	成文年月
1	关于立足"四个优势"发挥"三个作用"加快推动成渝地区双城经济圈建设的决定	中共重庆市委	2020.4
2	关于印发川渝毗邻地区合作共建区域发展功能平台推进方案的通知（渝府办发〔2020〕97号）	重庆市人民政府办公厅、四川省人民政府办公厅	2020.7
3	关于深入贯彻习近平总书记重要讲话精神加快推动成渝地区双城经济圈建设的决定	中共四川省委	2020.7
4	关于推动成渝地区双城经济圈建设的若干重大改革举措	重庆市委全面深化改革委员会、四川省委全面深化改革委员会	2020.9
5	关于印发川渝通办事项清单（第一批）的通知（川办发〔2020〕67号）	四川省人民政府办公厅、重庆市人民政府办公厅	2020.10
6	关于印发推动成渝地区双城经济圈建设加强交通基础设施建设行动方案（2020～2022年）的通知（渝府发〔2020〕30号）	重庆市人民政府	2020.12
7	关于同意设立遂潼川渝毗邻地区一体化发展先行区的批复（川府函〔2020〕259号）	四川省人民政府、重庆市人民政府	2020.12
8	关于同意设立川渝高竹新区的批复（渝府〔2020〕55号）	重庆市人民政府、四川省人民政府	2020.12
9	关于印发四川省加快推进政务服务"跨省通办"工作方案的通知（川办发〔2020〕76号）	四川省人民政府办公厅	2020.12

---

*　统计截止时间为2024年10月30日，相关法规政策规划为结合川渝两省市政府网站的"成渝地区双城经济圈建设"专区整理。

续表

序号	政策规划	发文机构	成文年月
10	关于印发《川渝高竹新区总体方案》的通知（渝发改合作〔2020〕2051号）	重庆市发展和改革委员会、四川省发展和改革委员会	2020.12
11	关于印发成渝地区双城经济圈便捷生活行动方案的通知（川办发〔2021〕2号）	四川省人民政府办公厅、重庆市人民政府办公厅	2021.1
12	关于协同推进成渝地区双城经济圈"放管服"改革的指导意见（渝府办发〔2021〕1号）	重庆市人民政府办公厅、四川省人民政府办公厅	2021.1
13	关于印发《成渝地区双城经济圈"放管服"改革2021年重点任务清单》《川渝通办事项清单（第二批）》的通知（川办发〔2021〕10号）	四川省人民政府办公厅、重庆市人民政府办公厅	2021.3
14	重庆市优化营商环境条例	重庆市人大常委会	2021.3
15	关于印发《2021年度川渝人社合作重点工作任务清单》的通知（渝人社发〔2021〕19号）	重庆市人力资源和社会保障局、四川省人力资源和社会保障厅	2021.4
16	成都平原经济区"十四五"一体化发展规划	四川省人民政府	2021.6
17	关于印发《成渝地区双城经济圈综合交通运输发展规划》的通知（发改基础〔2021〕829号）	国家发展改革委、交通运输部	2021.6
18	关于印发《成渝地区双城经济圈教育协同发展行动计划》的通知（渝教〔2021〕8号）	重庆市教育委员会、四川省教育厅	2021.10
19	成渝地区双城经济圈建设规划纲要	中共中央、国务院	2021.10
20	关于明月山绿色发展示范带总体方案的批复（渝府〔2021〕57号）	重庆市人民政府、四川省人民政府	2021.10
21	关于泸永江融合发展示范区总体方案的批复（川府函〔2021〕216号）	四川省人民政府、重庆市人民政府	2021.10
22	内江自贡同城化发展总体方案	四川省发展和改革委员会	2021.10
23	关于印发《明月山绿色发展示范带总体方案》的通知（渝发改合作〔2021〕1449号）	重庆市发展和改革委员会、四川省发展和改革委员会	2021.11
24	关于加强嘉陵江流域水生态环境协同保护的决定	重庆市人大常委会	2021.11
25	关于内江荣昌现代农业高新技术产业示范区总体方案的批复（渝府〔2021〕66号）	重庆市人民政府、四川省人民政府	2021.11
26	关于印发《成渝现代高效特色农业带建设规划》的通知（川办发〔2021〕67号）	四川省人民政府办公厅、重庆市人民政府办公厅	2021.11
27	支持成渝地区双城经济圈建设12条举措	海关总署	2021.11
28	四川省嘉陵江流域生态环境保护条例	四川省人大常委会	2021.11

续表

序号	政策规划	发文机构	成文年月
29	关于印发《成都都市圈发展规划》的通知（川府发〔2021〕34号）	四川省人民政府	2021.11
30	关于印发《成渝地区双城经济圈多层次轨道交通规划》的通知（发改基础〔2021〕1788号）	国家发展改革委	2021.12
31	关于印发《成渝共建西部金融中心规划》的通知（银发〔2021〕312号）	中国人民银行、国家发展改革委、财政部、中国银行保险监督管理委员会、中国证券监督管理委员会、国家外汇管理局、重庆市人民政府、四川省人民政府	2021.12
32	重庆四川两省市贯彻落实《成渝地区双城经济圈建设规划纲要》联合实施方案	中共重庆市委、中共四川省委、重庆市人民政府、四川省人民政府	2021.12
33	关于城宣万革命老区振兴发展示范区总体方案的批复（渝府〔2022〕1号）	重庆市人民政府、四川省人民政府	2022.1
34	关于合广长协同发展示范区总体方案的批复（渝府〔2022〕2号）	重庆市人民政府、四川省人民政府	2022.1
35	关于印发《合广长协同发展示范区总体方案》的通知	重庆市发展和改革委员会、四川省发展和改革委员会	2022.1
36	关于印发《城宣万革命老区振兴发展示范区总体方案》的通知（渝发改推进〔2022〕159号）	重庆市发展和改革委员会、四川省发展和改革委员会	2022.1
37	关于印发《成渝地区双城经济圈优化营商环境方案》的通知（川办发〔2022〕7号）	四川省人民政府办公厅、重庆市人民政府办公厅	2022.1
38	关于印发成渝地区双城经济圈便捷生活行动事项（第二批）的通知（渝府办发〔2022〕3号）	重庆市人民政府办公厅、四川省人民政府办公厅	2022.1
39	关于印发川渝地区实行告知承诺制证明事项目录（第一批）的通知（渝府办发〔2022〕9号）	重庆市人民政府办公厅、四川省人民政府办公厅	2022.1
40	关于做好共建成渝地区双城经济圈2022年重大项目实施有关工作的通知	推动成渝地区双城经济圈建设联合办公室	2022.1
41	关于印发《增强协同创新发展能力行动方案》的通知（川办发〔2022〕13号）	四川省人民政府办公厅	2022.1
42	关于金融支持川渝毗邻地区跨省域示范区发展的指导意见	中国人民银行重庆营业管理部、中国人民银行成都分行、国家外汇管理局重庆外汇管理部、国家外汇管理局四川分局	2022.1

序号	政策规划	发文机构	成文年月
43	关于印发《成渝地区双城经济圈美丽巴蜀宜居乡村示范带先行区建设规划》的通知	重庆市农村人居环境整治工作领导小组办公室、中共四川省委农村人居环境整治和乡村建设专项工作领导小组办公室	2022.1
44	关于印发成渝地区双城经济圈"放管服"改革2022年重点任务清单等3个清单的通知（渝府办发〔2022〕20号）	重庆市人民政府办公厅、四川省人民政府办公厅	2022.2
45	关于印发《成渝地区双城经济圈生态环境保护规划》的通知（环综合〔2022〕12号）	生态环境部、国家发展改革委、重庆市人民政府、四川省人民政府	2022.2
46	关于资大文旅融合发展示范区总体方案的批复（川府函〔2022〕36号）	四川省人民政府、重庆市人民政府	2022.2
47	关于印发《资大文旅融合发展示范区总体方案》的通知（川发改双城项目〔2022〕79号）	四川省发展和改革委员会、重庆市发展和改革委员会	2022.2
48	关于印发成渝地区双城经济圈碳达峰碳中和联合行动方案的通知（渝府办发〔2022〕22号）	重庆市人民政府办公厅、四川省人民政府办公厅	2022.2
49	关于印发共建成渝地区双城经济圈口岸物流体系实施方案的通知（渝府办发〔2022〕24号）	重庆市人民政府办公厅、四川省人民政府办公厅	2022.2
50	民航局关于加快成渝世界级机场群建设的指导意见（民航发〔2022〕15号）	中国民用航空局	2022.2
51	关于印发川渝地区统一交通运输行政处罚裁量基准（第一批）的通知（渝交规〔2022〕2号）	重庆市交通局、四川省交通运输厅	2022.3
52	重庆市铁路安全管理条例	重庆市人大常委会	2022.3
53	四川省铁路安全管理条例	四川省人大常委会	2022.3
54	关于印发《"川渝通办"交通运输事项（第三批）实施方案》的通知（渝交发〔2022〕19号）	重庆市交通局、四川省交通运输厅	2022.4
55	关于印发2022年成渝地区工业互联网一体化发展示范区建设工作要点的通知（川经信数信〔2022〕68号）	四川省经济和信息化厅、重庆市经济和信息化委员会	2022.4
56	关于印发《巴蜀文化旅游走廊建设规划》的通知（文旅资源发〔2022〕54号）	文化和旅游部、国家发展改革委、重庆市人民政府、四川省人民政府	2022.5
57	关于推进成渝地区双城经济圈"无废城市"共建的指导意见（川办发〔2022〕52号）	四川省人民政府办公厅、重庆市人民政府办公厅	2022.6

序号	政策规划	发文机构	成文年月
58	关于印发《四川省加强成渝地区双城经济圈交通基础设施建设规划》的通知（川办发〔2022〕56号）	四川省人民政府办公厅	2022.6
59	关于印发共建长江上游航运中心实施方案的通知（渝府办发〔2022〕82号）	重庆市人民政府办公厅、四川省人民政府办公厅	2022.7
60	关于印发成渝地区联手打造内陆开放高地方案的通知（渝府办发〔2022〕86号）	重庆市人民政府办公厅、四川省人民政府办公厅	2022.7
61	关于印发支持成渝地区双城经济圈市场主体健康发展若干政策措施的通知（川办发〔2022〕62号）	四川省人民政府办公厅、重庆市人民政府办公厅	2022.7
62	关于印发建设富有巴蜀特色的国际消费目的地实施方案的通知（渝府办发〔2022〕87号）	重庆市人民政府办公厅、四川省人民政府办公厅	2022.8
63	关于印发推动川渝能源绿色低碳高质量发展协同行动方案的通知（渝府办发〔2022〕91号）	重庆市人民政府办公厅、四川省人民政府办公厅	2022.8
64	关于印发重庆都市圈发展规划的通知（渝府发〔2022〕37号）	重庆市人民政府、四川省人民政府	2022.8
65	关于印发《四川省推动成渝地区双城经济圈建设生态环境保护专项规划》的通知（川环发〔2022〕11号）	四川省生态环境厅、四川省发展和改革委员会	2022.9
66	关于印发《第一批川渝电子证照亮证互认实施清单》的通知（川办便函〔2022〕260号）	四川省人民政府办公厅、重庆市人民政府办公厅	2022.10
67	公共信息资源标识规范	四川省大数据中心、重庆市大数据应用发展管理局	2022.12
68	关于印发成渝共建西部金融中心规划联合实施细则的通知（渝府办发〔2022〕126号）	重庆市人民政府办公厅、四川省人民政府办公厅	2022.12
69	关于加强川渝检察禁毒协作的意见（试行）	重庆市检察院、四川省检察院	2023.1
70	关于印发川渝铝产业链协同发展工作方案的通知（渝经信发〔2023〕6号）	重庆市经济和信息化委员会、四川省经济和信息化厅	2023.1
71	关于印发推动成渝地区双城经济圈市场一体化建设行动方案的通知（渝府办发〔2023〕15号）	重庆市人民政府办公厅、四川省人民政府办公厅	2023.1
72	关于印发重庆市推动成渝地区双城经济圈建设行动方案（2023~2027年）的通知（渝府发〔2023〕8号）	重庆市人民政府	2023.3
73	关于印发推动川渝万达开地区统筹发展总体方案的通知（渝府发〔2023〕9号）	重庆市人民政府、四川省人民政府	2023.3
74	关于印发推动川南渝西地区融合发展总体方案的通知（川府发〔2023〕9号）	四川省人民政府、重庆市人民政府	2023.3

序号	政策规划	发文机构	成文年月
75	加快推进市场监管现代化同城化发展的若干措施	重庆市市场监督管理局、重庆市药品监管局、重庆市知识产权局、广安市人民政府	2023.3
76	科技部等印发《关于进一步支持西部科学城加快建设的意见》的通知（国科发规〔2023〕31号）	科技部、国家发展改革委、教育部、工业和信息化部、财政部、人力资源和社会保障部、中国人民银行、国资委、海关总署、知识产权局、中科院、中国工程院、重庆市人民政府、四川省人民政府	2023.3
77	关于助推成渝地区双城经济圈和西部陆海新通道建设走深走实的决定	重庆市人大常委会	2023.3
78	成渝地区双城经济圈协同招商十条	重庆市招商投资促进局、四川省经济合作局	2023.4
79	关于印发成渝地区双城经济圈"放管服"改革2023年重点工作任务清单等4个清单的通知（川办函〔2023〕29号）	四川省人民政府办公厅、重庆市人民政府办公厅	2023.5
80	关于支持川中丘陵地区四市打造产业发展新高地加快成渝地区中部崛起的意见	中共四川省委、四川省人民政府	2023.5
81	关于印发川渝自贸试验区协同开放示范区深化改革创新行动方案（2023~2025年）的通知（渝府办发〔2023〕51号）	重庆市人民政府办公厅、四川省人民政府办公厅	2023.6
82	《重庆成都都市圈市场监管联动联建重点措施（2023~2027年）》	重庆市市场监督管理局、成都市市场监督管理局	2023.7
83	川渝非税收入缴费指引	国家税务总局四川省税务局、国家税务总局重庆市税务局	2023.9
84	川渝药品医疗器械化妆品行政处罚裁量权适用规则	重庆市药品监督管理局、四川省药品监督管理局	2023.9
85	关于发布《川渝地区税务行政处罚裁量权实施办法》及《川渝地区税务行政处罚裁量执行标准》的公告	国家税务总局四川省税务局、国家税务总局重庆市税务局	2023.10
86	美丽巴蜀宜居乡村示范带村容村貌提升规范标准	重庆市市场监督管理局、四川省市场监督管理局	2023.10
87	新污染物川渝联合调查工作方案	四川省生态环境厅、重庆市生态环境局	2023.11

序号	政策规划	发文机构	成文年月
88	关于印发《川渝地区交通运输领域轻微违法行为免予行政处罚、不予行政强制、减轻行政处罚、从轻行政处罚、从重行政处罚等五张清单》的通知（渝交规〔2023〕8号）	重庆市交通局、四川省交通运输厅	2023.11
89	关于印发《成渝地区双城经济圈"六江"生态廊道建设规划（2022~2035年)》的通知（渝府办发〔2023〕85号）	重庆市人民政府办公厅、四川省人民政府办公厅	2023.11
90	关于印发《川渝共建重点实验室建设与运行管理办法》的通知（渝科局发〔2023〕128号）	重庆市科学技术局、四川省科学技术厅	2023.11
91	关于印发川渝科研机构协同创新行动方案的通知	重庆市科学技术局、四川省科学技术厅	2023.12
92	关于支持宜宾泸州组团建设川南省域经济副中心的意见	中共四川省委、四川省人民政府	2023.12
93	关于支持绵阳发挥科技城优势加快建成川北省域经济副中心的意见	中共四川省委、四川省人民政府	2023.12
94	川渝线下实体店跨区域无理由退货工作指引（试行）	重庆市市场监督管理局、四川省市场监督管理局	2023.12
95	关于支持南充达州组团培育川东北省域经济副中心的意见	中共四川省委、四川省人民政府	2024.1
96	关于印发《推进川渝公共服务一体化深化便捷生活行动事项（2024年版）》的通知（川办发〔2024〕10号）	四川省人民政府办公厅、重庆市人民政府办公厅	2024.2
97	2024年推动成渝地区双城经济圈建设卫生健康一体化发展十项行动	重庆市卫生健康委员会、四川省卫生健康委员会	2024.3
98	关于印发《深化川渝政务服务合作2024年重点工作任务清单》的通知（川办发〔2024〕20号）	四川省人民政府办公厅、重庆市人民政府办公厅	2024.4
99	重庆市大力实施"智融惠畅"工程高质量建设西部金融中心行动方案（2024~2027年）	中共重庆市委办公厅、重庆市人民政府办公厅	2024.4
100	推动成渝地区双城经济圈综合交通运输高质量发展标准体系	交通运输部、国家市场监督管理总局、重庆市人民政府、四川省人民政府	2024.5
101	关于印发《第四批川渝通办事项清单》的通知（渝府办发〔2024〕79号）	重庆市人民政府办公厅、四川省人民政府办公厅	2024.10

图书在版编目 (CIP) 数据

成渝地区双城经济圈建设五周年研究报告：打造带动全国高质量发展的重要增长极和新的动力源 /《成渝地区双城经济圈建设研究报告》编委会编著 . --北京：社会科学文献出版社，2024.12. --ISBN 978-7-5228-4803-7

Ⅰ. F127.711；F127.719

中国国家版本馆 CIP 数据核字第 2024K4W379 号

成渝地区双城经济圈建设五周年研究报告
打造带动全国高质量发展的重要增长极和新的动力源

编　　著 /《成渝地区双城经济圈建设研究报告》编委会

出 版 人 / 冀祥德
责任编辑 / 陈凤玲　武广汉
责任印制 / 王京美

出　　版 / 社会科学文献出版社·经济与管理分社（010）59367226
　　　　　　地址：北京市北三环中路甲 29 号院华龙大厦　邮编：100029
　　　　　　网址：www.ssap.com.cn
发　　行 / 社会科学文献出版社（010）59367028
印　　装 / 三河市东方印刷有限公司

规　　格 / 开　本：787mm×1092mm　1/16
　　　　　　印　张：27.25　插　页：1　字　数：379 千字
版　　次 / 2024 年 12 月第 1 版　2024 年 12 月第 1 次印刷
书　　号 / ISBN 978-7-5228-4803-7
定　　价 / 69.00 元

读者服务电话：4008918866